Das strafprozessuale Vorverfahren in Zentralasien zwischen inquisitorischem und adversatorischem Modell

STUDIEN DES INSTITUTS FÜR OSTRECHT MÜNCHEN

IOR

Begründet von Professor Dr. Reinhart Maurach
Herausgegeben von Professor Dr. Friedrich-Christian Schroeder,
Dr. h.c. (Breslau), Regensburg

Band 71

PETER LANG
Frankfurt am Main · Berlin · Bern · Bruxelles · New York · Oxford · Wien

Friedrich-Christian Schroeder
Manuchehr Kudratov
(Hrsg.)

Das strafprozessuale Vorverfahren in Zentralasien zwischen inquisitorischem und adversatorischem Modell

PETER LANG
Internationaler Verlag der Wissenschaften

Bibliografische Information der Deutschen Nationalbibliothek
Die Deutsche Nationalbibliothek verzeichnet diese Publikation in der Deutschen Nationalbibliografie; detaillierte bibliografische Daten sind im Internet über http://dnb.d-nb.de abrufbar.

ISSN 0073-8492
ISBN 978-3-631-62385-5

www.peterlang.de

Vorwort

Das vorliegende Buch enthält die Beiträge, die auf der Konferenz „Das strafprozessuale Vorverfahren in Zentralasien zwischen inquisitorischem und adversatorischem Modell" (12.-13. Oktober 2010 in Duschanbe / Tadschikistan) gehalten wurden. Es stellt die ersten Ergebnisse des Forschungsprojekts „Die Entwicklung des Strafprozesses in den Staaten Zentralasiens" vor, das von der Volkswagenstiftung finanziert und vom Institut für Ostrecht München / Regensburg durchgeführt wird. Ziel des Projekts ist eine systematische Erforschung und rechtliche Analyse der Entwicklung des Strafprozesses in den Staaten Zentralasiens vor dem Hintergrund der Reform der Strafjustiz und der Transformation des Strafprozesses vom inquisitorischen zum adversatorischen Verfahren. Das Projekt arbeitet die Grundstruktur des Strafprozesses in den Projektstaaten sowie die zentrale Fragen und Problemfelder der Strafprozessreform heraus.

In diesem Band werden zunächst die Modelle des Strafverfahrens des *Common Law* und des *Civil Law* sowie die Strafprozessmodelle im postsowjetischen Raum dargestellt. Anschließend wird die Frage der Adversarität des Vorverfahrens erörtert. Zum Schluss werden einzelne Elemente der Adversarität des Vorverfahrens und die Rolle der einzelnen Teilnehmer des Verfahrens in Betracht gezogen.

Um die mit dem Projekt angestrebte Zusammenarbeit zwischen der deutschen und der zentralasiatischen Rechtswissenschaft und Justiz zu fördern, haben wir uns für eine zweisprachige Veröffentlichung entschieden. Dabei gilt unser Dank für die Übersetzungen Frau Eugenia Efimova (Moskau) und für die Korrektur Frau Lisa Bohata (München). Entsprechend der russischen Terminologie wurden die Absätze in den Gesetzesartikeln mit T. (für Teil) übersetzt.

Die Herausgeber hoffen, dass das vorliegende Werk es ermöglicht, einen ersten Überblick über die Reform des Strafprozesses in den Staaten Zentralasiens und über die Weiterentwicklung des Vorverfahrens in Richtung der Adversarität zu bekommen. Eine ausführliche Information über die weiteren Publikationen des Projekts kann unter www.cacpl.org abgerufen werden.

Duschanbe / Regensburg, im Juni 2011

Prof. Dr. Dres. h.c. Friedrich-Christian Schroeder
Dr. jur. Manuchehr Kudratov LL.M. (Mainz)

Предисловие

Настоящий сборник содержит основные материалы конференции «Предварительное расследование в странах Центральной Азии между инквизиционной и состязательной моделью», которая состоялась 12-13 октября 2010 г. в Душанбе, Таджикистан. В нем также представлены первые результаты исследовательского проекта «Развитие уголовного процесса в странах Центральной Азии», финансируемого Научным фондом «Фольксваген» и администрируемого Институтом Восточно-европейского права в Регенсбурге (Германия). Целью данного проекта является систематическое исследование и правовой анализ развития уголовного процесса в странах Центральной Азии на фоне судебно-правовой реформы и трансформации уголовного процесса от инквизиции к состязательности. Научный подход проекта предполагает изучение основных структур уголовного процесса в странах Центральной Азии, а также его центральные вопросы и проблемы реформы уголовного процесса.

В данном сборнике представлены модели уголовного процесса в системе «общего права» и «континентального права» и модель уголовного процесса в постсоветском пространстве. В нём также, изучается вопрос состязательности предварительного расследования. В конце, изложены отдельные элементы состязательности предварительного расследования и роль участников уголовного судопроизводства.

Мы решили издать данный сборник на двух языках, для дальнейшего развития сотрудничества между германской и центральноазиатской юридической науки и юстиции. Госпожа Евгения Ефимова осуществила перевод данного сборника, чем она заслуживает искренней благодарности за ответственную и самоотверженную работу.

Издатели этой книги надеются, что она даст возможность получить первые представления о реформе уголовного процесса в странах Центральной Азии и о проблемах предварительного расследования, а также об его дальнейшем развитии с точки зрения состязательности. Более подробную информацию о других публикациях проекта можете, получить по адресу: www.cacpl.org.

Душанбе / Регенсбург

Проф. Др. Др. h.c. Фридрих-Кристиан Шрёдер
Др. Манучехр Кудратов LL.M. (Mainz)

Inhaltsverzeichnis

Содержание

Eröffnung

Приветствия в адрес участников конференции

Eröffnungsrede

Friedrich-Christian Schroeder
Institut für Ostrecht München

Sehr geehrter Herr Präsident des Verfassungsgerichts, sehr geehrter Herr Justizminister, sehr geehrter Herr Prof. Rakhimov, sehr geehrter Herr Rektor, Frau Botschafterin, meine sehr geehrten Damen und Herren!

Ich möchte Sie zu der ersten wissenschaftlichen Konferenz des Forschungsprojekts „Der Strafprozess in Zentralasien zwischen Inquisitions- und Parteiprozess" herzlich begrüßen.

Dieses Forschungsprojekt beruht auf folgenden Erwägungen: Im Jahre 1990 wurden die fünf zentralasiatischen Staaten Kasachstan, Turkmenistan, Usbekistan, Kyrgistan und Tadschikistan zum ersten Mal in ihrer Geschichte unabhängig und erhielten damit die Möglichkeit, eigene Rechtssysteme zu errichten. Ein sehr wichtiges Element jeder Rechtsordnung ist die Strafprozessordnung. Hierbei konkurrieren traditionell zwei Systeme miteinander, der anglo-amerikanische adversatorische und der kontinentaleuropäische Strafprozess, der meist missverständlich als „inquisitorischer Prozess" bezeichnet wird, dessen Wesen aber nicht mehr wie früher in einer alleinigen Ermittlungsbefugnis, sondern nur noch in einer stärkeren Leitungsbefugnis des Gerichts besteht. Bei der Schaffung neuer nationaler Strafprozessordnungen konkurrieren diese beiden Modelle miteinander. Dabei gelingt es regelmäßig nicht einem der Modelle, komplett verwirklicht zu werden, sondern nur mehr oder weniger. Oft ist es nicht einfach, in einer StPO die Bestandteile der Modelle aufzufinden; es finden sich nur Spuren, und oft werden die beiden Systeme mehr oder weniger vermischt. Bei unserem Projekt geht es darum, in den neuen Strafprozessordnungen der zentralasiatischen Staaten diese Modelle oder ihre Spuren aufzufinden und sie damit in das globale System des Strafprozessrechts einzuordnen. Dabei genügt es nicht festzustellen, dass in der Verfassung der adversatorische Charakter des Strafverfahrens festgelegt ist. Das ist nur ein Programm. Es genügt auch nicht zu sagen, die sog. *„sostjasatel'nost'"* ist die Teilung der Funktionen zwischen Anklage und Gericht. Wir wollen wissen: Muss das Gericht immer auf Anträge der Beteiligten warten oder kann es auch gegen oder ohne Antrag der Parteien Handlungen vornehmen?

Diese Aufgabe erschien der Volkswagen Stiftung so wichtig, dass sie die Finanzierung des Projekts übernommen hat. Die Volkswagen Stiftung ist übrigens unabhängig von der bekannten Autofabrik; bei der Privatisierung dieser Fabrik 1961 wurde ein Teil des Erlöses in eine Stiftung zur Förderung der Wissenschaft eingebracht. Ich glaube, dies ist eine gute Form der Privatisierung, die ich auch für andere Staaten empfehlen möchte.

Unsere Aufgabe ist nicht einfach. Wir haben deswegen angesehene Wissenschaftler aus den zentralasiatischen Staaten und aus der Russischen Föderation zur Mitarbeit an unserem Projekt und auch zur Teilnahme an dieser Konferenz eingeladen.

Wir möchten aber bei dieser Konferenz auch die Wissenschaftler aus den zentralasiatischen Staaten mit dem deutschen Strafprozess bekannt machen. In Deutschland gibt es eine große wissenschaftliche Tradition des Strafprozessrechts. Daher freue ich mich, dass vier Experten des Strafprozessrechts aus Deutschland an dieser Tagung teilnehmen, nämlich die Professoren *Haas* aus Heidelberg, *Lilie* aus Halle und *Rogall* aus Berlin und der Dozent *Eckstein* aus Regensburg. Außerdem ist unserer Einladung die bekannte spanische Expertin des Strafprozessrechts, Frau Professor *Bachmaier Winter* aus Madrid, gefolgt.

Eine besondere Ehre ist es für uns, dass der Herr Justizminister der Republik Tadschikistan durch seine Anwesenheit Interesse an unserer Arbeit bekundet.

Außerdem freuen wir uns sehr, dass die Botschafterin der Bundesrepublik Deutschland, Exzellenz *Doris Hertrampf*, zur Eröffnung dieser Tagung einige Worte an uns richten und auch für die Teilnehmer dieser Konferenz einen Empfang in der Botschaft geben wird.

Ich darf nunmehr zuerst den Herrn Präsidenten des Verfassungsgerichts der Republik Tadschikistan bitten, die Grußworte der tadschikischen Seite an uns zu richten.

Приветственное слово

Фридрих-Кристиан Шрёдер
Мюнхенский институт Восточно-Европейского права

Уважаемый господин президент Конституционного суда, уважаемый господин министр юстиции, уважаемый господин профессор Рахимов, уважаемый господин ректор, госпожа посол, уважаемые дамы и господа!

Позвольте сердечно поприветствовать Вас на Первой научной конференции в рамках научно-исследовательского проекта «Предварительное расследование в уголовном процессе в странах Центральной Азии – между инквизиционной и состязательной моделями».

В основу этого научно-исследовательского проекта легли следующие соображения: в 1990 году пять государств Центральной Азии – Казахстан, Туркменистан, Узбекистан, Киргизия и Таджикистан – впервые в своей истории обрели независимость и получили возможность создать собственные правовые системы. Важным элементом каждого правопорядка является уголовно-процессуальный кодекс. Здесь традиционно конкурируют между собой две системы, англо-американская состязательная и континентально-европейская уголовно-процессуальная система, которую, как правило, неверно называют «инквизиционным» процессом, сущность же его заключается сегодня уже не в исключительном праве на проведение расследования, а только лишь в более сильном праве суда на осуществление руководства процессом. Обе эти модели конкурируют друг с другом при создании новых национальных уголовно-процессуальных систем. При этом, как правило, ни одну из этих моделей не удается полностью воплотить, а лишь в определенной степени. Зачастую в уголовно-процессуальной системе не просто обнаружить элементы этих моделей; находятся только их следы, и часто оба подхода более или менее смешаны. В нашем проекте речь идет о том, чтобы обнаружить эти модели или их следы в новых уголовно-процессуальных кодексах государств Центральной Азии, включив их тем самым в глобальную систему уголовно-процессуального права. При этом недостаточно установить, что в Конституции закреплен состязательный характер уголовного процесса. Это только программа. Недостаточно и сказать, что так называемая «состязательность» является разделением функций между обвинением и судом. Мы хотим знать: должен ли суд все время ждать заявлений участников или может предпринимать действия также и вопреки или без заявлений сторон?

Эта задача показалась *Фонду Фольксваген* настолько важной, что он взял на себя финансирование проекта. Как известно, *Фонд Фольксваген* не зависит от известного автомобильного концерна; в ходе приватизации концерна в 1961 году часть выручки была вложена в фонд содействия научным исследованиям. Думаю, что это удачная форма приватизации, которую я хотел бы порекомендовать и другим государствам.

Перед нами стоит непростая задача. Поэтому к сотрудничеству в нашем проекте и к участию в этой конференции мы пригласили известных ученых из государств Центральной Азии и из Российской Федерации.

Но в ходе этой конференции нам бы также хотелось познакомить ученых из стран Центральной Азии с немецким уголовным процессом. В Германии существует большая научная традиция уголовно-процессуального права. Поэтому я рад, что в конференции принимают участие четыре эксперта по уголовно-процессуальному праву из Германии. Это профессора Хаас из Гейдельберга, Лили из Галле и Рогалль из Берлина, а также г-н Экштайн, преподаватель университета из города Регенсбург. Кроме того, наше приглашение приняла г-жа профессор Лорена Бахмайер Винтер, известный специалист в области уголовно-процессуального права из Мадрида.

Особой честью для нас является то, что на конференции присутствует министр юстиции Республики Таджикистан - это свидетельствует об интересе, проявляемом им к нашей работе.

Кроме того, мы очень рады, что посол Федеративной Республики Германия, ее превосходительство госпожа Дорис Хертрампф, выступит с краткой приветственной речью на открытии конференции и устроит прием в Посольстве.

Позвольте теперь предоставить слово г-ну президенту Конституционного суда Республики Таджикистан, который поприветствует нас от лица таджикских участников.

Eröffnungsrede

Bakhtiyor Khudoyorov
Justizminister der Republik Tadschikistan

Sehr geehrte Teilnehmer der Internationalen Konferenz „Das strafprozessuale Vorverfahren in Zentralasien: zwischen inquisitorischem und adversatorischem Modell“! Sehr geehrte Damen und Herren!

Gestatten Sie mir, mich zunächst bei der Botschaft der Bundesrepublik Deutschland in der Republik Tadschikistan, dem Institut für Ostrecht, der VolkswagenStiftung, dem Nationalen Zentrum für Gesetzgebung, dem Präsidenten der Republik Tadschikistan und der Tadschikischen Nationalen Universität für die Veranstaltung dieser Konferenz herzlich zu bedanken.

Das zu diskutierende Thema ist sehr wichtig und aktuell, weil die in den zentralasiatischen Staaten, insb. in der Republik Tadschikistan, fortlaufende Rechts- und Justizreform eine prioritäre politische Richtung unseres Staates im Bereich des Schutzes und der Sicherung der Bürgerrechte darstellt.

Davon zeugt die Tatsache, dass unser Staatsoberhaupt, Präsident der Republik Tadschikistan *Emomali Rahmon* in seinem Schreiben an das Parlament am 24. April 2010 die Notwendigkeit der Fortsetzung der Rechts- und Justizreform besonders betont hat.

Der Hauptbestandteil der Rechts- und Justizreform der Republik Tadschikistan ist Orientierung der Öffentlichkeit an der neuen Ordnung und den neuen Grundsätzen, Anforderungen und Mechanismen des Strafprozessrechts, die in einem ganz besonderen Maße solche Fragen wie Gewährleistung gleicher Prozessrechte für die Beteiligten in allen Gerichtsinstanzen, Übertragung des Haftbefehls an Richter, Hausdurchsuchungen, Abhören von Telefongesprächen und sonstige mit den Grundrechten und Freiheiten des Menschen verbundenen Fragen betreffen. Es ist erfreulich, dass diese Frage heute gelöst ist und dass am 1. April 2010 die neue StPO der Republik Tadschikistan in Kraft getreten ist.

Es ist zu unterstreichen, dass die Verabschiedung dieses für die Öffentlichkeit der Republik Tadschikistan schicksalstragenden Gesetzbuchs dank dem eindeutigen politischen Willen und der unmittelbaren Unterstützung des Präsidenten der Republik Tadschikistan, des geehrten *Emomali Rahmon*, aufgrund seiner gesetzgebenden Initiative, möglich geworden ist.

Die neue StPO der Republik Tadschikistan basiert auf solchen aktuellen Verfassungsgrundsätzen wie Unschuldsvermutung und Verhandlungsgrundsatz sowie Gleichberechtigung der Parteien u.a.

Darüber hinaus hat sich die Republik Tadschikistan an solche wichtigsten internationalen Verträge über Menschenrechte angeschlossen, wie der Internationale Pakt über bürgerliche und politische Rechte, das Übereinkommen gegen

Folter und andere grausame, unmenschliche oder erniedrigende Behandlung oder Strafe, das Übereinkommen über die Rechte des Kindes sowie andere völkerrechtliche Verträge, deren Ziel die Durchsetzung demokratischer Grundsätze des Gerichtsverfahrens, Schutz der Verfassungsrechte der Bürger usw. ist.

In diesem Zusammenhang ist vor allem zu bemerken, dass die Bestimmungen des neuen Strafprozessgesetzbuchs an die Verfassung der Republik Tadschikistan und an die genannten internationalen Vorschriften angepasst sind.

Zugleich möchte ich Sie insb. auf folgende Aspekte der geltenden StPO der Republik Tadschikistan aufmerksam machen:

- Die StPO überträgt die Haftbefugnisse und andere Befugnisse, die die Verfassungsrechte der Bürger einschränken, an Gerichte, was eine neue Richtung im Rechtssystem der Republik Tadschikistan darstellt;
- in der StPO ist auch die Rolle und die Stellung der Verteidigung im Strafverfahren gestärkt, ebenso sind die Regeln für Beweiserhebung, Beweisanerkennung und Beweislegung vervollkommnet;
- es ist ein summarisches Strafverfahren vorgesehen, das zu einer erheblichen Verkürzung der Verfahrensdauer und zur Verhängung angemessener Strafen führt;
- in der StPO wird den Verfahrensfragen des Schadensersatzes mehr Aufmerksamkeit gewidmet, wenn der Schaden durch rechtswidrige Handlungen der Gerichte und der Untersuchungsorgane zugefügt ist;
- gesondert sind in der StPO die Fragen der Zusammenarbeit der entsprechenden Behörden der Republik Tadschikistan mit den ausländischen Behörden im Bereich der Rechtshilfe in Strafsachen geregelt, u.a. Untersuchungshaft und Auslieferung von Personen zwecks Strafverfolgung in einem anderen Staat, Extradition, Regeln für Antragsbearbeitung usw.;
- die StPO enthält einzelne Kapitel, die dem Jugendstrafverfahren gewidmet sind, usw.

Über diese und einige andere Besonderheiten der neuen StPO der Republik Tadschikistan werden Sie eingehend während dieser Internationalen Konferenz informiert werden.

Sehr geehrte Damen und Herren, ich wünsche Ihnen eine erfolgreiche Arbeit auf dieser Konferenz und möchte meine Überzeugung zum Ausdruck bringen, dass fruchtbare Ergebnisse unserer Konferenz einen wertvollen Beitrag zur weiteren Entwicklung der Zusammenarbeit in Fragen der Vervollkommnung des Strafverfahrens in Zentralasien leisten.

Ich hoffe, dass diese Veranstaltung einen weiteren Schritt zur möglichst vollen Ausführung der Aufgaben darstellt, die uns den Staaten mit einer hohen Rechtskultur, einer offenen rechtsstaatlichen Gesellschaft, näher bringt.

Ich danke Ihnen für die Aufmerksamkeit!

Приветственное слово

Бахтиёр Худоёров
Министр юстиции Республики Таджикистан

Уважаемые участники Международной конференции посвященной вопросам Предварительного следствия в странах Центральной Азии между инквизиционной и состязательной моделью, Уважаемые дамы и господа,

Прежде всего, позвольте выразить свою благодарность Посольству Германии в Республике Таджикистан, Институту восточноевропейского права, Научному фонду «Фольксваген», Национальному центру законодательства при Президенте Республики Таджикистан и Таджикскому национальному университету за организацию данного мероприятия.

Рассматриваемая тема, безусловно является очень важной и актуальной, поскольку в государствах Центральной Азии продолжающаяся судебно-правовая реформа и особенно в Республике Таджикистан является приоритетным направлением политики нашего государства в области защиты и обеспечения прав граждан.

Свидетельством этому является то, что в своем послании к Парламенту страны 24 апреля 2010 года Глава государства Президент Республики Таджикистан Его Превосходительство Эмомали Рахмон особо подчеркнул необходимость продолжения судебно-правовой реформы.

Основной частью судебно-правовой реформы Республики Таджикистан является ориентация общественности к новым принципам и порядку, требованиям и механизмам уголовного процессуального права, особо затрагивающим вопросы обеспечения равенства прав участников судебного разбирательства на всех судебных инстанциях, передачи судьям санкции на арест, обыск жилища, прослушивания телефонных переговоров и иные вопросы, связанные с основными правами и свободами человека. Отрадно, что на сегодняшний день, этот вопрос решен и с 1 апреля 2010 года принят и действует новый Уголовно-процессуальный кодекс Республики Таджикистан.

Необходимо отметить, что принятие данного судьбоносного для общественности Республики Таджикистан кодекса было осуществлено благодаря выраженной политической воли и непосредственной поддержке Президента Республики Таджикистан, уважаемого Эмомали Рахмона на основании его законодательной инициативы.

Вновь принятый Уголовно-процессуальный кодекс Республики Таджикистан базируется на таких актуальных конституционных принципах как презумпция невиновности и принцип состязательности и равенства сторон и другие.

Кроме того, Республика Таджикистан являясь участником основных универсальных международных актов по правам человека, таких как Международный Пакт по гражданским и политическим правам, Конвенция против пыток и других жестоких, бесчеловечных или унижающих достоинство видов обращения и наказания, Конвенция по правам ребенка и другие, цель которых - демократизация судебного процесса, защита конституционных прав граждан и т.д.

В этой связи, прежде всего, необходимо отметить, что положения нового Уголовно-процессуального кодекса Республики Таджикистан приведены в соответствие с Конституцией Республики Таджикистан и вышеуказанными международными нормами.

Наряду с этим, хочу особо оговорить, следующие моменты принятого Уголовно-процессуального кодекса Республики Таджикистан:

- данным кодексом полномочия относительно вопросов ареста и других мер, ограничивающих конституционные права граждан, переданы судебным органам, что является новым направлением в правовой системе Республики Таджикистан;
- также, в кодексе усилена роль и статус защитника в уголовном процессе, усовершенствован порядок сбора доказательств, их признания и доказывание;
- в этом кодексе предусмотрен упрощенный порядок уголовного процесса, который способствует значительному сокращению сроков рассмотрения уголовных дел и назначению сопоставимых наказаний;
- в кодексе усилены процессуальные вопросы возмещения ущерба вследствии незаконных действий судов и следственных органов;
- в кодексе отдельно предусмотрены вопросы взаимного сотрудничества соответствующих органов Республики Таджикистан с органами иностранных государств в области правовой помощи по уголовным делам, в том числе вопросы ареста и передачи лиц для привлечения к уголовной ответственности в другом государстве, экстрадиции, порядка рассмотрения запросов и т.д.
- кроме того, в данном кодексе предусмотрены отдельные главы, посвященные порядку ведения уголовных дел, касающихся преступлений несовершеннолетних и т.д.

Об этом и других некоторых особенностях нового Уголовно-процессуального кодекса Республики Таджикистан вы будете более детально информированы в ходе настоящей Международной конференции.

Уважаемые дамы и господа, Позвольте мне пожелать успехов в работе нашей конференции и выразить убежденность в том, что плоды нашей конференции внесут ценный вклад в продвижение усилий по развитию дальнейшего сотрудничества по вопросам усовершенствования уголовного процесса в Центральной Азии.

Хочется надеяться, что данное мероприятие это шаг к максимальному выполнению тех задач, которые приближают нас к государствам с повышенным правовым образованием, открытому обществу, где верховенство закона неоспоримо.

Благодарю за внимание!

Eröffnungsrede

Makhmad Rakhimov
Nationales Zentrum für Gesetzgebung (Tadschikistan)

Meine Damen und Herren, sehr geehrte Konferenzteilnehmer!

Das Strafverfahren ist eine komplexe juristische und soziale Erscheinung, die die Tätigkeit der Ermittlungsorgane, der Voruntersuchung, der Staatsanwaltschaft und des Gerichts (des Richters) umfasst, welche auf Feststellen der Straftat, der dieser Straftat schuldigen Personen und auf ihre Bestrafung gem. den strafrechtlichen Vorschriften gerichtet ist. Das Ziel ihrer Tätigkeit ist es, Verbrechen zu verhindern und vorzubeugen, die Schuldigen zur Verantwortung heranzuziehen und zu bestrafen.

Deshalb wird diese Tätigkeit streng und detailliert durch prozessuale Normen geregelt, die Garantien für eine gerechte Rechtspflege und Garantien für Menschenrechte schaffen.

In diesem Zusammenhang kommt der Frage nach den Formen der Durchführung der Strafverfolgung eine wichtige Bedeutung zu. Ausgehend davon, welche Aufgaben das Strafverfahren hat, wie die Befugnisse und Funktionen der das Verfahren durchführenden Behörden gestaltet sind, inwieweit die Rechte des Opfers des Verbrechens oder des der Straftat beschuldigten Menschen im Strafverfahren wahrgenommen und geschützt werden, wie das Beweissystem ist, wer die Beweislast trägt, welche Entscheidungen das Gericht im Einzelfall treffen kann, sind einige Typen bzw. Formen des Strafverfahrens zu unterscheiden, die in unterschiedlichen Staaten in verschiedenen Perioden der Geschichte entstanden sind. Solche sind insb. das inquisitorische, das gemischte und das adversatorische Strafverfahren.

Eine lange Zeit basierte das Strafverfahren in der Republik Tadschikistan auf dem Inquisitionssystem, das in der StPO von 1961 festgelegt war.

Wesentliche Merkmale dieser Verfahrensart sind das Fehlen der Rechte des Beschuldigten bzw. des Angeklagten und das Fehlen der Möglichkeit einer Adversarität mit dem Ankläger, zumal für dieses Verfahren die Verschmelzung der Funktionen des Richters, des Anklägers und des Verteidigers in einer Person kennzeichnend ist. Dieses Verfahren bestand aus zwei Teilen: a) Fahndung, Untersuchung und b) Gericht. Die persönlichen Rechte waren nicht geschützt. Der Beschuldigte bzw. Angeklagte war ein rechtloses Subjekt in der Hand des Untersuchungsführers und wusste nicht immer, welcher Tat er beschuldigt wird. Es galt die formale Beweistheorie. Entscheidend für Verurteilung war das Geständnis des Angeklagten zu seiner Schuld.

Das Inquisitionsverfahren kannte drei Urteilsarten: Anklageurteil, Rechtfertigungsurteil und das Belassen des Angeklagten unter Verdacht mangels Beweisen (die Regel „Im Zweifelsfall zugunsten des Angeklagten“ galt nicht). Demokratische Reformen führten zur Herausbildung des neuen Verfahrens. Dieses Verfahren ist durch den öffentlichen Ansatz geprägt, obwohl es auch einige Elemente beibehalten hat, die den Privatklagecharakter tragen des Privatklageverfahrens (z.B. das Verfahren nach der sog. Privatklage). Die Triebkraft des Verfahrens ist die öffentliche Anklage.

Im Zuge der Durchführung der Rechts- und Justizreform in der Republik Tadschikistan (im Folgenden RT), mit der Anerkennung des Vorrangs der Rechte und Freiheiten des Menschen, änderte sich auch der Ansatz zum Strafverfahren, was sich in der neuen StPO der RT von 2009 widerspiegelt. Ausgehend aus dem adversatorischen Grundsatz und der Gleichberechtigung der Parteien wurden eine allseitige, vollständige und objektive Untersuchung aller Tatumstände in der Hauptverhandlung und eine sachgemäße Gerichtsentscheidung zum Hauptinhalt der Funktion der Rechtspflege. Das Ziel ist, eine endgültige Antwort hinsichtlich der Schuld oder Unschuld des Angeklagten im Zusammenhang mit der erhobenen Anklage zu geben. Alle anderen strafprozessualen Funktionen fördern eine erfolgreiche Rechtsprechung. Aber die Tätigkeit der am Strafverfahren beteiligten Personen, deren Aussagen bzw. Gutachten als Beweisquellen gelten, sowie der Personen, die bei der Durchführung der Untersuchungs- und forensischen Handlungen mitwirken, ist im Verhältnis zu den vom Gericht wahrgenommenen Funktionen sekundär.

Bei der Rechtsprechung darf das Gericht den Angeklagten für schuldig erachten und bestrafen. Das Gesetz gewährt dem Gericht die Herrschaft über das Strafverfahren und macht es für die getroffenen Entscheidungen in vollem Umfang verantwortlich.

Gem. der geltenden StPO ist das Strafverfahren auf den Grundsätzen der prozessualen Gleichberechtigung der Parteien und der Verteilung der Funktionen zwischen dem Ankläger, dem Verteidiger und dem Gericht aufgebaut. Der Ankläger trägt dabei die Beweislast gegen den Angeklagten und das Gericht tritt als ein unabhängiger Vermittler zwischen den Parteien auf. Die Gerichtsentscheidung hängt von der Position der Parteien ab (bspw. schließt das Bekenntnis des Angeklagten zu seiner Schuld die gerichtliche Beweisaufnahme aus und das Gericht verkündet den Schuldspruch). Verzichtet der Ankläger auf Anklage, so führt das zum Freispruch des Angeklagten.

Jedoch ist anzumerken, dass es in der StPO der RT trotz aller Novellen solche Aspekte gibt, die einer detaillierten wissenschaftlichen und praktischen Forschung bedürfen. Zu solchen Aspekten gehören insb. einige Einschränkungen der prozessualen Rechte des Beschuldigten und der Verteidigung im Vorverfahren, gleichzeitige Ausübung von zwei Funktionen durch den Untersuchungsführer, nämlich der Untersuchungsfunktion und der Entscheidung über viele prozessuale Fragen, Einführung des Geschworenengerichts usw.

Hoffentlich werden die Konferenzteilnehmer auf diese Fragen eingehen und in der Diskussion Empfehlungen geben, die später als Grundlage für die Vervollkommnung des Strafverfahrens in Tadschikistan dienen können.

Приветственное слово

Махмад Рахимов
Национальный центр законодательства (Таджикистан)

Уважаемые участники конференции, уважаемые дамы и господа!

Уголовный процесс является сложным правовым и социальным явлением, которое охватывает деятельность органов дознания, предварительного следствия, прокуратуры и суда (судьи), направленную на установление события преступления, лиц, виновных в его совершении, и их наказание на основе норм уголовного права. Целью их деятельности является предупреждение преступлений, привлечения к ответственности и наказания виновных.

Поэтому эта деятельность строго и детально регламентируется процессуальными нормами, создающими гарантии справедливого правосудия и гарантии прав личности.

В этой связи важное значение приобретает вопрос о формах осуществления уголовного преследования. В зависимости от того, какие задачи стоят перед уголовным процессом, как определены полномочия и функции государственных органов, ведущих процесс, насколько в процессе представлены и защищены права человека, потерпевшего от преступления или обвиняемого в преступлении, какова система доказательств, на ком лежит обязанность доказывания вины, какие решения может принять суд по делу, следует различать несколько типов (форм) уголовного процесса, возникших в разные периоды истории в различных государствах. Такими являются: в частности, розыскной (инквизиционный), состязательный и смешанный типы процесса.

Долгое время уголовный процесс в Республике Таджикистан строился на основе инквизиционный системы, которая была закреплена в УПК 1961 года.

Существенными чертами данного вида процесса является отсутствие прав у обвиняемого и возможности состязания с обвинителем, тем более, что для этого процесса характерно слияние в одном лице функции судьи, обвинителя и защитника. Этот процесс распадался на: а) розыск, следствие и б) суд. Права личности не были защищены. Обвиняемый был бесправным объектом в руках следователя и не всегда знал, в чем именно его обвиняют. Действовала теория формальных доказательств. Решающее значение для осуждения имело признание подсудимым своей вины.

Розыскной процесс знал три вида приговоров: обвинительный, оправдательный, оставление в подозрении при недостаточности улик для осуждения (не действовало правило о толковании сомнений в пользу обвиняемого). Демократические преобразования привели к становлению нового процесса. Этот процесс проникнут публичным началом, хотя сохранялись некоторые элементы частно-искового характера (например, дела так называемого частного обвинения). Движущим началом процесса является государственное обвинение.

С проведением правовой и судебной реформы в Республике Таджикистан, с признанием приоритета прав и свобод человека изменился подход и к вопросу осуществления уголовного процесса, что отражено в принятом в 2009 году новом УПК РТ. В нем исходя из принципа состязательности и равноправия сторон, основным содержанием функции правосудия стало всестороннее, полное и объективное исследование всех обстоятельств дела в судебном заседании и разрешение его по существу. Ее смысл — дать окончательный ответ относительно виновности или невиновности лица в связи с представленным в суд обвинением. Все остальные уголовно-процессуальные функции обеспечивают успешное осуществление правосудия. Деятельность же участвующих в деле лиц, показания (заключения) которых являются источниками доказательств, а также лиц, содействующих проведению следственных и судебных действий, является вспомогательной по отношению к функциям, выполняемым судом.

Осуществляя правосудие, суду предоставлено право признать обвиняемого виновным в совершении преступления и подвергнуть его уголовному наказанию. Закон отводит суду главенствующее положение в уголовном процессе и возлагает на него всю полноту ответственности за принятое решение.

В соответствии с действующим УПК РТ процесс строится на началах процессуального равенства сторон и разделения функций между обвинителем, защитой и судом. При этом обвинитель несет «бремя доказывания» виновности обвиняемого, а суд выступает как в роли арбитра между сторонами. Решение суда зависит от позиции сторон (так, например, признание обвиняемым вины исключает судебное следствие и суд постановляет обвинительный приговор). Отказ обвинителя от обвинения предрешает оправдание подсудимого.

Однако следует подчеркнуть, что не смотря на все нововведения в уголовный процесс в Таджикистане, существуют вопросы которые требуют детального научного и практического изучения, для их дальнейшего внедрения на практике в Таджикистане, и совершенствования уголовного процесса. К ним относятся в частности некоторые ограничения процессуальных прав обвиняемого и защиты на предварительном следствии, одновременное выполнение следователем функции расследования и принятия решения по ряду вопросов и делу в целом, внедрения суда присяжных и так далее.

Надеюсь, участники данной конференции затронут эти вопросы и в ходе дискуссий выскажут рекомендации, которые в дальнейшем послужат основой для усовершенствования уголовного процесса в Таджикистане.

I.

Typologie des Strafprozesses

Типология уголовного процесса

Überblick über die Typen des Strafprozesses

Volker Haas

1. Vorbemerkung

Wohl in keinem anderen Bereich greift der Staat so tief in die Rechte seiner Bürger ein wie bei der Durchsetzung und Ausübung der staatlichen Strafgewalt. Dies gilt nicht nur für die strafrechtlichen Sanktionen, sondern teilweise auch schon für die strafprozessualen Zwangsmaßnahmen. Man denke nur an die Untersuchungshaft, die Telefonüberwachung oder an die Hausdurchsuchung. Die Ausgestaltung des Strafprozesses ist daher ein wichtiger Indikator für die Rechtsstaatlichkeit eines Gemeinwesens. Neben der demokratischen Legitimation sind wesentliche Elemente des Rechtsstaats: Der Bürger ist Inhaber von Grundrechten, die er gegenüber dem Staat mit Hilfe unabhängiger Gerichte auch durchsetzen kann. Der Staat darf nur verhältnismäßig in die Grundrechte der Bürger eingreifen. Für den Eingriff in die Rechte der Bürger bedarf es einer gesetzlichen Grundlage. Es gilt das Prinzip der Gewaltenteilung. Speziell aus verfahrensrechtlicher Sicht sind folgende Grundsätze aufzuführen: Der Beschuldigte bzw. Angeklagte hat einen Anspruch auf ein faires Verfahren (Art. 6 I EMRK). Dazu gehört konkret das Recht auf einen gesetzlichen, unabhängigen und unparteiischen Richter (Art. 6 I EMRK). Dazu gehört des Weiteren der Anspruch auf rechtliches Gehör (Art. 6 III EMRK) sowie der Anspruch auf einen Verteidiger und eine effiziente Verteidigung (Art. 6 III EMRK). Der Beschuldigte bzw. der Angeklagte hat das Recht zu schweigen. Es gilt die Unschuldsvermutung (Art. 6 II EMRK).

Will der Staat die genannten Grundsätze beachten, dann hat dies Konsequenzen für die Wahl eines bestimmten Strafprozesstypus. Der Gesetzgeber steht vor der Frage, an welchem Verfahrensmodell er sich bei der Architektur des Strafprozesses orientieren soll. Im Folgenden sollen drei Typen vorgestellt werden: den in Deutschland bis ins 19. Jahrhundert herrschenden Inquisitionsprozess, den adversatorischen Parteiprozess, für den auch ein Teil der Reformliteratur des 19. Jahrhunderts in Deutschland plädiert hat, und eine Mischform, den Anklageprozess mit Ermittlungsgrundsatz, der sich in der Reformgesetzgebung des 19. Jahrhunderts durchgesetzt hat. Ich werde jeweils Gründe benennen, die entweder für oder gegen den jeweiligen Typus geltend gemacht werden. In materiell-rechtlicher Hinsicht setze ich voraus, dass es sich bei der Strafe um ein staatliches Eingriffsrecht handelt.

2. Der Inquisitionsprozess

Der Inquisitionsprozess ist dadurch gekennzeichnet, dass das Gericht als Organ der Staatsgewalt den Fall untersucht. Es gilt also das *Inquisitionsprinzip*. Dieses meint die Aufklärung des Sachverhalts durch das *Gericht*. Der Prozess wird nicht durch eine Anklage ausgelöst, sondern von Amts wegen bspw. aufgrund einer Anzeige. Man unterscheidet zwei Verfahrensabschnitte: die Generalinquisition und die Spezialinquisition. Im Verfahrensabschnitt der Generalinquisition ist es Aufgabe des Gerichts zu ermitteln, ob überhaupt eine Straftat begangen wurde und ob eine bestimmte Person der Straftat ausreichend verdächtig ist – die Feststellung des *corpus delicti*. Gelingt die Feststellung des *corpus delicti*, eröffnet das Gericht den nächsten Verfahrensabschnitt, die Spezialinquisition. Diese richtet sich gegen den Verdächtigen, der verhaftet und dann einem sog. artikulierten Verhör unterzogen wird. Der Beschuldigte hat kein Schweigerecht. Er kann gegebenenfalls durch Zwangsmittel zur Aussage gezwungen werden (Folter). Der Verteidiger darf bei dem Verhör nicht anwesend sein. Ziel des Verfahrensabschnitts der Spezialinquisition ist es herauszufinden, ob der Beschuldigte die Straftat tatsächlich begangen hat. Das untersuchende Gericht hat dabei die Umstände zu ermitteln, die für und die gegen den Beschuldigten sprechen. Da es aufdecken soll, was wirklich geschehen ist, gilt das Prinzip *materieller* Wahrheit. Nach Abschluss der Vernehmung übersendet das untersuchende Gericht die Akten mit den Vernehmungsprotokollen an den zuständigen Spruchkörper. Dieses fällt dann sein Urteil nach Lage der Akten.

Man hat dem Inquisitionsprozess nachgesagt, dass der Richter in diesem Prozesstypus die Rolle des Anklägers übernehme. Genau genommen ist diese Formulierung missverständlich, da in diesem Verfahrensmodell kein Ankläger existiert. Besser ist daher die Formulierung, dass der Richter im Inquisitionsprozess die Aufgabe hat, Straftaten zu verfolgen und die staatliche Strafgewalt selber auszuüben. Das Gericht vertritt das öffentliche Interesse an der Bestrafung des Schuldigen. Es gibt keine Gewaltenteilung bzw. Gewaltenkontrolle. Alleiniger Inhaber der Prozessherrschaft ist das Gericht. Psychologisch besteht die Gefahr, dass der Inquirent befangen ist, weil er unbewusst das Ziel verfolgt, den von ihm selbst bejahten Verdacht gegen den Beschuldigten zu bestätigen. Der Inquisit ist primär Verfahrensobjekt und Gegenstand richterlicher Ausforschung. Es bedarf keiner weiteren Ausführungen, dass der Inquisitionsprozess nicht den Anforderungen des Rechtsstaats genügt.

3. Der adversatorische Parteiprozess

Während beim Inquisitionsprozess der Beschuldigte dem Gericht gegenübersteht, das über ihn urteilt, stehen sich beim adversatorischen Parteiprozess der Beschuldigte und der Vertreter des öffentlichen Interesses gegenüber. Diese Rolle übernimmt eine spezielle Behörde, die Staatsanwaltschaft. Ihre Aufgabe ist die Verfolgung von Straftaten. Die Staatsanwaltschaft ist Anklagebehörde. Im adversatorischen Parteiprozess gilt das sog. Anklage*prinzip*. Konkret heißt das: Nach Abschluss des Vorverfahrens gelangt das Strafverfahren nur durch die Anklage der Staatsanwaltschaft in das Stadium der Hauptverhandlung. Wenn das Gericht die Anklage zur Hauptverhandlung zulässt, treten in der Hauptverhandlung die Staatsanwaltschaft bzw. der Staat und der Beschuldigte als Parteien auf. Was ist damit gemeint? In der Hauptverhandlung wird ein Rechtsstreit zwischen dem Staat bzw. der Staatsanwaltschaft auf der einen Seite und dem Angeklagten auf der anderen Seite ausgetragen. Prozessgegenstand sind die kollidierenden potenziellen Rechte der Verfahrensbeteiligten, die sie jeweils gerichtlich durchsetzen wollen. Die Staatsanwaltschaft behauptet, dass der Angeklagte eine Straftat begangen hat und dass dem Staat daher ein Recht zusteht, diesen zu bestrafen. Der Angeklagte behauptet, sich nicht strafbar gemacht zu haben. Er macht seinen negatorischen Anspruch gegenüber dem Staat geltend, nicht durch die rechtswidrige Ausübung der staatlichen Strafgewalt in seinen Rechten verletzt zu werden. Genau genommen verfolgt dieses Prozessmodell damit zwei verschiedene Zwecke: die Durchsetzung des staatlichen Strafrechts und den Rechtsschutz des Bürgers gegenüber dem Staat.

Im Grundsatz gilt die Dispositionsmaxime. Den Parteien steht also die Prozessherrschaft zu. Sie entscheiden darüber, ob der Prozess fortdauert oder nicht. Im Grundsatz gilt des Weiteren die Verhandlungsmaxime: D.h., dass die Parteien für die Einführung der Beweismittel und des Beweisstoffs in die Hauptverhandlung verantwortlich sind. Die Parteien sind in der Hauptverhandlung prozessual gleichgeordnet. Es gilt das Prinzip der formalen Waffengleichheit: Sowohl der Staatsanwaltschaft wie auch dem Angeklagten bzw. seiner Verteidigung stehen die gleichen prozessualen Befugnisse zu. Der Angeklagte ist also Prozesssubjekt in einem zweifachen Sinne: Er ist erstens Prozesssubjekt, weil er verfahrensrechtliche Befugnisse hat – und zwar dieselben wie die Staatsanwaltschaft. Er ist zweitens Prozesssubjekt, weil er seine potenziellen Abwehransprüche gegenüber dem Staat durchsetzen kann. Aufgabe des unabhängigen Gerichts ist es, als neutraler Dritter über die kollidierenden Rechtsansprüche zu entscheiden, ohne die öffentlichen Strafinteressen wahrzunehmen. In dieser Eigenschaft hat das Gericht zu überprüfen, ob die von der Staatsanwaltschaft vorgelegten Beweise den Schuldvorwurf tragen. Das Recht hat dabei für das Gericht die Funktion eines Maßstabs für die Erkenntnis, was in dem konkret verhandelten

Fall rechtens ist. Es wäre eigentlich folgerichtig, wenn das Gericht an die Anträge gebunden wäre. Dieses Prozessmodell ist Konsequenz des Grundsatzes der Gewaltenteilung. Obwohl das Gericht selber Staatsgewalt ausübt, tritt es dem Staat als Dritter und damit wie ein eigenes Prozesssubjekt gegenüber.

Es ist behauptet worden, dass der vorgestellte Prozesstypus nur für die Durchsetzung privater Rechte geeignet ist, nicht aber für die Durchsetzung des öffentlichen Rechts. So werden die Dispositionsmaxime und die Verhandlungsmaxime damit erklärt, dass die Parteien potenzielle subjektive Rechte geltend machen, über die sie willkürlich verfügen können. Die Staatsanwaltschaft macht aber die staatliche Strafgewalt geltend, über die sie nicht wie ein Privatrechtssubjekt willkürlich verfügen darf. Dieser Umstand hat aber nicht die zwingende Konsequenz, dass das Gericht der Hauptverhandlung Inhaber der Prozessherrschaft sein muss. Bewiesen ist damit nur, dass die Staatsanwaltschaft nicht willkürlich, sondern nach Maßgabe der Gesetze die Prozessherrschaft auszuüben hat. Sie ist verpflichtet, den Prozess zu führen. Sie kann überdies auch nicht einfach ohne gesetzliche Ermächtigung auf das Strafrecht verzichten.

Des Weiteren ist behauptet worden, dass die Verhandlungsmaxime nur formelle Wahrheit gewährleistet, dass aber das Ziel des Strafverfahrens die Ermittlung der materiellen Wahrheit ist. Mit dem Begriff formelle Wahrheit ist gemeint, dass die Parteien im Verhältnis zum Gericht in gewissen Grenzen die Disposition über die Wahrheit haben. So könnte der Kläger davon absehen, bestimmte Tatsachen zu behaupten, oder beweisfällig bleiben. Dasselbe gilt für den Beklagten. Was die Parteien nicht vortragen, existiert für den Richter nicht. Aber auch diese Bedenken sind im Ergebnis nicht berechtigt. Das Ziel des Strafverfahrens, die materielle Wahrheit aufzudecken, wird dadurch erreicht, dass die Staatsanwaltschaft verpflichtet ist, den gesamten Beweisstoff und alle zulässigen Beweismittel in die Hauptverhandlung einzuführen. Es wäre mit dem öffentlich-rechtlichen Charakter der Strafe lediglich unvereinbar, wenn die Staatsanwaltschaft wie eine private Partei nach freiem Belieben darüber entscheiden könnte, welche Tatsachen sie vorträgt und unter Beweis stellt. Es ist allerdings zuzugeben, dass das Gericht nur begrenzt kontrollieren bzw. garantieren kann, dass die Staatsanwaltschaft ihre Verpflichtung einhält. Es kann zwar – theoretisch betrachtet – sicherstellen, dass der Angeklagte nur dann für schuldig befunden wird, wenn dies der materiellen Wahrheit entspricht. Es kann aber nicht sicherstellen, dass der Angeklagte immer dann für schuldig befunden wird, wenn dies der materiellen Wahrheit entspricht. Diese eingeschränkte Macht des Gerichts ist freilich kein Defizit: Sie entspricht gerade seiner neutralen Rolle, die die Wahrnehmung öffentlicher Interessen ausschließt.

Noch auf einen weiteren Unterschied zwischen der Staatsanwaltschaft als Ankläger und dem Privatrechtssubjekt als Kläger ist aufmerksam zu machen: Die Konstruktion des Strafverfahrens als adversatorischer Parteiprozess hat nicht die notwendige Folge, dass die Staatsanwaltschaft eine einseitige Behörde ist, die in der Hauptverhandlung nur die Informationen bzw. Beweise präsentiert, die für die Anklage günstig sind. Die Staatsanwaltschaft kann durchaus als objektive Behörde konzipiert werden, die auch die für den Beschuldigten günstigen Umstände berücksichtigen muss – auch in der Hauptverhandlung. Dafür sprechen im Wesentlichen zwei Gründe: Erstens hat der Staat nur ein Interesse an der Bestrafung des Schuldigen. Dies ist der interne Grund. Und zweitens verfügt der Staat aufgrund der strafprozessualen Zwangsmaßnahmen über Ermittlungsmöglichkeiten, die dem Beschuldigten nicht offen stehen. Daraus folgt ein Kompensationsgebot. Andernfalls wäre das Verfahren unfair. Dies ist der externe Grund.

Ist das Strafverfahren als Rechtsstreit konzipiert, bei dem sich widersprechende Behauptungen der Staatsanwaltschaft auf der einen Seite und des Angeklagten auf der anderen Seite gegenüberstehen, dann wäre es eigentlich folgerichtig, dass der Beschuldigte den Strafanspruch des Staates zumindest dem Grunde nach anerkennen können müsste. Wenn der Beschuldigte sich schuldig erklären würde, bestünde insoweit kein Grund mehr, eine Hauptverhandlung durchzuführen. Es wäre allerdings möglich, den Prozessgegenstand von Gesetzes wegen streitig zu stellen. Der Staat würde um der Rechtsstaatlichkeit des Verfahrens willen die Durchsetzung der staatlichen Strafgewalt von der Durchführung einer öffentlichen Hauptverhandlung und damit von der Überprüfung und Kontrolle durch ein unabhängiges Gericht abhängig machen. Man spricht insoweit von einem Prozessvorbehalt. Denkbar wäre ferner, dass im Falle eines Anerkenntnisses ein unabhängiger Richter zumindest eine Schlüssigkeitsprüfung vornimmt. Maßgeblich ist, ob das Strafverfahren insgesamt noch das Prädikat rechtsstaatlich verdient.

Welche Funktion hat in dem adversatorischen Parteiprozess das Ermittlungsverfahren oder Vorverfahren? Es ist nicht Teil des Rechtsstreits, der zwischen Staatsanwaltschaft und Angeklagtem bzw. Verteidigung vor dem unabhängigen und neutralen Gericht geführt wird. Das Ermittlungsverfahren bzw. Vorverfahren dient grds. lediglich der Sammlung der Beweise durch das Strafverfolgungsorgan. Es muss sich die vorläufige Überzeugung verschaffen, ob der Beschuldigte schuldig ist. Ist dies der Fall, so wird Anklage erhoben. Der eigentliche Beweis wird in der Hauptverhandlung geführt. Das Vorverfahren oder Ermittlungsverfahren selbst kann nicht kontradiktorisch oder adversatorisch ausgestaltet sein, weil noch keine Rechtsbehauptungen einander gegenüberstehen. Denkbar ist allein, die partizipatorischen Elemente während dieses Verfahrensstadiums zu stärken. Dies kann bspw. dadurch geschehen, dass der Verteidigung Anwesenheitsrechte, Fragerechte und Beweisantragsrechte etc. zuerkannt werden. Obwohl die Durchführung des Ermittlungsverfahrens oder Vorverfahrens keine richterliche Aufgabe ist, ist es möglich, dass unabhängige Richter für die Anordnung bestimmter prozessualer Zwangsmaßnahmen zuständig sind. Sie üben dann aber keine Rechtsprechung aus, sondern sind funktionell der Exekutive zugeordnet. Man kann daher von einem formellen Rechtsschutz zugunsten des Beschuldigten sprechen. Dasselbe würde gelten, wenn man die gesamte „Voruntersuchung" in die Hände von Ermittlungsrichtern legen würde.

4. Der Anklageprozess mit Ermittlungsgrundsatz als Mischform

Der in Deutschland geltende Anklageprozess mit Ermittlungsgrundsatz kombiniert Elemente des Inquisitionsprozesses und des adversatorischen Parteiprozesses. Auch bei diesem Prozessmodell übt im Ermittlungsverfahren die Staatsanwaltschaft die Prozessherrschaft aus. Diese hat den Sachverhalt zu erforschen. Sie muss dabei auch die zur Entlastung des Beschuldigten dienenden Umstände ermitteln. Die Staatsanwaltschaft ist also eine objektive Behörde. Wie im adversatorischen Parteiprozess gelangt das Strafverfahren nur durch eine Anklage in das Stadium der Hauptverhandlung. Durch die Anklageerhebung wird jedoch nicht die Behauptung aufgestellt, dass der Beschuldigte in schuldhafter Weise eine Straftat begangen habe und dass daher dem Staat ein Strafrecht gegenüber dem Angeklagten zusteht. Die Hauptverhandlung ist nicht als Rechtsstreit ausgestaltet. Durch die Anklage fordert die Staatsanwaltschaft das Gericht vielmehr auf, in der Sache selbstständig tätig zu werden. Die Anklage hat dabei die Funktion, das Gericht thematisch zu binden. Die Anklage legt den Prozessgegenstand fest. Und Prozessgegenstand ist kein potenzielles materielles Recht, sondern der historische Lebensvorgang, die sog. prozessuale Tat. Ist die Anklage erhoben und die Hauptverhandlung eröffnet, kann die Staatsanwaltschaft die Anklage nicht mehr zurücknehmen. Die Prozessherrschaft geht auf das Gericht über. Dieses hat nunmehr den Sachverhalt aufzuklären. Die Staatsanwaltschaft und der Angeklagte bzw. die Verteidigung sind also nicht für die Einführung des Beweisstoffs und der Beweismittel in den Prozess verantwortlich, wie es der Verhandlungsmaxime entsprechen würde. Die Instruktionspflicht des Gerichts wird nur durch die in der Klage bezeichnete Tat begrenzt. Innerhalb dieser Grenzen ist das Gericht an die Anträge der anderen Prozessbeteiligten (insb. bei der Anwendung der Strafgesetze) nicht gebunden.

Diese Prozessausgestaltung hat die Konsequenz, dass das Gericht in der Hauptverhandlung selber die Rolle als Strafverfolgungsinstanz übernimmt und im Falle einer Verurteilung des Angeklagten die staatliche Strafgewalt selber ausübt. Das Gericht handelt nicht als neutraler Dritter. Es kontrolliert nicht die Staatsanwaltschaft. Nach Anklageerhebung gleicht der Prozess in gewisser Hinsicht dem Inquisitionsprozess, wenn auch dem Angeklagten umfassende Verfahrensbefugnisse zustehen. Dennoch: In der Hauptverhandlung gilt das *Inquisitionsprinzip.* Und deshalb hat man gesagt, dass diesem Prozesstypus nur die Anklage*form*, nicht aber das Anklage*prinzip* zugrundeliegt. Historisch hat sich in Deutschland der adversatorische Parteiprozess aus mehreren Gründen nicht durchgesetzt: Erstens wurde der Gewaltenteilungsgrundsatz noch nicht anerkannt und zweitens wurde noch nicht allgemein anerkannt, dass dem Bürger Rechte gegen den Staat zustehen können, die er auch gerichtlich durchsetzen kann. Ziel der Abschaffung des Inquisitionsprozesses war es daher nur, ein Strafverfahren einzuführen, dass eine größere Gewähr für die Ermittlung der materiellen Wahrheit bietet. Heute wird der Anklageprozess mit Ermittlungsgrundsatz damit legitimiert, dass der Strafrichter die Interessen des Angeklagten wahrnehmen muss, um die materiell überlegene Position der Staatsanwaltschaft insb. gegenüber dem sozial benachteiligten Angeklagten auszugleichen. Der adversatorische Parteiprozess führe zu einer Benachteiligung desjenigen Angeklagten, der sich keinen guten Anwalt leisten kann. Mit dem Schutz des Angeklagten wird ein entscheidendes rechtsstaatliches Anliegen genannt. Die weitere Diskussion wird erweisen, ob der adversatorische Parteiprozess diesem Anliegen hinreichend Rechnung tragen kann.

Обзор типов уголовного процесса

Фолькер Хаас

1. Предварительное замечание

Пожалуй, ни в одной области государство не вмешивается в права своих граждан так глубоко, как при осуществлении и исполнении государственной карательной власти. Это относится не только к уголовно-правовым санкциям, но, частично, даже и к уголовно-процессуальным мерам принуждения. Достаточно назвать хотя бы предварительное заключение, прослушивание телефонных переговоров или обыски. Поэтому форма уголовного процесса является важным индикатором верховенства права в обществе. Наряду с демократической легитимностью важными элементами верховенства права являются следующие: гражданин обладает основными правами, которые может осуществлять и с помощью независимых судов, подавая иски против государства; государство может вмешиваться в основные права граждан лишь в относительной степени; для вмешательства в права граждан требуется законное основание; действует принцип разделения властей. Конкретно с позиций процессуального права необходимо выполнять следующие принципы: обвиняемый имеет право на справедливое судебное разбирательство (п. 1 ст. 6 Европейской конвенции о защите прав человека и основных свобод, далее ЕКПЧ); сюда относится и право на разбирательство дела независимым и беспристрастным судом, созданным на основании закона (п. 1 ст. 6 ЕКПЧ); кроме того, каждый имеет право быть выслушанным судом (п. 3 ст. 6 ЕКПЧ), право на получение защитника и на эффективную правовую защиту (п. 3 ст. 6 ЕКПЧ); обвиняемый имеет право сохранять молчание; действует презумпция невиновности (п. 2 ст. 6 ЕКПЧ).

Если государство намерено соблюдать названные принципы, то это сказывается на выборе определенного типа уголовного процесса. Перед законодателем встает вопрос, на какую процессуальную модель он должен ориентироваться при разработке архитектуры уголовного процесса. Ниже мы хотим представить три типа: господствовавший в Германии вплоть до XIX века инквизиционный процесс, состязательный процесс, за который выступал и ряд авторов в реформистской литературе XIX в., и смешанную форму - обвинительный процесс, строящийся на принципе установления истины судом, который утвердился в реформистском законодательстве XIX в. Здесь я назову соответствующие причины за или против того или иного типа. С материально-правовой точки зрения я исхожу из того, что наказание является правом государства на вмешательство в права граждан.

2. Инквизиционный процесс

Инквизиционный процесс характеризуется тем, что суд расследует дело, являясь органом государственной власти. То есть действует *инквизиционный принцип*. Он подразумевает выяснение существа дела *судом*. Процесс начинается не с обвинения, а по официальному распоряжению, например, на основании доноса. Различают два этапа инквизиционного процесса: общее расследование и специальное расследование. На этапе общего расследования задачей суда является выяснить, было ли вообще совершено уголовное преступление и имеется ли достаточно доказательств, чтобы подозревать в определенное лицо в причастности к совершению преступления – установление состава преступления *(corpus delicti)*. Если удалось установить corpus delicti, то суд открывает следующий этап процесса – специальное расследование. Этот этап направлен против подозреваемого, которого задерживают, а затем подвергают так называемому допросу с пристрастием. Обвиняемый не имеет права на молчание. При необходимости его могут заставить дать показания (пытка). Защитник не имеет права присутствовать при допросе. Цель этого специального расследования как процессуального этапа - выяснить, действительно ли обвиняемый совершил преступление. Суд, проводящий расследование, должен при этом выяснить обстоятельства, говорящие за и против обвиняемого. Так как он должен раскрыть, что же произошло в действительности, то действует принцип *материальной* истины. По завершении допроса суд, проводящий дознание, должен передать материалы дела вместе с протоколами соответствующему органу, выносящему приговор. Этот орган выносит свой приговор на основании материалов дела.

Инквизиционный процесс упрекали в том, что судья здесь берет на себя роль обвинителя. Если же говорить точно, то эта формулировка вызывает недоразумение, ведь в этой процессуальной модели обвинитель отсутствует. Поэтому лучше сказать, что в инквизиционном процессе задачей судьи является преследование преступлений и самостоятельное осуществление государственной карательной власти. Суд представляет публичный интерес, заключающийся в наказании виновного. Отсутствует разделение властей или контроль властей. Суд единолично господствует на процессе. С точки зрения психологии существует опасность, что судья-инквирент действует предвзято, так как он бессознательно хочет подтвердить выдвинутое им самим подозрение против обвиняемого.

Подследственный же в первую очередь является объектом процесса и предметом судебного разбирательства. И без дальнейших разъяснений понятно, что инквизиционный процесс не отвечает требованиям верховенства права.

3. Состязательный процесс

В то время как в инквизиционном процессе обвиняемый стоит перед судом, который выносит ему приговор, в состязательном процессе противостоят друг другу обвиняемый и представитель государственного интереса. Эту роль берет на себя специальный орган - прокуратура. Ее задачей является преследование преступлений. Прокуратура является обвинительным органом. В состязательном процессе действует так называемый *обвинительный принцип*. Конкретно это означает, что после завершения предварительного расследования уголовный процесс вступает в стадию судебного разбирательства. Если суд допускает обвинение к рассмотрению дела по существу, то на судебном заседании прокуратура или государство и обвиняемый выступают как стороны. Что под этим имеется в виду? На основном судебном заседании разбирается спор между государством или прокуратурой с одной стороны и обвиняемым – с другой стороны. Предметом судебного процесса являются коллидирующие потенциальные права участников процесса, которые каждая сторона намерена реализовать в суде. Прокуратура утверждает, что обвиняемый совершил преступное деяние и поэтому государство имеет право наказать его. Обвиняемый утверждает, что он не совершал преступления. Он выдвигает негаторное требование против государства, чтобы оно не нарушало его права путем противоправного осуществления государственной карательной власти. Точнее говоря, эта процессуальная модель преследует две различных цели: осуществление карательного права государства и правовую защиту гражданина от государства.

В основе лежит принцип диспозитивности. Т.е. стороны господствуют на процессе. Они решают, будет процесс продолжаться или нет. Кроме того, в основе лежит и принцип состязательности: это означает, что стороны отвечают за представление средств доказывания и доказательственного материала на основном судебном заседании. В судебном заседании стороны имеют равные процессуальные права. Действует принцип формального «равенства средств защиты и нападения» (нем.: Waffengleichheit): как у прокуратуры, так и у обвиняемого или у его защиты имеются одинаковые процессуальные полномочия. Таким образом, обвиняемый является субъектом процесса в двояком смысле: во-первых, т.к. он имеет процессуально-правовые полномочия – причем те же самые, что и прокуратура. Во-вторых, он является субъектом процесса, т.к. может настоять на выполнении своих потенциальных требований защиты от неправомерного посягательства на его права. Задача независимого суда в том, чтобы как нейтральное третье лицо принять решение о коллидирующих правовых требованиях, не принимая в расчет карательные интересы государства. В этом качестве суд должен проверить, можно ли на основании представленных прокуратурой доказательств вынести обвинение. При этом закон выполняет для суда функцию масштаба для познания того, что в этом конкретном деле является справедливым и законным. Собственно говоря, было бы логично, если бы суд был связан заявлениями сторон. Эта процессуальная модель вытекает из принципа разделения властей. Хотя суд сам осуществляет государственную власть, он противостоит государству как третье лицо и тем самым как собственный субъект процесса.

Утверждается, что вышеизложенный тип уголовного процесса годится только для осуществления частных прав, но не для осуществления публичного права. Так, принцип диспозитивности и принцип состязательности объясняют тем, что стороны заявляют о потенциальных субъективных правах, которыми они могут располагать произвольно. Но прокуратура заявляет о государственной карательной власти, которой она не может располагать как какой-либо субъект частного права. Но из этого обстоятельства не вытекает обязательное следствие, что на судебном разбирательстве суд должен занимать господствующую позицию. Это доказывает только то, что прокуратура должна осуществлять господство на судебном процессе не по произволу, а в соответствии с законом. Она обязана вести процесс. Кроме того, она также не может просто отказаться от карательного права, если не имеет на это законного полномочия.

Также высказывается утверждение, что принцип состязательности обеспечивает выяснение только формальной истины, целью же уголовного процесса является установление материальной истины. Под формальной истиной понимается, что стороны в отличие от суда могут в определенных границах распоряжаться истиной. Так, обвинитель мог бы отказаться от утверждения определенных фактов или от представления доказательств. То же самое касается и обвиняемого. То, что стороны не представляют суду, для суда не существует. Но и эти сомнения, в сущности, не оправданы. Цель уголовного процесса, заключающаяся в установлении материальной истины, достигается путем того, что прокуратура обязана представить на судебном разбирательстве все доказательства и все разрешенные средства доказывания. Было бы просто несовместимым с публично-правовым характером наказания, если бы прокуратура могла, подобно частной стороне, по свободному усмотрению принимать решение о том, какие обстоятельства она будет представлять суду и доказывать. Правда, следует признать, что суд может только в ограниченном объеме контролировать или гарантировать соблюдение прокурором своих обязательств. Хотя он и может – теоретически – обеспечить, чтобы обвиняемый только тогда был признан виновным, когда это соответствует материальной истине, но он не может обеспечить, чтобы обвиняемого признавали виновным всегда, когда это соответствует материальной истине. Правда, такое ограничение судебной власти не является недостатком: оно как раз соответствует его нейтральной роли, исключающей осуществление публичных интересов.

Следует обратить внимание еще на одно различие между прокурором как обвинителем и частным субъектом как истцом: из конструкции уголовного процесса как состязательного процесса сторон не вытекает необходимое следствие, что прокуратура является односторонним органом, который на судебном заседании представляет только те сведения или доказательства, которые выгодны для обвинения. Прокуратура вполне может быть устроена как объективный орган, который должен учитывать также и обстоятельства, выгодные для обвиняемого, - в том числе, и в ходе судебного заседания. Для этого имеются в основном две причины: во-первых, государство заинтересовано только в наказании виновного. Это внутренняя причина. И, во-вторых, государство, опираясь на уголовно-процессуальные меры принуждения, располагает такими средствами дознания, которые не имеются у обвиняемого. Из этого вытекает требование компенсации. Иначе процесс был бы несправедливым. Это внешняя причина.

Если уголовно-процессуальная система строится как правовой спор, в котором противопоставлены противоречащие друг другу утверждения прокуратуры, с одной стороны, и обвиняемого, с другой стороны, то было бы, собственно, логичным, чтобы обвиняемому была предоставлена возможность признать, хотя бы по существу, требование наказания со стороны государства. Если бы обвиняемый признался в своей вине, то тогда не было бы причин для проведения судебного разбирательства. Правда, было бы возможно на законных основаниях оспорить предмет процесса. Ради соответствия процесса принципам верховенства права государство поставило бы осуществление государственной карательной власти в зависимость от проведения публичного судебного заседания и тем самым от проверки и контроля независимым судом. В этом смысле говорят о сохранении за судом права на проведение процесса. Кроме того, было бы теоретически возможно, чтобы в случае признания независимый судья предпринял хотя бы проверку обоснованности. Решающим является, соответствует ли уголовный процесс в целом принципу верховенства права.

Какую функцию исполняет в состязательном процессе процесс дознания или предварительное расследование? Оно не является частью правового спора между прокуратурой и обвиняемым или защитой, ведущегося в независимом и нейтральном суде. Дознание или предварительное следствие принципиально служит только сбору доказательств, осуществляемому органом уголовного преследования. Оно должно прийти к предварительному убеждению, что обвиняемый виновен. Если это так, то выдвигается обвинение. Собственно доказывание происходит в ходе судебного заседания. Дознание или предварительное следствие само по себе не может быть организовано как контрадикторное или состязательное, т.к. стороны еще не выдвинули противоположных заявлений о своих правах. На этом этапе процесса возможно только усилить партиципаторные элементы. Это можно сделать, например, путем предоставления защите права присутствия, права задавать вопросы, права затребовать доказательства и т.д. Хотя проведения дознания или предварительного следствия не является задачей судьи, возможно, чтобы в компетенцию независимых судей входили распоряжения о принятии определенных процессуальных мер принуждения. Но тогда они не совершают правосудие, а функционально подчиняются исполнительному органу. Поэтому можно говорить о формальной правовой защите в пользу обвиняемого. То же самое было бы, если бы все «предварительное расследование» было передано в руки судей-дознавателей.

4. Обвинительный процесс, строящийся на принципе расследования обстоятельств судом, как смешанная форма уголовного процесса

Действующий в Германии обвинительный процесс, строящийся на принципе проведения дознания судом, сочетает в себе элементы инквизиционного и состязательного процессов. И в этой процессуальной модели прокуратура господствует на процессе. Она должна исследовать обстоятельства дела. При этом она должна выяснить и обстоятельства, служащие снятию вины с обвиняемого. Таким образом, прокуратура является объективным органом. Как и в состязательном процессе, уголовный процесс вступает в стадию судебного разбирательства только через обвинение. Однако предъявление обвинения не означает утверждения, что обвиняемый виновен в совершении преступного деяния и что поэтому государство имеет право наказать обвиняемого. Основное судебное заседание строится не как правовой спор. Напротив, предъявив обвинение, прокуратура призывает суд к самостоятельным действиям. При этом функция обвинения заключается в том, чтобы связать суд конкретной темой разбирательства. Обвинение определяет процессуальный предмет. И им является не потенциальное материальное право, а история события в жизни обвиняемого, так называемое «процессуальное деяние» (*нем.:* prozessuale Tat). Если обвинение предъявлено и судебное разбирательство открыто, то прокуратура уже не может забрать обвинение. Господство на процессе переходит к суду. Теперь его очередь выяснять обстоятельства дела. Таким образом, прокуратура и обвиняемый или защита не несут ответственности за представление на процессе доказательных материалов и средств доказывания, как это соответствовало бы принципу состязательности. Обязанность суда делать разъяснения ограничивается только деянием, указанным в обвинении. В этих границах суд не связан заявлениями других участников процесса (в частности, при применении уголовного законодательства).

Такая конструкция процесса ведет к тому, что на судебном заседании суд сам берет на себя роль органа уголовного преследования и в случае вынесения приговора обвиняемому сам осуществляет государственную карательную власть. Суд действует не как нейтральное третье лицо. Он не контролирует действия прокуратуры. После предъявления обвинения процесс в каком-то отношении похож на инквизиционный, если даже у обвиняемого имеются широкие процессуальные полномочия. Тем не менее: на судебном заседании действует *инквизиционный принцип*. Поэтому и говорили, что в основе этого процессуального типа лежит только обвинительная *форма*, но не обвинительный *принцип*. Исторически сложилось, что в Германии состязательный процесс не был принят по ряду причин: во-первых, еще не получил признания принцип разделения властей. И, во-вторых, еще не было общепризнанным, что у гражданина могут быть права против государства, которые он может осуществлять и судебным путем. Поэтому целью отмены инквизиционного процесса было только введение такого уголовного процесса, который дает большой гарантию при выяснении объективной истины. Сегодня обвинительный процесс, строящийся на принципе проведения судебного дознания, узаконен тем, что судья по уголовным делам обязан соблюдать интересы обвиняемого, чтобы компенсировать материально более высокую позицию прокуратуры, в особенности по отношению к социально менее защищенному обвиняемому. Утверждают, что состязательный процесс ведет к ущемлению того обвиняемого, который не может позволить себе хорошего адвоката. Под защитой обвиняемого подразумевается важнейшая задача правового государства. Продолжение дискуссии покажет, учитывает ли состязательный процесс в должной мере эту задачу.

Grundzüge des Vorverfahrens im Strafprozess der USA

Lorena Bachmaier Winter

1. Einleitung

Auf dem Weg zum Aufbau oder zur Stabilisierung eines demokratischen Systems ist es äußerst wichtig, die volle Geltung der Grundsätze der Rechtsstaatlichkeit zu gewährleisten. Sowohl bei Systemen, die sich im Übergang befinden als auch in jungen Demokratien spielt der richtige Ablauf des Strafverfahrens eine äußerst wichtige Rolle, da es eines der entscheidenden Instrumente zur Gewährleistung der Sicherheit der Bürger ist, gleichzeitig aber auch dazu da ist, deren Rechte zu schützen. Bezüglich der Frage, welches Strafverfahren das Beste ist oder welches strafrechtliche Modell sich ein bestimmter Staat aneignen sollte, gibt es keine eindeutige Antwort. Diese Antwort liefern nur die Ergebnisse, bewertet nach deren Wirksamkeit und nach der Achtung der Menschenrechte. Jedoch muss man vor der Inangriffnahme einer Gesetzesreform in einem Staat, der sich im Übergang zu einer Demokratie befindet, eine Debatte darüber eröffnen, welches Modell der StPO im Zusammenhang mit genau diesem Land am geeignetsten sein könnte[1]. Es wäre nicht sinnvoll, bei der Schöpfung neuen Rechts oder der Bewertung des schon Vorhandenen ohne Rechtsvergleich auskommen zu wollen: Das Ausnützen von bereits anderswo gemachten Erfahrungen, um neue Impulse und Ideen für die Rechtsfortbildung zu erlangen, ist heutzutage unentbehrlich.

Der Blick auf andere Rechtssysteme und andere Strafprozesse gibt keine klare Antwort auf die Frage, welches strafprozessuale Modell ein bestimmter Staat einführen sollte. Bei der Gestaltung des strafrechtlichen Systems ist der Prozess lediglich ein kleiner Teil des komplizierten Aufbaus, dessen Anwendung und Erfolg von der Regelung und praktischen Arbeitsweise der Justizorgane, der Polizei, der Anwaltschaft und natürlich der Staatsanwaltschaft abhängt. Eine Reform des Systems nur aus der Perspektive des Prozesses anzugehen, oh-

---

1 So zutreffend beschrieben von R. Pound, Criminal Justice in America, New York 1930, S. 77, die Wichtigkeit des Verständnisses der Geschichte eines jeden juristischen Systems hervorhebend: "We may recognize three chief factors in the administration of criminal justice, namely men, machinery, and environment. Justice is administered by men. These men administer it by jeans of legal and political institutions. Also they do so in a certain social and political and economic environment. Our understanding of any of these factors will be superficial unless grounded in history".

ne dabei die Subjekte, die daran teilhaben und die spezifischen Probleme, die darin eine Rolle spielen, zu berücksichtigen, wäre unrealistisch.

Nach den oben angestellten Überlegungen befasst sich diese Arbeit mit den Grundzügen eines der möglichen Verfahrensmodelle.

In der Klassifikation der verschiedenen Rechtsordnungen wird traditionell zwischen dem System des *civil law* und dem des *common law* unterschieden, und dem sozialistischen Rechtssystem[2], nebst anderen strafrechtlichen Formen von Konfliktlösungen – tribale oder kommunale Gerichte–. Das amerikanische System gehört zu den sog. anglo-amerikanischen oder *common law* Systemen. In Bezug auf das *common law* würde es hier zu lange dauern, über die Geschichte, Entstehung und die verschiedenen Einflüsse des Strafverfahrens zu sprechen und darüber hinaus, warum die Kodifikationswelle Napoleons im 19. Jahrhundert nicht das *common law* aufhob[3].

Einige vorangestellte Erklärungen, um Missverständnisse zu vermeiden: Zuallererst muss erklärt werden, dass man nicht von „einem amerikanischen Strafverfahren" sprechen kann. Die Art und Weise, wie jeder der 50 amerikanischen Staaten seine Strafverfolgung gestalten und die Behörden organisieret, ist sehr unterschiedlich, auch wenn überall Gemeinsamkeiten festzustellen sind und auch wenn die Rechtsprechung des *Supreme Courts* zur Vereinheitlichung beigetragen hat[4]. In diesem Aufsatz werde ich mich auf das Bundesverfahren der FRCP beschränken.

Noch ein weiteres Merkmal muss zu Anfang erwähnt werden: Obwohl der amerikanische Strafprozess von dem englischen abstammt und ganz deutlich davon geprägt ist, haben bestimmte Umstände dazu geführt, dass beide Prozesse sich unterschiedlich entwickelt haben und in der Gegenwart verschieden sind. Im Unterschied zum zentralistisch organisierten englischen Königreich waren die USA von Beginn an eine Föderation[5]. Die in der Verfassung von 1787 niedergelegten Grundsätze, die ganz deutlich von den Ideen der Aufklärung geprägt

---

2 So bspw. R. David (und J.E.C. Brierly), Major legal systems in the world today: an introduction to the comparative study of law, London 1985;M.A. Glendon, M. Wallace Gordon, C. Osakwe, Comparative Legal Traditions, St. Paul (Minnesota), 1994; Major Criminal Justice Systems. A comparative Survey, (eds. G.F. Cole, S.J. Frankowski, M.G. Gertz), Beverly Hills London 1987.

3 Siehe die interessante rechtsvergleichende Studie von R. Vogler, A world view of criminal justice, Aldershot 2005.

4 Über Gemeinsamkeiten und Unterschiede der Strafverfahren der 50 Staaten unter sich und mit dem föderalen Strafverfahren siehe W.R. Lafave, J.H. Israel, N.J. King, O.S. Kerr, Criminal Procedure, Eagan (Minnesota), 2007, vol. 1, S. 80 f.

5 R. Pound, op. cit., S. 150, indem er feststellt, dass das dezentralisierte Justizsystem in den USA, oder gar die Inexistenz eines Systems, ein Teil des „regime of checks and balances" war.

sind, enthalten den Willen, eine egalitäre Gesellschaftsordnung zu verwirklichen und den Staatsaufbau demokratisch zu regeln[6].

Drittens muss die Rolle der Richter und der richterlichen Entscheidungen als Rechtsquelle, das *stare decisis* oder die bindende Wirkung der Urteile oberster Gerichte, vor jeder Darstellung klargestellt werden. Die Rolle, die Richter bei der Schöpfung neuen Rechts einnehmen, darf nicht vergessen werden. Genauso wenig wie die Rolle, die die Jury im Prozess spielt, aus den Augen verloren werden darf: Die Richter spielen eine große Rolle in der Erschaffung des Rechts im konkreten Fall, jedoch die Befugnis, über Fakten zu entscheiden, liegt im Prozess bei den Geschworenen.

Im Folgenden werde ich versuchen, einen kurzen Überblick über das Vorverfahren des Strafverfahrens der USA aus der Position eines kontinentaleuropäischen Juristen zu geben und hervorzuheben, welches die Verfassungsgrundsätze sind, die die Entwicklung des Vorverfahrens geprägt haben.

2. Das nordamerikanische Vorverfahren der USA[7]

Der genaue Ablauf eines Strafverfahrens, sowohl seine Gestaltung als auch seine Grundlagen, können unterschiedlich sein, aber im Allgemeinen finden wir in jedem System ähnliche Elemente: Die Durchführung einer polizeilichen Ermittlung, eine richterliche Kontrolle der Haft, eine Entscheidung über die „*probable cause*" durch richterliche Behörden oder Anklagebehörden, die Entscheidung über die Einstellung des Verfahrens oder bezüglich der Fortsetzung der mündlichen Verhandlung oder des *trials*, und das Urteil. Die Phasen stimmen im Allgemeinen in allen Rechtssystemen überein, sei es das *common law* oder das *civil law*. Das macht den rechtlichen Vergleich erst möglich, denn nicht nur die Ziele des Strafprozesses, sondern auch die Notwendigkeit der Ermittlung der Tatsachen und der Bewertung des gesammelten Materials vor dem Stattfinden des Prozesses stimmen überein. Nachfolgend wird, kurz zusammengefasst, der Ab-

---

6 R. Pound, op. cit., S. 121: "Four ways of looking at things political and legal left their mark upon nineteenth-century criminal justice. In some sense they are no doubt four phases of one mode of thought, as looked at from different standpoints. But is convenient to take up one by one as the pioneer attitude, the natural rights attitude, the democratic attitude, and the entrepreneur attitude."

7 Es gibt eine umfangreiche Literatur über das Vorverfahren im Strafverfahren der USA. Für den Zweck dieses Aufsatzes und für die Schilderung der Phasen und Merkmale des nordamerikanischen Strafmodells wäre es sinnlos, hier diese enorme Bibliographie anzudeuten. Wir folgen hier hauptsächlich J.R. Acker und D.C. Brody, Criminal Procedure. A Contemporary Perspective, Sudbury, Massachussetts, S. 372–404; J. Dressler und A.C. Michaels, Understanding Criminal Procedure, vol. 1: Investigation, Newark, NY, 2006, wo die Regelung und Merkmale des pre-trial process gründlich dargestellt werden.

lauf des Vorverfahrens des amerikanischen *federal criminal procedure* geschildert.

Die Grundzüge der Phasen des Vorverfahrens[8]

Wenn wir dem typischen Gang eines Verfahrens für schwere Straftaten folgen, einem Verfahren, in dem der Beschuldigte ein Recht auf ein Geschworenengericht hat, sieht es mehr oder weniger wie folgt aus: (Es wird hier nicht der Prozess bei Bagatelldelikten oder Übertretungsfällen betrachtet.)

1) Suspect detention.

Die Rolle der Polizei, in den USA wie in Europa, ist die der Aufdeckung von Straftaten und Überführung der dafür Verantwortlichen, also die ersten Ermittlungen über Verdächtige durchzuführen und die Spuren der Tat zu sichern. Der Umfang der entsprechenden Kompetenzen der Polizei ist auch in den USA umstritten, aber man kann klar sagen, dass das vorprozessuale Zusammentragen der Beweise und der Elemente, die für das Strafverfahren entscheidend sind, weitgehend in die Hände der Polizei gelegt ist. In den meisten Fällen besteht die Einleitung eines Strafverfahrens in der Festnahme des Verdächtigten[9]. Die Polizei ist berechtigt, den Verhafteten kurz festzuhalten, um ihn zu vernehmen, seine Personalien und persönlichen Verhältnisse festzustellen und um seine Fingerabdrücke zu nehmen. Die polizeiliche Ermittlung ist durch verfassungsrechtliche Vorschriften geregelt, besonders durch die Vorschriften des IV. Amendments.

2) First appearance.

Danach ist der Häftling ohne Verzug (*without delay*) dem *magistrate* vorzuführen. Bei diesem ersten Auftritt (*first appearance*) vor dem Richter wird kontrolliert, ob es Haftgründe gibt. Im Regelfall, soweit die Haft zulässig ist, entlässt der *magistrate* den Beschuldigten gegen Kaution (*bail*)[10]. Der Normalfall ist Freiheit gegen Kaution und nicht die Untersuchungshaft: Statistiken zeigen, dass die Untersuchungshaft in den Strafverfahren der USA weniger geläufig ist als in den Systemen Kontinentaleuropas[11]. Gem. Verfassung darf die Kaution nicht unverhältnismäßig sein. Andernfalls, also bei Nicht-Festlegung einer Kaution, wird der Verdächtige weiter in Haft belassen. Die Staatsanwaltschaft ist bei die-

---

8 Für eine kurze Zusammenfassung des Verlaufs des Strafverfahrens in den USA siehe M. Cammack und N. Garland, Advanced Criminal Procedure in a nutshell, St. Paul (Minnesota), 2006.

9 Über die Befugnis der Polizei, Verdächtige zu verhaften, ist die Entscheidung United states v. Watson, 423 U.S. 411, 96 S.Ct. 820 (1976) ausschlaggebend.

10 Vgl. Federal Bail Reform Act von 1984, 18 U.S.C.A. § 1342.

11 W.R. Lafave, J.H. Israel, N.J. King, O.S. Kerr, Criminal Procedure, Eagan (Minnesota) 2007, vol. 4, S. 7 f.

sen Anhörungen nicht immer anwesend. Oft ist nur die Polizei zugegen, mit einer provisorischen Anklage des *prosecutor*, der sog. *complaint*. Auf dieser Stufe, den *screenings,* können sowohl Polizei als auch Staatsanwaltschaft innerhalb ihres weit gesteckten Ermessens auf die Strafverfolgung verzichten. Hierauf kommen wir später zurück.

3) Preliminary hearing.

Kurz danach werden die Parteien zu einer ersten Verhandlung (*preliminary hearing*) vor den *magistrate* geladen[12]. Wenn es sich bei dem Delikt lediglich um eine Übertretung handeln würde, so würde der *magistrate* zu diesem Zeitpunkt selbst das Urteil sprechen. So ist die Aufgabe bei dieser ersten summarischen Verhandlung jedoch nur das sog. *screening of charges for trial,* also die Überprüfung, ob tatsächlich eine *probable cause* besteht und ob die Weiterführung des Prozesses gerechtfertigt ist. In dieser ersten Verhandlung werden der Beschuldigte und mögliche Zeugen verhört. Zeugen können vom Beschuldigten ins Kreuzverhör genommen werden. Unstimmigkeiten zwischen deren Aussagen und der des Angeklagten können später vor dem Urteilsgericht dargestellt werden. Dieses *hearing* kann auch dazu dienen, Zeugenaussagen zu sichern (*perpetuation of testimony*)[13]. Bei dieser Verhandlung geht es darum, einen *prima facie case* zu beweisen: Beweisverbote spielen im Regelfall bei dieser vorläufigen Verhandlung keine Rolle (Rule 1101 (d) of the *Federal Rules of Evidence*)[14].

Bejaht der *magistrate* hernach das Bestehen eines *probable cause*, also dass doch ein dringender Tatverdacht oder die Wahrscheinlichkeit der Deliktsbegehung besteht, und dass Beweise der Begehung der Straftat vorliegen, überweist er den Fall ans Bezirksgericht. Wenn nicht, wird der Fall abgewiesen und das Strafverfahren eingestellt. Diese Klageabweisung entfaltet keine materielle

---

12 In Lem Woon v. Oregon, 229 U.S. 586, 33 S.Ct. 783 (1913), erklärte das amerikanische Supreme Court, dass diese vorläufige Gerichtsverhandlung nicht in der Verfassung gewährleistet sei; es handle sich um ein gesetzliches Recht, dass sowohl in den Bundes- als auch in den staatlichen Strafverfahren vorgesehen ist. Vgl. W.R. Lafave, J.H. Israel, N.J. King, O.S. Kerr, op. ult. cit., S. 292.

13 Als Ausnahme der hearsay rule kann die Zeugenaussage bei der vorläufigen Gerichtsverhandlung als Beweis in der Hauptverhandlung bewertet werden, wenn der Zeuge dann nicht zu finden ist. Vgl. W.R. Lafave, J.H. Israel, N.J. King, O.S. Kerr, Criminal Procedure, op. ult. cit., S. 283.

14 Vgl. J.R. Acker und D.C. Brody, op. cit., S. 386. Die meisten Staaten folgen dieser Regel des föderalen Strafverfahrens. Vgl. W.R. Lafave, J.H. Israel, N.J. King, O.S. Kerr, Criminal Procedure, op. ult. cit., S. 341 f.

Rechtskraft. Nach dieser Vorprüfung durch den *magistrate* kann eine weitere Prüfung vor der *grand jury* stattfinden[15].

4) Indictement.

Wurde der Prozess nicht abgewiesen, verfasst der Ankläger nun die Anklageschrift (*indictement*), um sie bei dem Urteilsgericht einzureichen. Gem. des VI. Amendments hat der Beschuldigte das Recht, über die Natur und den Grund der Anklage vollständig informiert zu werden. Die Anklage muss den genauen Sachverhalt beinhalten (a *plain, concise and definite written statement of the essential facts constituiting the offence charged*) sowie die notwendigen Beweise nennen, um den Tatbestand zu beweisen. Sie muss dem Angeklagten spätestens drei Tage vor Beginn der Hauptverhandlung zugestellt werden.

Oberflächlich betrachtet, die Details außen vor lassend, entspricht dieser Ablauf dem eines europäischen Strafverfahrens. Dennoch richtet es sich nach ganz anderen Prinzipien.

Der Verlauf der Hauptverhandlung vor den Geschworenen ist dank der zahlreichen Hollywoodfilme fast jedem bekannt. Im Normalfall gibt es 12 Geschworene[16]. Der Richter hat keine detaillierte Kenntnis der Ermittlungsakten und hat, in Bezug auf die Beweisaufnahme, eine grundsätzlich zurückhaltende Rolle zu bewahren. Das erklärt sich durch seine Funktion in der Gerichtsverhandlung: Der Richter entscheidet nicht über die Fakten oder die Strafbarkeit, es ist nicht seine Aufgabe die Beweise zu bewerten. Seine Bedeutung in der Hauptverhandlung ist wesentlich geringer als im kontinental-europäischen Verfahren, wo der Richter die Aufgabe hat, die Entscheidung in der Sache zu treffen. Aufgrund dessen, dass das nordamerikanische Modell auf der klaren Trennung zwischen der Urteilssprechung – der Jury zustehend – und der Anwendung der Strafe – dem Richter folgend – aufbaut, macht es keinen Sinn, die Akteneinsicht oder das Vernehmen von Angeklagten oder Zeugen zuzulassen. Es geht sogar so weit, dass seine Aufgabe strickt passiv ist, mit dem Ziel, keinen unerwünschten Einfluss auf das Schwurgericht auszuüben. Seine Aufgabe beschränkt sich im Prinzip auf die richterliche Unterweisung der Geschworenen, die Kontrolle über den Verlauf der mündlichen Verhandlung und das Strafzumessungsverfahren (*sentencing*), bei dem das Strafmaß festgelegt wird.

---

15 Über die Grand Jury Proceedings siehe J.R. Acker und D.C. Brody, op. cit., S. 388–402; W.R. Lafave, J.H. Israel, N.J. King, O.S. Kerr, Criminal Procedure, Eagan (Minnesota), 2007, vol. 3, S. 3 f.

16 Die Zahl der Geschworenen ist unterschiedlich, denn nicht nur eine Jury mit zwölf Bürgern ist gestattet, sondern ebenfalls eine Jury von neun Geschworenen, in Florida sogar von nur sechs. Jedoch wurde ein Geschworenengericht mit nur fünf Personen für ungenügend erklärt (Ballew v. Georgia 1978).

Die charakteristischen Elemente des Vorverfahrens des amerikanischen Strafverfahrens

Ich würde drei Elemente hervorheben, die das amerikanische Strafverfahren kennzeichnen und es so sehr vom kontinental-europäischen Verfahren unterscheiden:

1) Die von Anfang an existierende und außergewöhnlich starke Prägung des amerikanischen Strafverfahrens vom Verfassungsrecht, insb. der Idee der Gewährleistung der Freiheit der Bürger.
2) Das Recht auf *jury trial*, oder Geschworenengericht und
3) Die stärkere Erhaltung der Struktur als Parteiverfahren oder adversatorischem Prozess als im kontinental-europäischen Recht.

1) Verfassungsrechtliche Garantien

In der Verfassung spiegelte sich von Anfang an der Wunsch wider, die Bürger vor unberechtigten Eingriffen von Seiten der Behörden zu schützen. Später, durch die sog. *Bill of Rights* von 1791, in der die Amendments zu finden sind, konkretisierten sich die Verfahrensgarantien des Einzelnen[17]. Dies sind Merkmale der amerikanischen Verfassung, die in großem Maße Personen wie *Jefferson* und besonders *James Madison* zu verdanken sind und die für das Verständnis dieser Art des Strafprozesses nicht übersehen werden dürfen. Bereits seit der Zeit um 1787 und 1791 sind folgende Rechte im Bereich des Strafprozesses anerkannt:

IV. Amendment: Recht gegen ungerechtfertigte Durchsuchungen und Beschlagnahmung. Eine entsprechende Anordnung darf nicht ohne zureichenden Grund (*warrant clause and probale cause*, Wahrscheinlichkeit eines Delikts) erteilt werden und hat insb. den durchsuchenden Ort und die zu ergreifenden Personen oder Sache zu beschreiben. Zur Feststellung, ob *probable cause* vorhanden ist, müssen alle relevanten Umstände abgewogen werden: Beweiselemente, Glaubwürdigkeit der Zeugen oder des Informanten sowie die Grundlagen seines Wissens[18]. Trotz der Kürze dieser Vorschrift sind viele der wichtigsten prozessualen Garantien hier inbegriffen. Die Anzahl der Entscheidungen der

17 Vgl. J. Dressler und A.C. Michaels, Understanding Criminal Procedure, vol. 1: Investigation, Newark, NY, 2006, S. 516–533.

18 IV. Amendment: "The right of the people to be secure in their persons, houses, papers and effects, against unreasonable searches and seizures, shall not be violated, and no Warrants shall issue, but upon probable cause, supported by Oath or affirmation, and particularly describing the place to be searched, and the persons or things to be seized."

Gerichte und des *Supreme Courts* über die Auslegung dieser Verfassungsvorschrift ist enorm[19].

V. Amendment: Recht auf einen Anklagebeschluss der *grand jury*. Keiner darf aufgrund des gleichen Delikts zweimal bestraft werden (*prohibition of double jeopardy*); niemand soll in einem Strafverfahren gezwungen werden, gegen sich selbst Zeugnis abzulegen, noch darf jemand des Lebens, der Freiheit oder des Eigentums ohne ordnungsgemäßes rechtliches Verfahren beraubt werden. Auch darf Privateigentum nicht ohne gerechte Entschädigung für den öffentlichen Gebrauch beschlagnahmt werden. Dieses Amendment ist auch als *due process clause* oder Recht auf ein faires gerichtliches Verfahren bekannt.

Das Recht auf Nicht-Selbstbeschuldigung (*privilege against self-incrimination*) und das Recht, keine Aussagen machen zu müssen (*right to remain silent*), wird im amerikanischen Strafverfahren sehr streng ausgelegt. Seit dem bekannten Fall *Miranda v. Arizona* von 1966[20] gilt, dass der Beschuldigte ausdrücklich auf sein Recht zu Schweigen aufmerksam gemacht und informiert werden muss, dass alle seine Aussagen gegen ihn verwendet werden können. Ohne eine Belehrung über diese Rechte sind seine Aussagen im Prozess nicht verwendbar. Es besteht dann die unwiderlegbare Vermutung, dass ein solcher Beschuldigter unter Zwang ausgesagt habe (*irrebuttable presumption*)[21].

VI. Amendment: Recht des Angeklagten auf einen raschen und öffentlichen Prozess durch ein unparteiisches Geschworenengericht; Recht darauf, über den Grund der Anklage informiert zu werden; Recht, den für den Ankläger auftretenden Zeugen gegenübergestellt zu werden (*confrontation clause*) und darauf, dass die Zeugen, die zu Gunsten des Angeklagten erscheinen, zwingend aufgeboten werden müssen, und als letzter Punkt das Recht auf Beistand eines Anwalts zur Verteidigung[22]. Am Anfang bedeutete dies lediglich, dass der An-

---

19 Vgl. J.R. Acker und D.C. Brody, op. cit. S. 47 f.; J. Dressler und A.C. Michaels, op. cit., S. 51 f.

20 Miranda v. Arizona, 348 U.S. 436, 86 S.Ct. 1602 (1966). Siehe J.R. Acker und D.C. Brody, op. cit., S. 220 f.; J. Dressler und A.C. Michaels, op.cit., S. 467 f.; W.R. Lafave, J.H. Israel, N.J. King, O.S. Kerr, Criminal Procedure, Eagan (Minnesota), 2007, vol. 2, S. 700 f.;S.C. Thaman, "Miranda in Comparative View", Saint Louis U.L.J. 45 (2001), S. 581–624.

21 V. Amendment: "No person shall be held to answer for a capital, or other infamous crime, unless on presentment of indictment of a Grand Jury, except in cases arising in the land or naval forces, or in the Militia, when in actual service in time of War or public danger; nor shall any person be subject for the same offence to be twice put in jeopardy of life or limb; nor shall be compelled in any criminal case to be a witness against himself, nor be deprived of life, liberty, or property, without due process of law; nor shall be taken for public use without just compensation."

22 VI. Amendment: "In all criminal prosecutions, the accused shall enjoy the right to a speedy and public trial, by an impartial jury of the State and district wherein the crime shall have been committed, which district shall have been previously ascertained by law, and to be informed of the nature and cause of the accusation; to be confronted with

geklagte dann das Recht, einen Anwalt zu berufen, hatte, wenn er in der Lage war, die entsprechenden Kosten zu tragen. Nur für Fälle, in denen der Angeklagte mit einer Todesstrafe rechnen musste, wurde ein Pflichtverteidiger benannt. Im Jahre 1938[23] erklärte der *Supreme Court* eine Verteidigung für alle Bundesstrafverfahren für notwendig, erst 1963 (*Gideon v. Wainwright*[24]) wurde der Anspruch auf einen Verteidiger auch in allen staatlichen Strafverfahren anerkannt[25]. Später im *leading case Massiah v. United States*[26] wurde auch das Recht auf Beistand eines Anwalts bei der polizeilichen Vernehmung gewährleistet[27]. Und zu guter Letzt:

VIII. Amendment: Unverhältnismäßige Kautionen oder Bußen dürfen nicht verhängt werden; grausame und außergewöhnliche Strafen sind nicht zulässig. Die Kaution wird gestellt, um die Anwesenheit des Verdächtigen beim Verfahren sicherzustellen. Die Höhe dieser Kaution darf die verfassungsrechtlichen Schranken nicht überschreiten[28]. Bereits in den *Body of Liberties* von 1689 wird das Recht auf Kaution garantiert, hiervon ausgenommen sind Kapitalverbrechen. Diese Garantie bedeutete schon früh einen deutlichen Fortschritt gegenüber der Praxis im kontinental-europäischen Strafverfahren. Hier war es üblich, den Verdächtigten während der Ermittlungen in Untersuchungshaft zu behalten. Eine Untersuchungshaft im kontinental-europäischen Sinne mit den üblichen Haftgründen (Flucht-, Verdunkelungs- und Wiederholungsgefahr) entwickelte sich in den USA erst in jüngerer Vergangenheit.

Diese Liste von Freiheitsrechten wurde lange Zeit nur für die Bundesbehörden innerhalb der Bundesstrafverfahren als bindend angesehen. 1868 wurde durch das XIV. Amendment das Prinzip des *due process* in den Staaten angewandt[29]: Es verbot fortan auch den einzelnen Staaten, ohne ordentliches Verfahren in die Rechte der Bürger einzugreifen. Erst im Fall *Duncan v. Louisiana* im Jahre 1968[30], wurde das Recht auf *jury trial* auch in die einzelnen Staaten verbindlich, wenn es grundlegend für den Schutz von Gerechtigkeit und Freiheit war.

---

the witnesses against him; to have compulsory process for obtaining witnesses in his favour, and to have the Assistance of Counsel for his defence."

23 Johnson v. Zerbst, 304 U.S. 458, 58 S.Ct. 1019 (1938).

24 Gideon v. Wainwright, 372 U.S. 335, 83 S.Ct. 792 (1963).

25 Siehe dazu J.R. AckerundD.C. Brody, op. cit., S. 431 f.

26 377 U.S. 201 (1964).

27 J. Dressler und A.C. Michaels, op. cit., S. 525 f.

28 VIII. Amendment: "Excessive bail shall not be required, nor excessive fines imposed, nor cruel and unusual punishment inflicted."

29 Siehe dazu J.R. Acker und D.C. Brody, op. cit., 2004, S. 35–40.

30 Duncan v. Lousiana 391 U.S. 145, 88 S.Ct. 1444 (1968): Dieser Fall befasst sich mit dem verfassungsrechtlichen Recht auf jury trial und die Anwendung in staatlichen Straafverfahren.

Obwohl es keine direkte Übernahme der *Bill of Rights* durch die Staaten gibt, hat die Rechtsprechung des *Supreme Courts* zu einzelnen strafrechtlichen Fällen dazu geführt, dass die *due process law*-Klausel aus dem XIV. Amendment bei allen Kriminalfällen angewandt wird. Die 1960er Jahre brachten nicht nur diese Inkorporations-Praxis, sondern auch eine enorme Ausdehnung der Interpretation der verfassungsmäßigen Rechte, vor allem auf dem Gebiet des Strafprozesses. Dabei ging es im Wesentlichen um gesetzlich nicht geregelte Praktiken der Strafverfolgungsbehörden und darum, diese auf ihre Verfassungsmäßigkeit hin zu überprüfen.

2) Das Recht auf jury trial

Dieses Verfassungsrecht hat die ganze Struktur und die Beweisregeln des Prozesses stark geprägt. Die Rolle der Jury ist nicht nur für die Gestaltung des nordamerikanischen Systems der *checks and balances* entscheidend. Die Anwesenheit der Geschworenen beeinflusst die Abwicklung des gesamten Strafprozesses und durch die Bestimmung der Beweisführung insb. den Umfang des Prinzips des Widerspruchs und der Funktion der *pre-trial stage*. Durch die Umwandlung der mündlichen Verhandlung vor der Jury in den entscheidenden Höhepunkt der Strafverfolgung des Angeklagten, spielen die im Vorverfahren (*pre-trial*) ergriffenen Maßnahmen im Gerichtsverfahren nur eine vorbereitende Rolle. Dies ist nicht die richtige Stelle, um genauer auf die Institution der Jury einzugehen oder darauf, wie selbige den Ablauf der Hauptverhandlung beeinflusst. Auf jeden Fall muss darauf hingewiesen werden, dass die Rolle der *jury trial* in der Praxis nur sehr gering ist, denn mehr als 95% der Strafverfahren werden ohne Hauptverhandlung erledigt. In der Praxis ist jetzt ein Verfahren vor dem Geschworenengericht schon eher die Ausnahme als die Regel.

3) Adversatorischer Prozess

Bei der Aufteilung in adversatorische und inquisitorische Prozesse ist das US-Strafverfahren im Bereich des adversatorischen Modells einzugliedern. Die Struktur als Parteiverfahren oder adversatorischer Prozess ist stärker erhalten als im kontinental-europäischen Recht[31].

Die heutige Gliederung in adversatorisches und inquisitorisches Modell ist weder genau noch nützlich, oder besser gesagt, von zweifelhaftem Nutzen. Weder im *common law* noch im europäisch-kontinentalen Prozess sind reine Modelle oder Prozessformen zu finden. Es handelt sich in beiden Systemen mehr

31 Siehe dazu R. Vogler, op. cit., S.127 f. In Spanien über das Strafverfahren der USA als adversatorisches Modell siehe J.L. Gómez Colomer, Adversarial system, proceso acusatorio y principio acusatorio: una reflexión sobre el modelo de enjuiciamiento penal aplicado en los Estados Unidos de Norteamérica in Revista del Poder Judicial. Propuestas para una nueva Ley de Enjuiciamiento Criminal (núm. especial), S. 25–77.

um prozessuale Mischformen, Produkte der historischen Entwicklung[32]. Wenn wir uns die Merkmale des Inquisitionsverfahrens in der Geschichte anschauen, so finden wir viele jener Elemente in den sog. heutigen „adversatorischen Verfahren", die es in den reinen privaten Anklageverfahren nicht gab. Ab dem 13. und 14. Jahrhundert wurde das Verfahren in großen Teilen Europas, im Gegensatz zum germanischen und römischen privaten Akkusationsverfahren[33], eine öffentliche Angelegenheit und als solche auf die Erforschung der materiellen Wahrheit unter Zuhilfenahme rationaler Beweismittel gerichtet[34].

In der Gegenwart sind in jedem modernen Strafverfahren Ansätze des ursprünglichen Inquisitionsverfahrens zu finden[35], wie z.B. eine öffentliche Ermittlung, das Recht auf Rechtsbehelfe und eine gewisse Rationalisierung der Beweisregeln. Des Weiteren ist auch eine gewisse Ermittlung oder Inquisition eine Vorbedingung des Hauptverfahrens eines jeden Strafverfahrens, sowohl in den USA als auch in Europa. Der nordamerikanische *Supreme Court* hat sogar ausdrücklich gesagt, dass das amerikanische Ermittlungsverfahren inquisitorisch ist und immer gewesen ist[36].

Sei es aus finanziellen Gründen, aus Gründen der Wirksamkeit oder um zu vermeiden, dass ein Fall vor Gericht gebracht wird, in dem es nicht genügend belastende Beweise gibt: Tatsache ist, dass der Eröffnung eines Verfahrens ein Vorverfahren vorausgeht, das mehr oder weniger ausführlich ausfällt, je nachdem, um welche Art von Delikt es sich handelt und was die Umstände des selbigen sind.

Egal wie die Hauptverhandlung aufgebaut ist, durchläuft die Entscheidung des Staates vor der *notitia criminis* einer offiziellen Untersuchung des Sachverhalts. Diese Untersuchung kann streng polizeilich und vor Eröffnung des Strafprozesses erfolgen oder, gegenteilig dazu, von Anfang an der Kontrolle des Richters unterliegen und im Strafprozess integriert sein. Unabhängig davon, wo die Untersuchung eingeordnet wird, verzichtet keines der aktuellen Rechtssysteme auf eine Untersuchung der Tatumstände als Vorstufe der Anklage und des Verfahrens. Diese Untersuchung, durchgeführt durch ein Staatsorgan, Polizei,

---

32 So schon L. Bachmaier, Acusatorio versus inquisitivo. Reflexiones acerca del proceso penal, op. cit., S. 30 in Proceso penal y sistemas acusatorios, (ed. L. Bachmaier), Madrid-Barcelona, 2008, S. 11–48, 47.

33 Dazu bspw. J.H. Langbein, The origins of adversary criminal trial, Oxford 2003.

34 Siehe A. Esmein, Histoire de la procédure criminelle en France et spécialment de la procédure inquisitoire, Paris 1882, S. 89 f.; K. Ambos, Zum heutigen Verständnis von Akkusationsprinzip und -verfahren aus historischer Sicht, JURA, 8/2008, S. 586–594, insb. S. 589 f. und die dort zitierte Literatur; R. Vogler, op. cit., S. 23 f.

35 L. Bachmaier, Acusatorio versus inquisitivo. Reflexiones acerca del proceso penal, op. cit., S. 30.

36 McNeil v. Wisconsin, 501 U.S. 171 (1991): "Our system of justice is, and has always been, an inquisitorial one at the investigatory stage…"

Staatsanwaltschaft oder Ermittlungsrichter, ist ein Merkmal, das seinen Ursprung im Inquisitionsverfahren hat.

In den modernen Gesellschaften gibt es demnach keinen Strafprozess, der ausschließlich zwischen gleichgestellten Parteien stattfindet. In jedem Strafprozess, bei dem ein öffentliches Interesse besteht – die Bestrafung des Delikts und den Schutz Unschuldiger –, ist der Staat durch seine Institutionen beteiligt und für die Untersuchung des Verbrechens verantwortlich. Diese Untersuchung wurde, sowohl im adversatorisch genannten als auch im inquisitorisch genannten Verfahren, schon vor langer Zeit an den Staat übertragen. Daher gibt es in jedem Strafverfahren eine Vorstufe, in der die Tatumstände und der Verdächtige durch öffentliche Organe untersucht werden, eine Phase, in der der einzelne Bürger – mit mehr oder weniger Garantien – der Untersuchung durch den Staat ausgesetzt ist.

Wie schon oben erwähnt wurde, ist letztlich jede strafrechtliche Verfahrensform ein gemischtes System. Daher ist es ungenau und unrichtig, von adversatorischem oder inquisitorischem Verfahren zu sprechen, da deren reine Formen, auch wenn sie in bestimmten historischen Zusammenhängen existiert haben mögen, sich heute, im modernen Staat, weiterentwickelt haben und zu Mischformen geworden sind.

Abgesehen von dieser Begriffsdiskussion und der zunehmenden Konvergenz der *civil law* und *common law* Systeme[37] werden die Verfahren im Allgemeinen immer noch als adversatorisch oder inquisitorisch bezeichnet, wenn Merkmale des einen oder des anderen Modells stärker ausgeprägt sind.

Der amerikanische Strafprozess wird daher in Anwendung der traditionellen Klassifikation als adversatorischer Prozess bezeichnet. Die Ausgestaltung wird als Parteiverfahren beschrieben, ein Verfahren, das sich aus dem englischen Anklageverfahren entwickelte. Aber woraus besteht ein sog. adversatorischer Prozess oder was sind die adversatorischen Merkmale, die im nordamerikanischen Prozess zu finden sind, nicht aber im kontinental-europäischen?

In einem adversatorischen Verfahren ist es zunächst Aufgabe der beiden gegenüberstehenden Seiten – Anklage und Verteidigung –, Beweise zu finden, Zeugen zu suchen und auch in der mündlichen Verhandlung zu vernehmen. Es gibt keine neutrale Behörde, die für die Wahrheitsfindung zuständig ist. Die antagonistischen Parteien sind materielle Voraussetzung und gelten nicht nur als formale Parteien, um den Prozess kontradiktorisch gestalten zu können, die Funktionen des Prozesses stehen in weiten Teilen zur Disposition des Einzelnen. Wie *Trüg* zutreffend andeutet „dieser Parteiprozess ist nicht ausdrücklich in irgendeiner verfassungsrechtlichen Norm der USA erwähnt, aber er lässt sich aus verschiedenen verfassungsrechtlichen Prozessrechten ableiten, sodass man fast

37 Dazu die interessante Vergleichsrechtstudie von G. Trüg, Lösungskonvergenzen trotz Systemdivergenzen im deutschen und US-amerikanischen Strafverfahren. Ein strukturanalytischer Vergleich am Beispiel der Wahrheitsforschung, Tübingen 2003.

sagen könnte, dass die amerikanische Verfassung den Parteienprozess als Voraussetzung betrachtet“[38]. Trotzdem, auch wenn der Staatsanwalt als materielle Partei im Verfahren gehalten werden kann, ist seine Position auch nicht eindeutig die eines Anklägers: Er hat die Pflicht, die Gerechtigkeit zu suchen[39].

3. Die adversatorischen Elemente des Vorverfahrens der USA

Strukturell gesehen können die wichtigsten Unterschiede zum kontinental-europäischen System, also dem von der französischen Kodifikation abstammenden Prozess, in den folgenden Merkmalen des Vorverfahrens zusammengefasst werden:

1) *Autonome polizeiliche Ermittlung.* Die polizeiliche Ermittlung ist viel autonomer als z.B. im spanischen oder italienischen Strafverfahren und die polizeilichen Behörden haben ein höheres Ermessen in der Entscheidung über die Strafverfolgung. Im Strafverfahren der USA tragen die Parteien die exklusive Verantwortung für die Aufklärung des Sachverhalts. Keine richterliche Behörde ermittelt oder greift in den Prozess der Wahrheitsfindung ein. Auf der anderen Seite hat die Staatsanwaltschaft als Ankläger nur die Aufgabe, Beweise für die Anklage zu suchen und zu sichern. Die Beweise zu Gunsten des Beschuldigten müssen im Prinzip alle durch die Verteidigung zusammengetragen werden. Die Rolle des Anklägers oder der Staatsanwaltschaft ist die einer echten Partei, obwohl sie auch als Organ der Rechtspflege betrachtet wird. Während die Staatsanwaltschaft im deutschen oder spanischen System primär im Interesse der Legalität handelt und nach der Wahrheit suchen soll, ist der amerikanische *district attorney* durch die Rolle des Anklägers und Verbrechensverfolgers geprägt. Dies heißt nicht, dass das amerikanische Strafverfahren nicht die Wahrheitsfindung zum Ziel hat, sondern, dass die Methoden der Sachverhaltsaufklärung anders sind als im kontinental-europäischen Verfahren: Durch die Gegenüberstellung der widersprüchlichen Wahrheitsbehauptungen beider Parteien in der Hauptverhandlung soll die Wahrheit ans Licht kommen.

2) *Reactive approach.* Die Rolle des Strafrechts entspricht, wie die Soziologen es nennen, der eines *reactive approach*: Der Strafprozess dient eher der

---

38 G. Trüg, op. cit., S. 25.

39 Wie Justice Sutherland schon in Berger v. United States, 295 U.S. 78, 55 S.Ct. 629 (1935) ausdrückte: “The duty of the prosecutor is to seek justice. (…) The United States Attorney is the representative not of an ordinary party to a controversy, but of a sovereignty whose obligation to govern impartially is as compelling as its obligation to govern all; and whose interest, therefore, in a criminal prosecution is not that it shall win the case, but that justice shall be done.”

Konfliktlösung als der richterlichen Anwendung der Strafgesetzgebung[40]. Daher liegt es im Ermessen des Anklägers, die Strafverfolgung durchzuführen oder sie zu unterlassen, anzuklagen oder nicht anzuklagen. Es besteht keine Ermittlungspflicht, sondern die sog. *prosecutorial discretion in charging.*

3) *Discovery and disclosure* (Offenlegung und Herausgabe von Akten und Beweisen). Es wurde lange diskutiert, ob die *due process*-Klausel auch die Pflicht zur gegenseitigen Offenlegung von Information und Beweisen beinhaltet. Erst ab dem Fall *Brady v. Maryland* im Jahre 1963 wurde offen erklärt, dass es der Fairness des Prozesses zuwider sei, entlastende Aussagen nicht dem Angeklagten offenzulegen, zumal dieser *had requested disclosure*[41]. Nach der Entwicklung in der amerikanischen Rechtsprechung ist heutzutage für das Bundesstrafverfahren in *Rule 16* die *„obligation of disclosure of all items in possession or under control of the government"* geregelt. Diese Pflicht gilt nicht zu gleichen Teilen für die Verteidigung, da sämtliche Beweiselemente oder Aussagen vom Privileg gegen Selbstbeschuldigung und dem *attorney-client privilege* geschützt sind[42].

Wenn der Beschuldigte die Akteneinsicht (Urkunden, Sachverständigengutachten etc.) von der Staatsanwaltschaft beantragt, soll er im Gegenzug auch diejenigen Elemente oder Informationen, die im Besitz der Verteidigung sind, vor der Staatsanwaltschaft offenlegen. Wenn die Staatsanwaltschaft entlastendes Material besitzt, besteht die Pflicht zur Aufbewahrung und Offenlegung.

4) *The decision to prosecute* (Die Entscheidung, Klage zu erheben). Ein wesentliches Merkmal der amerikanischen Staatsanwaltschaft ist traditionell ihre Dezentralisierung, die noch aus der Kolonialzeit stammt. In den meisten Staaten erlangt der Staatsanwalt sein Amt in einer umkämpften lokalen politischen Wahl. Darin ist deutlich eine politische Färbung dieses Amts erkennbar. In der Führung seines Amts auf staatlicher Ebene ist er unabhängig, es ist keine strenge Hierarchie vorhanden und der Generalstaatsanwalt hat normalerweise keine Weisungsbefugnis über Staatsanwälte niedrigerer Ebene.

Der Strafprozess in den USA ist schon immer ein Anklageprozess gewesen, bei dem es im Ermessen des Staatsanwalts liegt, Anklage zu erheben oder nicht[43]. Es ist die Aufgabe des Anklägers darüber zu entscheiden, welche Vor-

---

40 Vgl. G. Trüg, op. cit., S. 16.

41 Brady v. Maryland, 373 U.S. 83, 83 S.Ct. 1194; Brady wurde das Recht auf einen new trial nicht anerkannt, nur eine neue Verhandlung über die Strafzumessung (sentencing hearing).

42 Diese letzten Ausnahmen der Pflicht der Offenlegung von Information und Beweisen wird durch das VI. Amendment gewährleistet, um eine effektive Verteidigung zu garantieren. Vgl. W. R. Lafave, J.H. Israel, N. J. King, O.S. Kerr, Criminal Procedure, Eagan (Minnesota), 2007, vol. 5, S. 465–69.

43 Wayte v. United States, 470 U.S. 598, 105 S.Ct. 1524 (1985): "In our criminal justice system, the Government retains broad discretion as to whom to prosecute. So long as the prosecutor has probable cause to believe that the accused committed an offense de-

würfe (*charges*) Gegenstand des Strafverfahrens bilden werden und dass die Tatbestände und Beweise gem. der Prozessregeln beim Gericht vorgebracht werden. Dafür sind die Anklagebehörden – *district attorneys* – zuständig. Wie es auch in *Wayte v. United States* festgestellt wird, ist dieses Ermessen nicht einfach unter Kontrolle durch die Richter auszusetzen.

Dieser Entscheidungsprozess unter der *prosecutorial discretion* hängt auch, aber nicht nur, von der Abwägung des öffentlichen Interesses an der Verfolgung ab[44]. Viele Faktoren spielen hier eine Rolle. Hier ist das materielle Strafrecht in den USA unflexibler und starrer als im Allgemeinen in Europa[45]. Die Strafgesetze greifen in fast jeden Lebensbereich ein. Daher wird das Opportunitätsprinzip auf verfahrensrechtlicher Ebene als unentbehrlich für das Funktionieren des Systems angesehen. Zudem gibt es fast keine Antragsdelikte, sodass die Korrektur einer Anzeigerücknahme auf prozessualer Ebene stattfinden muss[46]. Aus diesem Grund wird z.B. bei Familienkonflikten oder bei Jugendlichen und Verkehrsstraftaten in weitem Maße von der Klage abgesehen, wenn sich die Parteien versöhnt haben. Ungefähr 30 bis 40 Prozent der *felony*-Verfahren werden durch die Staatsanwaltschaft eingestellt (*screening out cases)*, manchmal wird auf Diversion zurückgegriffen[47]. Die Ressourcen spielen bei der Definition und Zielsetzung der Kriminalpolitik eine entscheidende Rolle[48]. Das hohe Ermessen der Staatsanwaltschaft wird als unentbehrlich gesehen, dennoch ist das Risiko von Missbrauch dieses Ermessens auch anerkannt[49].

Das weite Ermessen des Staatsanwalts ist jedoch nicht unbegrenzt. Hier gilt die Regel der „*equal protection of the law*" des XIV. Amendment, sodass es nicht zulässig ist, einen Verbrecher in diskriminierender Weise anzuklagen, einen anderen jedoch nicht[50]. Dieses Prinzip wird oft übersehen, was sich darin widerspiegelt, dass es eine bevorzugte Verfolgung gewisser Deliktstypen geben

---

fined by statute, the decision whether or nt to prosecute, and what charge to file or bring before a grand jury generally rests entirely in his discretion."

44 Dazu J. R. Ackerund D. C. Brody, op. cit., S. 405 f.

45 Bei den American Bar Association Standards relating to the Administration of Criminal Justice, unter den Faktoren, die der Staatsanwalt in seiner Entscheidung, Klage zu erheben, erwägen muss, ist: "the disproportion of the authorized punishment in relation to the particular offence or offender" (Standard 3-3-9 (b) (iii)).

46 So G. Trüg, op. cit., S. 93.

47 Zusätzlich wird auch die Theorie der separation of powers herangezogen, um das große Ermessen der Staatsanwaltschaft bei der Klageerhebung zu erklären.

48 G. F. Cole in Major Criminal Justice Systems. A comparative Survey, op. cit, S. 43.

49 W. R. Lafave, J.H. Israel, N.J. King, O. S. Kerr, Criminal Procedure, Eagan (Minnesota) 2007, vol. 4, S. 117: "Whether this exercise of discretion at the charging stage is a vice or a virtue is a matter on which there is not complete agreement. It does seem fair to say, however, that something less than full enforcement of the law by the prosecutor is an absolute necessity (…) But this is not to suggest that there does not reside in the prosecutorial screening function considerable potential for abuse."

50 W. R. Lafave, J. H. Israel, N. J. King, O.S. Kerr, op. ult. cit., S. 168 f.

kann, also eine *selective prosecution*. Das Ermessen des Anklägers ist nirgendwo geregelt und wird keiner näheren Kontrolle unterzogen. Es muss betont werden, dass die Frage, ob ein Verfahren in Gang kommt, in der Praxis sehr oft von der Polizei entschieden wird[51]. Die Polizei, wie bereits erwähnt, arbeitet weitgehend unabhängig und ist der Staatsanwaltschaft nicht unterstellt.

5) *Plea bargaining and guilty pleas* (Absprachen und Verständigungen). Plea bargaining ist der faktische Normalfall des amerikanischen Strafprozesses. Mehr als 90 Prozent (1999 waren es 94%) der Strafprozesse, die zu einer Verurteilung führten, wurden durch guilty plea erledigt[52]. Der Angeklagte kann durch den guilty pleas von wichtigen Vorteilen profitieren[53]. Ein wichtiger Anreiz für die Schuldanerkennung ist auch die Tatsache, dass die Verurteilung nicht im Register eingetragen wird[54]. Diese Praxis tauchte erstmals im 19. Jahrhundert auf und wurde in den USA in den 1920er Jahren zur allgemeinen Praxis[55]. Obwohl Absprachen nicht exklusiv für das Strafverfahren in den USA sind, kann man wohl feststellen, dass sie dort seit längerer Zeit existieren und nicht nur ein wichtiger Bestandteil des Strafjustizsystems sind, sondern ein unverzichtbares Element der Justizverwaltung[56].

Die Erkenntnis, dass das Rechtssystem weder alle Verbrechen verfolgen noch jeden Verbrecher vor Gericht bringen kann und die Realität eines „heavy overloaded criminal justice system" haben zur Praxis der Absprachen und Verständigungen deutlich beigetragen[57]. Und dies ist im Strafverfahren der USA viel eindeutiger: Die Garantien des Strafverfahrens, das Recht auf ein *jury trial*, die Ungewissheit gegenüber dem Ergebnis der Hauptverhandlung und die komplizierten Beweisregeln, die die Hauptverhandlung in einen so kostspieligen Akt verwandelt haben, haben dazu beigetragen, dass sowohl die Staatsanwaltschaft als auch die Angeklagten meist versuchen, die Hauptverhandlung zu umgehen.

51 W. R. Lafave, J. H. Israel, N. J. King, O.S. Kerr, op. ult. cit., S. 128–131.

52 W. R. Lafave, J. H. Israel, N. J. King, O.S. Kerr, Criminal Procedure, Eagan (Minnesota), 2007, vol. 5, S. 520.

53 G. Trüg, op. cit., S. 192: „Dem Anglekagten werden Konzessionen zugesagt, die namentlich strafmildernde Wirkungen entfalten: die Neuformulierung des Tatvorwurfs oder das Fallenlassen von Anklagepunkten, die Nichtverfolgung eines Verwandten oder die Beantragung einer niedrigere Höchststrafe sind Vorteile, die die Staatsanwaltschaft anbieten kann, um ein guilty plea vom Angeklagten zu erlangen."

54 W. R. Lafave, J. H. Israel, N. J. King, O.S. Kerr, Criminal Procedure, Eagan (Minnesota), 2007, vol. 5, S. 521.

55 W. R. Lafave, J. H. Israel, N. J. King, O. S. Kerr, op. ult. cit., S. 523.

56 So W. R. Lafave, J. H. Israel, N. J. King, O. S. Kerr, op. ult. cit., S. 543: Sich große Gedanken über die kritischen Meinungen gegen die Praxis der Absprachen zu machen, hat vielleicht keinen Sinn, denn das System kann es sich nicht erlauben, ohne plea bargaining weiter zu funktionieren.

57 Auch in Systemen, wo das Legalitätsprinzip sehr stark festgestzt war, wie in Deutschland, hat sich das Opportunitätsprinzip und die Praxis der Absprachen durchgesetzt. Vgl. bspw. F.-C. Schroeder, Strafprozessrecht, München 2007, S. 40–42.

Zusätzlich führen zur frühen Erledigung des Strafverfahrens durch Absprache auch die hohen Kosten und der breite Spielraum des Richters beim *sentencing*: In vielen Fällen wird sich damit abgefunden, eine Strafe aufgrund eines *guilty plea* zu akzeptieren, um sich nicht der Gefahr auszusetzen, in der Hauptverhandlung eine wesentlich höhere Sanktion zu erhalten[58]. All diese Faktoren zusammen sprechen für die Erledigung des Strafverfahrens durch *guilty plea*[59].

4. Ergebnis

Jedes Rechtssystem und jedes Strafverfahren, unabhängig davon, welchem Modell gefolgt wird, bringt Vorteile und Nachteile mit sich. Sowohl das Rechtssystem als auch der Strafprozess sind kulturell und historisch bedingt und können aus dem jeweiligen Kontext nicht einfach herausgerissen werden. Die rechtlichen Modelle können genauso wenig wie die prozessualen Modelle abstrakt beurteilt werden, getrennt vom rechtlichen, politischen, sozialen und historischen Umfeld, in dem sie angewandt werden. Es wäre sinnlos, sich von Anfang an für das als adversatorisch bezeichnete Modell auszusprechen, ohne die Bedingungen, denen dieses prozessuale System ausgesetzt ist, in Erwägung zu ziehen. Das schlechteste Modell kann in einem bestimmten kulturellen Umfeld ausgezeichnet funktionieren, wohingegen das beste System scheitern kann, wenn die Voraussetzungen und die Anwendung nicht stimmen.

In dieser kurzen Abhandlung habe ich versucht, einen Überblick über die Elemente und die charakteristischen Merkmale des amerikanischen Strafprozesses zu schaffen. Mit der Kenntnis der Erfahrungen und der Prozesse anderer Rechtssysteme können der Gesetzgeber oder die nationalen Juristen ihre Perspektive erweitern und Konsequenzen ziehen, um den Prozess, der im eigenen Land umgesetzt werden soll, zu entwerfen und zu wissen, welcher gerade nicht geeignet ist. Auf diesem Gebiet gibt es weder Einheitsrezepte noch unfehlbare Lösungen. Denn das Ziel eines Rechtsvergleichs ist es immer nur, neue Blickwinkel zu vermitteln, gleichzeitig mit klärenden Konzepten. Der Versuch, Mo-

---

58 W. R. Lafave, J. H. Israel, N. J. King, O.S. Kerr, op. ult. cit., S. 526–528.

59 Über die Praxis der Absprachen und die Risiken, die sie beinhalten, siehe G. Trüg, op. cit., S. 112 ff.: „Um Missbrauch des plea bargainings zu vermeiden verlangt Art. 11 FRCP nicht nur, dass das guilty plea frei abgegeben wird, das Gericht muss auch überprüfen, ob die Schuldanerkenntnis auf einer Tatsachenbasis beruht. Des Weiteren muss der Richter den Angeklagten über seine Rechte belehren, also sicher sein, dass der Beschuldigte weiß, worauf er mit der guilty plea verzichtet. Die guilty plea muss durch den Beschuldigten entweder mündlich oder schriftlich vor Gericht abgegeben werden, um sicherzustellen, dass die Schuldanerkenntnis auch wirklich vom Beschuldigten stammt. In der Praxis fehlt aber diese tatsächliche richterliche Kontrolle des freien Willens bezüglich der Erklärung der Schuld genauso, wie es an der Überprüfung der tatsächlichen Grundlagen der Anklage fehlt."

delle oder Lösungen unkritisch und aus ihrem Kontext gerissen zu übertragen, ist etwas, das ohne Zweifel zum Scheitern verurteilt ist.

Im Hinblick auf die Grundkenntnisse des amerikanischen Vorverfahrens, die hier in einführender Weise dargestellt wurden, kann man erkennen, dass ein Parteiensystem wie das in den USA nur funktionieren kann, wenn die Staatsanwaltschaft gewisse Merkmale erfüllt. Sonst geht das Gleichgewicht der Gewalten, also das System der *checks and balances*, verloren. Die demokratische Legitimation, die politische Verantwortung und die Dezentralisierung der Staatsanwaltschaft gleichen in gewissem Maße das weite Ermessen der Staatsanwaltschaft bei der Entscheidung, Anklage zu erheben oder den Prozess einzustellen, aus.

Auf der anderen Seite ist ein Verfahren, das exklusiv auf dem Handeln der Parteien beruht, nur dann gerecht, wenn eine echte Waffengleichheit zwischen den Parteien gewährleistet ist[60]. Und das ist im US-Strafverfahren nur in gewissem Maße der Fall, nämlich dann, wenn der Beschuldigte eine hervorragende Verteidigung und Mittel für Ermittlungen, Sachverständige usw. hat. Wir dürfen nicht vergessen, dass Staatsanwalt und Beschuldigter keine gleichgestellten Parteien sind, sowohl generell als auch im jeweiligen Prozess. Wie in jedem Strafprozess findet sich der Bürger als Beschuldigter dem Staat gegenübergestellt und muss sich als Einzelner gegenüber dem Staat behaupten. Unglücklicherweise kann in dieser Situation meist nicht von Waffengleichheit gesprochen werden. Diese Fakten muss man mit einbeziehen, wenn man das reine adversatorische Modell als das verteidigt, was für einen bestimmten Staat am angebrachtesten wäre.

Adversatorisch bedeutet nicht, dem Angeklagten eine Hauptrolle in der strafrechtlichen Ermittlung zu geben, sondern, dass jede der beteiligten Parteien Untersuchungen anstellen und jene Beweise suchen muss, die ihre Argumente belegen. Adversatorisch bedeutet nicht, dass die Macht des Anklägers eingeschränkt wird, sondern es bedeutet, der Staatsanwaltschaft einen großen Ermessensspielraum einzuräumen. Außerdem bedeutet adversatorisch auch, dass es keine staatliche Institution gibt, die nur mit dem Schutz der unschuldigen Bürger beauftragt ist.

Bevor wir uns für eines der strafrechtlichen Systeme entscheiden, sei es inquisitorisch oder adversatorisch, müssen wir uns nicht nur darüber, dass diese Systeme so in der Realität gar nicht existieren, sondern auch darüber, welche Bedeutung und Tragweite die Adoption eines solchen Systems hat, klar sein. Danach, ihre Anwendung in bestimmten juristischen Systemen studierend, kön-

60 Zustimmend dazu und kritisch mit dem Strafverfahren der USA J.R. Acker und D.C. Brody, op. cit., S. 405: "We know that in practice the adversarial system of justice often falls short of its lofty ideals. (...) Moreover, it unfortunately is not true that all prosecuting and defense attorneys are equally matched and equipped with comparable skills and sources."

nen wir Rückschlüsse ziehen, die brauchbar sind für zukünftige Reformen – in Zentralasien und jedem anderen geografischen Gebiet.

Die entscheidende Frage, die sich im Moment des Entwurfs eines jeden Strafprozesses stellt, ist gar nicht so sehr, wer die Ermittlungen leitet, sondern wie ermittelt wird und wie die Beweise gesammelt werden. Jede Investigation und jeder Strafprozess muss die Rechte des Angeklagten respektieren und die internationalen Standards der Menschenrechte erfüllen. Jeder Prozess muss den Verdächtigten oder den Angeklagten als Subjekt des Prozesses betrachten und dementsprechend seine Rechte und seinen Willen respektieren. Diese Haltung gegenüber dem Angeklagten ist in der Gegenwart kein exklusives Merkmal eines adversatorischen Prozesses mehr, sondern die Konsequenz der Gewährleistung der Menschenrechte und der Menschenwürde. Des Weiteren muss ein Gleichgewicht zwischen Effizienz und Gerechtigkeit bestehen.

Wenn diese nicht verhandelbaren Voraussetzungen erfüllt sind, kann ein jeder Staat für sich ein Modell wählen. Ob mit einem adversatorischen oder inquisitorischen Schwerpunkt, ist dann freilich immer noch offen zur Debatte[61].

61 Diese Debatte findet auch in den USA statt, wo über die Vorteile, die ein aktiver Richter für die Wahrheitsfindung haben kann, weiter diskutiert wird. Siehe dazu bspw. J. Dressler und A. C. Michaels, Understanding Criminal Procedure, op. cit., S. 31: "If what we want is the truth, they assert, the judge should take a more active role at trial (...) the question remains whether more truth-enhancing techniques can safely be permitted in the adversarial system.". Kritisch auch mit dem adversatorischen Prozess der USA J.H. Langbein, op. cit., S. 331–332, was dieser Autor „truth deficit from adversarial system" nennt. Siehe auch G. Goodpaster, On the theory of American Adversary Criminal Trial, 78 J. Crim. L. and Criminology 118 (1987), S. 121.

Основные черты этапа предварительного расследования в уголовном процессе США

Лорена Бахмайер Винтер

1. Вступление

На пути к построению или стабилизации демократической системы чрезвычайно важно обеспечить полное действие принципов верховенства права. Как в системах, которые находятся в процессе трансформации, так и в странах с молодой демократией крайне важную роль играет правильный ход уголовного процесса, т.к. он является не только одним из решающих инструментов для обеспечения безопасности граждан, но и одновременно призван защищать их права. Нет однозначного ответа на вопрос, какой уголовный процесс самый хороший или какую уголовно-правовую модель должно выбрать для себя определенное государство. Этот ответ дают только результаты, которые оцениваются в зависимости от эффективности и соблюдения прав человека. Однако перед тем, как приступить к осуществлению законодательной реформы в государстве, находящимся на этапе перехода к демократии, необходимо провести дебаты по вопросу, какая модель уголовно-процессуальной системы могла бы оказаться наиболее подходящей именно для этой страны.[1] При создании нового законодательства или оценке уже существующего было бы нецелесообразным пытаться обойтись без сравнения правовых систем: сегодня необходимо использовать уже приобретенный где-то опыт, чтобы получить новые импульсы и идеи для развития права.

Рассмотрение других правовых систем и других уголовных процессов дает ясный ответ на вопрос, какую уголовно-процессуальную модель следует ввести в определенном государстве. При формировании уголовно-процессуальной системы процесс является только небольшой частью сложной структуры, применение и успех которой зависят от регулирования и практических методов работы органов юстиции, полиции, адвокатуры и, конечно, прокуратуры. Было бы нереалистичным подходить к ре-

---

1 Это точное описание, подчеркнув важность понимания истории любой юридической системы, сделал в 1930 году R. Pound в своей работе Criminal Justice in America, NewYork 1930, S. 77: "We may recognize three chief factors in the administration of criminal justice, namely men, machinery, and environment Justice is administered by men. These men administer it by jeans of legal and political institutions. Also they do so in a certain social and political and economic environment. Our understanding of any of these factors will be superficial unless grounded in history".

форме системы только с перспективы процесса, без учета участвующих в нем субъектов и тех специфических проблем, которые играют при этом какую-либо роль.

После этих рассуждений перейдем к рассмотрению в основных чертах одной из возможных процессуальных моделей.

В классификации различных правопорядков традиционно различают правовые системы *civil law* (гражданское право) и *common law* (общее право), а также социалистическую правовую систему[2] наряду с другими уголовно-правовыми формами решения конфликтов – трибальными или коммунальными судами. Американская система относится к так называемым англо-американским системам или системам *common law*. Что касается *common law*, то рассказ об истории, возникновении и различных влияниях уголовного процесса в правовой системе *common law*, а также о том, почему волна наполеоновской кодификации в XIX в. не отменила *common law*, занял бы здесь слишком много времени[3].

Сначала несколько пояснений во избежание недопонимания: прежде всего, необходимо пояснить, что нельзя говорить о некоем «американском уголовном процессе». Способы организации системы уголовного преследования и структуры органов в каждом из 50 американских штатов сильно различаются, даже хотя везде можно обнаружить общие признаки и хотя судебная практика Верховного суда США способствовала унификации[4]. В этой работе я ограничусь рассмотрением федеральной уголовно-процессуальной системы на основе Федеральных правил гражданского судопроизводства (FRCP).

Вначале надо упомянуть еще об одном аспекте: хотя американский уголовный процесс происходит от английского и совершенно явно носит его черты, определенные обстоятельства привели к тому, что оба процесса развивались по-разному и на современном этапе являются разными. В отличие от централистской организации английского королевства, США из-

---

2 См., например, R. David (а также J. E. C. Brierly), Major legal systems in the world today: an introduction to the comparative study of law, London 1985; Glendon, Wallace Gordon, Osakve, Comparative Legal Traditions, St. Paul (Minnesota), 1994; Major Criminal Justice Systems. A comparative Survey, (eds. G.F.Cole, S. J. Frankowski, M.G. Gertz), Beverly Hills-London 1987.

3 См. интересный сравнительно-правовой обзор: Vogler, A world view of criminal justice. Aldershot 2005.

4 Об общих чертах и отличиях уголовного процесса в 50 штатах между собой и в сравнении с федеральной уголовно-процессуальной системой см.: W. R. Lafave, J. H. Israel, N. J. King, O.S. Kerr, Criminal Procedure, Eagan, Minnesota, 2007, vol. 1, S. 80 f.

начально были федерацией[5]. Закрепленные в Конституции 1787 года принципы, носящие на себе явный отпечаток идей просвещения, выражают волю осуществить равноправный общественный порядок и регулировать государственный строй демократическим путем[6].

В-третьих, перед изложением любого вопроса нужно уяснить роль судьи и судебных решений как источников права, принцип следования судебному прецеденту (*stare decisis*) или обязательность приговоров верховных судов. Нельзя забывать о той роли, которую берут на себя судьи в создании новых законов. Так же как и нельзя упускать из внимания процессуальную роль суда присяжных: судьи играют большую роль в правотворчестве в конкретном деле, однако полномочие на принятие решения по фактическим основаниям имеется на процессе у присяжных.

Далее я постараюсь дать краткий обзор предварительного следствия в уголовном процессе в США с точки зрения континентально-европейского юриста и выделить конституционные принципы, которые наложили свой отпечаток на развитие предварительного следствия.

2. Североамериканское предварительное расследование в США[7]

Детали хода уголовного процесса, как его конструкция, так и основы, могут различаться, но в общем в каждой системе мы находим схожие элементы: проведение полицейского дознания, судебный контроль над помещением под стражу, принятие судебными органами или органом обвинения решения о «достаточности оснований» (*probable cause*), вынесение реше-

5 R. Pound, op. cit., S. 150, где автор констатирует, что децентрализованная судебная система в США или вообще отсутствие какой-либо системы было составной частью «regime of checks and balances».

6 R. Pound, op. cit., S. 121: "Four ways of looking at things political and legal left their mark upon nineteenth-century criminal justice. In some sense they are no doubt four phases of one mode of thought, as looked at from different standpoints. But is convenient to take up one by one as the pioneer attitude, the natural rights attitude, the democratic attitude, and the entrepreneur attitude."

7 Есть обширная литература о предварительном следствии в уголовном процессе США. Но не имеет смысла в рамках этой работы и для описания стадий и признаков североамериканской уголовно-правовой модели давать здесь ссылки на эту огромную библиографию. В основном мы опираемся здесь на работы J.R. Acher and D. C. Brody, Criminal Procedure. A Contemporary Perspective, Sudbury, Massachussetts, S. 372-404; J. Dressler and A.C. Michaels, Understanding Criminal Procedure, vol. 1: Investigation, Newark, NY, 2006, в которых содержится подробное описание регулирования и признаков предварительного следствия (pre-trial process).

ния о прекращении процесса или о продолжении устного судебного разбирательства (*trial*) и вынесение приговора. Эти процессуальные стадии в общем совпадают во всех правовых системах, будь то *common law* или *civil law.* Это и делает возможным сравнение правовых систем, потому что совпадают не только цели уголовного процесса, но и необходимость исследования фактов и оценки собранного материала перед началом процесса. Перейдем к краткому обзору хода предварительного расследования в американском уголовном процессе (*federal criminal procedure*)

Основные характеристики стадий предварительного следствия[8]

Если проследить за типичным производством по делам о тяжких уголовных преступлениях, в котором обвиняемый имеет право на суд присяжных, то в общих чертах оно выглядит следующим образом (здесь не рассматривается производство по делам о малозначительных уголовных преступлениях или по делам о нарушениях).

1) Содержание подозреваемого под стражей (*suspect detention)*

Роль полиции в США, как и в Европе, - раскрытие преступлений и изобличение лиц, ответственных за их совершение, т.е. проведение первичного дознания в отношении подозреваемых и обеспечение сохранности следов правонарушения. Объем соответствующих компетенций полиции в США тоже вызывает споры, но можно четко сказать, что предварительный сбор доказательств и материала, имеющих решающее значение для уголовного производства, в значительной мере находится в руках полиции. В большинстве случаев открытие уголовного процесса состоит в задержании подозреваемого[9]. Полиция имеет право на кратковременное заключение подозреваемого лица с целью его допроса, установления личности и личных данных и снятия отпечатков пальцев. Полицейское дознание регулируется конституционными нормами, в особенности положениями четвертой Поправки к Конституции США.

2) Первое появление перед судьей (*first appearance)*

После этого задержанного следует незамедлительно (*without delay*) привести к мировому судье (*magistrate*). В ходе этого так называемого «первого

---

8 Краткий сводный обзор уголовного процесса в США см. в: M. Cammack and N. Garland, Advanced Criminal Procedure in a nutshell, St. Paul (Minnesota), 2006.

9 Решающее значение для предоставления полиции полномочий осуществлять задержание подозреваемых имело судебное решение по делу Соединенные Штаты против Уотсона: United States v. Watson, 423 U.S. 411, 96 S.Ct. 820 (1976).

появления» (*first appearance*) проверяется наличие причин для взятия под стражу. Как правило, если взятие под стражу оправдано, мировой судья отпускает обвиняемого под залог (*bail*)[10]. Нормой является освобождение под залог, а не предварительное заключение: как свидетельствуют статистические данные, предварительное заключение в уголовном производстве США практикуется реже, чем в континентально-европейских системах[11]. Согласно Конституции залог должен быть соразмерным. В противном случае, т.е. если залог не назначается, подозреваемый продолжает содержаться под стражей. Прокуратур не всегда присутствует на этих слушаниях. Часто присутствуют только полицейские, имеющие на руках временное обвинение прокурора (*prosecutor*), так называемую жалобу (*complaint*). На этой стадии «скрининга» (*screenings*) как полиция, так и прокурор могут отказаться от уголовного преследования в рамках своего усмотрения, понимаемого весьма широко. К этому вопросу вернемся ниже.

3) Предварительное слушание (*preliminary hearing*)

Вскоре после этого стороны вызываются к мировому судье на первое судебное заседание или предварительное слушание (*preliminary hearing*)[12]. Если бы правонарушение являлось всего лишь незначительным проступком, то к этому моменту мировой судья сам вынес бы приговор. Таким образом, целью этого первого суммарного заседания является только так называемый скрининг обвинения в суде (*screening of charges for trial*), т.е. проверка наличия достаточных оснований (*probable cause*) и оправданности продолжения процесса. На этом первом судебном заседании проводится допрос обвиняемого и возможных свидетелей. Обвиняемый может провести перекрестный допрос свидетелей. Расхождения в показаниях свидетелей и обвиняемого могут быть позже изложены в суде, который будет выносить приговор. Эти слушания (*hearing*) могут служить и обеспечению свидетельских показаний (*perpetuation of testimony*)[13]. Цель этого судебно-

---

10 См.: Federal Bail Reform Act von 1984, 18 U.S.C.A. § 1342.

11 W. R. Lafave, J. H. Israel, N.J. King, O. S. Kerr, Criminal Procedure, Eagan, Minnesota, 2007, vol. 4, S. 7 f.

12 В решении по делу Лем Вун против шт. Орегона: Lem Woon v. Oregon, 229 U.S. 586, 33 S.Ct. 783 (1913) Верховный Суд США объявил, что это предварительное судебное разбирательство не закреплено в Конституции и что речь идет о законном праве, предусматриваемом как федеральным уголовно-процессуальным законодательством, так и в соответствующими законами штатов. См.: W. R. Lafave, J. H. Israel, N. J. King, O.S. Kerr, op.ult.cit., S. 292.

13 В виде исключения из принципа недопустимости в показаниях сведений, известных лицу только с чужих слов или основанных на слухах (hearsay rule), показания свидетелей на предварительном судебном разбирательстве можно использовать на основном судебном разбирательстве, если к этому моменту невозможно найти

го заседания - доказать *prima facie case* - наличие достаточно серьезных доказательств для возбуждения дела: как правило, запрет на представление доказательств во время этого предварительного заседания суда во внимание не принимается (норма 1101 (d) *Federal Rules of Evidence* – Федеральные правила о доказательствах США)[14].

Если затем мировой судья подтверждает наличие *probable cause*, т.е. серьезных подозрений в совершении преступления или вероятности совершения преступления и наличия доказательств совершения преступления, он передает дело в окружной суд. Если нет, то дело закрывается и уголовное производство прекращается. Такой отказ в иске не имеет материальной правовой силы. После этой предварительной проверки, проведенной мировым судьей, может состояться еще одна проверка перед большой коллегией присяжных (*grand jury*)[15].

4) Обвинительный акт (*indictement*)

Если в открытии процесса не отказано, то обвинитель пишет обвинительный акт (*indictement*), чтобы подать его в суд, выносящий приговор. Согласно четвертой Поправке обвиняемый имеет право получить полную информацию о природе и причине обвинения. Обвинительный акт должен содержать точные обстоятельства дела (a *plain, concise and definite written statement of the essential facts constituiting the offence charged*), а также называть необходимые доказательства для доказывания состава преступления. Он вручается обвиняемому не позднее чем за три дня до начала основного судебного заседания.

При поверхностном рассмотрении, не вдаваясь в детали, это производство соответствует европейскому уголовному производству. И все же оно руководствуется совсем иными принципами.

Ход основного судебного заседания в суде присяжных известен почти каждому по многочисленным голливудским фильмам. Обычно имеется 12 присяжных[16]. Судья не знаком со всеми деталями следственных материалов дела и при исследовании доказательств должен принципиально дер-

---

этого свидетеля. См.: W. R. Lafave, J. H. Israel, N. J. King, O. S. Kerr, Criminal Procedure, op.ult.cit., S.283.

14 См.: J. R. Acker and D. C. Brody, op.cit., S. 386. Большинство штатов применяют эту норму федерального уголовного процесса. См.: W. R. Lafave, J. H. Israel, N. J. King, O. S. Kerr,, Criminal Procedure, op.ult.cit, S. 341 f.

15 О процессе с участием большой коллегии присяжных см.: J. R. Acher and D. C. Brody, op.cit., S. 388-402; W. R. Lafave, J. H. Israel, N.J. King, O. S. Kerr, Criminal Procedure, Eagan, Minnesota, 2007, vol. 3, S. 3 f.

16 Число присяжных может различаться, т.к. разрешается не только 12, но также и 9 присяжных заседателей, в штате Флорида даже только 6. Однако суд присяжных, в котором было только 5 граждан, был объявлен недостаточным (дело Бэллью против шт. Джорджия: Ballew v. Georgia 1978).

жаться в тени. Это объясняется его функцией на судебном заседании: судья не принимает решения о фактах или наказуемости, оценка доказательств не входит в его задачи. Его значение на основном судебном заседании значительно меньше, чем в континентально-европейском процессе, где задачей судьи является принятие решения по делу. На основании того, что североамериканская модель строится на четком разграничении между вынесением приговора – компетенция присяжных – и назначением меры наказания – согласно мнению судьи, то бессмысленно разрешать ознакомление с материалами дела или допрос обвиняемых или свидетелей. Доходит даже до того, что его задача строго пассивна, целью чего является недопущение нежелательного воздействия на суд присяжных. Задача судьи ограничивается в принципе разъяснениями в адрес присяжных и вынесением приговора (*sentencing)*, в котором назначается мера наказания.

Характерные элементы предварительного расследования в американском уголовном процессе

Я бы выделила три элемента, характеризующие американскую уголовно-процессуальную систему, которые сильно отличают ее от континентально-европейской:

1) изначально существующее и чрезвычайно сильное влияние на американский уголовный процесс конституционного права, в частности, идея обеспечения свободы граждан;
2) право на суд присяжных (*jury trial)* и
3) более высокая степень сохранения структуры процесса как состязания сторон (состязательный процесс), чем в континентально-европейском праве.

1) Конституционно-правовые гарантии

В Конституции с самого начала было отражено желание защитить граждан от неправомерного вмешательства со стороны органов власти. Позже, путем принятия Билля о правах 1791 года (Bill of Rights), содержащего Поправки к Конституции, были конкретизированы процессуальные гарантии для каждого индивида[17]. Это признаки американской конституции, которыми она обязана в основном таким личностям, как Джефферсон и особенно Джеймс Мэдисон. Начиная еще с 1787 – 1791 гг. в уголовном процессе признаны следующие права:

---

17 См.: J. Dressler and A.C. Michaels, Understanding Criminal Procedure, vol. 1: Investigation, Newark, NY, 2006, S. 516-533.

Поправка IV: Право защиты от неоправданных обысков и конфискации имущества. Соответствующее распоряжение не может быть отдано без достаточного основания (*warrant clause and probale cause*, вероятность совершения преступления) и должно содержать описание, в частности, места проведения обыска и разыскиваемых лиц или вещи. Для установления достаточности оснований (*probable cause*) необходимо взвесить все существенные обстоятельства: элементы доказательств, достоверность показаний свидетелей или информантов, а также на чем основаны их сведения[18]. Несмотря на краткость этой нормы, в ней содержатся многие из важнейших процессуальных гарантий. Существует огромное количество решений судов и Верховного суда США о толковании данной конституционной нормы[19].

Поправка V: Право на получение обвинительного решения большой коллегии присяжных (*Grand Jury*). Никто не может быть дважды наказан за одно и то же преступление (*prohibition of double jeopardy*); в ходе уголовного процесса никого нельзя принуждать давать показания против самого себя, никто не может быть лишен жизни, свободы или собственности без проведения надлежащего правового процесса. Нельзя также конфисковать частную собственность без выплаты справедливой компенсации за ее использование в публичных целях. Эта Поправка известна также как *due process clause* или право на справедливое судебное разбирательство.

Право не давать показания против самого себя (*privilege against self-incrimination*) и право сохранять молчание (*right to remain silent*) получило в американском уголовно-процессуальном праве очень строгое толкование. После известного дела "Миранда против шт. Аризона" (*Miranda v. Arizona*)[20], рассмотренного Верховным судом США в 1966 г., действует положение, согласно которому обвиняемому должно быть однозначно указано на его право сохранять молчание и он должен быть проинформирован о том, что все его высказывания могут быть использованы против него. Если перед допросом подозреваемый не был информирован о своих правах, его показания не могут быть использованы в суде. Тогда действует

---

18 Четвертая Поправка к Конституции США:“The right of the people to be secure in their persons, houses, papers and effects, against unreasonable searches and seizures, shall not be violated, and no Warrants shall issue, but upon probable cause, supported by Oath or affirmation, and particularly describing the place to be searched, and the persons or things to be seized”.

19 См.: J.R. Acher and D.C. Brody, op. cit. S. 47 f.; J. Dressler and A.C. Michaels, op. cit., S. 51 f.

20 Miranda v. Arizona, 348 U.S. 436, 86 S.Ct. 1602 (1966). См. также: J. R. Acher and D. C. Brody, op.cit., S. 220f.; J. Dressler and A. C. Michaels, op.cit., S. 467 f. ; W. R. Lafave, J. H. Israel, N. J. King, O.S. Kerr, Criminal Procedure, Eagan, Minnesota, 2007, vol. 2, S. 700 f.; S. C. Thaman, “Miranda in Comparative View” Saint Louis U.L.J. 45 (2001), S.581-624.

неопровержимая презумпция, что такой обвиняемый дал показания под давлением (*irrebuttable presumption*)[21].

Поправка VI: Право обвиняемого на быстрое и гласное рассмотрение дела судом присяжных; право быть информированным о причине обвинения; право на очную ставку со свидетелями обвинения (*confrontation clause*) и на то, чтобы свидетелей, дающих показания в пользу обвиняемого, пригласили в принудительном порядке, и последний пункт – право на помощь адвоката с целью защиты[22]. Вначале это означало лишь то, что обвиняемый имел право на адвоката только в случае, если был в состоянии оплатить соответствующие расходы. И только когда обвиняемому грозила смертная казнь, суд назначал обязательного адвоката. В 1938 г.[23] Верховный суд США постановил, что во всех федеральных уголовных процессах обязательно присутствие адвоката, но только в 1963 г. по делу "Гидеон против Вейнрайта" *(Gideon v. Wainwright)* [24] Верховный суд США подтвердил право на адвоката также и во всех государственных уголовных процессах[25]. Позднее в решении по прецедентному судебному делу "Массиах против США" (*Massiah v. United States*)[26] было гарантировано право на адвоката и в ходе полицейского допроса[27]. И в завершение этого вопроса:

Поправка VIII: чрезмерные залоги и штрафы запрещены, жестокие и необычные наказания не допустимы. Целью залога является обеспечить присутствие подозреваемого в ходе процесса. Размер залога не может превышать границы, установленные Конституцией[28]. Уже в своде законов о

---

21 Пятая Поправка к Конституции США: "No person shall be held to answer for a capital, or other infamous crime, unless on presentment of indictment of a Grand Jury, except in cases arising in the land or naval forces, or in the Militia, when in actual service in time of War or public danger; nor shall any person be subject for the same offence to be twice put in jeopardy of life or limb; nor shall be compelled in any criminal case to be a witness against himself, nor be deprived of life, liberty, or property, without due process of law; nor shall be taken for public use without just compensation".

22 Шестая Поправка к Конституции США: "In all criminal prosecutions, the accused shall enjoy the right to a speedy and public trial, by an impartial jury of the State and district wherein the crime shall have been committed, which district shall have been previously ascertained by law, and to be informed of the nature and cause of the accusation; to be confronted with the witnesses against him; to have compulsory process for obtaining witnesses in his favour, and to have the Assistance of Counsel for his defence".

23 Johnson v. Zerbst, 304 U.S. 458, 58 S.Ct. 1019 (1938).

24 Gideon v. Wainwright, 372 U.S. 335, 83 S. Ct. 792 (1963).

25 См. об этом: J.R. Acker and D.C. Brody, op.cit., S. 431f.

26 377 U.S. 201 (1964).

27 J. Dressler and A. C. Michaels, op.cit., S. 525 f.

28 Восьмая Поправка к Конституции США: "Excessive bail shall not be required, nor excessive fines imposed, nor cruel and unusual punishment inflicted"

свободах 1689 года гарантируется право на залог, за исключением особо тяжких преступлений. Уже на ранней стадии эта гарантия означала явный прогресс по сравнению с практикой континентально-европейского уголовного процесса, где подозреваемый в ходе дознания находился в предварительном заключении. Институт предварительного заключения в понимании континентально-европейского права с обычным причинами взятия под стражу (опасность побега, сокрытия или искажения информации и опасность рецидива) появился в США только в недавнем прошлом.

Этот перечень свобод в течение длительного времени рассматривался как обязательный только для федеральных органов власти в рамках федеральных уголовных процессов, т.е. по делам, наказание по которым предусмотрено федеральным законодательством. В 1868 году на территории США стал применяться введенный четырнадцатой Поправкой принцип *due process* (надлежащая правовая процедура)[29]: отныне запрет на вмешательство в права граждан без надлежащей правовой процедуры действовал и во всех штатах. Только в деле "Дункан против штата Луизиана" в 1968 право на суд присяжных стало обязательным во всех штатах[30], если это было принципиально необходимо для защиты справедливости и свободы.

Хотя штаты не принимали напрямую Билль о правах, однако судебные решения Верховного суда США по отдельным уголовным делам привела к тому, что оговорка *due process* четырнадцатой Поправки стала применяться во всех уголовных делах. 60-е годы XX века принесли не только эту практику инкорпорации, но и очень значительное расширение интерпретации конституционных прав, прежде всего, в сфере уголовного процесса. При этом речь в основном шла о не регулируемой в законе практике работы органов уголовного преследования и о том, чтобы проверять ее на соответствие Конституции.

2) Право на суд присяжных (jury trial)

Это конституционное право оказало сильное воздействие на всю структуру уголовного процесса и правила доказывания. Суд присяжных имеет решающее значение не только для конструкции североамериканской системы «сдержек и противовесов» (*checks and balances*). Присутствие присяжных влияет на ход всего уголовного процесса и, благодаря определению критериев доказывания, на объем принципа возражения (протестации) и объем функции стадии *pre-trial stage* (предварительного слушания дела). Из-за того, что устное судебное разбирательство судом присяжных превратилось в решающий момент уголовного преследования обвиняемого, ме-

29 См. об этом: J.R. Acher and D. C. Brody, op.cit., 2004, S. 35-40.

30 Duncan v. Lousiana 391 U.S. 145, 88 S.Ct. 1444 (1968): в этом деле решение касалось конституционного права на суд присяжных (jury trial) и осуществление этого права в уголовных процессах в штатах.

ры, принимаемые на предварительном судебном слушании (*pre-trial*), играют в судебном процессе только подготовительную роль. Здесь неуместно более подробно останавливаться на институте присяжных или на том, какое влияние он оказывает на ход основного судебного заседания. В любом случае нужно указать на то, что роль суда присяжных на практике очень незначительна, т.к. решение по более чем 95 % уголовных процессов принимается без основного судебного разбирательства. На практике сегодня процесс в суде присяжных – это, скорее, исключение, чем правило.

3) Состязательный процесс

Разграничивая состязательный и инквизиционный процессы, уголовно-процессуальную систему США следует отнести к состязательным моделям. Структура процесса с активным участием сторон или состязательного процесса сохранилась там лучше, чем в континентальном европейском праве[31].

Современное деление на состязательную и инквизиционную модели не является ни точным, ни полезным или, точнее говоря, приносит сомнительную пользу. Ни в *common law,* ни в континентальном европейском процессе нельзя найти чистые модели или чистые процессуальные формы. Считается, что в обеих системах речь идет больше о смешанных процессуальных формах, продуктах исторического развития[32]. Если посмотреть на признаки инквизиционного процесса в их историческом развитии, то в так называемых современных «состязательных процессах» найдется много таких элементов, которые отсутствовали в чистых частных обвинительных процессах. С XIII и XIV веков процесс во многих странах Европы, в отличие от германского и римского частного обвинительного процесса (*Akkusationsprozess*)[33], стал государственным делом и в этом качестве ориентировался на исследование материальной истины с помощью рациональных средств доказывания[34].

---

31 См. об этом: R. Vogler, op.cit., S.127 f. В Испании о состязательной модели в уголовно-процессуальной системе США см.: J.L. Gómez Colomer “Adversarial system, proceso acusatorio y principio acusatorio: una reflexión sobre el modelo de enjuiciamiento penal aplicado en los Estados Unidos de Norteamérica” in Revista del Poder Judicial.Propuestas para una nueva Ley de Enjuiciamiento Criminal (núm. especial), S. 25-77.

32 Так уже в: L. Bachmaier “Acusatorio versus inquisitivo. Reflexiones acerca del proceso penal”, op. Cit., S. 30. in Proceso penal y sistemas acusatorios, (ed. L. Bachmaier), Madrid-Barcelona, 2008, S. 11-48, 47.

33 См. об этом, например: J.H. Langbein, The origins of adversary criminal trial, Oxford 2003.

34 См.: A. Esmein, Histoire de la procédure criminelle en France et spécialment de la procédure inquisitoire, Paris 1882, S. 89 f.; K.Ambos, “Zum heutigen Verständnis von

В настоящее время в каждом современном уголовном процессе встречаются элементы первоначального инквизиционного процесса[35], как, например, публичное дознание, право на обжалование и определенная рационализация правил доказывания. Кроме того, определенное дознание или инквизиция (розыск) является предварительным условием основного судебного разбирательства в любом уголовном процессе, как в США, так и в Европе. Верховный суд США даже однозначно заявил, что американский следственный процесс всегда был и остается инквизиционным[36].

Будь то по финансовым причинам, или по причинам эффективности, или во избежание передачи дела в суд: факт заключается в том, что открытию судебного процесса предшествует предварительное расследование, проводящееся более или менее тщательно, в зависимости от вида преступления и его обстоятельств.

Независимо от того, как строится основное судебное разбирательство, решение принимается государством после предъявления обвинительного акта *notitia criminis*, составленного после проведения официального следствия для выяснения обстоятельств. Это следствие может проводиться только полицией и уже до начала уголовного процесса или же, наоборот, с самого начала проходить под контролем судьи и быть интегрированным в уголовный процесс. Это следствие проводится государственным органом, полицией, прокуратурой или судьей-дознавателем и является признаком, корни которого уходят в инквизиционный процесс.

Поэтому в современных обществах нет ни одного уголовного процесса, который бы проходил исключительно между двумя равноправными сторонами. Государство участвует в каждом уголовном процессе, в котором присутствует публичный интерес – наказание за совершенное преступление и защита невиновных – и отвечает за расследование преступления. Это расследование – как в процессе, называемом состязательным, так и в процессе, именуемом инквизиционным, давно передано в руки государства. Поэтому в каждом уголовном процессе имеется предварительный этап, на котором государственные органы расследуют обстоятельства преступления и исследуют личность подозреваемого, это стадия, на которой отдельный гражданин – с большими или меньшими гарантиями – является объектом следственных действий со стороны государства.

Akkusationsprinzip und –verfahren aus historischer Sicht", JURA, 8/2008, S. 586-594, в частности, S. 589 f. и цитируемая там литература; R. Vogler, op.cit., S. 23 f.

35 L. Bachmaier, "Acusatorio versus inquisitivo. Reflexiones acerca del proceso penal", op. cit., S. 30.

36 См. решение по делу МакНейл против штата Висконсин: McNeil v. Wisconsin, 501 U.S. 171 (1991): "our system of justice is, and has always been, an inquisitorial one at the investigatory stage…".

Как уже было сказано выше, любая уголовно-процессуальная форма является, в конечном итоге, смешанной системой. Поэтому было бы неточно и неправильно говорить о состязательном или инквизиционном процессе, т.к. их чистые формы, даже если они и могли существовать в определенных исторических ситуациях, сегодня, в современном государстве, получили дальнейшее развитие и стали смешанными формами.

За исключением этой терминологической дискуссии и все увеличивающейся конвергенции систем *civil law* и *common law*[37] уголовные процессы в общем все еще продолжают называться состязательными или инквизиционными, в зависимости от того, какие признаки более ярко выражены.

Поэтому, следуя традиционной классификации, американский уголовный процесс продолжают называть состязательным. Форма процесса описывается как процесс с активным участием сторон, возникший на основе английского обвинительного процесса. Но: из чего же складывается так называемый состязательный процесс или каковы признаки состязательности, которые можно обнаружить в североамериканском процессе, но которые отсутствуют в континентальном европейском праве?

В состязательном процессе первостепенной задачей обеих противостоящих сторон – обвинения и защиты – является поиск доказательств, поиск свидетелей и допрос их на устном судебном разбирательстве. Не существует никакого нейтрального органа, который бы отвечал за установление истины. Антагонистические стороны являются материальной предпосылкой и считаются не только формальными сторонами, чтобы суметь организовать процесс контрадикторным образом, но сами функции процесса находятся в значительной мере в распоряжении участников. Как справедливо указывает Г.Трюг, «ни одна конституционно-правовая норма США не содержит однозначного упоминания этого процесса с активным участием сторон, но его можно вывести из различных конституционно-правовых процессуальных прав, так что можно было бы почти сказать, что американская Конституция рассматривает процесс с активным участием сторон как предпосылку»[38]. Несмотря на это, даже если прокурора можно считать материальной стороной на процессе, его позиция тоже не является однозначно позицией обвинителя: его долг – искать справедливость[39].

---

37 См. об этом интересный сравнительно-правовой обзор: G. Trüg, Lösungskonvergenzen trotz Systemdivergenzen im deutschen und US- Amerikanischen Strafverfahren. Ein strukturanalytischer Vergleich am Beispiel der Wahrheitsforschung, Tübingen 2003.

38 G. Trüg, op. cit., S. 25.

39 Как указывается уже в: Berger v. United States, 295 U.S. 78, 55 S.Ct. 629 (1935): “The duty of the prosecutor is to seek justice. (…) The United States Attorney is the representative not of an ordinary party to a controversy, but of a sovereignty whose obligation to govern impartially is as compelling as its obligation to govern all; and whose

3. Состязательные элементы в предварительном расследовании в США

Со структурной точки зрения важнейшие отличия от континентально-европейской системы, то есть от процессуальной системы, происходящей от французской кодификации, можно свести к следующим признакам предварительного расследования:

1) *Автономное полицейское дознание.* Полицейское дознание намного автономнее, чем, например, в испанской или итальянской уголовно-процессуальных системах, а органы полиции имеют больше полномочий на принятие по собственному усмотрению решений об уголовном преследовании. В уголовном процессе США стороны несут эксклюзивную ответственность за выяснение обстоятельств дела. Ни один судебный орган не проводит дознание или вмешивается в процесс установления истины. С другой стороны, прокурор как обвинитель выполняет лишь задачу поиска и обеспечения доказательств. Все доказательства в пользу обвиняемого должны в принципе собираться защитой. Роль обвинителя или прокуратуры – это роль подлинной стороны процесса, хотя она рассматривается также и как орган правосудия. В то время как прокуратура в немецкой или в испанской системе действует в первую очередь в интересах законности и должна искать истину, то американский окружной прокурор *district attorney* выполняет функцию обвинителя и преследователя преступника. Это не значит, что поиск истины не является целью американской уголовно-процессуальной системы, а означает, что методы расследования обстоятельств дела не такие, как в континентально-европейском процессе: истина должна быть обнаружена путем противопоставления противоречивых утверждений обеих сторон в ходе основного судебного разбирательства.

2) *Reactive approach.* (Реактивный подход). Роль уголовного права соответствует, как это называют социологи, реактивному подходу: уголовный процесс служит скорее разрешению конфликта, чем применению уголовного законодательства судьей[40]. Поэтому решение о продолжении или прекращении уголовного преследования – обвинять или не обвинять – оставлено на усмотрение обвинителя. Нет обязанности проводить следствие, а есть так называемое «усмотрение обвинительной власти» (*prosecutorial discretion in charging*).

3) *Disclosure and discovery* (правила о предоставлении материалов и доказательств другой стороне). Велась долгая дискуссия о том, содержит ли оговорка *due process* также и обязательство взаимного предоставления

---

interest, therefore, in a criminal prosecution is not that it shall win the case, but that justice shall be done."

40 См.: G. Trüg, op.cit., S. 16.

информации и доказательств. Только после дела Брэйди против штата Мэриленд (*Brady v. Maryland*) в 1963 году было публично заявлено, что непредоставление обвиняемому информации об оправдывающих его показаниях противоречит справедливости процесса, если обвиняемый запросил эти материалы (*had requested disclosure*)[41]. Развитие американского законодательства на основе судебной практики привело к тому, что сегодня действует регулирование, предусмотренное для федерального уголовного процесса в Правиле 16 – «*obligation of disclosure of all items in possession or under control of the government*». Это обязательство действует для защиты не в том же объеме, т.к. все доказательства или показания защищены привилегией не давать показания против самого себя (*attorney-client privilege*)[42].

Если обвиняемый подает в прокуратуру заявление с просьбой ознакомиться с материалами дела (документами, экспертизами и т.д.), то в ответ он тоже должен предоставить прокуратуре доказательства или информацию, имеющиеся у защиты. Если у прокуратуры есть оправдательные материалы, она обязана их хранить и предоставлять.

4) *The decision to prosecute* (решение о предъявлении обвинения). Существенным признаком американской прокуратуры традиционно является ее децентрализованность, уходящая своими корнями еще в колониальное прошлое. В большинстве штатов прокурор получает должность в ходе политической борьбы на местных выборах. В этом четко проявляется политическая окраска должности прокурора. Он независим при исполнении своих должностных обязанностей на государственном уровне, отсутствует строгая иерархия, и генеральный прокурор обычно не может давать указаний нижестоящим прокурорам.

Уголовный процесс в США всегда был и остается обвинительным процессом, на котором предъявление обвинения или отказ от него зависит от усмотрения прокурора[43]. Задачей обвинителя является решить, какие обвинения (*charges*) составят предмет уголовного процесса и будут ли факты и доказательства представлены суду в соответствии с процессуальными

---

41 Brady v. Maryland, 373 U.S. 83, 83 S. Ct. 1194; обвиняемому Брэйди было отказано в праве на повторное судебное разбирательство (new trial) и разрешено только новое судебное заседание для определения меры наказания (sentencing hearing).

42 Эти последние исключения из обязанности предоставлять другой стороне материалы и доказательства разрешаются Шестой поправкой, чтобы гарантировать эффективную защиту. См.: W. R. Lafave, J. H. Israel, N.J. King, O. S. Kerr, Criminal Procedure, Eagan, Minnesota, 2007, vol. 5, S. 465-69.

43 Wayte v. United States, 470 U.S. 598, 105 S. Ct. 1524 (1985): “In our criminal justice system, the Government retains broad discretion as to whom to prosecute. So long as the prosecutor has probable cause to believe that the accused committed an offense defined by statute, the decision whether or not to prosecute, and what charge to file or bring before a grand jury generally rests entirely in his discretion”.

нормами. Это входит в компетенцию обвинительных органов – окружных прокуроров (*district attorneys*). Как говорится, в частности, в решении по делу "Уэйт против Соединенных Штатов" (*Wayte v. United States*), это усмотрение с трудом поддается контролю со стороны судьи.

Этот процесс принятия решения по усмотрению прокурора (*prosecutorial discretion*) зависит также, хотя и не только, от взвешенного учета заинтересованности государства в судебном преследовании[44]. Здесь сказываются многие факторы. Материальное уголовное право в США не такое гибкое и застывшее, чем в общем в Европе[45]. Уголовные законы вмешиваются почти во все сферы жизни. Поэтому принцип оппортунизма, или целесообразности, на процессуально-правовом уровне рассматривается как безусловно необходимый для функционирования системы. Кроме того, почти не встречается правонарушений, преследуемых только по жалобе потерпевшего, так что корректировка в случае отказа потерпевшего от своего заявления должна происходить на процессуальном уровне[46]. По этой причине потерпевшие очень часто отказываются подавать заявление, например, в случаях семейных конфликтов, или при совершении правонарушений несовершеннолетними, или в случае уголовно наказуемых деяний в дорожном движении. Примерно от 30 до 40 % процессов по делам о тяжких уголовных преступлениях прекращаются по решению прокурора (так наз. *screening out cases)*, иногда применяют альтернативные виды исправительного воздействия[47]. Ресурсы играют большую роль при дефиниции и определении целей уголовной политики[48]. Широко понимаемое усмотрение прокуратуры рассматривается как необходимое, но все же признается и риск злоупотребления этим усмотрением[49].

Однако широкое усмотрение прокурора не безгранично. Здесь действует правило равенства перед законом («*equal protection of the law*») че-

---

44 См. об этом: J. R. Acker and D. C. Brody, op.cit., S. 405 f.

45 В «Стандартах Американской ассоциации юристов об администрации уголовной юстиции» (American Bar Association Standards relating to the Administration of Criminal Justice) среди факторов, которые прокурор обязан учитывать при принятии решения о предъявлении обвинительного акта, называется следующий: “the disproportion of the authorized punishment in relation to the particular offence or offender” (Standard 3-3-9 (b) (iii)).

46 См.: G. Trüg, op. cit., S. 93.

47 Дополнительно привлекается и теория разделения властей для объяснения широко понимаемого усмотрения прокурора при предъявлении обвинения.

48 G.F. Cole, in Major Criminal Justice Systems. A comparative Survey, op.cit, p.43.

49 W.R. Lafave, J.H. Israel, N.J. King, O.S. Kerr, Criminal Procedure, Eagan, Minnesota, 2007, vol. 4, S. 117: “Whether this exercise of discretion at the charging stage is a vice or a virtue is a matter on which there is not complete agreement. It does seem fair to say, however, that something less than full enforcement of the law by the prosecutor is an absolute necessity (…). But this is not to suggest that there does not reside in the prosecutorial screening function considerable potential for abuse”.

тырнадцатой Поправки, поэтому недопустимо одних преступников обвинять дискриминирующим образом, а других – нет[50]. Этот принцип часто упускают из виду, что отражается в наличии предпочтений в преследовании определенных типов уголовных преступлений, т.е. *selective prosecution*. Усмотрение обвинителя нигде не регулируется и не подвергается никакому более пристальному контролю. Надо подчеркнуть, что решение по вопросу об открытии судебного процесса на практике очень часто принимается полицией[51]. Полиция, как выше сказано, работает в основном независимо и не подчиняется прокуратуре.

5) *Plea bargaining and guilty pleas* (судебные сделки). Институт судебной сделки, или сделки о признании вины, (*plea bargaining*) фактически является обычным для американского процесса. Более 90% (в 1999 г. 94%) уголовных процессов, которые привели к вынесению приговора, решались путем *guilty plea* (объявление себя виновным)[52]. Объявив себя виновным, обвиняемый может получить множество преимуществ [53]. Кроме того, важным стимулом для признания своей вины – это то, что приговор не заносится в реестр[54]. Такая практика впервые появилась в XIX в., а в 20-е годы стала общей практикой в США[55]. Хотя судебные сделки не являются исключительно американским уголовно-процессуальным институтом, но можно уверенно сказать, что там они существуют давно и являются не только важной составной частью уголовно-судебной системы, но и необходимым элементом управления юстиции[56].

Вывод, что правовая система не может преследовать все преступления, так же как и не может предать суду всех преступников, что является реальностью «сильно перегруженной уголовной юрисдикции (heavy overloaded criminal justice system)», явился большим вкладом в практику

---

50 W. R. Lafave, J. H. Israel, N. J. King, O. S. Kerr, op.ult.cit., S. 168 f.

51 W. R. Lafave, J. H. Israel, N. J. King, O. S. Kerr, op. ult.cit., S. 128-131.

52 W. R. Lafave, J. H. Israel, N. J. King, O.S. Kerr, Criminal Procedure, Eagan, Minnesota, 2007, vol. 5, S. 520.

53 G. Trüg, op. cit., S. 192.: «Обвиняемому делаются уступки, которые, собственно, оказывают смягчающее воздействие на приговор: переформулировка обвинения или отказ от упоминания некоторых пунктов обвинения, отказ от судебного преследования одного из родственников или ходатайство о снижении меры наказания – это преимущества, которые может предложить обвиняемому прокурор, чтобы добиться от него объявления себя виновным (guilty plea).»

54 W. R. Lafave, J. H. Israel, N. J. King, O.S. Kerr, Criminal Procedure, Eagan, Minnesota, 2007, vol. 5, S. 521.

55 W. R. Lafave, J. H. Israel, N. J. King, O.S. Kerr, op. ult.cit., S. 523.

56 См.: W. R. Lafave, J. H. Israel, N. J. King, O. S. Kerr, op. ult.cit., S. 543: «Вероятно, не имеет смысла глубоко задумываться над критикой судебных сделок, потому что система не сможет существовать без plea bargaining».

судебных следок и признания вины обвиняемым[57]. Это намного ярче проявляется в уголовном процессе США: гарантии уголовного процесса, право на суд присяжных, неопределенность в отношении результата основного судебного разбирательства и сложные правила доказывания, превратившие судебное разбирательство в такую дорогостоящую процедуру, - все это привело к тому, что и прокуратура, и обвиняемые в большинстве случаев стараются избежать судебного разбирательства. Кроме того, завершение уголовного процесса путем судебной сделки предпочитают и для избежания больших судебных расходов, а также из-за большой свободы судьи при вынесении приговора (*sentencing*): во многих случаях довольствуются тем, что соглашаются с наказанием на основании объявления себя виновным (*guilty plea*), чтобы не подвергать себя опасности назначения более строгой меры наказания на основном судебном разбирательстве[58]. Совокупность всех этих факторов говорит в пользу завершения уголовного процесса путем *guilty plea*[59].

4. Выводы

Любая правовая система и любой уголовный процесс, независимо от того, какой модели они следуют, имеют свои преимущества и недостатки. И правовая система, и уголовный процесс обусловлены как культурными, так и историческими причинами и не могут быть просто так оторваны от соответствующего контекста. Правовые модели, точно так же, как и процессуальные модели, нельзя оценивать абстрактно, в отрыве от правовой, политической, социальной и исторической среды, в которой они применяются.

---

57 Даже в тех системах, в которых был прочно закреплен принцип законности, как, например, в Германии, сумел утвердиться принцип оппортунизма (целесообразности) и практика судебных сделок. См., например: F-C. SCHROEDER, Strafprozessrecht, München 2007, S. 40-42.

58 W. R. Lafave, J. H. Israel, N. J. King, O. S. Kerr, op. ult.cit., S. 526-528.

59 О практике судебных сделок и рисках, которые они несут, см.: G. Trüg, op.cit., S.112 ff.: «Чтобы избежать злоупотреблений судебными сделками (plea bargainings), статья 11 FRCP (Федеральных правил гражданского судопроизводства) не только требует, чтобы обвиняемый объявил себя виновным (guilty plea) добровольно, но суд должен также контролировать, основано ли признание вины на фактах. Кроме того, судья должен разъяснить обвиняемому разъяснение его права, т.е. должен быть уверен, что обвиняемый знает, от чего отказывается, если не признает своей вины. Заявление о признании своей вины обвиняемый должен делать в письменной или устной форме в суде, чтобы гарантировать, что признание вины действительно сделано самим обвиняемым. Но на практике фактический судебный контроль добровольности признания своей вины отсутствует, так же как и проверка фактических оснований обвинения.»

Было бы бессмысленным с самого начала высказываться в поддержку модели, называемой состязательной, не принимая в расчет условия, в которых существует эта процессуальная система. Даже самая плохая модель может отлично работать в определенной культурной среде, и, наоборот, самая лучшая система может потерпеть фиаско, если условия и применение расходятся.

В этой краткой работе я попыталась дать обзор элементов и характерных признаков американского уголовного процесса. Познакомившись с опытом и процессуальными правилами в других правовых системах, законодатели или национальные юристы смогут расширить свои представления и сделать выводы, чтобы разработать процессуальную системы для своей страны и понять, какая процессуальная модель им не подходит. В этой области нет ни однозначных рецептов, ни безошибочных решений. Потому что целью сравнения правовых систем всегда является только знакомство с новыми точками зрения и одновременно с объясняющими их концепциями. Попытка перенести модели или решения без критического анализа и в оторванности от их контекста – это несомненный путь к неудаче.

Ознакомившись с основными положениями американского предварительного расследования, можно признать, что состязательная система, подобная системе в США, может успешно функционировать только при условии, что прокуратура отвечает определенным требованиям. Иначе будет утрачено равновесие властей, т.е. система *checks and balances.* Демократическая легитимация, политическая ответственность и децентрализованность прокуратуры в определенной степени компенсируют широкое право прокурора принимать решения по усмотрению, предъявлять обвинения или прекращать процесс.

С другой стороны, процесс, основанный исключительно на активности сторон, оправдан только в том случае, когда обеспечено подлинное равновесие сил и возможностей сторон[60]. В американском же процессе это имеется только в определенной степени, а именно тогда, когда обвиняемый имеет великолепную защиту и средства на проведение дознания, на экспертизу и т.д. Нельзя забывать, что прокурор и обвиняемый не являются равноправными сторонами, как в целом, так и на соответствующем процессе. Как и в любом уголовном процессе, гражданин в качестве обвиняемого противостоит государству и должен доказывать государству свою правоту как индивид. К несчастью, в этой ситуации нельзя говорить о ра-

---

60 См. согласие с этим мнением и критику уголовного процесса в США: J. R. Acker and D. C. Brody, op.cit., S. 405: “We know that in practice the adversarial system of justice often falls short of its lofty ideals. (…) Moreover, it unfortunately is not true that all prosecuting and defense attorneys are equally matched and equipped with comparable skills and sources”.

венстве сил и возможностей. Эти факты нужно учитывать, защищая чисто состязательную модель как якобы наиболее подходящую для определенного государства.

Понятие состязательности означает не то, что обвиняемому должна быть предоставлена главная роль в ходе уголовно-процессуального следствия, а то, что любой из участников процесса обязательно должен проводить следственные действия и искать доказательства, подтверждающие его аргументы. Понятие состязательности означает не то, что власть обвинителя ограничена, а то, что прокуратуре предоставлена большая свобода принимать решения по усмотрению. Кроме того, понятие состязательности означает, что нет таких государственных институтов, задачей которых являлась бы только защита невиновных граждан.

Прежде чем сделать выбор в пользу определенной уголовно-правовой системы, будь то состязательная или инквизиционная, мы должны четко понять не только то, что в таком виде этих систем вообще нет в реальности, но и то, какое значение и какие последствия имеет перенимание такой системы. А затем, изучая ее применение в определенных правовых системах, мы можем сделать выводы, которые можно использовать в будущих реформах как в странах Центральной Азии, так и в других регионах земного шара.

Решающий вопрос при разработке проекта любой уголовно-процессуальной системы - это не вопрос о том, кто будет руководить следственными действиями, а о том, как проходит следствие и как собираются доказательства. Любое расследование и любой уголовный процесс обязательно должны уважать права обвиняемого и соответствовать международным стандартам прав человека. Любой процесс должен рассматривать обвиняемого как субъекта процесса и соответствующим образом уважать его права и его волю. Это отношение к обвиняемому сейчас уже перестало быть исключительным признаком состязательного процесса, а является только следствием гарантии соблюдения прав человека и человеческого достоинства. Кроме того, обязательно должно соблюдаться равновесие между эффективностью и справедливостью.

Если выполнены эти не подлежащие обсуждению предпосылки, то любое государство может выбрать для себя модель. Будет ли она иметь состязательные или инквизиционные аспекты – это, конечно, еще следует обсудить[61].

---

61 Такое обсуждение происходит и в США, где в ходе этих дебатов идет дискуссия о преимуществах, которые могут быть у активно действующего судьи при установлении истины. См. об этом, например: J. Dressler and A. C. Michaels, Understanding Criminal Procedure, cit., S. 31: "If what we want is the truth, they assert, the judge should take a more active role at trial (…) the question remains whether more truth-enhancing techniques can safely be permitted in the adversarial system". См. также

критику состязательного процесса в США в: J. H. Langebein, op. cit., S. 331-332, что этот автор называет “truth deficit from adversarial system”. См. также: G. Goodpaster, “On the theory of American Adversary Criminal Trial”, 78 J.Crim.L. and Criminology 118 (1987), S. 121.

Modelle des Strafverfahrens und das Vorverfahren

Alexandr Smirnov

1. Vordringen des adversatorischen Prozesses

Der adversatorische Typ des Strafverfahrens erhebt heute einen Anspruch auf den Titel des Höhepunktes der Evolution der Rechtsprechung. Was kann in der Tat besser sein als eine volle Parteigleichheit in Streitfällen sowie ein unvoreingenommenes und objektives Gericht? Nur hier kann der Einzelne dem Leviathan-Staat widerstehen. Im Grunde genommen gehen alle wichtigsten internationalen Rechtsakte gerade von den Grundsätzen des adversatorischen Verfahrensmodells aus. Das sind der Internationale Pakt über bürgerliche und politische Rechte, die Europäische Konvention zum Schutz der Menschenrechte und Grundfreiheiten u.a. Seit den 50er – 60er Jahren des vorigen Jahrhunderts sind weltweit alle Reformen des Strafverfahrens (in Deutschland, Spanien, Italien, Russland, Finnland, Frankreich u.a.) objektiv auf die adversatorische Entwicklung des Strafverfahrens, vor allem des Vorverfahrens als einer seiner Stufen, ausgerichtet, in dem die inquisitorischen Atavismen traditionell am stärksten waren. Dabei ist die adversatorische Neugestaltung des Strafverfahrens noch nicht abgeschlossen; sie dürfte wenigstens in der ersten Hälfte des laufenden 21. Jahrhunderts der Hauptinhalt der Änderungen sein.

Erste Versuche, das Vorverfahren zu reformieren, gab es im kontinentalen Europa bereits Anfang der 70er Jahre des 20. Jahrhunderts, besonders große Ausmaße haben sie aber erst Ende der 80er bis Anfang der 90er Jahre angenommen. Dabei liefen die Reformen in zwei naheliegende und meistens sich überschneidende Richtungen. Die erste war mit der Übertragung der Untersuchungsfunktionen auf die Staatsanwaltschaft und dem Verzicht auf den Untersuchungsrichter oder der Verwandlung des Untersuchungsrichters in einen Richter, der „über die Untersuchung“ wacht, dessen Funktion also auf die richterliche Kontrolle beschränkt ist, verbunden. Es heißt solche Änderung fördere die Umwandlung des Vorverfahrens in ein adversatorisches Verfahren. Die zweite Richtung bestand in der Gleichstellung der Rechte der Anklage und der Verteidigung, was auch als eine Wendung zur Adversarität betrachtet wird.

Man kann auf einige Reformmodelle der kontinental-europäischen Strafverfahrenssysteme verweisen, in denen sich die o.g. Richtungen mehr oder weniger durchgesetzt haben. Nach unserer Meinung sind das französische und das italienische Modell (vor kurzem ist Finnland diesem Modell gefolgt) zwei gegenübergestellte marginale Versionen, zwischen die man das deutsche sowie das spanische Modell setzen könnte.

2. Das französische Reformprojekt vom 1989

Den zwei letzten Zwischenmodellen steht das Projekt der Reform des französischen Verfahrens nahe, das 1989 von der Kommission unter dem Vorsitz von Professor *Delmas-Marty* vorgeschlagen wurde. Durch das Gesetz vom 4. Januar 1993, das nur eine Zeitlang existierte, versuchte Frankreich den Untersuchungscharakter des Vorverfahrens zu mildern. Jedoch wagte es der Gesetzgeber nicht, die französische Justizreliquie – *juge d'instruction* – anzutasten und beschränkte sich lediglich auf eine Befreiung des Untersuchungsrichters von seiner nicht adversatorischen Pflicht, selbst die Anklage zu erheben. In Bezug auf den Beschuldigten wählten die Schöpfer der Gesetze jedoch einen superliberalen Ansatz: Bei Erscheinen des ersten Beweises, der eine Vermutung über den konkreten Täter ermöglicht, musste der Staatsanwalt, wie auch der Untersuchungsrichter, die „*personne a l'encontre de laquelle*“ (die zur Untersuchung herangezogene Person) unverzüglich darüber benachrichtigen, diese Person durfte nicht mehr als Beschuldigter bezeichnet werden. Nach diesem Gesetz hing also die Heranziehung einer Person zur Untersuchung nicht von der speziellen Entscheidung des Staatsanwalts oder des Untersuchungsrichters ab, sondern wurde *„durch eine Fügung des Schicksals“* je nach Vorhandensein oder Fehlen der Beweise bestimmt. Dabei verloren die Ermittlungen jegliche Geheimhaltung und die operativen Fahndungshandlungen wurden – wenn überhaupt möglich – wesentlich problematischer.

Die Verabschiedung des Gesetzes führte zu einer bedeutenden Senkung der Aktivität der Gerichtspolizei: Die Anzahl der Festnahmen und der im Vorverfahren untersuchten Fälle ging stark zurück. Deshalb wurde das Gesetz im selben Jahr dringlich revidiert (Gesetz vom 24. August 1993) und die Verteilung der prozessualen Funktionen im französischen Strafverfahren nahm wieder ihren Lauf. Die Ermittlungen werden nun wie früher durch den Ermittlungsrichter geführt, der das Verfahren übernimmt, Beweise erhebt, Haft- und Unterbringungsbefehle erlässt und der nach wie vor faktisch die Anklage erhebt. Mit anderen Worten vereinigt der Ermittlungsrichter nach wie vor Justizbefugnisse mit der Untersuchung des Verbrechens, die praktisch untrennbar von der Strafverfolgung ist.

3. Italien

Im Unterschied zu Frankreich überraschte Italien 1989 die Welt nach 25 Jahren Forschungen, die noch in den 60er Jahren durch die Kommission des Justizministeriums unter Vorsitz von Professor *Carnelutti* begonnen worden waren, mit einer neuen ultraadversatorischen StPO, die auf dem Apennin das englische Modell des Gerichtsverfahrens fast wie ein Spiegelbild wiedergab. In der Tat setzte die neue StPO das Vorverfahren ins Gericht der ersten Instanz, wo sie zu einem adversatorischen Analogon zum englischen *arraignment* wurde, in dem die vorgerichtliche Vorbereitung auf die Hauptverhandlung (Ermittlungen) der Staatsanwaltschaft und der Polizei überlassen blieb. Das forensische Verfahren bestand also aus zwei Stufen: dem Vorverfahren und der streitigen Hauptverhandlung. Da im adversatorischen Verfahren die Staatsanwaltschaft und die anderen Strafverfolgungsorgane lediglich eine Partei sind, die gleiche Rechte wie die Verteidigung hat, können die von ihnen selbstständig gesammelten Beweismaterialien nach der allgemeinen Regel (die übrigens mehrere praktisch begründete Ausnahmen kennt) weder als zulässige Beweise angesehen noch vom Gericht ohne adversatorische Überprüfung berücksichtigt werden. Dadurch ist der italienische Gesetzgeber auf die Idee von „zwei Aktenordnern" gekommen: Der erste enthält die Materialien der Ermittlung, der zweite die in der ersten Stufe des forensischen Verfahrens gewonnenen Beweise. Das Gericht darf nicht einmal die Akten im „ersten Ordner" einsehen, was eine vollständige Unparteilichkeit bei der Beweisaufnahme in der Hauptverhandlung (dem „zweiten Aktenordner") gewährleisten soll. Die Beweisgestaltung hat sich fast völlig in die gerichtlichen Phasen verschoben. Dabei ist die Initiative der Beweiserhebung vom Gericht auf die Parteien übertragen worden, auf deren Antrag in aller Regel die Beweise in der Hauptverhandlung zugelassen werden. Das Vorverfahren im italienischen Strafprozess ist also völlig adversatorisch geworden, allerdings in so einer Form, dass man dafür mit einer äußerst hohen Verstreuung von Akten und dem Risiko des Verlustes der während der Ermittlungen erhobenen wichtigen Informationen bezahlen musste.

4. Finnland

In Finnland wurde 1998 das Prozessmodell, das dem oben dargestellten ziemlich nahe steht (und hier als Akkusationsprozess gilt), durch das Gesetz über das Gerichtsverfahren in Strafsachen eingeführt. Das Vorverfahren wird hier durch die Polizei geführt, und für die Eröffnung und Unterstützung der gerichtlichen Verfolgung ist der offizielle Ankläger zuständig. Wenn der aber auf die Anklage verzichtet, kann der Verletzte die Anklage selbstständig erheben. In komplizierten Fällen ist eine gerichtliche Voruntersuchung einzuleiten, die sowohl als mündliche Anhörung der Parteien als auch in Form eines summarischen Dokumentenverfahrens (durch den Vortrag schriftlicher Anträge der beiden Parteien zu einzelnen Fragen des Rechtsstreits) durchgeführt werden kann. Faktisch wird auch das „Zwei-Aktenordner-System" verwendet, weil es in der Hauptverhandlung in der Regel verboten ist, Dokumente und Vorträge der Parteien zu lesen, und der Richter hat seine Entscheidung damit zu begründen, was unmittelbar in der Verhandlung vorgetragen ist, und nicht mit Protokollen und sonstigen schriftlichen Materialien des Vorverfahrens.

5. Deutschland

Eine Zwischenstellung zwischen dem französischen und dem „italienisch-finnischen" Reformmodell des Vorverfahrens nehmen das deutsche und das spanische Modell bedingt ein. Gemeinsam haben beide Systeme, dass sich der Richter während des Vorverfahrens nach wie vor an den Untersuchungen unmittelbar beteiligt. Das erinnert an das französische Modell, jedoch ist hier die Richterbeteiligung beschränkt, weil der Hauptanteil oder wenigstens ein wesentlicher Anteil der Initiative für Beweiserhebung vom Untersuchungsrichter auf die Parteien übergeht. Die Gemeinsamkeiten hören damit übrigens auf, nun kommen die Unterschiede.

In Deutschland wurde durch das Erste Gesetz zur Reform des Strafverfahrensrechts (1. StVRG) vom 9. Dezember 1974 das Institut der Voruntersuchung abgeschafft, an seine Stelle traten Ermittlungen durch Staatsanwaltschaft und Polizei, an denen auch der sog. Ermittlungsrichter beteiligt ist. Seine Hauptaufgaben bestehen in der Legalisierung der gerichtlichen Beweise durch Vornahme richterlicher Untersuchungshandlungen auf Antrag der Parteien (in erster Linie auf Antrag des Staatsanwalts) (§§ 162 der deutschen StPO) sowie im Erlass der Haftbefehle. Allerdings bleiben dem deutschen Ermittlungsrichter auch einige reine Untersuchungsbefugnisse überlassen, bspw. (*ex officio*) die unaufschiebbare Vornahme richterlicher Untersuchungshandlungen (§ 165), Vernehmung der Beschuldigten (§ 135) oder Anweisen der Sachverständigen (§ 78). Der Ermittlungsrichter ist also zur Hälfte ein Untersuchungsrichter geblieben, obwohl er keine Fälle in sein Verfahren übernimmt.

6. Russland

Die geltende StPO der Russischen Föderation (RF) stellt ein Gesetz dar, durch welches ein wesentlich neues Strafverfahrensmodell in juristischen Umlauf gebracht worden ist; direkte Entsprechungen dafür gibt es weder in der Geschichte des russischen nationalen Rechts noch in der ausländischen Gesetzgebung. Die wichtigsten Besonderheiten dieses Modells sind unserer Ansicht nach wie folgt:

Das Gesetzbuch setzt einen untersuchungs-adversatorischen (europäisch-kontinentalen) Mischtyp des Strafverfahrens fest, in dem adversatorische Elemente nach dem Buchstaben des Gesetzes vorherrschen. Dabei kommt die Adversarität in den Gerichtsphasen besonders stark zum Ausdruck. Das Gericht wird nicht als ein Strafverfolgungsorgan angesehen, es soll weder auf der Anklage- noch Verteidigungsseite auftreten und hat nur die notwendigen Voraussetzungen zu schaffen, damit die Parteien ihre Verfahrenspflichten erfüllen und die ihnen gewährten Rechte wahrnehmen können (Art. 15 Abs. 3). So wird die Gerichtsverhandlung erst auf Anklage eingeleitet, die durch den Strafverfolger zu erheben ist; das Gericht darf die in der Anklage umrissenen Grenzen nicht verlassen (Art. 252). Es darf keine Strafverfahren anstrengen, weil die Triebkraft des adversatorischen Verfahrens allein der Rechtsstreit der Parteien über die Anklage ist. Aus demselben Grund führt eine volle oder teilweise Anklagerücknahme vom staatlichen Ankläger in der Gerichtsverhandlung zur Einstellung des Strafverfahrens, der Strafverfolgung insgesamt oder im entsprechenden Teil (Art. 246 Abs. 7). In der StPO ist das Recht des Gerichts auf Zurückweisung der Fälle zur Nachuntersuchung formell nicht vorgesehen, weil die Ermächtigung der Anklagepartei, die Schuld wiederholt zu beweisen, falls die Ermittlungen sich als nicht voll oder als parteiisch erwiesen haben oder falls die Rechte der Beteiligten wesentlich verletzt wurden, ein Verstoß gegen das Gleichheitsprinzip wäre und das Gericht objektiv zum Adepten der Strafverfolgung machen würde. Die Verteidigung hat das Recht, die Beweise selbstständig zu sammeln, wenn auch in einem beschränkten Rahmen (Art. 86 Abs. 3), Zeugen und Experten vor Gericht zu laden und andere für die Verteidigung erforderlichen Beweise vorzulegen (Art. 220 Abs. 1 Nr. 6, Art. 225 Abs. 1 Nr. 6, Art. 231 Abs. 2 Nr. 4, Art. 271 Abs. 4), wodurch die Verteidigung im Beweisverfahren bis zu einem gewissen Grad mit der Anklage gleichgestellt werden könnte. Der adversatorische Grundsatz der unmittelbaren Beweisaufnahme in der Gerichtsverhandlung ist gestärkt worden: Verlesung und Verwendung der Vernehmungsprotokolle der nicht erschienen Zeugen und Verletzten sind in der Hauptverhandlung in der Regel nur mit Zustimmung der Parteien zulässig (Art. 281 Abs. 1); es wird das Recht des Gerichts betont, in der Hauptverhandlung nicht nur Vernehmungen, Augenscheinseinnahme und Expertise, sondern auch solche Untersuchungshandlungen wie Untersuchungsexperiment, Identifizierung und körperliche Untersuchung (Art. 288 – 290) vorzunehmen.

Trotzdem kann nicht anerkannt werden, dass die allgemeine Forderung des Gesetzbuchs, das Strafgerichtsverfahren kontradiktorisch durchzuführen (Art. 15 Abs. 1), in vollem Umfang umgesetzt ist, weil der Gesetzgeber in den vorgerichtlichen Verfahrensphasen relevante Elemente des Untersuchungs- bzw. Inquisitions- oder Ermittlungsverfahrens erhalten hat, bei dem eben nicht nur die

Anklagemacht, sondern auch ein bedeutender Teil der Gerichtsmacht, d.h. des Entscheidungsrechts im Einzelfall, in der Hand des Strafverfolgers konzentriert ist. So können der Untersuchungsführer und der Ermittler im Vorverfahren die endgültige Entscheidung über den Fall treffen, mit welcher sie das Strafverfahren bzw. die Strafverfolgung nicht nur aus den rehabilitierenden, sondern auch aus den sog. nicht rehabilitierenden Gründen einstellen und dabei die Schuld der jeweiligen Person an der Straftat feststellen (Kap. 4). Gerade der Strafverfolger (der Ermittler, der Untersuchungsführer) entscheidet im Vorverfahren über die Ablehnung seiner Verfahrensgegner (des Verteidigers bzw. des Vertreters des Zivilbeklagten) (Art. 72). Das Haupterbe der inquisitorischen Ordnung im russischen Strafverfahren besteht jedoch darin, dass der Untersuchungsführer und der Ermittler, neben dem Gericht die Beweise sammeln und verwerten, mit deren Hilfe sie das Vorhandensein oder das Fehlen der Umstände *feststellen*, die im Strafverfahren zu beweisen sind (Art. 74 Abs. 1), d.h. sie erhalten unverzüglich *gerichtliche* Beweise, während in den konsequent adversatorischen Verfahrenssystemen (in England, den USA, Italien usw.) ein besonderes gerichtliches Verfahren zur Überprüfung der Beweise, die die Strafverfolgungsseite im Vorverfahren gesammelt und dem Gericht vorgelegt hat, sowie deren Anerkennung als zulässig notwendig ist. Im russischen Strafrecht entscheiden faktisch die Strafverfolgungsorgane darüber, welchen Anträgen der Verteidigung und sonstiger Prozessteilnehmer auf Beifügung von Beweisen zur Akte stattzugeben ist und welche abzulehnen sind (Art. 159). Schließlich erhebt der Ermittlungsrichter eine offizielle Beschuldigung nicht im Gerichtssaal vor einem unabhängigen Gericht, wie es in einem richtigen adversatorischen Gerichtsverfahren zu erfolgen hat, sondern selbstständig auf eine äußerst inquisitorische Weise (Kap. 23). D.h., die Strafverfolger (der Untersuchungsführer und der Ermittler) sind im Vorverfahren faktisch keine Partei, sondern haben Herrschaft über das Verfahren, indem sie hier den Richter ersetzen – was übrigens das Hauptmerkmal des Inquisitionsverfahrens ist.

Jedoch ist nach dem Gedanken des Gesetzgebers auch ein Gegengewicht gegen das Diktat der Strafverfolgungsorgane in der StPO der RF vorgesehen, nämlich die Gerichtskontrolle über die Rechtmäßigkeit und Begründetheit der Handlungen bzw. der Untätigkeit sowie der Entscheidungen des Ermittlers, des Untersuchungsführers und des Staatsanwalts (Art. 125, 165 u.a.). Im Grunde genommen wird durch die gerichtliche Prüfung der Beschwerden über Entscheidungen und Handlungen bzw. Untätigkeit des Ermittlers, des Untersuchungsführers und des Staatsanwalts ein Berufungsverfahren zur Prüfung der Rechtmäßigkeit und Begründetheit der durch die Vorverfahrensorgane erstellten Akten eingeführt.

7. Erfordernisse eines adversatorischen Vorverfahren

Jedoch kann das Vorverfahren zukünftig nur dann vollkommen adversatorisch werden, wenn die Gerichtskontrolle darüber aus vier Elementen besteht:

1) Gerichtsentscheidungen über prozessuale Zwangsmaßnahmen;
2) Prüfung von Beschwerden über die Handlungen der Strafverfolgungsorgane;
3) gerichtliche Legalisierung der von den Parteien vorgelegten Beweise als gerichtliche Beweise;
4) Kontrolle über die Erhebung der anfänglichen Beschuldigung.

Ein Beispiel dafür ist das spanische Gesetz über das Geschworenengericht (Ley Organica 5/1995, de 22 de mayo, del Tribunal del Jurado), das ein originäres Verfahren für die vorgerichtliche Vorbereitung eingeführt hat, in dem sich gerichtliche Untersuchungshandlungen zur Beweissammlung und -fixierung (auf Anträge der Parteien) und adversatorische Voranhörungen abwechseln. In diesen Anhörungen können die Parteien Anträge auf Vornahme der Ermittlungshandlungen durch den Richter oder auf Einstellung des Verfahrens stellen sowie ihre Meinung über Qualifizierung, über Änderung der Anklageschrift usw. vortragen. Der Untersuchungsrichter hat in diesen Anhörungen den sog. „den Tatbestand feststellenden Beschluss“ zu treffen sowie über die Anträge der Parteien zu entscheiden, darunter über die Vornahme bestimmter Untersuchungshandlungen. Zum Schluss des Vorverfahrens hat er auch die Hauptverhandlung mit Geschworenen anzuordnen, natürlich wenn dafür ausreichende Gründe vorliegen.

8. Postadversatorisches Verfahren

Damit wird die führende Tendenz deutlich, die Ende der 80er bis Anfang der 90er Jahre des 20. Jahrhunderts für eine Reihe von Staaten mit dem europäisch-kontinentalen Rechtssystem kennzeichnend war: Das Vorverfahren war so zu ändern, dass es aus einer vorgerichtlichen Stufe zu einer gerichtlichen Stufe wird. Die Idee dabei war, den Sieg des adversatorischen Grundsatzes während des gesamten Strafverfahrens zu gewährleisten.

Wird aber der Prozess der Lösung strafrechtlicher Konflikte immer einen solchen Charakter tragen? Mit anderen Worten: Ist das adversatorische Verfahren ein Prozess auf ewige Zeiten oder wird es irgendwann durch ein anderes, *postadversatorisches* Verfahren abgelöst werden? Denn wenn die Geschichte uns etwas lehrt, dann ist es nur die Tatsache, dass alles vergänglich ist!

Offensichtlich kann heute nur die Adversarität den Charakter der Industriezivilisation, der unternehmerisch orientierten Gesellschaft und des demokratischen Staates, den Geist der freien Konkurrenz und einer solchen Auseinandersetzung, in der jedem seine Chancen gewährt werden, darunter auch Chancen im gerichtlichen Kampf gegen den Staat selbst, am besten widerspiegeln.

Stellen wir aber die Frage, warum der Stil der *forensischen* Verhältnisse zwischen einem Individuum und dem Staat in der heutigen Welt einen deutlich nicht wohlwollenden und sogar Kombattanten-Charakter trägt. Warum werden sie vom Staat zu einem „kleinen Krieg" angespornt, in dem der Staat ein „Jäger" und der Beschuldigte bzw. Angeklagte „das Wild" ist? Der russische Schriftsteller *Alexandr Herzen* schrieb, dass in einem solchen Verfahren „der Staatsanwalt wie ein geschickter Toreador erniedrigt und beleidigt ist, falls das gejagte Tier am Leben bleibt". Aber wenn es Gott gäbe, woher komme dann das Böse? Wenn der Staat in einer harmonischen Beziehung zur Allgemeinheit stehe, wozu solle dann der Bürger mit einem umfangreichen Instrumentarium adversatorischer Rechte gegen den Staat bewaffnet werden? Die Antwort kann auch wie folgt sein: Die bürgerliche Gesellschaft hat tatsächlich Angst vor dem Staat, sie vertraut ihm nicht ganz, deshalb betrachtet sie das Strafverfahren als eine Garantie für den Schutz der Bürgerrechte gegen die Verwaltungswillkür.

In dieser Hinsicht ist die Meinung des bekannten französischen Philosophen *Paul Ricœur* interessant: „Wenn ich mich auf den Staat verlasse, ist es, als ob ich eine Wette einginge. Der Sinn dieser Wette besteht darin, dass der Staat im Großen und Ganzen – *trotz der Bosheit der machthabenden Individuen* – dem Guten dient."[1] Die entstandene bürgerliche Gesellschaft, die diese gefährliche Doppelseitigkeit spürt, versucht sich vor diesem notwendigen „Bösen" – dem Beamtentum – durch Wahlen, Pressefreiheit sowie das adversatorische Verfahren und das Geschworenengericht tunlichst zu bewahren.

Aber der politische Widerspruch zwischen dem Staat und der demokratischen Gesellschaft ist nicht der einzige objektive Grund für das Beibehalten der Adversarität im Gerichtsverfahren. Der adversatorische Grundsatz wird auch mit rein *gnoseologischen* Gründen genährt: Solange die Bedingungen für eine Vielzahl der Verbrechen nicht offenkundig bleiben, solange der höchst komplizierte Beweisprozess erforderlich ist, wird auch beharrliches Leugnen der Tat seitens der Beschuldigten bzw. der Angeklagten und damit auch ein Rechtsstreit zwischen den Parteien bestehen. Ist das etwa kein guter Grund für ein adversatorisches Verfahren?

Und wenn die genannten Gründe – der politische und der gnoseologische – wegfallen werden: wird das Bedürfnis nach einem adversatorischen Verfahren weiterhin bestehen?

1 Paul Ricœur, Histoire et vérité. Das Zitat wurde aus dem Russischen ins Deutsche übersetzt, s.: Рикёр П. История и истина. СПб.: Алетейя, 2002. С. 142.

Der Soziologe *Alvin Toffler* schreibt in seinem berühmten Buch „*The Third Wave*“: Regelmäßig, wenn die Gesellschaft sprunghaft auf eine neue Ebene der Komplexität überging und die Entscheidungslast anschwoll, hätten die eliminierten Gruppen, in Vorahnung neuer Möglichkeiten, ihre Forderungen nach Gleichberechtigung gestärkt, die elitären Gruppen hätten die Türen eine Spalt weiter geöffnet, und die Gesellschaft habe das erlebt, was als einer Welle der weiteren Demokratisierung ähnlich erscheine.

Dadurch gelangen wir zu einer sehr wichtigen Schlussfolgerung: Im Ergebnis verschwinden auch die Voraussetzungen für Konfrontationen des Staates und der demokratischen Gesellschaft.

Andererseits ist es nicht zu übersehen, wie die Entwicklung der Informationstechnologien in geometrischer Progression fortschreitet, und es kann vermutet werden, dass in einem halben Jahrhundert die Strafrechtler über Möglichkeiten zur Vorbeugung und Ermittlung der Straftaten verfügen werden, die „alles, was im Dunkeln gesagt wurde, ans Licht stellen werden“, ein großer Teil der Verbrechen wird also offenkundig. So ist bspw. nicht ausgeschlossen, dass ein Wissensgebiet wie die kriminalistische Telemetrie erscheint, das auf Fernmessungen biologischer Prozesse und biologischer Daten des Menschen basiert und das die Übertragung von Messwerten über Satellit benutzt, um einzelne Personen und sonstige Objekte zu orten (ein bezeichnendes Beispiel dafür ist der berühmte Fall des bekannten US-Footballstars *O.J. Simpson*, der des Doppelmordes an seiner früheren Frau *Nicole Brown Simpson* und deren Freund *Ronald Goldman* beschuldigt wurde; Russland erklärte sich bereit, der amerikanischen Seite die Satellitenaufnahmen zu übergeben, auf denen alle Fortbewegungen des schneeweißen Ford Bronco, mit dem der Beschuldigte in dieser fatalen Nacht fuhr, klar und deutlich abgebildet waren. Leider weigerte sich das amerikanische Gericht, diese anzunehmen, obwohl die Meinung vertreten wurde, dass diese Aufnahmen beinahe das Hauptindiz in diesem Fall sein könnten).

Wenn das alles tatsächlich zur Wirklichkeit wird, werden wir dann den „Krieg vor Gericht“ brauchen? Ich riskiere anzunehmen, dass diese Notwendigkeit entfallen wird. Das gerichtliche Kombattanten-Verfahren wird durch einen *Diskurs* ersetzt, d.h. durch die Herausbildung der Entscheidungen im Ergebnis des wechselseitigen Scannens und des Kompromisses bzw. Berücksichtigens von Meinungen. Bei dem Diskurs-Ansatz wird die Aufgabe des öffentlichen Anklägers nicht mehr in der Stigmatisierung des Täters bestehen und nicht in seiner Verurteilung um jeden Preis, „möge auch die Welt zusammenbrechen“. In erster Linie wird sich der Ankläger um Gerechtigkeit, Wahrung der Rechte des Einzelnen und *Resozialisierung* des Angeklagten kümmern müssen. Nichtheranziehung des Unschuldigen zur Verantwortung oder auch des Schuldigen, der in der Lage ist, seine Schuld zu sühnen, Aussöhnung und beiderseitige Verzeihung – das alles wird für den öffentlichen Ankläger ein ebenso wertvolles und erwünschtes Ergebnis sein wie auch die Verurteilung der Person, die eine Strafe tatsächlich verdient. Der Ankläger wird auch weiterhin Ankläger bleiben, aber die Anklage selbst wird zu einer Form der gesellschaftlichen Besorgtheit oder „Beflissenheit um der Schuldigen willen". Mit anderen Worten wird die Anklage in diesem neuen Verfahren keine Strafverfolgung mehr sein.

Ein Beweis dafür, dass die Rolle des Gerichtsverfahrens schon heute in Änderung begriffen ist, ist der Übergang bei der Einleitung der Strafverfolgung vom *Offizialgrundsatz* (Ermittlung von Amts wegen bei jeder Straftat) zum *Opportunitätsgrundsatz*. Das öffentliche Organ ist nicht verpflichtet, eine Strafverfolgung einzuleiten, wenn es nach seinem Ermessen nicht vernünftig ist, den öffentlichen Interessen widerspricht und nicht zur Resozialisierung des Straftäters beiträgt.

Immer populärer wir auch die Idee der *Deformalisierung des Vorverfahrens*, wenn dieses nicht offiziell, sondern voll und ganz in einer offiziösen Weise durchgeführt wird (manchmal wird dafür der Begriff „polizeiliche Untersuchung" oder „Ermittlung durch Staatsanwaltschaft und Polizei" gebraucht), d.h. ohne irgendwelche Zwangsmaßnahmen und dementsprechend ohne Gestaltung von *gerichtlichen Beweisen* im Vorverfahren, dafür aber mit minimalen Formalitäten. Solche Ermittlungen werden, wenn nötig, mit Verhaftung des Verdächtigen und mit Erhebung der öffentlichen Anklage beendet, erst danach wird die eigentliche Gerichtsverhandlung möglich – d.h. vorbereitende gerichtliche Prozeduren (Legalisierung der Beweise als gerichtliche Beweise, Erhebung der Anklage, Anordnung von Zwangsmaßnahmen) mit der anschließenden Hauptverhandlung. Das gegenwärtige Vorverfahren bzw. die Voruntersuchung im europäisch-kontinentalen Recht gilt unter dem Einfluss des französischen juristischen Genies – seit der Ordonnanz von 1539 (erlassen vom König *Franz I.*) und der „*Ordonnance criminelle*" von 1670 (erlassen von König *Ludwig XIV.*) – traditionell als ein Bestandteil des Gerichtsverfahrens und rechtfertigt faktisch die langen Haftfristen und belastet das Verfahren mit „Papierkrieg". Der Sinn der Rückverwandlung der Untersuchungen in offiziöse Ermittlungen besteht in der Minimierung der Einschränkungen der unabdingbaren Menschenrechte auf Freiheit, Unantastbarkeit der Wohnung und der Privatsphäre einerseits und Steigerung der Flexibilität und Schnelligkeit der Ermittlungen andererseits. Eines der Ergebnisse solcher Umwandlungen kann wohl die Möglichkeit sein, den Grundsatz des schleunigen gerichtlichen Schutzes strikter einzuhalten, insb. durch den allgemeinen Übergang zu einer in mehreren Staaten bereits bekannten Regel, die bedingt als „*100-Tage-Grundsatz*" bezeichnet werden kann, wonach die Hauptverhandlung innerhalb einer gesetzlich festgesetzten angemessenen Frist zu eröffnen ist, die mit der Festnahme des Verdächtigen beginnt. Als ein weiteres Ergebnis können die Entwicklungsaussichten einer sog. parallelen oder Rechtsanwaltsuntersuchung angesehen werden. Die Idee einer solchen Umwandlung der Untersuchung, übrigens wie auch die Ideen der Zweckmäßigkeit bei der Einleitung der Strafverfolgung, lassen sich zugleich in die Paradigmen sowohl eines adversatorischen als auch eines postadversatorischen Verfahrens einordnen, weil sie die persönliche Freiheit und die Rationalität des Verfahrens maximal gewährleisten. Jedoch ist offensichtlich, dass die Tendenz einer solchen informellen Ermittlung in Richtung der sog. wiederherstellenden Rechtspflege geht, wo die Parteien keinen Streit mit dem Ziel der juristischen Vernichtung des Feindes führen, sondern einen Diskurs, der der Wiederherstellung des gesellschaftlichen Friedens dient.

Ein Skeptiker möge das eine Utopie nennen! Stellen wir uns doch die Frage, ob das Strafverfahren wahrscheinlich die letzte „*Bastille*" ist, deren Sturz vor unseren Augen erfolgt.

Модели уголовного процесса и предварительное расследование

Александр Смирнов

1. Продвижение состязательного процесса

На звание вершины эволюции судопроизводства сейчас претендует состязательный тип уголовного процесса. Действительно, что может быть лучше полного равенства в споре, а также беспристрастного и объективного суда? Только здесь индивид может на равных противостоять государству-Левиафану. По сути, все основные международно-правовые акты о суде исходят именно из принципов состязательной процессуальной модели. Это Международный Пакт о политических и гражданских правах, Европейская конвенция о защите прав человека и основных свобод и др. Все идущие в мире реформы уголовного процесса (Германии, Испании, Италии, России, Финляндии, Франции и др.), начиная с 50-60-х годов прошлого века, были объективно нацелены на состязательную доработку уголовного процесса, прежде всего, его подготовительных стадий, где традиционно наиболее сильными были инквизиционные атавизмы. Причем процесс состязательного переустройства уголовного судопроизводства еще не завершен; по-видимому, он будет основным содержанием перемен в этой сфере на протяжении, как минимум, первой половины нынешнего XXI века.

Попытки реформировать предварительное расследование начали предприниматься в континентальной Европе с середины 70-х гг. XX века, но особенного размаха достигли в конце 80-начале 90-х годов. При этом реформы шли в двух близких, обычно пересекающихся направлениях. Первое из них было связано с передачей следственных функций прокуратуре и отказом от фигуры следственного судьи либо превращением судьи-следователя в "судью над следствием", функция которого ограничивается судебным контролем. Считается, что такое преобразование способствует превращению досудебной подготовки в состязательную процедуру. Второе направление состоит в уравнивании прав обвинения и защиты, что также рассматривается как поворот к состязательности.

2. Французская реформа 1989 г.

Можно выделить несколько моделей реформирования континентальных процессуальных систем, в рамках которых в той или иной степени реализовывались указанные направления. Противоположными крайними вариантами являются, на наш взгляд, французский и итальянский (последний недавно взяла за образец также Финляндия), между которыми можно поместить германский, а также испанский. К последним двум промежуточным моделям приближен проект реформы французского процесса, предложенный в 1989 г. комиссией под председательством профессора М. Дельмас-Марти. Франция посредством недолго просуществовавшего закона от 4 января 1993 года сделала попытку смягчить следственный характер досудебной подготовки. Однако посягнуть на французскую судебную реликвию - juge d'instruction - авторы того закона не посмели, ограничившись лишь тем, что освободили следственного судью от несостязательной обязанности самому предъявлять обвинение. В отношении же обвиняемого, напротив, творцами закона была избрана суперлиберальная линия: при первом же появлении доказательств, позволяющих сделать предположение о конкретном лице, совершившем преступление, прокурор, так же, как и следственный судья, был обязан немедленно известить об этом "лицо, привлекаемое к рассмотрению" (personne a l'encontre de laquelle), которое решили больше не называть обвиняемым. Таким образом, привлечение лица к рассмотрению не зависело по этому закону от принятия специального решения прокурором либо следственным судьей, а определялось "волею судеб", в зависимости от наличия или отсутствия доказательств. Расследование при этом, конечно, теряло всякую секретность, а оперативно-розыскная деятельность существенно осложнялась, если вообще была возможна.

Введение закона вызвало заметное снижение активности судебной полиции: резко упало число задержаний и дел, по которым проводилось предварительное следствие. В связи с этим закон в том же году был срочно пересмотрен (закон от 24 августа 1993 года), и уголовный процесс Франции в части распределения процессуальных функций вернулся в привычное русло. Расследование во французском процессе по-прежнему ведет судья-следователь, принимающий дело к своему производству, собирающий доказательства, заключающий под стражу и, как и раньше, фактически предъявляющий обвинение. Иначе говоря, следственный судья продолжает совмещать юрисдикционные (судебные) полномочия с расследованием преступления, которое практически неотделимо от уголовного преследования.

3. Италия

В отличие от Франции Италия, которая в 1989 г. после 25-летних исследований, начатых еще в 60-е годы комиссией Министерства юстиции под председательством профессора Ф. Карнелутти, удивила мир новым ультрасостязательным кодексом, который почти зеркально воспроизвел на Апеннинах английскую модель судопроизводства. В самом деле, новый кодекс перенес предварительное следствие в заседание суда первой инстанции, где оно сделалось состязательным аналогом английского arraingment (предварительного слушания), оставив досудебную подготовку (дознание) прокурору и полиции. Судебное разбирательство, таким образом, складывается из двух частей - предварительного следствия и судебного рассмотрения с прениями сторон. Поскольку прокуратура и другие органы уголовного преследования в состязательном процессе – лишь сторона, уравненная в правах с защитой, самостоятельно собранные ими материалы по общему правилу (которое, впрочем, знает целый ряд исключений, вызванных практическими соображениями) не могут рассматриваться как судебные доказательства и не должны приниматься во внимание судом без состязательной проверки. Это привело итальянского законодателя к идее "двух папок": первая – с материалами дознания, вторая – с доказательствами, полученными на стадии судебного разбирательства. Суд не имеет права даже знакомиться с "первой папкой", что должно обеспечить полную непредвзятость исследования им доказательств в судебном разбирательстве ("вторая папка"). Процесс формирования доказательств почти целиком сместился в судебные стадии. При этом инициатива их получения перешла от суда к сторонам, по просьбе которых по общему правилу только и допускаются теперь в процесс доказательства. Итак, предварительная подготовка в итальянском процессе в самом деле стала целиком состязательной, но в такой форме, что за это пришлось заплатить крайним рассредоточением материалов дела, риском утраты важной информации, добытой на дознании.

4. Финляндия

В Финляндии модель процесса, весьма близкая к очерченному выше (и считающаяся здесь "аккузаторной"), была учреждена в 1998 г. законом о судопроизводстве по уголовным делам. Предварительное расследование здесь производится полицией, а за возбуждение и поддержание судебного преследования отвечает официальный обвинитель. Причем потерпевшая сторона в случае его отказа может самостоятельно возбудить обвинение.

По сложным делам назначается предварительное судебное исследование, которое может проводиться как в виде устного слушания сторон, так и в упрощенной документальной форме путем представления сторонами суду письменных заключений по отдельным вопросам дела. Фактически используется и система "двух папок", поскольку чтение в главном судебном рассмотрении документов и докладов, как правило, воспрещено, и суд должен обосновывать свое решение тем, что непосредственно предъявлено в заседании, а не протоколами и другими письменными материалами предварительного расследования.

5. Германия

Промежуточное положение между французской и "итало-финской" моделями реформ предварительного расследования условно занимают немецкая и испанская. Общее у всех систем то, что судья продолжает принимать непосредственное участие в следственных действиях в ходе предварительной подготовки. Это напоминает французский вариант, однако судейское участие здесь все же ограничено, ибо основная, или, по крайней мере, существенная доля инициативы по собиранию доказательств переходит от следственного судьи к сторонам. Впрочем, на этом сходство названных моделей заканчивается и начинаются различия.

В Германии законом от 9 декабря 1974 года "О реформе уголовно-процессуального права" был ликвидирован институт предварительного следствия, а его место заняло прокурорско-полицейское дознание, в котором принимает участие и так называемый судья-дознаватель. Его главные задачи состоят в легализации судебных доказательств путем проведения по ходатайству сторон (в первую очередь, прокурора и полиции) судейских следственных действий (162-163а УПК ФРГ) и в решении вопроса об аресте. Однако немецкому "судье-дознавателю" были оставлены и некоторые чисто следственные полномочия, например, право по своей инициативе (ex officio) производить неотложные следственные действия (§ 163), допрашивать обвиняемого (§135), руководить деятельностью эксперта (§ 79). То есть наполовину "судья-дознаватель" остался судьей-следователем, хотя и не принимает дела к своему производству.

6. Россия

Уголовно-процессуальный кодекс России сегодня представляет собой закон, которым в юридический обиход введена по существу новая модель уголовного процесса, не имеющая прямых аналогов ни в отечественной истории права, ни в зарубежном законодательстве. Ее главные особенности, на наш взгляд, заключаются в следующем.

Кодекс закрепляет смешанный, следственно-состязательный (континентальный) тип процесса с преобладанием по букве закона состязательных элементов. При этом состязательность наиболее ярко проявляется в судебных стадиях. Суд не рассматривается как орган уголовного преследования, он не должен выступать ни на стороне обвинения, ни на стороне защиты, лишь создавая необходимые условия для исполнения сторонами их процессуальных обязанностей и осуществления предоставленных им прав (ч. 3 ст. 15). Так, суд приступает к рассмотрению дела только по обвинению, представленному уголовным преследователем, и не вправе выходить за рамки, очерченные в обвинении (ст. 252). Он не имеет права возбуждать уголовные дела, поскольку движущей силой состязательного процесса является лишь спор сторон по поводу обвинения. По той же причине полный или частичный отказ государственного обвинителя от обвинения в ходе судебного разбирательства влечет прекращение уголовного дела либо уголовного преследования в целом или в соответствующей его части (ч. 7 ст. 246). В УПК формально не предусмотрено право суда возвращать уголовные дела для производства дополнительного расследования, ибо предоставление стороне обвинения в случае обнаружения неполноты или предвзятости проведенного расследования, существенного нарушения прав участников процесса повторной возможности доказывать виновность означало бы нарушение принципа равенства сторон и объективно делало суд адептом уголовного преследования. Сторона защиты получила право самостоятельно, хотя и в ограниченном объеме, собирать доказательства (ч. 3 ст. 86); вызывать в суд свидетелей и специалистов, представлять другие необходимые ей доказательства (п. 6 ч. 1 ст. 220, п. 6 ч. 1 ст. 225, п. 4 ч. 2 ст. 231, ч. 4 ст. 271), что до известной степени могло бы уравнять ее в процессе доказывания со стороной обвинения. Усилено действие состязательного принципа непосредственности исследования в суде доказательств: оглашение и использование в судебном разбирательстве протоколов допросов неявившихся в судебное заседание свидетелей и потерпевших, допускается, как правило, только с согласия сторон (ч. 1 ст. 281); подчеркивается право суда проводить в судебном разбирательстве не только допрос, осмотр и экспертизу, но и такие следственные действия, как следственный эксперимент, предъявление для опознания, освидетельствование (ст. 288 – 290).

Тем не менее, общее требование Кодекса о том, чтобы уголовное судопроизводство осуществлялось на основе состязательности сторон (ч. 1 ст. 15), нельзя признать полностью реализованным, поскольку на досудебных стадиях процесса законодатель сохранил существенные элементы следственного (инквизиционного, или розыскного) порядка судопроизводства, при котором уголовный преследователь сосредотачивает в своих руках не только обвинительную, но и значительную часть судебной власти, т.е права принятия решений по делу. Так, следователь и дознаватель могут на досудебном производстве принимать окончательное решение по существу дела, прекращая уголовное дело или уголовное преследование не только по реабилитирующим, но и по так называемым нереабилитирующим основаниям, устанавливая при этом виновность лица в совершении преступления (глава 4). Именно уголовный преследователь (дознаватель, следователь) выносит на предварительном расследовании решение об отводе своих процессуальных противников – защитника или представителя гражданского ответчика (ст. 72). Но главное наследие инквизиционного порядка в российском уголовном процессе состоит в том, что, следователь и дознаватель, наряду с судом, собирают и используют доказательства, с помощью которых *устанавливают* наличие или отсутствие обстоятельств, подлежащих доказыванию при производстве по уголовному делу (ч. 1 ст. 74), т.е. сразу получают *судебные* доказательства, в то время как в процессуальных системах, последовательно придерживающихся состязательного начала (Англия, США, Италия и др.), предусмотрена особая судебная процедура проверки и признания допустимыми в качестве судебных доказательств, которые сторона уголовного преследования собрала на предварительном производстве и представила перед судом. Именно органы предварительного расследования в российском уголовном процессе фактически решают вопрос, какие ходатайства стороны защиты и других участников процесса о приобщении к материалам дела доказательств удовлетворить, а какие нет (ст. 159). Наконец, следователь предъявляет официальное обвинение не в судебном заседании, перед лицом независимого суда, как это и должно происходить в подлинно состязательном судопроизводстве, а самостоятельно, в сугубо инквизиционном порядке (глава 23). То есть уголовные преследователи – следователь и дознаватель – на досудебном производстве фактически являются не стороной в деле, а «хозяевами процесса», подменяя здесь судью, что и является главным признаком инквизиционности.

Однако, по мысли законодателя, в УПК РФ предусмотрен и противовес диктату органов уголовного преследования – судебный контроль над законностью и обоснованностью не только действий, но и бездействия, а также решений дознавателя, следователя и прокурора (ст.ст. 125, 165 и др.). Судебный порядок рассмотрения жалоб на решения и действия (бездействие) дознавателя, следователя, прокурора вводит, по сути, апелляционную процедуру проверки законности и обоснованности актов органов предварительного расследования.

7. Состязательность предварительного следствия

Однако предварительное следствие сможет стать полностью состязательным только в том случае, когда судебный контроль над ним будет состоять из четырех элементов:

1) принятие судом решений о применении мер процессуального принуждения;
2) рассмотрение жалоб на действия органов уголовного преследования;
3) легализация судом представленных сторонами доказательств в качестве судебных;
4) контроль над процессом предъявления здесь первоначального обвинения.

Пример в этом отношении представляет испанский Органический закон о суде присяжных 1995 г., который учредил оригинальную процедуру досудебной подготовки, где следственные судейские действия, направленные на собирание и закрепление доказательств (по ходатайствам сторон) чередуются с состязательными предварительными слушаниями. На них стороны могут заявлять ходатайства о проведении судьей следственных действий, о прекращении дела, излагать свои соображения о квалификации, об изменении обвинительного заключения и т.д. Следственный судья на этих слушаниях принимает так называемое "постановление, констатирующее состав преступления", а также решения по ходатайствам сторон, в том числе, о проведении тех или иных следственных действий. В конце предварительного следствия он же выносит постановление о назначении судебного разбирательства с участием присяжных, если, конечно, для этого имеются достаточные основания.

8. Постсостязательный процесс

Итак, очевидна ведущая тенденция конца 80-х-первой половины 90-х годов XX века в ряде стран континентального права перестроить предварительную подготовку дела таким образом, чтобы из досудебной она также сделалась судебной стадией. Тем самым мыслится обеспечить победу состязательности на протяжении всего производства по уголовному делу.

Но всегда ли процесс разрешения уголовно-правовых конфликтов будет носить именно такой характер? Иначе говоря, вечен ли состязательный процесс, или на смену ему придет другой, постсостязательный судебный порядок? Ведь если история и учит нас чему-то, то только тому, что в этом мире ничто не вечно!

Очевидно, что на данный момент состязательность как ничто иное отражает характер индустриальной цивилизации, предпринимательского общества и демократического государства, дух свободной конкуренции и противоборства, где каждому предоставлен его шанс, в том числе и в судебной борьбе с самим государством.

Зададимся, однако, вопросом, почему стиль *судебных* отношений личности и государства имеет в современном мире явно недоброжелательный и даже комбатантный характер? Почему между ними поощряется законом “маленькая война”, в которой государство ”охотник“, а обвиняемый — ”дичь”? Как писал Александр И. Герцен, в таком процессе «прокурор, как ловкий тореадор, унижен и оскорблен, если травимый зверь уцелел». Но «если есть Бог, то откуда зло? Коль скоро государство находится в гармонии с обществом, зачем же тогда вооружать против него гражданина целым арсеналом состязательных прав? Ответ может быть и таким — на самом деле гражданское общество все еще опасается государства, не доверяя ему до конца, и потому рассматривает уголовный процесс как гарантию защиты своих прав против административного произвола.

Интересно в этом отношении мнение известного французского философа Поля Рикёра: “Полагаясь на государство, я как бы заключаю пари. Смысл этого пари в том, что государство в целом — несмотря на зловредность стоящих у власти индивидов — служит делу добра”[1]. Ощущая эту опасную двойственность, возникшее гражданское общество пытается, по-возможности, оградить себя от этого необходимого “зла” — чиновной когорты — выборами, свободой прессы, а также состязательностью процесса и судом присяжных.

Но политическое противоречие государства и гражданского общества не единственная объективная причина сохранения состязательности в судопроизводстве. Последняя питаема и чисто *гносеологическими* причинами: до тех пор, пока масса преступлений совершается в условиях неочевидности, пока необходим *сложнейший* процесс доказывания виновности, будет существовать запирательство обвиняемых, а значит, и спор сторон. Чем не почва для состязательности процесса?

А что, если две названые причины — политическая и гносеологическая — отпадут, будет ли тогда нужда в состязательном процессе?

Как пишет социолог Олвин Тоффлер в своей знаменитой книге «Третья волна», "периодически, когда общество совершало прыжок на новый уровень сложности и груз решений разбухал, исключенные группы, чувствуя новые возможности, усиливали свои требования равных прав, элиты открывали двери немного шире, и общество переживало то, что представляется похожим на волну дальнейшей демократизации".

1 Рикёр П. История и истина. СПб.: Алетейя, 2002. С. 142.

Это дает нам одно очень важное следствие — в результате исчезают и предпосылки для противостояния государства и гражданского общества.

С другой стороны, нельзя не заметить, как в геометрической прогрессии идет развитии информационных технологий, и можно предположить, что через полвека в распоряжении криминалистов появятся такие возможности профилактики и расследования правонарушений, которые сделают "явным в свете все, что сказано во тьме", то есть большая часть преступлений может перейти в разряд очевидных.. Так, например, не исключено, что появится такая отрасль знаний, как *криминалистическая телеметрия*, основанная на *дистанционных* исследованиях биологических процессов и измерениях биологических показателей человека, а также измерениях и передаче данных о передвижениях конкретных людей и иных объектов с космических спутников Земли (характерный пример, известное *дело* О. Джей Симпсона, знаменитого американского футболиста и актёра, обвиненного в убийстве своей бывшей жены Николь Браун Симпсон, по которому Россия готова была передать американской стороне спутниковые фотографии, где отчетливо были запечатлены передвижения белоснежного «Форда-Бронко», на котором обвиняемый ездил в ту роковую ночь. К сожалению, американский суд отказался их принять, хотя, говорят, что эти снимки могли стать едва ли не главной уликой по этому делу).

Если все это, действительно, станет реальностью, нужна ли нам будет "судебная война"? Рискну предположить, что нет. Вместо комбатантного состязания в суды придет *дискурс*, то есть выработка решений в результате взаимного сканирования и учета (компромисса) мнений. Задача публичного обвинителя при дискурсивном подходе будет состоять не в стигматизации правонарушителя, не в том, чтобы добиться его осуждения, "хотя бы рухнул мир". Обвинителя в первую очередь должны будут беспокоить справедливость, соблюдение прав личности и *ресоциализация* виновного. Непривлечение к уголовной ответственности того, кто невиновен, либо пусть даже виновен, но способен загладить свою вину, примирение и прощение сторонами друг друга — столь же ценный и желанный для публичного обвинителя результат, как и осуждение действительно заслуживающего наказания. Обвинитель не перестанет быть обвинителем, но само обвинение из преследования обвиняемого станет формой общественной озабоченности, *"радения о вине"*. Другими словами, в новом процессе обвинение перестанет быть уголовным преследованием.

Свидетельством изменения роли судопроизводства уже сейчас является переход при возбуждении уголовного преследования от *принципа официальности* (обязательности публичного преследования в каждом случае совершения уголовно наказуемого деяния) к принципу *общественной целесообразности*. Публичный орган не обязан возбуждать преследование правонарушителя, если считает, что это не рационально, противоречит общественным интересам и не способствует *ресоциализации* правонарушителя.

Все более популярной становится также идея *деформализации предварительного расследования*, когда оно целиком ведется не официальным, а *официозным* образом (иногда это называют также термином “полицейское расследование“, либо ”полицейское или прокурорское дознание”), то есть *без применения каких-либо принудительных мер* и соответственно без формирования в ходе его *судебных доказательств*, но зато и с минимальными формальностями. Заканчивается такое расследование, если необходимо, – задержанием подозреваемого – и возбуждением публичного обвинения, после чего только и возможно собственно судопроизводство – судебные процедуры подготовительного характера (*легализация доказательств в качестве судебных, предъявление обвинения, применение мер пресечения*), а затем и рассмотрение дела судом по существу. Современное предварительное расследование, или следствие, на континенте – под влиянием французского юридического гения, – со времен ордонанса 1539 г. Франциска I и Большого уголовного ордонанса Людовика XIV 1670 года традиционно считается частью судопроизводства, *фактически*, оправдывает длительные сроки ареста и отягощает процесс бумажной волокитой. Смысл обратного превращения расследования в *официозное дознание* состоит в минимизации ограничений неотъемлемых прав личности на свободу, неприкосновенность жилища, частной жизни, с одной стороны, и повышении гибкости и оперативности действий в порядке расследования, с другой. Одним из результатов подобного преобразования, по-видимому, явится возможность для более строгого соблюдения принципа срочности судебной защиты, например, путем повсеместного перехода к уже известному в ряде государств правилу, которое условно можно назвать ”*принципом ста дней*”, когда рассмотрение дела по существу должно начаться не позднее определенного законом, приемлемого срока, исчисляемого с момента задержания подозреваемого. Другим результатом можно считать перспективу развития так называемого параллельного или адвокатского расследования. Идеи такого преобразования расследования, впрочем, как и целесообразности при возбуждении уголовного преследования, одинаково легко укладываются в парадигму как состязательного, так и постсостязательного процесса, ибо максимально обеспечивает личную свободу и рациональность производства. Однако очевидна тенденция движения такого неформального расследования в сторону так называемого восстановительного правосудия, где между сторонами идет не спор с целью юридического уничтожения врага, а дискурс, целью которого будет восстановление общественного мира.

Может быть, скептик назовет это утопией! Но давайте зададимся вопросом, не есть ли уголовный процесс та *последняя "Бастилия"*, падение которой происходит прямо на наших глазах.

Der adversatorische und inquisitorische Strafprozess – der deutsche Strafprozess zwischen den Modellen

Hans Lilie

Vor dem Hintergrund unterschiedlicher Prozessmodelle, also des inquisitorischen und adversatorischen Strafverfahrens, kann zunächst festgestellt werden, dass das kontinentaleuropäische Strafprozessrecht im Wesentlichen von inquisitorischen Gedanken beherrscht wird[1]. Neben Deutschland werden diese Verfahrensprinzipien in Frankreich, Spanien, Portugal, den Niederlanden und Österreich zugrunde gelegt. Dem stehen die adversatorischen Modelle aus dem Bereich des *common law* gegenüber und werden in Großbritannien, teilweise auch in Kanada, den USA und Australien, als herrschende Verfahrensordnungen angesehen.

Um Verwechslungen mit dem historischen Inquisitionsprozess des Mittelalters zu vermeiden, bemüht man sich, den Begriff des inquisitorischen Prozessmodells besser durch die Begriffe „kontinentaleuropäischer Prozess“ oder „nicht adversatorisches Verfahren“ zu ersetzen[2]. Deutlich werden soll in jedem Fall, dass das inquisitorische Verfahren des heutigen deutschen Strafprozessrechts kein unmittelbares Folgemodell des Inquisitionsprozesses ist[3].

1. Inquisitorisches Prozessmodell – Grundlagen

Das Grundprinzip des inquisitorischen Prozessmodells besteht darin, dass das Gericht im Hauptverfahren die Verfahrensherrschaft innehat. Hier ist der größte Gegensatz zum adversatorischen Prozessmodell angesiedelt[4]. Der Vorsitzende

---

1 Trüg, Lösungskonvergenzen trotz Systemdivergenzen im deutschen und US-amerikanischen Strafverfahren, 2003, S. 27.

2 Eser spricht sich für den Begriff „instruktorisch“ aus, vgl. Gropengießer, ZStW 114 (2002), S. 941, 943 (Tagungsbericht des internationalen Kolloqiums „Strafjustiz im Spannungsfeld von Fairness und Effizienz“). Ebenso empfiehlt Eser statt „adversatorisch“ den Begriff „kontradiktorisch“, vgl. Eser, FS H. Jung, S. 167, 186.

3 Schroeder, Strafprozessrecht, Rn. 28 ff.; Ambos, Jura 2008, 586, 588; Trüg, Lösungskonvergenzen trotz Systemdivergenzen im deutschen und US-amerikanischen Strafverfahren, 2003, S. 27.

4 Hörnle, ZStW 117 (2005), S. 801, 804.

leitet den Prozess und ihm obliegt die Aufgabe, die Wahrheit zu erforschen[5]. Schon im Zwischenverfahren liegt deshalb bei dem erkennenden Gericht gem. § 199 StPO die Eröffnungszuständigkeit sowie die Möglichkeit, gem. § 202 StPO weitere Beweiserhebungen anzuordnen, die über die bisherige Ermittlungstätigkeit der Staatsanwaltschaft hinausgehen. Vor diesem Hintergrund ist es für das inquisitorische Prozessmodell selbstverständlich, dass dem Urteil nur die Wahrheit zugrundeliegen darf, die das Gericht ermittelt hat[6]. Dementsprechend ist es zentrale Aufgabe des Gerichts, zur Erforschung dieser Wahrheit alle erforderlichen Beweismittel herbeizuschaffen und die Untersuchung zu leiten[7]. Nicht zuletzt deswegen ist auch der sog. Inquisitionsgrundsatz eine zentrale Verfahrensmaxime. Mit Fug und Recht kann man behaupten, dass dieser auch Amtsaufklärungsgrundsatz genannte Grundsatz unausgesprochen dem deutschen Strafprozess zugrundeliegt[8].

Das Verfahren dient somit dazu, dass das Gericht sich während des Prozesses von der Schuld oder Unschuld des Angeklagten überzeugt. Diese vom Gericht ausgehende agierende Rolle führt zur Betonung des proaktiven Moments, das durch die Eigeninitiative des Gerichts gekennzeichnet ist. Es besteht also die Verpflichtung der Aufklärung von Amts wegen. Der Amtsaufklärungsgrundsatz ist in einzelnen Normen der StPO in besonderem Maße ausgeprägt. Im Kern gilt dies schon für das Ermittlungsverfahren, in dem die Staatsanwaltschaft gem. § 160 Abs. 2 StPO verpflichtet ist, alle wesentlichen Umstände, also auch die entlastenden, zu erforschen[9]. Im Rahmen der in der Anklage von der Staatsanwaltschaft bezeichneten Tat, besteht die Befugnis und Verpflichtung des Gerichts zur selbstständigen Tätigkeit, was auf die §§ 155 Abs. 2 und 264 Abs. 2 StPO zurückzuführen ist. Bereits im Zwischenverfahren hat das Gericht die Möglichkeit zur ergänzenden Sachverhaltsermittlung, wenn es davon ausgeht, dass die bisherigen Ermittlungstätigkeiten der Staatsanwaltschaft für das Gericht nicht ausreichen (§ 202 StPO). Aber auch während der Hauptverhandlung spielt die Sachverhaltsermittlung durch das Gericht eine ganz zentrale Rolle, weil die Beweisaufnahme gem. § 244 Abs. 2 StPO durch das Gericht geprägt ist. Anders als im adversatorischen Modell ist die Grundidee des Inquisitionsverfahrens unbedingt auf Wahrheit und Gerechtigkeit ausgerichtet[10]. Der Grundgedanke der Wahrheitsermittlung ist insofern das aus dem Rechtsstaatsprinzip fließende, beherrschende Prinzip des Strafverfahrens[11].

---

5 Trüg, Lösungskonvergenzen trotz Systemdivergenzen im deutschen und US-amerikanischen Strafverfahren, 2003, S. 27.

6 Bachler, in: Graf, Strafprozessordnung, Kommentar, § 244 Rn. 11; Kindhäuser, Strafprozessrecht, § 1 Rn. 10 ff.; LR-Becker, § 244 Rn. 40.

7 Kühne, Strafprozessrecht, Rn. 300.

8 Hörnle, ZStW 117 (2005), S. 801; 804; LR-Becker, § 244 Rn. 40.

9 KK-Griesbaum, § 160 Rn. 2; Patzek, in: Graf, Strafprozessordnung, § 160 Rn. 7.

10 Neumann, ZStW 101 (1989), S. 52 ff.

11 Eisenberg, Beweisrecht der StPO, Rn. 1.

Aus der Sicht der Kritiker des inquisitorischen Modells oder seiner absoluten Verfolgung wird vorgetragen, dass diese dem Prinzip innewohnenden Ziele theoretischer Natur seien und in der Praxis kaum realisiert werden können.[12] Das Idealziel, die absolute Wahrheit in einem Verfahren überhaupt erreichen zu können, liege deshalb so fern, weil der menschlichen Erkenntnisfähigkeit Grenzen gesetzt seien, sodass die Wahrheit immer außerhalb dessen liege, was im Rahmen eines Prozesses trotz aller starken Prinzipien erreichbar sei. Allein die Vergesslichkeit von Zeugen, unzureichende Dokumente und auch fehlbare Sachverständige werden in diesem Zusammenhang angeführt. Außerdem wird betont, dass die moderne Entwicklung der Erkenntnistheorie ein solches Wahrheitsziel mit seiner Absolutheit eher als naiv ansieht.

2. Der Wahrheitsbegriff des inquisitorischen Prozesses

Die Verfechter des inquisitorischen Modells sehen diese Kritik natürlich und stellen sich ihr, jedoch nur unter der Prämisse, dass das Gesetz in § 244 Abs. 2 StPO die Erforschung der Wahrheit durch die Beweisaufnahme geradezu programmatisch formuliere. Allerdings wird Wahrheit in diesem Sinne so interpretiert: Die StPO begnügt sich schon allein mit der Möglichkeit, dass die Beteiligten im Verfahren zu einer Erkenntnis kommen, die mit der Realität übereinstimmen kann[13]. Als Hauptargument wird dafür angeführt, dass gerade für die Entscheidungsfindung die Prozessordnung das Gericht anweist, dass der jeweilige Spruchkörper nach seiner freien, aus dem Innbegriff der Verhandlung geschöpften Überzeugung entscheidet. Damit wird der Grad der im Verfahren zu erzielenden Gewissheit von der Wahrheit abgesetzt. Die Überzeugung des Gerichts ist letztlich das Element, das mit der Wahrheit theoretisch übereinstimmen soll. Es geht also in der Wirklichkeit des inquisitorischen Prozesses nicht um eine absolute Wahrheit, sondern immer um eine forensisch, durch den Verfahrensgegenstand beschränkte Wahrheit[14]. Wie bereits ausgeführt, orientiert sich diese Wahrheit an den zur Verfügung stehenden Beweismitteln, um die stets in der Vergangenheit liegenden Tatabläufe zu reproduzieren, die dabei auftretenden Widersprüche aufzudecken und daraus eine über den Tathergang zu entwickelnde Überzeugungsbildung. Dabei spielt es eine große Rolle, dass der absoluten Wahrheit schon durch rechtliche Vorgaben nicht unerhebliche Grenzen gesetzt sind. Bestimmte Beweismittel stehen dem Gericht für die Überzeu-

12 Trüg, Lösungskonvergenzen trotz Systemdivergenzen im deutschen und US-amerikanischen Strafverfahren, 2003, S. 85.

13 Neumann, ZStW 101 (1989), S. 52, 53; kirt. dazu Paulus, in: Seebode (Hrsg.), FS G. Spendel, S. 687, 691 m.w.N.

14 Schroeder, Strafprozessrecht, Rn. 245.

gungsbildung nicht zur Verfügung, weil Beweisverbote in unterschiedlicher Ausprägung dem theoretischen Ziel absoluter Wahrheit entgegenstehen[15]. Auch Zeugnisverweigerungsrechte, die gerade in der deutschen StPO sehr ausgeprägt sind, stehen einer absoluten Beweisermittlung nachhaltig im Weg[16]. Deshalb kann man formulieren, dass in einem reinen inquisitorischen Prozessmodell strukturbedingt systemimmanente Schranken die Grenze der Wahrheitsfindung bilden[17].

3. Inquisitionsmaxime bzw. Amtsermittlungsgrundsatz

Zwar kennt die StPO die Inquisitionsmaxime bzw. den Amtsermittlungsgrundsatz, will sich damit aber von dem reinen Inquisitionsprozess, in dem Ankläger und Richter identisch waren, abgrenzen.

Freilich wird im Hauptverfahren des deutschen Prozesses prinzipiell inquisitorisch verfahren, doch ist dies der prozessual starken Stellung des Vorsitzenden geschuldet. Inquisitionsmaxime heißt hier, dass das Gericht die Initiative ergreift und sich selbst instruiert. Der vorsitzende Richter leitet das Verfahren und wird daher auch als der Herr des Verfahrens beschrieben[18]. Es erfolgt eine Wahrheitserforschung von Amts wegen, sodass gem. § 221 StPO der Vorsitzende anordnen kann, dass weitere als Beweismittel dienende Gegenstände herbeigeschafft werden. Der bereits erwähnte § 244 Abs. 2 StPO fordert dann auch das Gericht zur Erforschung der Wahrheit von Amts wegen auf, die Beweisaufnahme auf alle relevanten Tatsachen und Beweismittel zu erstrecken, wenn diese für die Entscheidung von Bedeutung sind. Denkt man vor diesem Hintergrund die Leitidee des inquisitorischen Modells zu Ende, so wird der Richter als Idealgestalt alles veranlassen, damit das Verfahren auch dem Angeklagten gegenüber gerecht ist. In der Konsequenz bedeutete dies, dass eine Verteidigung im inquisitorischen Modell theoretisch entbehrlich wäre, da das Gericht die Wahrheit selbst ermittelt. Insofern ist eine Strafverteidigung theoretisch nur im kontradiktorischen Modell ein systemimmanentes Konstruktionsprinzip. Hinzu kommt, wie ebenfalls bereits erwähnt, dass die Staatsanwaltschaft als objektive Behörde gem. § 160 Abs. 2 StPO auch die entlastenden Momente im Prozess ermitteln

---

15 Neumann, ZStW 101 (1989), S. 52, 60.

16 Rengier geht jedoch davon aus, dass Zeugnisverweigerungsrechte der Wahrheitsfindung dienen, vgl. Rengier, Zeugnisverweigerungsrechte, S. 56.

17 BGHSt 14, 358, 365; 38, 214, 220; 38, 372, 374; Beulke, Strafprozessrecht, Rn. 454; Weigend, ZStW 113 (2001), S. 271, 290.

18 Roxin/Schünemann, Strafverfahrensrecht, § 44 Rn. 14 ff.; Trüg, Lösungskonvergenzen trotz Systemdivergenzen im deutschen und US-amerikanischen Strafverfahren, 2003, S. 23.

und vortragen muss. Von daher bedarf es im inquisitorischen Modell einer besonderen Begründung der Institution der Strafverteidigung. Diesen theoretischen Erwägungen gegenüber ist die Strafverteidigung ein ganz selbstverständliches Element auch des inquisitorischen Prinzips. Schon nach Art. 6 Abs. 3c EMRK verlangt ein rechtsstaatliches und faires Verfahren eine Strafverteidigung in jedem Verfahrensstadium[19]. Nur so ist sichergestellt, dass der Beschuldigte in seiner Stellung als Verfahrenssubjekt alle Möglichkeiten zu einer umfassenden Teilhabe am Strafverfahren hat[20]. Auch ist Strafverteidigung unabdingbar notwendig, um die starke, gerade auch verfahrensbestimmende Rolle von Polizei und Staatsanwaltschaft im Ermittlungsverfahren auszugleichen und in der Hauptverhandlung abzusichern[21]. Hier ist es gerade die Definitionsmacht der Staatsanwaltschaft und insb. der Polizei, durch Ausrichtung von Ermittlungswegen und Ermittlungsmethoden Ergebnisse vorzubestimmen, an denen man in der Hauptverhandlung nur schwer als Verteidigung vorbeikommt. Da darüber hinaus der Staatsanwaltschaft im Ermittlungsverfahren nicht unerhebliche Zwangsmittel zur Verfügung stehen, ist schon von daher eine Waffengleichheit zwischen Staatsanwaltschaft und Beschuldigtem im inquisitorischen Prozess kaum erreichbar. Auch die weiteren Ausprägungen des inquisitorischen Modells im Ermittlungsverfahren machen die Verteidigung unabweislich notwendig.

Das Ermittlungsverfahren wird im Wesentlichen schriftlich, nur in ganz geringen Elementen, etwa in der Beschuldigten- und Zeugenvernehmung, mündlich durchgeführt. Der Grundsatz aus dem historischen Inquisitionsprozess „*quod est in in actis est in mundo*“ wirkt sich nicht besonders glücklich auf unser heutiges Prozessrecht aus. So kennt auch das Ermittlungsverfahren keine Öffentlichkeit. Es gibt kaum Handlungsspielraum für die Verteidigung und die Staatsanwaltschaft kann das Akteneinsichtsrecht des Verteidigers unter Berufung auf die Gefährdung des Untersuchungszwecks (§ 147 Abs. 2 StPO) bis zum Abschluss der Ermittlungen begrenzen oder ganz versagen. Gerade vor dem Hintergrund komplexer Strafverfahren wird dies in der Praxis selten so gehandhabt, aber die tatsächliche Möglichkeit besteht und kann die Strafverteidigung nicht unerheblich beeinträchtigen[22]. Ein rechtsstaatliches Verfahren verlangt jedoch grundsätzlich und ohne jede Einschränkung eine möglichst starke Strafverteidigung.

---

19 Beulke, Strafprozessrecht, Rn. 147; KK-Schädler, Art. 6 MRK Rn. 50.

20 Beulke, Strafprozessrecht, Rn. 110; Roxin/Schünemann, Strafverfahrensrecht, § 18 Rn. 1. Sprachlich differenzierend Mandla, Die Unterbrechung der Hauptverhandlung, S. 191.

21 Lilie, ZStW 106 (1994), S. 625 ff; ders., ZStW 111 (1999), S. 807 ff.; vgl. auch Schroeder, Strafprozessrecht, Rn. 59.

22 Roxin/Schünemann, Strafverfahrensrecht, § 19 Rn. 66.

4. Adversatorische Elemente im inquisitorischen Prozess

Wie schon die Überschrift dieses Artikels andeutet, steht der deutsche Prozess zwischen dem inquisitorischen und adversatorischen Prozessmodell. Wurden bislang die inquisitorischen Prinzipien dargestellt, so soll im Folgenden an den Beispielen des Beweisrechts, der Absprachen im Verfahren, der Revision, den Antragsdelikten und den Privatklagedelikten aufgezeigt werden, dass das Inquisitionsmodell als Reinform kaum durchführbar erscheint.

Beweisrecht

Wie bereits oben ausgeführt, hat das Gericht zur Erforschung der Wahrheit die Beweisaufnahme auf alle relevanten Tatsachen und Beweismittel zu erstrecken. Dieser Grundsatz wird ergänzt durch eine Einbeziehung von Staatsanwaltschaft und Verteidigung in diese Prozesssituation in der Hauptverhandlung. Die Verfahrensbeteiligten erhalten durch die Ausformung des § 244 Abs. 3, 4 und 5 StPO die Möglichkeit, sehr weitgehend den Gang der Hauptverhandlung zu beeinflussen, indem sie Beweisanträge stellen. Obwohl die Beweisaufnahme vom Gericht auf alle geladenen Zeugen gem. § 245 Abs. 2 StPO zu erstrecken ist, haben die Prozessbeteiligten die Möglichkeit, eigene Beweise in den Prozess einzubringen. Dies geschieht durch Beweisanträge, die nur unter ganz engen Voraussetzungen durch einen Gerichtsbeschluss abgelehnt werden können, der im Rechtsmittelverfahren darauf überprüft werden kann, ob die Ablehnung rechtmäßig war. Durch dieses Instrument des Beweisantrags erhalten die Verfahrensbeteiligten die Möglichkeit, erheblichen Einfluss auf den Prozessverlauf und damit auch auf die zu ermittelnde Wahrheit zu nehmen. Stellt die Strafverteidigung, wie in Verfahren geschehen, mehrere tausend Beweisanträge[23], so kann dem Vorsitzenden recht schnell die Herrschaft über das Verfahren entrissen werden. Zwar bleibt auch unter dieser Prämisse weiterhin der materielle Wahrheitsbegriff der entscheidende Maßstab, jedoch wird der Inhalt dieser Wahrheit durch ein parteigeleitetes Verhalten gesteuert. Außerdem sieht die Prozessordnung vor, dass die Verteidigung oder die Staatsanwaltschaft gem. § 245 Abs. 2 StPO vorhandene Beweismittel in der Hauptverhandlung präsentieren und so noch viel direkter adversatorische Elemente ins Verfahren einbringen kann. In der Praxis wird von dieser Vorschrift aber recht selten Gebrauch gemacht.

23 Kühne, Strafprozessrecht, Rn. 292, führt ein Verfahren des BGH (NStZ 1992, 140) mit über 8.000 Beweisanträgen an. Vgl. auch Eisenberg, Beweisrecht der StPO, Rn. 172; Herdegen, NStZ 2000, S. 1 ff.

Absprachen

Der gegenwärtig heftigste Einbruch in die Grundprinzipien des inquisitorischen Prozesses sind die außerordentlich umstrittenen Absprachen. Von der StPO „Verständigung zwischen Gericht und Verfahrensbeteiligten" genannt (§ 257c StPO), ist der Grundgedanke an den Deal des angloamerikanisch adversatorischen Prozesses angelehnt. Die Komplexität umfassender Wirtschaftsstrafverfahren und die nur begrenzten Ressourcen der Justiz haben die Praxis im letzten Jahrzehnt geradezu in diese Absprachenpraxis gezwängt. Der BGH konnte nicht anders, als im höchsten Maße unwillig Grundregeln für Absprachen aufzustellen[24], die erst kürzlich vom Gesetzgeber in die StPO aufgenommen worden sind[25]. Kritiker beklagen, dass die Absprachen die Errungenschaften des reformierten Prozesses aufgeben, da solche Verständigungen unter Ausschluss der Öffentlichkeit nicht in der mündlichen Hauptverhandlung, sondern eher in den Hinterzimmern der Gerichte erfolgen[26].

Schon zuvor war die Durchbrechung des Legalitätsprinzips durch das Opportunitätsprinzip als Vorstufe zum Deal ausgestaltet. So wurde bspw. in Fällen geringer Schuld die Möglichkeit eröffnet, durch Zahlung einer Geldbuße das Verfahren mit Zustimmung des für die Hauptverhandlung zuständigen Gerichts einzustellen[27]. Diese Vorstufe zum Deal spielte, bis sich die Praxis des Deals durchsetzte, eine große Rolle. Hauptsächlich wird dabei kritisiert, dass im Falle einer Absprache zwischen den Verfahrensbeteiligten und dem Gericht die Entscheidung darüber, ob und wie das Verfahren weiter betrieben wird, in die Hände von Staatsanwaltschaft und Verteidigung gerät und die starke Stellung des Vorsitzenden, sowie sie das deutsche Inquisitionsmodell vorgesehen hat, verloren geht. Daneben wird ein hochwertiges Gut, nämlich die Einheit der Rechtsprechung, gefährdet. Dadurch, dass die sog. „schlanken" Geständnisse, die in der Regel den Vorwurf der Anklage bestätigen, zu einer verabredeten Freiheitsstrafe führen, die idealerweise zwei Jahre auf Bewährung lautet, wird dem BGH die Möglichkeit genommen, durch eine Kontrolle der Rechtsprechung auch für die Einheitlichkeit der Auslegung des Rechts zu sorgen. Darüber hinaus spielt die Konfliktlösung eine wesentliche Rolle, die Wahrheitsfindung steht nicht mehr im Vordergrund.

---

24 BGH(GS)St 50, 40.

25 Gesetz vom 29. Juli 2009, BGBl. I 2009, 2353; vgl. dazu Altenhain, JZ 2010, 327; Schlothauer/Weider, StV 2009, S. 600, 601 ff.

26 Vgl. dazu auch Volk, Grundkurs StPO, § 30 Rn. 4.

27 BGBl. I 1974, 469, 502.

Revision

Häufig wird nicht berücksichtigt, dass die Ausgestaltung der Revision im deutschen Prozessrecht, die als ordentliches Rechtsmittel der Überprüfung von gerichtlichen Entscheidungen auf Fehler bei Anwendung des Rechts dient, eher adversatorisch ausgebildet ist. Die Entscheidung darüber, ob die Revision eingelegt wird, fällt nämlich nicht das Gericht, sondern steht logischerweise den Prozessbeteiligten zu. Dabei richtet sich der Umfang der Revision nach dem Antrag des Revisionsführers (§ 344 Abs. 1 StPO, § 352 Abs. 1 StPO). Die Aktivitäten des Revisionsgerichts können von den Verfahrensbeteiligten auch dadurch verhindert werden, dass das einmal eingelegte Rechtsmittel wieder zurückgenommen wird.

Wichtige ist dabei insb., dass das Revisionsgericht nicht die gleiche Untersuchungspflicht wie das Gericht in der ersten Instanz oder das Berufungsgericht trifft. Vielmehr macht § 352 Abs. 1 StPO vom Inquisitionsgrundsatz eine besonders wichtige Ausnahme. Der Prüfung des Revisionsgerichts unterliegen nämlich nur die gestellten Revisionsanträge und, soweit die Revision auf Mängel des Verfahrens gestützt wird, die Tatsachen, die bei der Anbringung der Revisionsanträge bezeichnet worden sind (§ 352 Abs. 1 StPO). Dadurch wird deutlich, dass allein das Vorbringen der Parteien maßgeblich ist. Diese bestimmen nicht nur das „Ob“, sondern auch das „Wie“ des Revisionsprozesses.

Antragsdelikte

Auf vergleichbare Weise tragen die Antragsdelikte adversatorische Elemente in den Inquisitionsprozess hinein. Nach dem Offizialprinzip ist die Durchführung eines Strafverfahrens auf der Grundlage des staatlichen Strafmonopols einzig Sache des Staates[28]. Dieser Grundsatz wird durch die Formulierung von Antragsdelikten durchbrochen. Bei den sog. reinen Antragsdelikten darf die Strafverfolgung zwar begonnen, ohne Antrag des Verletzten aber nicht beendet werden (z.B. § 123 StGB). Bei relativen Antragsdelikten kann der fehlende Strafantrag durch ein von der Staatsanwaltschaft zu bejahendes, besonderes öffentliches Interesse ersetzt werden. Konkret bedeutet das, dass beim Antragsdelikt die Einleitung des Verfahrens einzig in der Hand des Antragsberechtigten liegt. Liegen diese Fälle, die kleinere Delikte betreffen, in der Hand des Verletzten, so kann der Staat, selbst wenn er es wollte, kein Ermittlungsverfahren beantragen, wenn kein Strafantrag gestellt wurde.

28 Beulke, Strafprozessrecht, Rn. 16; Eser, ZStW 104 (1992), S. 361, 363; Kühne, Strafprozessrecht, Rn. 297; Roxin/Schünemann, Strafverfahrensrecht, § 12 Rn. 6; Volk, Grundkurs StPO, § 18 Rn. 2.

Privatklagedelikte

Nicht viel anders verhält es sich grds. mit den sog. Privatklagedelikten, die in § 374 StPO aufgeführt sind[29]. Hier handelt es sich in der Regel um kleinere Vergehen, die in den meisten Fällen nur das Umfeld des Verletzten berühren. Der Privatkläger, der in der Regel auch der Verletzte ist, kann auch ohne die Staatsanwaltschaft ein Verfahren betreiben und die Tat gem. § 264 StPO zur Anklage bringen (§ 381 StPO). Diese Durchbrechung des Anklagemonopols ist in der Praxis selten geblieben[30]. Kaum jemand ist in der Lage, ohne fremde Hilfe eine ordnungsgemäße Anklageschrift zu verfassen[31]. Auch finden sich nur wenige Rechtsanwälte, die bereit sind, Mandanten in diesem meist aussichtslosen Verfahren zu betreuen. Entschließt sich der Privatkläger ein Privatklageverfahren einzuleiten, ist er, anders als die Staatsanwaltschaft, nicht zur Objektivität verpflichtet[32]. Das Gericht prüft und entscheidet, ob die Voraussetzungen für eine Privatklage vorliegen und wird, wenn dies bejaht worden ist, eine Hauptverhandlung zulassen, die normal abläuft. Die Ermittlung der Wahrheit erfolgt dann wieder durch das Gericht. Dem Privatkläger steht aber ein besonderes Beweisantragsrecht gem. § 384 Abs. 3 StPO zu.

Zusammenfassung

Die genannten fünf Beispiele haben gezeigt, dass das deutsche Prozessrecht nicht dem Idealbild des inquisitorischen Prozesses entspricht. Dies scheint auch in der Verfahrenswirklichkeit kaum wünschenswert und als Ziel auch nicht erstrebenswert. Nicht nur die begrenzten Ressourcen, sondern auch die vernünftige Beschränkung von Verfahrensmöglichkeiten haben dazu geführt, dass die Prozessökonomie zu einer Verfahrensstrategie führt, die den Weg zum Parteienprozess öffnet[33]. Das hat notwendigerweise die Konsequenz, dass einem materiellen Wahrheitsbegriff aus pragmatisch-tatsächlichen Gründen der Rücken gekehrt wird. In der gegenwärtigen Debatte um den deutschen Strafprozess ist dabei insb. das neue Institut der Absprachen zu einem weitgehenden, bestimmenden Element in den meisten komplexen Strafverfahren geworden. Hier liegt ein erheblicher Systembruch vor, der bedingt durch Ressourcenknappheit und

29 Im Zusammenhang mit den Prozessmaximen Eser, ZStW 104 (1992), S. 361, 369.

30 Rieß, Gutachten zum 55. DJT, 1984 Band I, C 20 ff.; Valerius, in: Graf, Strafprozessordnung, Kommentar, § 374 Rn. 1.1; Volk, Grundkurs StPO, § 39 Rn. 3.

31 LR-Hilger, Vor § 374 Rn. 14.

32 Roxin/Schünemann, Strafverfahrensrecht, § 63 Rn. 1; Volk, Grundkurs StPO, § 39 Rn. 4.

33 Im Einzelnen dazu Lilie, Gutachten zum 63. Deutschen Juristentag, Band I D 1 ff., D 67 ff.

komplexes Verfahrensrecht dazu geführt hat, dass sich letztendlich die Justiz von dem Kerngedanken des Inquisitionsprozesses losgelöst und den Gesetzgeber zu einer Regelung gezwungen hat. Die Zukunft wird zeigen, ob dieser Weg den deutschen Strafprozess aus der Sackgasse der knappen Ressourcen herausführen wird.

Состязательный и инквизиционный уголовный процесс – немецкий уголовный процесс как промежуточная модель

Ханс Лилие

Сравнивая различные процессуальные модели, т.е. инквизиционный и состязательный уголовные процессы, можно, прежде всего, сделать вывод, что в континентально-европейском уголовно-процессуальном праве доминирует, в сущности, инквизиционная идея.[1] Помимо Германии, эти процессуальные принципы являются основополагающими во Франции, Испании, Португалии, Нидерландах и Австрии. Им противостоят состязательные модели в области общего права *common law*, которые рассматриваются как доминирующие процессуальные системы в Великобритании, частично в Канаде, США и Австралии.

Во избежание аналогии с историческим инквизиционным процессом средневековья вместо термина «инквизиционная процессуальная модель» стараются использовать более благозвучные термины: «континентально-европейский процесс» или «несостязательный процесс».[2] В любом случае, должно стать ясно, что инквизиционный процесс в современном немецком уголовно-процессуальном праве не является моделью, непосредственно вытекающей из инквизиционного процесса.[3]

1. Инквизиционная процессуальная модель – основы

Основной принцип инквизиционной процессуальной модели заключается в том, что суд занимает господствующее положение на главном судебном разбирательстве. В этом заключается самое большое отличие от состяза-

1 Trüg, Lösungskonvergenzen trotz Systemdivergenzen im deutschen und US-amerikanischen Strafverfahren, 2003, S. 27.

2 Eser выступает за термин «инструкторный процесс», см. Gropengießer, ZStW 114 (2002), S. 941, 943 (Tagungsbericht des internationalen Kolloqiums „Strafjustiz im Spannungsfeld von Fairness und Effizienz“). Кроме того, Eser рекомендует использовать понятие «контрадикторный» вместо «состязательный», см. Eser, Festschrift für H. Jung, S. 167, 186.

3 Schroeder, Strafprozessrecht, Rn. 28 ff.; Ambos, Jura 2008, 586, 588; Trüg, Lösungskonvergenzen trotz Systemdivergenzen im deutschen und US-amerikanischen Strafverfahren, 2003, S. 27.

тельной процессуальной модели.[4] Председатель руководит процессом и обязан устанавливать истину.[5] Поэтому уже в промежуточном процессе суд, выносящий приговор, согласно § 199 УПК Германии обладает компетенцией открытия основного судебного разбирательства (судебное разбирательство по существу), а также согл. § 202 УПК Германии может распорядиться о проведении дополнительного сбора доказательств, что выходит за пределы действий, осуществленных к этому моменту прокуратурой. В связи с этим само собой разумеется, что в инквизиционной процессуальной модели приговор может быть основан только на истине, установленной судом.[6] Соответственно центральной задачей суда является привлечение всех средств доказывания, необходимых для установления этой истины, и руководство следствием.[7] Не в последнюю очередь, поэтому и так называемый инквизиционный принцип является центральным процессуальным принципом. Поэтому можно вполне обоснованно утверждать, что этот принцип, называемый еще и принципом расследования по долгу службы, негласно лежит в основе немецкого уголовного процесса.[8]

Таким образом, процесс направлен на то, чтобы в ходе производства суд убедился в виновности или невиновности подсудимого. Эта осуществляемая судом деятельная роль ведет к артикуляции проактивного аспекта, характеризующегося собственной инициативой суда. Следовательно, существует обязанность проведения расследования по долгу службы. В ряде норм уголовно-процессуального кодекса особо отражен принцип проведения расследования по долгу службы. В сущности это касается уже процесса дознания, в ходе которого прокуратура согл. § 160 абз. 2 УПК Германии обязана расследовать все существенные обстоятельства, т.е. и смягчающие вину тоже.[9] В рамках деяния, указанного прокуратурой в обвинительном акте, существует полномочие и обязанность суда на осуществление самостоятельной деятельности, что вытекает из §§ 155 абз. 2 и 264 абз. 2 УПК Германии. Уже в промежуточном производстве суд имеет возможность проведения дополнительного расследования обстоятельств дела, если он исходит из того, что проведенное к этому моменту прокурорское дознание не является достаточным для суда (§ 202 УПК Германии). Но и в ходе основного судебного разбирательства расследование обстоятельств дела судом играет центральную роль, поскольку исследование доказательств согл.

4 Hörnle, ZStW 117 (2005), S. 801, 804.

5 Trüg, Lösungskonvergenzen trotz Systemdivergenzen im deutschen und US-amerikanischen Strafverfahren, 2003, S. 27.

6 Bachler, in: Graf, Strafprozessordnung, Kommentar, § 244 Rn. 11; Kindhäuser, Strafprozessrecht, § 1 Rn. 10 ff.; LR-Becker, § 244 Rn. 40.

7 Kühne, Strafprozessrecht, Rn. 300.

8 Hörnle, ZStW 117 (2005), S. 801; 804; LR-Becker, § 244 Rn. 40.

9 KK-Griesbaum, § 160 Rn. 2; Patzek, in: Graf, Strafprozessordnung, § 160 Rn. 7.

§ 244 абз. 2 УПК Германии определяется судом. В отличие от состязательной модели основной идеей инквизиционного процесса является обязательная ориентация на истину и справедливость.[10] Поэтому основная идея установления истины является господствующим принципом уголовного процесса, вытекающим из принципа верховенства права.[11]

Критики инквизиционной модели или полного следования этой модели считают, что эти присущие данному принципу цели имеют теоретическую природу и вряд ли могут быть реализованы на практике.[12] По их мнению, идеальная цель обнаружения абсолютной истины в ходе процесса недостижима, потому что человеческая способность познания небезгранична, поэтому истина всегда лежит за пределами того, что может быть достигнуто в рамках процесса вопреки всем строгим принципам - взять хотя бы забывчивость свидетелей, недостаточность представленных документов, а также то, что и эксперты могут ошибаться. Кроме того, подчеркивают, что на современном уровне развития теории познания такая цель установления абсолютной истины рассматривается скорее как наивная.

2. Понятие истины в инквизиционном процессе

Защитники инквизиционной модели считают эту критику вполне естественной и отвечают на нее, но только с той логической посылкой, что формулировка закона в § 244 абз. 2 УПК Германии содержит прямо-таки программное требование установления истины путем исследования доказательств. Правда, в этом смысле истина интерпретируется следующим образом: уголовно-процессуальный кодекс довольствуется уже просто возможностью, что участники в ходе процесса придут к выводам, которые могут соответствовать реальной действительности.[13] В качестве главного аргумента говорится, что как раз для поиска решения УПК дает суду указание, что соответствующий суд должен принимать решение, исходя из своего свободного убеждения, к которому он приходит в подробнейшем судебном разбирательстве. Это снижает степень уверенности в установленной на процессе истине. Убежденность суда является, в конечном счете, тем элементом, который теоретически должен соответствовать истине. Т.е. в ходе реального инквизиционного процесса речь идет не об абсолютной истине, а всегда лишь о судебной истине, ограниченной предметом

10 Neumann, ZStW 101 (1989), S. 52 ff.

11 Eisenberg, Beweisrecht der StPO, Rn. 1

12 Trüg, Lösungskonvergenzen trotz Systemdivergenzen im deutschen und US-amerikanischen Strafverfahren, 2003, S. 85.

13 Neumann, ZStW 101 (1989), S. 52, 53; kirt. dazu: Paulus, in: Seebode (Hrsg.), Festschrift für Günter Spendel S. 687, 691 m.w.N.

процесса.[14] Как сказано выше, эта истина ориентируется на имеющиеся в распоряжении средства доказывания, чтобы воспроизвести ход действий, которые всегда находятся в прошлом, раскрыть встречающиеся при этом противоречия и на основе этого выработать убеждение о том, как произошло преступление. Большую роль при этом играет то, что уже благодаря правовым нормам абсолютная истина поставлена в определенные весьма важные границы. В распоряжении суда отсутствуют определенные средства доказывания, которые могли бы способствовать выработке убеждения, т.к. теоретической цели достижения абсолютной истины препятствуют разного рода запреты на некоторые доказательства.[15] Постоянной помехой абсолютному исследованию доказательств являются и права на отказ от дачи свидетельских показаний, которые очень широко представлены как раз в немецком уголовно-процессуальном кодексе.[16] Поэтому можно сделать вывод, что структурно обусловленные внутренние препятствия, присущие самой системе, ставят барьеры на пути установления истины в чисто инквизиционной процессуальной модели.[17]

3. Инквизиционный принцип или принцип проведения расследования по долгу службы

Хотя уголовно-процессуальный кодекс содержит инквизиционный принцип или принцип проведения расследования по долгу службы, однако тем самым он отграничивается от чисто инквизиционного процесса, в котором обвинитель и судья были идентичны.

Конечно, производство на основном судебном разбирательстве в немецком уголовном процессе принципиально является инквизиционным, однако это происходит в силу процессуально сильной позиции председательствующего судьи. Инквизиционный принцип здесь означает, что суд берет на себя инициативу и сам подготавливает судебный процесс. Председательствующий судья руководит судебным процессом и поэтому считается господином процесса.[18] Происходит установление истины по долгу службы, так что согл. § 221 УПК Германии председательствующий может

---

14 Schroeder, Strafprozessrecht, Rn. 245.

15 Neumann, ZStW 101 (1989), 52, 60.

16 Однако Rengier исходит из того, что право отказаться от дачи свидетельских показаний служит поиску истины, см. Rengier, Zeugnisverweigerungsrechte, S. 56.

17 BGHSt 14, 358, 365; 38, 214, 220; 38, 372, 374; Beulke, Strafprozessrecht, Rn. 454; Weigend, ZStW 113 (2001), S. 271, 290.

18 Vgl. Roxin/Schünemann, Strafverfahrensrecht, § 44 Rn. 14 ff.; Trüg, Lösungskonvergenzen trotz Systemdivergenzen im deutschen und US-amerikanischen Strafverfahren, 2003, S. 23.

распорядиться, чтобы суду были представлены еще и другие предметы, служащие средствами доказывания. В таком случае уже упоминавшийся абз. 2 § 244 УПК Германии призывает и суд по долгу службы установить истину, распространить исследование доказательств на все существенные факты и средства доказывания, если они имеют значение для принятия решения. Если на фоне этого до конца задуматься над основной идеей инквизиционной модели, то судья как идеальная фигура будет отдавать все возможные распоряжения, чтобы процесс был справедливым и по отношению к подсудимому. Из этого можно было бы сделать вывод, что теоретически в инквизиционной модели можно было бы обойтись и без защиты, поскольку суд сам устанавливает истину. С такой точки зрения уголовное преследование является присущим системе конструктивным принципом теоретически только в контрадикторной модели. Кроме того, как уже сказано выше, прокуратура как объективный орган обязана согл. абз. 2 § 160 УПК Германии расследовать и представлять также и смягчающие обстоятельства. Поэтому в инквизиционной модели институт уголовной защиты требует особого обоснования. Вопреки этим теоретическим рассуждениям уголовная защита является вполне самостоятельным элементом в том числе и инквизиционного принципа. Уже согл. абз. 3с ст. 6 Европейской конвенции о защите прав человека и основных свобод справедливый процесс в условиях верховенства права требует уголовную защиту на каждой стадии уголовного процесса.[19] Только так можно обеспечить, чтобы обвиняемый в своем статусе процессуального субъекта имел все возможности для широкого участия в уголовном процессе.[20] Кроме того, уголовная защита является безусловной необходимостью, чтобы компенсировать сильную, как раз определяющую ход процесса роль полиции и прокуратуры в ходе дознания и обеспечить им такую же роль на основном судебном разбирательстве.[21] В этом как раз и заключается определяющая власть прокуратуры и, в частности, полиции, чтобы путем определения направления и методов дознания предопределить результаты, которые вряд ли останутся незамеченными на основном судебном разбирательстве. Так как, кроме того, прокуратура в ходе процесса дознания имеет в своем распоряжении важные средства принуждения, то уже только поэтому в инквизиционном процессе почти нельзя обеспечить равенство сил и возможностей прокуратуры и обвиняемого. Есть и другие характеристики инквизиционной модели, кото-

---

19 Beulke, Strafprozessrecht, Rn. 147; KK-Schädler, Art. 6 MRK Rn. 50.

20 Beulke, Strafprozessrecht, Rn. 110; Roxin/Schünemann, Strafverfahrensrecht, § 18 Rn. 1. Sprachlich differenzierend: Mandla, Die Unterbrechung der Hauptverhandlung, S. 191.

21 Lilie, ZStW 106 (1994), S. 625 ff; ders. ZStW 111 (1999), S. 807 ff.; см. также: Schroeder, Strafprozessrecht, Rn. 59.

рые делают присутствие защиты в процессе расследования абсолютно необходимым.

Процесс дознания или расследования является в основном письменным, и совсем мало элементов, например, в ходе допроса обвиняемого и свидетелей, осуществляются устно. Принцип исторического инквизиционного процесса «quod est in in actis est in mundo» (чего нет в документах, нет в природе) не особенно удачно сказывается на современном процессуальном праве. Так, и процесс дознания тоже не знает гласности. В нем почти нет свободы действий защиты, да и прокуратура может ограничить право защитника на ознакомление с материалами дела, ссылаясь на угрозу цели расследования (абз. 2 § 147 УПК Германии), вплоть до завершения дознания или совсем отказать в этом праве. Как раз на фоне комплексности уголовного процесса это редко практикуется на практике в таком виде, но фактическая возможность этого имеется, что может значительно повредить уголовной защите.[22] Однако уголовный процесс в условиях верховенства права требует принципиально и без каких-либо ограничений.

4. Элементы состязательности в инквизиционном процессе

Как видно уже из заголовка этого раздела, немецкий процесс занимает промежуточную позицию между инквизиционной и состязательной процессуальной моделями. Если выше были рассмотрены только инквизиционные принципы, то в дальнейшем мы покажем на примерах доказательственного права, судебных сделок на процессе, ревизии, деяний, преследуемых только по жалобе потерпевшего, и деяний, преследуемых по частному обвинению, что осуществление инквизиционной модели в ее чистой форме практически невозможно.

Доказательственное право

Как уже рассматривалось выше, в целях установления истины суд должен распространить исследование доказательств на все существенные факты и средства доказывания. Этот принцип дополняется путем привлечения прокуратуры и защиты в эту процессуальную ситуацию на основном судебном разбирательстве. Участники процесса согл. формулировке абз. 3, 4 и 5 § 244 УПК Германии получают возможность в очень значительной степени влиять на ход основного судебного разбирательства путем подачи хода-

22 Roxin/Schünemann, Strafverfahrensrecht, § 19 Rn. 66.

тайств о допущении доказательств. Хотя исследование доказательств судом согл. абз. 2 § 245 УПК Германии должно включать в себя показания всех вызванных свидетелей, участники процесса имеют возможность представлять на процессе собственные доказательства. Это происходит путем подачи ходатайств о допущении доказательств, которые могут быть отклонены только при наличии очень узких предпосылок постановлением суда, которое в ходе обжалования должно быть проверено на предмет обоснованности отказа. Благодаря этому инструменту подачи ходатайства о допустимости доказательства участники процесса получают возможность оказывать значительное влияние на ход процесса, а тем самым и на истину, подлежащую установлению. Если уголовная защита, как это уже случалось на процессах, подает несколько тысяч ходатайств о допустимости доказательств[23], то председательствующий судья весьма скоро может утратить господство на процессе. Правда, даже и при таком условии решающим мерилом продолжает оставаться материальное понятие истины, однако содержание этой истины регулируется поведением, определяемым сторонами процесса. Кроме того, процессуальные правила предусматривают, что защита или прокуратура согл. абз. 2 § 245 УПК Германии могут представлять имеющиеся у них средства доказывания на основном судебном разбирательстве и тем самым еще более непосредственно привносить в процесс элементы состязательности. Но на практике эта норма используется весьма редко.

Судебные сделки

К наиболее сильному на сегодняшний день изменению основных принципов инквизиционного процесса привели чрезвычайно спорные судебные сделки. Уголовно-процессуальный кодекс называет их «соглашением между судом и участниками процесса» (§ 257c УПК Германии), основная идея заимствована из института *deal* в англо-американском состязательном процессе. Комплексность крупных экономических уголовных процессов и весьма ограниченные ресурсы юстиции прямо-таки заставили суды в прошлом десятилетии ввести практику судебных сделок. Верховный суд Германии тоже не мог поступить иначе, как только в высшей степени неохотно разработать основные правила судебных сделок[24], которые лишь недавно были включены законодателем в уголовно-процессуальный ко-

23 Пример процесса в Верховном суде Германии (NStZ 1992, 140), на котором было подано более 8 тыс. заявлений о допустимости доказательств, приводит Kühne, Strafprozessrecht, Rn. 292. См. также Eisenberg, Beweisrecht der StPO, Rn. 172; Herdegen, NStZ 2000, S. 1 ff.

24 BGH(GS)St 50, 40.

декс[25]. Критики жалуются, что судебные сделки привели к отказу от достижений реформы уголовного процесса, т.к. такие соглашения в условиях, исключающих гласность, достигаются не в ходе устного основного судебного разбирательства, а скорее в задних помещениях суда[26].

Уже до этого прорыв принципа законности путем введения принципа целесообразности явился предварительным этапом судебной сделки. Так, например, в случаях преступлений незначительной тяжести предоставлялась возможность прекратить процесс путем выплаты денежного штрафа с согласия суда, в компетенции которого находилось проведение основного судебного разбирательства.[27] Эта предварительная ступень на пути к судебной сделке играла большую роль до тех пор, пока не утвердилась практика судебной сделки. Критике подвергается, прежде всего, то, что в случае судебной сделки между участниками процесса и судом решение о том, будет ли осуществляться производство и каким образом, попадало в руки прокуратуры и защиты, а председательствующий судья утрачивал свою сильную позицию, как ее предусматривала немецкая инквизиционная модель. Помимо этого под угрозу ставится в высшей степени ценное благо, а именно единство судоговорения. Из-за того, что так называемые «признания в оптимальном объеме», которых, как правило, достаточно для подтверждения выдвинутого обвинения, ведут к согласованному сторонами наказанию в виде лишения свободы, в идеальном случае не превышающему двух лет условного наказания, Верховный суд Германии лишается возможности обеспечивать единство толкования законов путем контроля за судебной практикой. Кроме того, существенную роль стало играть разрешение конфликта, а установление истины уже отошло на второй план.

Кассационное производство

Часто не учитывается, что кассационное производство в немецком процессуальном праве, являющееся надлежащим средством обжалования для проверки судебных решений на предмет ошибок в применении норм закона, имеет скорее состязательную форму. Ведь решение о том, должно ли дело быть передано на ревизию, принимает не суд, а, что вполне логично, участники процесса. При этом объем ревизии зависит от ходатайства лица, подавшего ревизионную жалобу (абз. 1 § 344 УПК Германии, абз. 1 § 352 УПК Германии). Участники процесса могут воспрепятствовать действиям

25 Gesetz vom 29. Juli 2009, BGBl. I 2009, 2353; vgl. dazu: Altenhain, JZ 2010, 327, Schlothauer/Weider, StV 2009, 600, 601 ff.

26 Vgl. dazu auch: Volk, Grundkurs StPO, § 30 Rn. 4.

27 BGBl. I 1974, 469, 502

ревизионного суда и путем того, что уже поданная ревизионная жалоба может быть отозвана.

При этом особенно важно, что ревизионная инстанция не имеет такую же обязанность расследования, как суд первой инстанции или апелляционный суд. Наоборот, абз. 1 § 352 УПК Германии содержит особенно важное исключение из инквизиционного принципа. Проверке в ревизионном суде подлежит только поданные ревизионные жалобы и, поскольку ревизия опирается на обнаружение недостатков, допущенных в ходе процесса, то и на те факты, которые указаны в поданной ревизионной жалобе (абз. 1 § 352 УПК Германии). Из этого ясно, что решающее значение имеет только то, что заявляют стороны. Они определяют не только, будет ли проводиться ревизия, но и то, как будет проходить процесс ревизии.

Деяния, преследуемые только по жалобе потерпевшего

Схожим образом элементы состязательности привносятся в инквизиционный процесс благодаря деяниям, преследуемым только по жалобе потерпевшего. Согласно принципу официальности (Offizialprinzip) осуществление уголовного процесса на основании государственной карательной монополии является делом только государства.[28] Этот принцип нарушается положениями о деяниях, преследуемых только по заявлению потерпевшего. В случае так называемых «чистых» деяний, преследуемых по заявлению потерпевшего, уголовное преследование может быть начато, но не может быть прекращено без заявления потерпевшего (например, § 123 Уголовного кодекса). В случае же так называемых «относительных» деяний, преследуемых по заявлению потерпевшего, при отсутствии заявления вместо него может выступить особый государственный интерес, который должен быть подтвержден прокурором. Конкретно это означает, что в случаях, преследуемых только по заявлению потерпевшего, открытие производства находится только в руках лица, имеющего право на подачу заявления. Если эти дела по деяниям незначительной тяжести, находятся в руках потерпевшего, то государство не может, даже если и захотело бы, подать ходатайство о начале процесса дознания, если не было подано заявление о совершении преступления.

---

28 Beulke, Strafprozessrecht, Rn. 16; Eser, ZStW 104 (1992), 361, 363; Kühne, Strafprozessrecht, Rn. 297; Roxin/Schünemann, Strafverfahrensrecht, § 12 Rn. 6; Volk, Grundkurs StPO, § 18 Rn. 2.

Деяния, преследуемые по частному обвинению

Почти так же регулируется в принципе расследование так называемых деяний, преследуемых по частному обвинению, которые перечисляются в § 374 УПК Германии.[29] Здесь речь идет, как правило, о деяниях незначительной тяжести, которые в большинстве случаев затрагивают только окружение потерпевшего. Подающее заявление лицо, которое, как правило, является потерпевшим, может осуществлять процесс и без участия прокурора и выдвинуть обвинение по делу согл. § 264 УПК Германии (§ 381 УПК Германии). Но сейчас такое нарушение монополии обвинения встречается на практике редко.[30] Почти никто не в состоянии составить надлежащим образом текст обвинительного акта без помощи третьего лица.[31] Кроме того, немного адвокатов согласятся оказать правовую помощь подзащитному в этих почти всегда безнадежных процессах. Если же частный обвинитель решается на подачу частного обвинения, то оно, в отличие от прокуратуры, не обязано быть объективным.[32] Суд проверяет и решает, наличествуют ли предпосылки для частного обвинения и, если это подтверждается, разрешает проведение основного судебного разбирательства, которое проходит обычным образом. Установление истины опять же является делом суда. Но у частного обвинителя есть особое право подачи ходатайства о допустимости доказательства согл. абз. 3 § 384 УПК Германии.

Резюме

Приведенные здесь пять примеров свидетельствуют, что немецкое процессуальное право не соответствует идеальному образу инквизиционного процесса. Это представляется также нежелательным в реальном процессе и не достойным быть целью, к которой следовало бы стремиться. Не только ограниченные ресурсы, но и разумное ограничение процессуальных возможностей привело к тому, что следствием процессуальной экономии становится такая процессуальная стратегия, которая открывает дорогу процессу с активным участием сторон.[33] А это обязательно ведет к тому, что по прагматико-фактическим причинам мы поворачиваемся спиной к мате-

29 Im Zusammenhang mit den Prozessmaximen: Eser, ZStW 104 (1992), 361, 369.

30 Rieß, Gutachten zum 55. DJT, 1984 Band I, C 20 ff; Valerius, in: Graf, Strafprozessordnung, Kommentar, § 374 Rn. 1.1; Volk, Grundkurs StPO, § 39 Rn. 3.

31 LR-Hilger, Vor § 374 Rn. 14.

32 Roxin/Schünemann, Strafverfahrensrecht, § 63 Rn. 1; Volk, Grundkurs StPO, § 39 Rn. 4.

33 Im einzelnen dazu: Lilie, Gutachten zum 63. Deutschen Juristentag, Band I D 1 ff., D 67 ff.

риальному понятию истины. При этом в современных дебатах о немецком уголовном процессе новый институт судебных сделок стал, в частности, одним из далеко идущих, определяющих элементов в большинстве комплексных уголовных процессах. В этом выражается значительное искажение системы, которое, по причине дефицита ресурсов и комплексности процессуального права, привело к тому, что юстиция, в конечном итоге, отошла от основной идеи инквизиционного процесса и заставила законодателя разработать соответствующее регулирование. Будущее покажет, сможет ли этот путь вывести немецкий уголовный процесс из тупика дефицита ресурсов.

Modell des Strafverfahrens in Kasachstan

Gulnara Suleimenova

1. Der Aufbau des kasachischen Strafprozessrechts

Die in Kasachstan in den 90er Jahren des 20. Jahrhunderts begonnenen grundlegenden politischen, sozialen und wirtschaftlichen Umwandlungen waren eine Folge von Kasachstans Erlangung des Status eines souveränen Staates[1] und führten zur Gestaltung eines eigenen nationalen Rechtssystems, darunter auch des Strafverfahrenssystems.

Inzwischen sind im Bereich des Strafverfahrens konzeptuelle Änderungen vorgenommen worden, die mit der Umorientierung der Prioritäten auf diesem Gebiet, mit der Einführung neuer Verfahrensinstitute, der Differenzierung der Strafverfahrensformen und mit anderen Neuerungen verbunden sind, die auf Schaffung eines effizienten und optimalen Modells des Strafverfahrens ausgerichtet sind. Zum offiziellen Start der umfassenden Rechtsreform in der Republik wurde die Annahme des Staatsprogramms der Rechtsreform in der Republik Kasachstan[2] 1994, welches die Hauptrichtungen der Reform festgelegt hat, was in erster Linie eine Reform der Gesetzgebung, darunter auch der Verfahrensgesetzgebung, erforderte.

Bekanntlich wird ein Strafverfahrensmodell zunächst dadurch bestimmt, wie seine Grundlagen, Ziele und Aufgaben, Verfahrensinstitute, Formen und Prozeduren des Gerichtsverfahrens und sonstige Komponenten in der Strafprozessordnung (StPO) formuliert werden. Deshalb wurde die erstrangige Bedeutung im Rahmen der Reform des Strafverfahrens der Verabschiedung der neuen StPO zugemessen, die am 13. Dezember 1997 angenommen wurde und am 1. Januar 1998 in Kraft getreten ist. Ihr wurde die Modellstrafprozessordnung zugrundegelegt, die gem. dem Beschluss des Rates der Zwischenparlamentarischen Versammlung der GUS-Mitgliedstaaten[3] vom 14. Februar 1995[4] entwickelt und am 17. Februar 1996 angenommen wurde[5].

---

1 Siehe: Декларация о государственном суверенитете Казахской ССР от 25 октября 1990 г. // Ведомости Верховного Совета Казахской ССР. 1990. № 44. Ст. 408.

2 Siehe: Государственная программа правовой реформы в Республике Казахстан: утверждена Постановлением Президента РК от 12 февраля 1994 г. № 1569 // САПП РК. 1994. № 9. Ст. 91.

3 Gemeinschaft Unabhängiger Staaten.

4 Информационный бюллетень Межпарламентской Ассамблеи государств-участников СНГ. 1995. № 8. С.167-184.

5 a.a.O. 1996. № 10. Приложение.

Die Annahme der StPO wurde zur kompliziertesten Phase der Rechtsreform, weil sie mit der Revidierung der ganzen Ideologie des Strafverfahrens, seiner Prioritäten, Grundsätze und vor allem mit der grundlegenden Änderung der Rolle und Stellung des Gerichts im Strafverfahren verbunden war. In den mehr als 13 Jahren seit der Verabschiedung der StPO der Republik Kasachstan (im Folgenden RK) wird sie intensiv weiter vervollkommnet: durch 47 Gesetze wurden in die StPO Änderungen und Ergänzungen aufgenommen, die den ursprünglichen Inhalt der StPO wesentlich geändert haben. Die Notwendigkeit der Änderungen und Ergänzungen ist durch die Aufgaben bestimmt, die in den richtungsweisenden Dokumenten festgelegt sind. Ein solches Dokument ist heute das Konzept der Rechtspolitik für den Zeitraum 2010-2020[6], welches das durch den Beschluss des Präsidenten der RK gebilligte Konzept der Rechtspolitik der RK vom 20. September 2002 Nr. 949[7] abgelöst hat; das Letztere hatte seinerseits das am 12. Februar 1994 angenommene Staatliche Programm der Rechtsreform in der RK (die Hauptrichtungen)[8] abgelöst.

Im Allgemeinen sind für die StPO folgende Merkmale kennzeichnend:

- Kontinuität mehrerer sowjetischer Institute des Strafverfahrensrechts;
- Bestreben des Gesetzgebers, die Vorschriften der StPO an die internationalen Standards im Bereich des Strafverfahrens anzupassen;
- Ausbau der adversatorischen Ansätze des Gerichtsverfahrens;
- Einteilung des Gesamtverfahrens in das vorgerichtliche Verfahren und das Verfahren in den gerichtlichen Instanzen;
- Verkündung des Vorrangs der allgemein anerkannten Grundsätze und Vorschriften des Völkerrechts im Strafverfahren. Internationale Verträge und sonstige Verpflichtungen Kasachstans sind als ein Bestandteil der StPO erklärt worden und die rechtlich-normativen Beschlüsse des Verfassungsrates und des Obersten Gerichts der RK, die die Ordnung des gerichtlichen Strafverfahrens regeln, wurden den Quellen des Strafverfahrensrechts zugerechnet (Abs. 1 Art. 4 der Verfassung der RK; Art. 1 StPO der RK);
- Einführung neuer prozessualer Institute wie Geschworenengericht, summarisches Gerichtsverfahren in den Fällen der kleineren und mittleren Kriminalität, Privatklageverfahren, summarisches vorgerichtliches Verfahren, Rehabilitierung, Verfahren in den Fällen gegen die Personen, die Vorrechte und Immunität gegen Strafverfolgung genießen; es wurden Elemente der Gerichtskontrolle über das Vorverfahren eingeführt (gerichtliche Prüfung von Beschwerden gegen Handlungen und Entscheidungen der Strafverfolgungs-

---

6 Указ Президента РК от 24 августа 2009 г. № 858 «О Концепции правовой политики Республики Казахстан на период с 2010 до 2020 года» // Казахстанская правда. 2009. 27 августа.

7 Siehe: Собрание актов Президента и Правительства РК (далее – САПП РК). 2002. № 31. Ст. 336; 2005. № 30. Ст. 381.

8 Siehe: САПП РК. 1994. № 9. Ст. 91.

organe, richterliche Anordnung der Haft und des Hausarrests des Verdächtigen bzw. des Beschuldigten und der Haftfortdauer); es wurde ein System des staatlichen Schutzes der am Verfahren beteiligten Personen[9] vorgesehen;
- Präzisierung einer Reihe von Grundsätzen und Gestaltung neuer Grundsätze des Strafverfahrens wie gerichtlicher Schutz der bürgerlichen und Menschenrechte und -freiheiten (Art. 12 StPO), Achtung der Ehre und der Würde des Menschen (Art. 13 StPO), Unschuldsvermutung (Art. 19 StPO), adversatorischer Grundsatz des Gerichtsverfahrens (Art. 23 StPO), Unantastbarkeit des Eigentums (Art. 27 StPO), Immunität der Zeugen (Art. 18 StPO), Freiheit der Beanstandung von Verfahrenshandlungen und Entscheidungen (Art. 31 StPO) und eine Reihe weiterer neuer Grundsätze des Strafverfahrens sowie Füllung der Grundsätze, die aus der StPO der Kasachischen SSR übernommen wurden, mit neuem Inhalt;
- Einführung neuer Anforderungen an Beweise und Beweisführung (bspw. die Möglichkeit, faktische Daten als unzulässige Beweise zu erklären; Präjudiz, Verwendung der Ergebnisse der operativen Fahndungstätigkeit bei der Beweisführung u.a.m.);
- Erweiterung des Kreises der Beteiligten am Strafverfahren (es wurden neue Verfahrensfiguren eingeführt wie Privatkläger und Gerichtsvollstrecker) sowie ein bedeutender Ausbau von deren Rechte.

Der Präsidialerlass vom 17. August 2010 „Über Maßnahmen zur Steigerung der Effektivität der Rechtsschutztätigkeit und des Gerichtssystems in der Republik Kasachstan“[10] eröffnet eine neue Stufe der Rechtsreform, darunter auch im Bereich des gerichtlichen Strafverfahrens. Im Erlass wird insb. Folgendes vorgesehen:

- Liberalisierung der Strafgesetzgebung und Dekriminalisierung der Verbrechen, die keine große gesellschaftliche Gefahr darstellen, darunter auch im Wirtschaftsbereich, und Einstufung dieser Delikte als Ordnungswidrigkeiten sowie Neubewertung des Schweregrads einzelner Verbrechen durch Strafmilderung;
- Ausweitung des Bereichs der Anwendung von Strafen, die nicht mit Freiheitsentzug verbunden sind, darunter Geldstrafe, gemeinnützige Besserungsarbeit und Einschränkung der persönlichen Freiheit, sowie alternative Zwangsmaßnahmen, die die Haft ersetzen;
- weitere Vereinfachung des vorgerichtlichen Verfahrens in Strafsachen, darunter durch Einführung von Anreizen in Bezug auf die Beschuldigten, die bei der Untersuchung mitwirken;

---

9 Siehe: Закон РК от 5 июля 2000 г. «О государственной защите участников уголовного процесса» и некоторые другие // Казахстанская правда. 2000. 13 июля.

10 Казахстанская правда. 2010. 18 августа.

- Erweiterung der Versöhnungsverfahren, insb. durch Einführung der Mediation, sowie Erweiterung der Kategorie der Fälle der Privatklage und der privat-öffentlichen Klage;
- Einschränkung der Anwendung der Haft gegen die Personen, die leichte und mittelschwere Wirtschaftsverbrechen begangen haben, sowie deren Entlassung aus der Strafverantwortung im Falle der freiwilligen Tilgung des zugefügten Schadens;
- Erweiterung der Grenzen der Gerichtskontrolle im vorgerichtlichen Verfahren und einige andere Novellen.

In der letzten Zeit wird die Möglichkeit

- der Einführung der strafrechtlichen Verantwortung für juristische Personen,
- der Einführung des Instituts der Mediation sowie des Instituts der Absprache im Strafprozess (*plea bargaining*),
- der Umsetzung des von der Verfassung der RK vorgesehenen Rechts der Staatsanwaltschaft auf Anfechtung der Gesetze, die mit der Verfassung oder den Gesetzen der RK nicht vereinbar sind (Abs. 1 Art. 83 der Verfassung der RK),
- der Reanimation des 1995 abgeschafften Untersuchungsapparats in den Organen der Staatsanwaltschaft diskutiert.

2. Die Stadien des Strafverfahrens

Bei der Darstellung der Grundzüge des gegenwärtigen Strafverfahrens ist zunächst darauf hinzuweisen, dass es, ähnlich der StPO der Sowjetunion, die Verbindung der unifizierten und der differenzierten Form des Strafverfahrens beibehalten hat; es besteht aus sechs Hauptstufen (Pflichtstufen) und zwei fakultativen Stufen, die insgesamt folgendes bilden:

- dreistufiges vorgerichtliches Verfahren: 1. Einleitung des Strafverfahrens; 2. Vorverfahren, das in Form der Voruntersuchung oder der Ermittlung durchgeführt wird; 3. Übergabe des Angeklagten an das Gericht durch den Staatsanwalt;
- Gerichtsverfahren, das aus vier pflicht- und zwei fakultativen Stufen besteht:

  1) Hauptstufen (Pflichtstufen) des Gerichtsverfahrens: 1. Anordnung der Hauptverhandlung und Ausübung von vorbereitenden Handlungen; 2. Hauptverhandlung; 3. Revision der noch nicht rechtskräftigen Urteile und Entscheidungen des Gerichts (als „Appellation" und „Kassation"); 4. Vollstreckung der Gerichtsurteile und -entscheidungen;
  2) Fakultative Stufen des Gerichtsverfahrens: 1. Revision der rechtskräftigen Urteile und Entscheidungen des Gerichts (Aufsichtsverfahren); 2. Wie-

deraufnahme des Verfahrens wegen des Hervorkommens neuer Tatsachen.

Darüber hinaus sieht die StPO differenzierte Verfahrensformen für einzelne Kategorien von Straftaten, und zwar:

1) Summarisches vorgerichtliches Verfahren in den Fällen der kleineren und mittleren Kriminalität (Kapitel 23-1 StPO);
2) Verfahrensbesonderheiten in einzelnen Kategorien von Straftaten, zu denen folgende gerechnet sind: a) Privatklageverfahren (Art. 389–395 StPO); b) Strafverfahren gegen jugendliche Straftäter (Art. 480–495 StPO); c) Strafverfahren gegen die Personen, die Vorrechte und Immunität gegen Strafverfolgung genießen (Art. 505–541 StPO);
3) Sonderstrafverfahren: a) in den Fällen über Anwendung von ärztlichen Zwangsmaßnahmen gegen Unzurechnungsfähige (Art. 505–520 StPO); b) in den Fällen, in denen die für Strafverfolgung zuständigen ausländischen Institutionen und Beamten mitwirken (Art. 521–536 StPO);
4) Verfahren in den Fällen, die vor dem Geschworenengericht verhandelt werden (Art. 542–547 StPO).

Trotz der Verfahrensbesonderheiten in den einzelnen Fallkategorien sind alle Stufen sowie die genannten Verfahren in den einzelnen Fallkategorien und Sonderverfahren durch gemeinsame Aufgaben und Verfahrensgrundsätze miteinander verbunden und bilden deshalb ein einheitliches Strafverfahrenssystem der Republik Kasachstan.

In den letzten Jahren zeigte sich eine klare Tendenz zur weiteren Differenzierung: In der Perspektive wird gem. dem Konzept der Rechtspolitik der RK für 2010 – 2020 geplant, Institute der wiederherstellenden Rechtspflege, der Mediation sowie der Absprache einzusetzen.

Dem modernen Strafverfahren sind alle Merkmale des Mischtyps des Strafverfahrens eigen, der in sich Elemente des Inquisitionstyps und des adversatorischen Typs des Strafverfahrens vereint; diese sind wie folgt:

Neben den vielen neu eingeführten Instituten baut die StPO doch in vieler Hinsicht auf dem früheren sowjetischen Strafprozessmodell auf. Das gilt vor allem für das vorgerichtliche Verfahren in Strafsachen, das nach wie vor auf dem Inquisitionsansatz basiert: In der Zuständigkeit der Strafverfolgungsorgane sind alle drei Verfahrensfunktionen – Anklage, Verteidigung und Entscheidungen über die Anträge der Parteien – sowie Erledigung des Falls (wenn das Strafverfahren eingestellt wird) miteinander verbunden.

3. Das Vorverfahren

Das Vorverfahren erfolgt, wie auch zu der Sowjetzeit, in zwei Formen: Voruntersuchung und Ermittlung. Die Voruntersuchung wird von den Untersuchungsführern der Organe des Innenministeriums, des Komitees für nationale Sicherheit und der Finanzpolizei durchgeführt. Die Ermittlung wird durch zahlreiche Behörden vorgenommen (Art. 65 StPO), und zwar:

1) Behörden für innere Angelegenheiten;
2) Behörden für nationale Sicherheit;
3) Justizbehörden – in den Fällen über der Straftaten, die mit der Ordnung für Strafvollstreckung und Haft verbunden sind;
4) Behörden der Finanzpolizei;
5) Zollbehörden;
6) Behörden der Militärpolizei;
7) Befehlshaber der Grenztruppen;
8) Befehlshaber der Militärtruppen, Militärverbände, Leiter der Militäreinrichtungen und Garnisonen;
9) Leiter der diplomatischen Vertretungen, der Konsulate und der bevollmächtigten Vertretungen der Republik Kasachstan;
10) Feuerwehrbehörden;
11) Kapitäne der Seeschiffe auf hoher See, Leiter geologischer Erkundungsgruppen, sonstiger Staatseinrichtungen und deren Abteilungen, die von den Ermittlungsbehörden entfernt sind, wenn Verkehrsverbindungen fehlen.

Außerdem steht seit Juli 2009 das Recht auf Durchführung des Vorverfahrens dem Staatsanwalt zu. In diesem Zusammenhang wird die Frage der Reanimation des Untersuchungsapparats in der Staatsanwaltschaft diskutiert. Der Untersuchungsapparat in der Staatsanwaltschaft wurde zwar 1995 abgeschafft, jedoch wird der Staatsanwalt durch die in die StPO aufgenommenen Änderungen und Ergänzungen mit Funktionen zur Durchführung des Vorverfahrens ausgestattet. So wurde 2001 der Generalstaatsanwalt der RK berechtigt, in Ausnahmefällen eine Untersuchungsgruppe aus der Mitte der Untersuchungsführer einiger Behörden zu bilden, indem der Staatsanwalt zum Leiter dieser Gruppe bestellt wird (Abs. 3 Art. 198 StPO); seit Juli 2009 besitzt der Staatsanwalt das Recht auf Durchführung des Vorverfahrens.

Wie schon erwähnt, ist das vorgerichtliche Verfahren in drei Stufen eingeteilt.

Die Aufgaben der ersten Stufe – Einleitung des Strafverfahrens – sind die Prüfung der Informationen über eine begangene oder in Vorbereitung befindliche Straftat und eine entsprechende Entscheidung über eine Einleitung des Strafverfahrens oder einen Verzicht darauf. Die Besonderheit dieser Stufe besteht darin, dass diese Prüfung ohne Untersuchungshandlungen vorzunehmen ist. Es muss darauf hingewiesen werden, dass in den letzten Jahren diese Stufe einige Züge des Vorverfahrens angenommen hat, nämlich durch die Erweiterung des Bereichs der Untersuchungshandlungen, die vor der Einleitung des Strafverfahrens gesetzlich zugelassen sind (das sind Augenschein, Anordnung einer Begutachtung, Beschlagnahme).

Die zweite Stufe – das eigentliche Vorverfahren – verläuft in Form der Voruntersuchung, der Ermittlung oder des summarischen Verfahrens.

Die Voruntersuchung ist Pflicht in allen Straffällen mit Ausnahme der Privatklagefälle, des summarischen Verfahrens und der Ermittlung. Dabei ist die Voruntersuchung unbedingt in allen Fällen durchzuführen, wenn die Straftaten von Jugendlichen oder von den Personen begangen sind, die kraft ihrer physischen oder psychischen Mängel ihr Recht auf Verteidigung nicht selbstständig wahrnehmen können.

Die Ermittlung erfolgt als:

1) Ermittlung in den Sachen, in denen die Voruntersuchung Pflicht ist. Diese Ermittlungsart ist die erste Phase der Voruntersuchung;
2) Ermittlung in den Sachen, in denen die Voruntersuchung nicht unbedingt durchzuführen ist. Ein erschöpfendes Verzeichnis dieser Fälle ist vom Gesetz bestimmt (Art. 285 StPO). Diese Art Ermittlung ist eine selbstständige Untersuchungsform und wird unter der Voraussetzung durchgeführt, dass die Person bekannt ist, gegen die ein Verdacht der Straftat besteht.

Seit dem Januar 2010 gilt eine neue Untersuchungsform – das summarische vorgerichtliche Verfahren in den Fällen kleiner oder mittlerer Kriminalität; sie wird durchgeführt, „wenn mit Hilfe der gesammelten Beweise das tatsächliche Verbrechen festgestellt ist und die Person, die dieses Verbrechen begangen hat, sich zu ihrer Schuld bekennt, die Beweise, den Charakter und die Ausmaße des zugefügten Schadens nicht bestreitet und mit der Durchführung des summarischen vorgerichtlichen Verfahrens einverstanden ist“ (Art. 190–1 StPO).

Die dritte Stufe – Übergabe des Angeklagten an das Gericht – erfolgt durch den Staatsanwalt. Nach Abschluss der Voruntersuchung und der Ermittlung wird die Strafsache samt der Anklageschrift (dem Anklageprotokoll) an den Staatsanwalt weitergeleitet, der, wie zu den Sowjetzeiten, die Aufsicht und die prozessuale Leitung der Untersuchung und der Ermittlung ausübt.

Es ist darauf hinzuweisen, dass das den Strafverfolgungsorganen gewährte Recht auf Durchführung der Voruntersuchung (außer dem Recht auf die operative Fahndungstätigkeit) der Verfahrenstheorie widerspricht, denn dadurch verschwindet die Grenze zwischen diesen Formen der Voruntersuchung: Es kommt zum Zusammenwachsen der prozessualen und der operativen Fahndungstätigkeit. Obwohl einige Straftaten, die gem. der StPO im Wege der Ermittlung und des summarischen Verfahrens untersucht werden, besondere Bemühungen bei der Untersuchung erfordern.

Also ist noch kein optimales und effektives Modell des vorgerichtlichen Verfahrens geschaffen: Auf Zuspiel der interessierten Behörden sind die Hauptbemühungen des Gesetzgebers auf Prozeduränderungen gerichtet, die eher einen „kosmetischen“ Charakter haben. Das oben Genannte, samt der Häufigkeit der Änderungen der StPO, der niedrigen Rechtskultur und dem Rechtsnihilismus der Beamten in den Strafverfolgungsorganen, deren Berufsniveau viel zu wünschen übrig lässt, verschärft noch die negativen Erscheinungen bei der Einleitung des Strafverfahrens und Ermittlung von Straftaten.

Gleichzeitig unterscheidet sich das gegenwärtige vorgerichtliche Verfahren von dem sowjetischen dadurch, dass die Inquisitionsansätze des vorgerichtlichen Verfahrens durch die Einführung einiger Elemente, die dem adversatorischen Verfahren eigen sind, neutralisiert werden:

1) Es wurden Elemente der Gerichtskontrolle eingeführt, wodurch nicht nur die Prozessteilnehmer, sondern auch andere Personen das Recht bekommen haben, die Handlungen bzw. Untätigkeit und die Entscheidungen der Strafverfolgungsorgane vor Gericht anzufechten (Art. 109 StPO); gerichtliche Anordnung der Haft und der Haftfortdauer (Art. 149 f., Art. 155 StPO) sowie Unterbringung des nicht unter Arrest stehenden Verdächtigen bzw. Beschuldigten in einer Heilanstalt oder psychiatrischen Klinik zwecks einer forensischen ärztlichen oder psychiatrischen Begutachtung (P. 6 Abs. 2 Art. 59 StPO). In der Perspektive wird erwartet, dass die Anordnung von Untersuchungshandlungen, die die Verfassungsrechte der Bürger beeinträchtigen, in die Zuständigkeit des Gerichts überführt wird;
2) dem Verteidiger wurde das Recht auf Sammlung und Vorlegen der für Gewährung des Rechtsbeistands erforderlichen Gegenstände, Urkunden und Informationen gewährt (Abs. 2 T. 2 Art. 74 StPO);
3) es ist die Möglichkeit vorgesehen, Beweise nicht nur auf Ermessen des das Strafverfahren führenden Organs, sondern auch auf Anträge der Parteien als unzulässig zu erklären (Art. 116 StPO);
4) es ist die Möglichkeit vorgesehen, das Strafverfahren im Zusammenhang mit der Aussöhnung des Opfers und des Verdächtigen bzw. Beschuldigten bei Erfüllung der im Gesetz vorgesehen Voraussetzungen einzustellen (Abs. 1 Art. 38 StPO).

4. Das gerichtliche Verfahren

Im Unterschied zum vorgerichtlichen Verfahren wurden die gerichtlichen Phasen und der prozessuale Status des Gerichts im Rahmen der Justizreform wesentlich geändert:

- der Status der Gerichtsgewalt wird jetzt nicht nur in der StPO und der ZPO, sondern auch in einem speziellen Verfassungsgesetz geregelt[11];
- der rechtliche und prozessuale Status des Gerichts und der Richter ist grundlegend geändert worden: Auf der Verfassungsebene ist nicht nur die richterliche Unabhängigkeit verankert, sondern auch ihre Garantien festgesetzt;
- das Gerichtssystem selbst ist stark geändert: Es wurden spezialisierte Gerichte eingerichtet (spezialisierte interbezirkliche Gerichte für Jugendsachen, für Strafsachen u.a.);
- Rechtszüge wurden geändert: Jetzt gehören zur ersten Instanz nur die Gerichte der ersten Ebene (Hauptebene) – Bezirksgerichte und die ihnen gleichgestellten Gerichte;
- Gerichte der zweiten Ebene – die Gebietsgerichte und die ihnen gleichgestellten Gerichte – funktionieren nur als Berufungsinstanzen (sog. Appellations- und Kassationsinstanzen), dem Obersten Gericht der RK bleiben nur Aufsichtsfunktionen erhalten;
- es wurden das Geschworenengericht, die gerichtliche Anordnung der Haft und der Hausarrest sind eingeführt;
- das Gericht ist von vielen Elementen der Anklagefunktionen befreit worden, obwohl es leider nicht konsequent genug gemacht ist;
- das Kollegialprinzip in der ersten Instanz ist faktisch abgeschafft worden: In der ersten Instanz werden alle Straffälle von dem Einzelrichter verhandelt, mit Ausnahme der Fälle besonders schwerer Verbrechen, die auf Antrag des Angeklagten vor dem Geschworenengericht verhandelt werden (Abs. 2 Art. 58 StPO); das Kollegialprinzip ist nur in der Kassation und in der Aufsichtsinstanz erhalten geblieben;
- die gerichtlichen Verfahrensstufen sind auf dem adversatorischen Grundsatz aufgebaut (Art. 23 StPO), jedoch nicht in seiner „reinen" Form: Es gibt Vorschriften, die seine Umsetzung einschränken oder ihm sogar widersprechen;
- es ist vorgesehen, dass der Staatsanwalt an den Gerichtsverhandlungen in allen Fällen beteiligt werden muss (T. 1 Art. 317 StPO);
- das Recht des Gerichts, das Verfahren zur Nachuntersuchung zurückzugeben, ist wesentlich eingeschränkt worden (Art. 303 StPO);
- für Fälle kleiner und mittlerer Kriminalität ist das summarische Verfahren vorgesehen (Art. 363 StPO);
- die Überprüfung der noch nicht rechtskräftigen Urteile und Gerichtsentscheidungen erfolgt, wie bereits erwähnt, in zwei Formen: Berufung (sog. Appellation) und Kassation. Es ist darauf hinzuweisen, dass 2001 Appellation und Kassation in eine Instanz umgewandelt wurden – Berufung, die in

11 Siehe: Конституционный закон РК от 25 декабря 2000 г. № 132-11 ЗРК «О судебной системе и статусе судей Республики Казахстан» // Ведомости Парламента РК. 2000. № 23. Ст. 410.

sich die Grundzüge der Appellation und der Kassation vereint hat[12]. Und am 1. Januar 2010 hat der Gesetzgeber die Kassationsform wieder reanimiert[13];

- in die Gerichtstätigkeit sind Informationstechnologien eingesetzt worden (Einsatz automatisierter Geschäftsverteilungspläne; Erstellung einer Datenbank der Gerichtsentscheidungen; Überprüfung von eingelegten Berufungen und Kassationsrügen in Videokonferenzen ist üblich geworden).

5. Verteidigung

Was die Beteiligung des Rechtsanwalts am Strafverfahren angeht, so wurde auch der Status der Rechtsanwälte im Strafverfahren wesentlich geändert, ihre Befugnisse sind stark erweitert worden. Aber das Rechtsbeistandssystem insgesamt wurde nur gering geändert. Heute sind in Kasachstan 16 regionale Rechtsanwaltskollegien tätig: 13 Gebiets- und 2 Stadtkollegien in Almaty und Astana. 2009 besaßen 9179 Personen die Zulassung (Lizenz) zur Ausübung der Rechtsanwaltstätigkeit, nur 3870 von ihnen (oder 42 Prozent von der Gesamtanzahl der zugelassenen Personen) sind Berufsanwälte. Städte und ländliche Regionen sind mit Rechtsbeistand durch Rechtsanwälte ungleichmäßig versorgt. So sind heute in den Landbezirken nur 122 Rechtsberatungen tätig, 39 davon sind mit nur je einem Rechtsanwalt besetzt. In diesen Beratungen arbeiten 716 Rechtsanwälte (18 Prozent der Gesamtanzahl der Rechtsanwälte in der Republik). Da es an Diensträumlichkeiten fehlt, sind Rechtsanwälte in mehr als 30 Landbezirken den Rechtsberatungen zugeordnet, die in Städten oder in Gebietszentren eröffnet sind. Und in einigen Bezirken fehlt es an ständigem Rechtsbeistand (z.B. im Bezirk Amangeldinskij im Gebiet Kostanai)[14]. Die geringe Anzahl der Rechtsanwälte in Kasachstan ist maßgeblich durch die ziemlich hohe Gebühr für Praktikantenstellen[15] und die hohe Gebühr (die erste Mitgliedsgebühr) beim Beitritt zum Rechtsanwaltskollegium bedingt[16]. Daher betragen die

12 Siehe: Закон РК от 11 июля 2001 г. N 238-II «О внесении изменений и дополнений в некоторые законодательные акты Республики Казахстан по вопросам судопроизводства» // Ведомости Парламента РК. 2001. № 15-16. Ст. 239.

13 Siehe: Закон РК от 10 декабря 2009 г. № 227-IV «О внесении изменений и дополнений в Уголовный, Уголовно-процессуальный и Гражданский процессуальный кодексы Республики Казахстан по вопросам совершенствования судебной системы» // Казахстанская правда. 2009. 22 декабря.

14 Siehe: Отраслевая программа развития адвокатской деятельности на период на 2010-2012 годы. // Досье на проект Закона РК «О внесении изменений и дополнений в некоторые законодательные акты Республики Казахстан по вопросам адвокатуры» (июнь 2010 года) // online.prg.kz.

15 In verschiedenen Kollegien beträgt diese Gebühr 400 $ bis 1500 $ pro Jahr.

16 Die Höhe der ersten Mitgliedsgebühr in verschiedenen Kollegien schwankt von 800 $ bis auf 3500 $. Im Großen und Ganzen kostet die Möglichkeit, sich als Rechtsanwalt zu

Kosten für die Zulassung zur Rechtsanwaltstätigkeit über 5000 US-$, was ein ernstes finanzielles Hindernis für die Juristen ist, die als Rechtsanwälte arbeiten wollen. Wegen der kleinen Anzahl der Rechtsanwälte wird eine effektive Wahrnehmung der Rechte des Beschuldigten bzw. Angeklagten auf Rechtsbeistand manchmal zu einem Problem. Das gilt besonders für die Fälle, in denen Pflichtverteidiger dem Angeklagten auf Kosten des Staates beizuordnen sind. Da das sowjetische Verfahren der Bestellung von Rechtsanwälten über das Rechtsanwaltskollegium (*ex officio*) bis heute beibehalten bleibt und ihre Leistungen niedrig bezahlt werden, geraten die Rechtsanwälte in Abhängigkeit von den Organen, die das Strafverfahren durchführen. Das führt nicht nur dazu, dass materialle Anreize für einen qualitativ hohen Rechtsbeistand[17] fehlen, sondern auch zur Entstehung von Korruptionsbeziehungen zwischen den Strafverfolgungsorganen und deren willfährigen Rechtsanwälten.

Man kann also sagen, dass es, trotz aller Maßnahmen zur Vervollkommnung des Strafverfahrens und der dadurch erreichten gewissen positiven Änderungen, noch verfrüht ist festzustellen, dass die Reform dieser Form des Gerichtsverfahrens stattgefunden hat und dass alle mit der Gestaltung des neuen Strafverfahrensmodells verbundenen vielfältigen Probleme gelöst sind.

6. Negative Reformen

Neben den positiven Tendenzen der Reform des Strafgerichtsverfahrens gibt es auch negative. Mehrere Änderungen sind nicht eindeutig, weil einige davon in einem inneren Systemwiderspruch zu den bestehenden Verfahrensinstituten stehen, die die StPO vorsieht. Das führt dazu, dass die manchmal widersprüchlichen Änderungen und Ergänzungen zur StPO nicht immer dem Bestreben entsprechen, effektive Verfahren zu finden und einzusetzen, die ein qualitativ hohes Strafverfahren sicherstellen würden.

In einem nicht geringen Maße ist es durch die Entlehnung einiger Institute des Strafgerichtsverfahrens ausländischer Rechtsordnungen bedingt. Meines Erachtens kann ihre Übertragung in die kasachische Rechtsumwelt kraft gewisser objektiver Gründe die an sie gestellten hohen Erwartungen nicht erfüllen. Diese

---

betätigen, über 5000 $. Das ist ein ernstes Finanzhindernis für viele Juristen, die als Rechtsanwälte arbeiten wollen.

17 Qualifizierte Rechtsanwälte leisten i.d.R. solche Art Rechtshilfe nicht. Damit werden vor allem die Rechtsanwälte beauftragt, die entweder keine Kunden haben oder Berufsanfänger sind. Wegen der niedrigen Tarifsätze in diesem Bereich hat hier die Rechtshilfe einen formellen Charakter; die Rechtsanwälte nutzen die ihnen vom Gesetz gewährten Möglichkeiten zum Schutz der Interessen der durch sie vertretenen Personen nicht. Z.B. in den Fällen, wenn die Rechtshilfe gem. Art. 71 StPO (d.h. aus den Haushaltsmitteln) geleistet wird, legen manche Rechtsanwälte weder Rechtsmittel gegen Gerichtsurteile ein noch besuchen sie ihre verhafteten Mandanten.

Gründe stellen eine Art Hürden dar, die unüberwindbar sind und keine Analoga zu den ausländischen rechtsstaatlichen Strukturen schaffen lassen, nämlich kraft der spezifischen wirtschaftlich-sozialen Möglichkeiten der RK, der nationalen Besonderheiten, der menschlichen Ressourcen wie die soziale Lebensweise, das Niveau des Rechtsbewusstseins und der Rechtskultur, die herkömmliche Mentalität und ihre traditionellen sozialen und kulturellen Merkmale.

Deshalb besteht das Hauptproblem nicht in den Wünschen der bestimmten Sozialgruppen, die die Reformen initiieren, sondern darin, was der Staat und die Gesellschaft zu bewältigen in der Lage sind.

Es muss auch bemerkt werden, dass die in Kasachstan umgesetzte Justizreform hauptsächlich auf die Reform der Gesetzgebung und der Rechtsinstitute orientiert ist und dabei das Hauptelement jeder Reform – das gesellschaftliche und berufliche Rechtsbewusstsein, das sich am wenigsten reformieren lässt – äußerst wenig beachtet.

Gesetzliche Anerkennung und Verankerung der demokratischen Novellen bedeutet bei weitem nicht, dass sie bei der Rechtsanwendung adäquat umgesetzt werden. Es ist hier auf das relativ hohe Niveau des Rechtsnihilismus im gesellschaftlichen Bewusstsein, die Vernachlässigung des Rechts und eine niedrige Rechtskultur hinzuweisen. Auch heute noch sind die Worte von *Charles Montesquieu* aktuell, dass es zwei Arten von Verdorbenheit gebe: die eine, wenn das Volk die Gesetze nicht einhalte, die andere, wenn es durch Gesetze verdorben werde. Das letztere Leiden sei unheilbar, weil seine Ursache in der Arznei selbst liege. Einerseits gibt es enorm viele Gesetze, die in den letzten Jahren verabschiedet wurden, und sehr viele Rechtsinstitute, die manchmal nicht aufeinander abgestimmt sind, einander widersprechen und deklarativ sind; andererseits ist ein Anstieg des Rechtsnihilismus zu verzeichnen, und zwar nicht nur unter den Bürgern, sondern auch – und gerade das ist besonders gefährlich – unter denjenigen, die das Recht sprechen, unter Richtern, Staatsanwälten, Untersuchungsführern und Ermittlern.

Deshalb lässt sich nach mehr als 13 Jahren seit dem Inkrafttreten der StPO feststellen, dass die kasachische StPO – ähnlich den Strafprozessordnungen der GUS-Staaten, darunter auch der StPO der Russischen Föderation, wie mit Recht der russische Wissenschaftler *V. Shadrin* hinweist, „nach ihrem Inhalt zu urteilen, als ein Gesetz mit einer „vorauseilenden“ Wirkung entwickelt wurde, als ein Modell des Strafverfahrens, dessen Überprüfung erst bevorstand und das unter den realen Bedingungen des Strafverfahrens verwirklicht werden sollte, obwohl zu dieser Zeit die notwendigen Voraussetzungen dafür weder im Organisations- und Personalentwicklungsbereich der Gerichte und der Rechtsschutzorgane noch in der Psychologie der Richter, Staatsanwälte, Untersuchungsführer, Ermittler, im Rechtsbewusstsein der Bevölkerung ausgereift waren“[18].

---

18 Шадрин В.С. Трансформация уголовного судопроизводства в контексте правовой политики государства // Материалы международной научной конференции, по-

Infolgedessen sind die Vorschiften der StPO, die ein ziemlich hohes Niveau der Garantien und der Standards hinsichtlich des Zugangs ans Gericht, hinsichtlich der Rechte und Freiheiten der Beteiligten am Strafverfahren festsetzen, in der Praxis kaum oder gar nicht realisierbar, und zwar wegen einer gewissen Altertümlichkeit des Rechtsbewusstseins der Rechtsanwender, was bei der praktischen Umsetzung der Gesetze zum Ausdruck kommt.

Dazu tragen auch einige Änderungen und Ergänzungen der StPO bei, die sowohl die Verfahrenstätigkeit der das Strafverfahren durchführenden Organe als auch ihren rechtlichen Status betreffen.

Die Analyse der aufgenommenen Änderungen und Ergänzungen der StPO lässt zur Schlussfolgerung kommen, dass bei einigen davon der Inhalt und die Ausgerichtetheit manchen Grundsätzen des Strafgerichtsverfahrens, den internationalen Standards im Bereich der Strafgerichtsbarkeit und den Anforderungen der Gesetzgebungstechnik nicht entsprechen. So gibt es Vorschriften, die im Widerspruch zu dem in Abs. 1 Art. 1 der Verfassung der RK verkündeten Grundsatz des Vorrangs der Menschen- und Bürgerrechte und der sekundären Stellung der Hoheitsinteressen stehen: Vom Gesetzgeber werden immer mehr Korrekturen vorgenommen, die der Wahrnehmung der vor allem öffentlichen (hauptsächlich behördlichen) Interessen bei gleichzeitiger Verengung der Garantien für Rechte der Personen dienen, die in den Bereich des Strafverfahrens einbezogen sind (bspw. die 2007 – 2010 aufgenommenen Änderungen und Ergänzungen: über Verlängerung der Frist der Antragsbearbeitung auf zwei Monate in Art. 184 StPO der RK, über Nichtberücksichtigung der Zeit der Akteneinsicht des Beschuldigten, des Verteidigers und des Staatsanwalts bei Berechnung der Haftdauer (Art. 282 StPO), Erweiterung des Bereichs der Untersuchungshandlungen, die vor der Einleitung des Strafverfahrens zugelassen sind, fehlende Regelung der Rechte der Beteiligten in den Fällen, die im summarischen Verfahren verhandelt werden, u.a.

Die genannten Novellen können die Umsetzung vieler Grundsätze nicht in vollem Umfang sicher stellen (z.B. das Recht auf Achtung der Ehre und der Würde des Menschen (Art. 13), auf qualifizierte Rechtshilfe (Art. 28), Unantastbarkeit der Persönlichkeit (Art. 14), Unschuldsvermutung (Art. 19), adversatorischer Grundsatz und Gleichberechtigung der Parteien (Art. 23), allseitige, volle und objektive Ermittlung des Sachverhalts (Art. 24) u.a.).

священной 160-летней годовщине со дня рождения проф. И.Я. Фойницкого «Стратегии уголовного судопроизводства» 11-12 октября 2007 г. (Санкт-Петербург). СПб, 2007. // www/ iuaj.net.

7. Ergebnis

Die Analyse der in die StPO aufgenommenen Änderungen und Ergänzungen lässt zur traurigen Schussfolgerung kommen, dass die StPO mit jedem neuen Ergänzungsgesetz immer schlechter wird, und zwar nicht nur vom Standpunkt der Verengung der Rechte, der gesetzlichen Interessen und Freiheiten der Beteiligten am Strafgerichtsverfahren sowie der Widersprüche zwischen den Änderungen und den Grundbestimmungen der StPO, sondern auch vom Standpunkt der Nichtübereinstimmung des Inhalts der Änderungen und Ergänzungen mit den konzeptuellen Grundlagen der Strafverfahrenstheorie, den Verfassungsgrundsätzen und den internationalen Standards sowie den Anforderungen der Gesetzgebungstechniken[19].

Vorverfahren

Auf einige davon möchte ich ein besonderes Augenmerk richten. Ich möchte mit dem vorgerichtlichen Verfahren anfangen.

1. Ein besonderes Problem ist die Einhaltung der Gesetzlichkeit während der Vorprüfung vor Einleitung des Strafverfahrens. Der Gesetzgeber konnte das sowjetische Institut der Einleitung des Strafverfahrens nicht loswerden, dessen Wesen in der Berechtigung der Strafverfolgungsorgane besteht, die sog. „Voruntersuchungsprüfung" der Information über ein begangenes oder in Vorbereitung befindliches Verbrechen vorzunehmen, bevor die offizielle Entscheidung getroffen wird, die als ein Beschluss über die Einleitung des Strafverfahrens zu fassen ist. Jedoch führt die in der StPO fehlende Regelung der Durchführung solcher Prüfung dazu, dass die Handlungen der Strafverfolgungsorgane vor der Einleitung des Strafverfahrens nicht selten sozial gefärbt sind: Sehr oft benutzt man gesetzliche Lücken und Mängel zur Druckausübung auf die durch diese Prüfung betroffenen Personen, insb. auf Unternehmer[20] sowie zur Durchsetzung von Korruptionsplänen und Einschüchterung der Bürger, die in den Bereich des Strafverfahrens einbezogen sind[21]. Deshalb ist nicht auszuschließen, dass mit

---

19 Der Generalstaatsanwalt der Republik Kasachstan hat im Jahre 2011 eine neu Konzeption für die Novellierung der StPO vorgelegt, die in Rahmen dieses Beitrages nicht berücksichtigt wurde.

20 Канафин Д.К. Перспективы совершенствования судебной системы и уголовно-процессуального законодательства в Республике Казахстан // Перспективы развития судебно-правовой реформы в Республике Казахстан; Сборник материалов круглого стола. Алматы, 2009. С. 81.

21 Канафин Д.К. Перспективы совершенствования судебной системы и уголовно-процессуального законодательства в Республике Казахстан // Перспективы разви-

„Hilfe" verschiedener Prüfungshandlungen, die durch die Strafverfolgungsorgane vorgenommen werden, dem guten Image eines Unternehmers oder eines Politikers ein nicht wiedergutzumachender Schaden zugefügt werden kann. Außerdem kann eine solche Prüfung „im Auftrag" durchgeführt werden und ist manchmal ein Mittel zur Beseitigung der Konkurrenz aus politischen oder wirtschaftlichen Gründen[22].

Am 1. Januar 2010 wurden in die StPO Änderungen aufgenommen, gem. denen vor der Einleitung des Strafverfahrens zugelassen ist, neben der Besichtigung des Tatorts und der gerichtlichen Begutachtung auch Beschlagnahme und beliebige Arten der Besichtigung vorzunehmen. Jedoch sieht der Gesetzgeber die Rechte der betroffenen Personen nicht vor. Nicht selten werden in Form der angeblichen Besichtigung des Tatorts faktisch Durchsuchungen, tatsächliche Festnahmen und Untersuchung von Personen vorgenommen (insb. in Fällen über Korruption und Wirtschaftsverbrechen).

Mit der Einführung der Vorschrift, die eine Beschlagnahme schon vor der Einleitung des Strafverfahrens zulässt, können Unterlagen konfisziert oder auch ein noch größerer Schaden zugefügt werden, der die Tätigkeit der juristischen Person oder eines Einzelunternehmers lahmlegen kann. Es gibt auch viele andere Beispiele für negative Folgen, die durch die Erweiterung der vor Einleitung des Strafverfahrens zugelassenen Untersuchungs- und Prüfungshandlungen eintreten können und die zusammen mit anderen Gesetzesmängeln, dem Rechtsnihilismus und der niedrigen Rechtskultur eines bestimmten Teils der Beamten in den Strafverfolgungsorganen ein „graues" Strafverfahren schaffen, weil sie mit der nichtverfahrensmäßigen polizeilichen Tätigkeit und der Möglichkeit einer umfassenden Anwendung der operativen Fahndungsmaßnahmen verbunden sind. Leider haben inzwischen die mit Hilfe der nicht-offenen operativen Fahndungshandlungen gesammelten Angaben nicht nur bei Aufklärung von Verbrechen, sondern auch im Rahmen der Voruntersuchung eine breite Anwendung gefunden.

Die erwähnten und ähnliche Umstände dürften der Grund dafür sein, dass in dem o.g. Präsidialerlass vom August 2010 unter den zu ergreifenden Maßnahmen auch „der Widerstand gegen die rechtswidrige Aneignung von Unternehmen und Eigentum (hostile takeover; raiding)" genannt ist.

Diese Situation wird, wie oben bereits erwähnt, durch eine ungenügende Versorgung der Beschuldigten bzw. Angeklagten mit qualifiziertem Rechtsbeistand erschwert.

In der StPO gibt es also Bestimmungen, die günstige Bedingungen für Korruptionsstraftaten schaffen:

тия судебно-правовой реформы в Республике Казахстан; Сборник материалов круглого стола. Алматы, 2009. С. 81.

22 Siehe: Матусевич Г. В. Поводы и основания для возбуждения уголовного дела: Автореф. … дисс. канд. юрид. наук, М., 2004. С. 4.

- die Strafverfolgungsorgane sind berechtigt, vor Einleitung des Strafverfahrens Untersuchungs- und Prüfungshandlungen auszuüben sowie Zwangsmaßnahmen anzuwenden, ohne dabei entsprechende Rechte und deren Garantien den dadurch betroffenen Personen (besonders in den Fällen, die im summarischen Verfahren verhandelt werden) zu gewähren;
- das Gesetz sieht keine klaren Prozeduren für die Ausübung der genannten Handlungen vor, was ihre mehrdeutige Auslegung und Anwendung auf mach eigenen subjektiven Ermessen ermöglicht;
- es fehlen Regeln zur Erfassung der im Rahmen des summarischen vorgerichtlichen Verfahrens gesammelten Materialien, was die Bedingungen für unterschiedliche Formen ihrer Manipulierung, u.a. auch Fälschung, schafft;
- es fehlen Vorschriften, die Rechte und Pflichten der Person, die die Prüfung auf Anzeige über ein Verbrechen durchführt, erschöpfend vorsehen. Das führt dazu, dass die Mitarbeiter der Strafverfolgungsorgane bereits vor der Einleitung des Strafverfahrens Machtbefugnisse wahrzunehmen beginnen, indem sie von einem uneingeschränkten Personenkreis verlangen, jegliche Angaben und Materialien beizubringen, und Bürger zum Verhör laden.

2. Am 3. Dezember 2009 wurde das Gesetz der RK verabschiedet, durch welches die StPO um das Kap. 23-1 „Summarisches Vorgerichtsverfahren" ergänzt wurde[23]. Das Bestreben zur Optimierung des Vorgerichtsverfahrens, zur Steigerung der Effektivität und Schnelligkeit der Untersuchungen durch Einführung einer besonderen Ordnung – des summarischen Vorgerichtsverfahrens – lässt sich leicht erklären, weil das Vorverfahren in Kasachstan wie auch in einer Reihe der GUS-Staaten seit den Zeiten der Sowjetunion eines der weltweit kompliziertesten war und bleibt, denn es ist äußerst formalisiert. Seine unbegründete Kompliziertheit ist einer der Gründe für außerordentlich lange Fristen des Vorverfahren und die Ermittlung bleibt äußerst umfangreich und ist sogar in einfachen Fällen zu einem Beispiel für „Papierkrieg" geworden, worauf viele Wissenschaftler und praktizierende Juristen hinweisen (*V. Volzhenkin*, *A. Larin*, *V. Shadrin*, *Z. Kovriga*, *Y. Derishev*, *S. Girko*, *A. Solovyov*, *F. Bagautdinov*, *T. Sarsembayev*, *G. Nasyrov*, *A. Akhpanov*, *M. Kogamov* u.a.).

Das summarische Vorgerichtsverfahren vereint einzelne Elemente der Voruntersuchung (weil Untersuchungshandlungen und Anordnung von Zwangsmaßnahmen zugelassen sind) und des bekannten sowjetischen Instituts der Protokollierung der vorgerichtlichen Vorbereitung von Materialien, welches von Art. 388–394 der StPO der Kasachischen SSR vorgesehen war und mit der Verabschiedung der StPO der RK abgeschafft wurde. Sein Wesen besteht darin, dass es angewandt wird, wenn der Beschuldigte ein Schuldbekenntnis ablegt

23 Siehe: Закон РК от 3 декабря 2009 г. № 213-IV ЗРК «О внесении изменений и дополнений в Уголовно-процессуальный кодекс Республики Казахстан по вопросам упрощенного досудебного производства» // Казахстанская правда. 2009. 12 декабря.

sowie die Beweise, den Charakter und den Umfang des von ihm zugefügten Schadens nicht bestreitet.

Die Reglementierung dieses Instituts zeugt wiederum vom Bestreben, in erster Linie öffentliche (hauptsächlich behördliche) Interessen durch Erweiterung von Befugnissen der Strafverfolgungsorgane zu schützen, womit gewisse günstige Bedingungen und Vorrechte bei gleichzeitiger Verengung der Garantien der Rechte der Beteiligten geschaffen werden, was eine vollständige Umsetzung mehrerer Grundsätze unmöglich macht (bspw. Art. 13, 14, 19, 23, 24 StPO). Dieses Institut leidet an vielen wesentlichen Nachteilen, die hauptsächlich darin bestehen, dass die Bestimmungen in Kap. 23-1 der StPO der RK die Rechte der am summarischen Vorgerichtsverfahren beteiligten Personen, unter denen auch der Verletzte ist, wesentlich einschränken und in manchen Fällen ihre Rechte gar nicht vorsehen[24]; ihre Prozessstellung ist nicht festgelegt, gegen rechtswidrige und willkürliche Handlungen und Entscheidungen der Strafverfolgungsorgane werden keine Garantien gewährt. Außerdem wurden in eine Reihe der StPO-Artikel nicht die notwendigen Änderungen und Ergänzungen aufgenommen, was zur Kollision mit den Grundsätzen des Strafverfahrens und einzelnen Bestimmungen der StPO geführt hat. Diese Kollisionen werden nicht nur für eine positive Lösung der bestehenden Probleme des Vorgerichtsverfahrens hinderlich sein, sondern diese weiter verschärfen. Unter der Berücksichtigung des niedrigen Niveaus der Rechtskultur, des Rechtsbewusstseins und des Professionalismus eines gewissen Teils des Personals der Strafverfolgungsorgane bestehen völlig begründete Befürchtungen, dass dadurch die Forderungen sowohl des Internationalen Pakts über bürgerliche und politische Rechte (IPBPR)[25] (der Angeklagte „darf nicht gezwungen werden, gegen sich selbst als Zeuge auszusagen oder sich schuldig zu bekennen" (Abs. 3 g Art. 14)) als auch der StPO der RK (dem Angeklagten ist das Recht auf Verteidigung sicher zu stellen) (Abs. 5 Art. 26)) verletzt werden. Auf wesentliche Nachteile und Widersprüche der das summarische Vorgerichtsverfahren regelnden Vorschriften wird in den kritischen Forschungen sowohl von Rechtswissenschaftlern und praktizierenden Juristen aus Kasachstan[26] als auch von bekannten ausländischen Experten hingewiesen[27].

---

24 So sind weder die Rechte des Opfers noch seine Beteiligung am summarischen vorgerichtlichen Verfahren vorgesehen.

25 Der Internationale Pakt über bürgerliche und politische Rechte, im folgenden IPBPR.

26 Siehe z.B. Artikel in der Zeitschrift Sanger: Зангер, 2010 № 2: Юрченко Р.Н. Об упрощенном досудебном производстве по уголовным делам в Республике Казахстан (С. 52–57); Канафин Д.К. Анализ Закона Республики Казахстан «О внесении изменений и дополнений в Уголовно-процессуальный кодекс Республики Казахстан по вопросам упрощенного досудебного производства» (С. 58-63); Сулейменова Г.Ж. Упрощенное досудебное производство в свете международных стандартов и принципов уголовного процесса (С. 63–68); Сарсенбаев Т. Не все так просто с уп-

3. Die StPO lässt die Möglichkeit zu, eine Person ohne gerichtliche Anordnung zu inhaftieren. So setzt Abs. 15 Art. 153 der StPO fest, dass bei der Berechnung der Haftdauer die Zeit für Akteneinsicht des Beschuldigten, des Verteidigers sowie des Staatsanwalts gem. Art. 282 StPO der RK (dem Staatsanwalt werden dafür zehn Tage zur Verfügung gestellt) nicht berücksichtigt wird. Jedoch gem. Abs. 2 Art. 16 der Verfassung der RK, Abs. 2 Art. 16 der StPO der RK sind nicht nur die Festnahme, sondern auch die Inhaftierung nur auf Anordnung des Gerichts zulässig. Die StPO sieht zwar nicht vor, dass Nichtberücksichtigung der Zeit, die in Abs. 15 Art. 153 der StPO genannt ist, bedeutet, dass während dieser Zeit die Person ohne Anordnung des Gerichts in Haft bleiben kann. Die Strafverfolgungsorgane wenden jedoch Abs. 15 Art. 153 der StPO recht willkürlich an: Falls die Zeit der Beendigung der Voruntersuchungen und der Haftfrist zusammenfallen, so stellen die Untersuchungsführer und Staatsanwälte keinen Antrag auf Verlängerung der Haftfrist an das Gericht, sondern benachrichtigen schriftlich den Leiter der Isolierzelle von dem zeitweiligen Ruhen der Dauerinhaftierung im Zusammenhang mit der Akteneinsicht. Diese Regeln und die Praxis ihrer Anwendung sind ein Verstoß gegen Satz 2 Abs. 1 Art. 9 IPBPR, in dem festgesetzt ist: „Niemand darf willkürlich festgenommen oder in Haft gehalten werden".

Es ist also festzustellen, dass die Umsetzung einiger Institute und Bestimmungen der StPO durch Nachteile und Mängel der Rechtsanwendung entwertet wird. Äußerst grobe Verstöße der für das Strafverfahren zuständigen Organe gegen die Forderungen des Gesetzgebers bleiben nach wie vor ein besonders schweres Problem.

Gerichtsverfahren

Auf der Stufe der gerichtlichen Verhandlung gibt es immer noch viele ungelöste Probleme und eine Reihe negativer Faktoren, die sich auf die Rechtspflege negativ auswirken, obwohl erforderliche und nützliche Maßnahmen zur Verbesserung der Arbeitsbedingungen der Richter bereits getroffen sind oder noch zu treffen sind.

1 Die Gerichtsverhandlung ist nach wie vor durch Repressivansätze gekennzeichnet. So bleibt der Freiheitsentzug die häufigste Strafmaßnahme, im

---

рощенным досудебным производством. В следственную практику введен институт, способный заметно повлиять на качество борьбы с преступностью (S. 87–88).

27 Siehe, например: Пашин С. Экспертное заключение на проект Закона Республики Казахстан «О внесении изменений и дополнений в Уголовно-процессуальный кодекс Республики Казахстан по вопросам упрощенного досудебного производства» (S. 69–71); Ст. Тейман. Упрощенное судопроизводство или согласованное заявление о виновности? (S. 72-86)

Durchschnitt macht sie 47 Prozent aller Verurteilungen aus. Meistens unterstützen die Gerichte Anträge der Staatsanwaltschaft auf Haftanordnung.

2 Es gilt weiter die Bestimmung aus der Sowjetzeit, nach der ein Gerichtsglied verschiedene Instanzen (Appellation und Kassation) umfasst, was sich negativ auf die richterliche Unabhängigkeit und Objektivität der Richter bei Verhandlung und Entscheidung auswirkt und Zweifel an der Unparteilichkeit eines solchen Gerichts entstehen lässt.

3 Die Abschaffung der Kollegialität im erstinstanzlichen Gericht stellt eine gewisse Gefahr für die gerichtliche Strafverhandlung dar[28], weil dadurch „die Gefahr der Willkür und einer unzulässigen prozessualen Simplifizierung, einer Reduktion der prozessualen Garantien der Rechte des Einzelnen zunimmt“[29]. Die Hoffnungen auf das 2007 eingeführte Geschworenengericht haben sich nicht erfüllt. Der Anteil der von solchen Gerichten verhandelten Fälle ist leider äußerst gering: 2007 – 2009 wurden von diesen Gerichten nur 137 Straffälle verhandelt, das sind ca. 0,07 Prozent von der Gesamtanzahl aller in den drei Jahren verhandelten Fälle.

4 Überlastung der Gerichte. So entfallen in der Stadt Almaty auf jeden Richter im Monat durchschnittlich 50 und mehr Fälle, was sich natürlich negativ auf die Qualität der Rechtspflege auswirkt.

5 Die Widersprüchlichkeit einer Reihe von Vorschriften der StPO zu der Regelung des adversatorischen Grundsatzes und der Gleichberechtigung der Parteien bleibt erhalten:

Erstens sind die Vorsitzenden der Gebiets- und der ihnen gleichgestellten Gerichte berechtigt, Revisionsbeschwerden bei dem Obersten Gericht einzulegen (Abs. 3 Art. 423–2, Art. 446–21 StPO) und der Vorsitzende des Obersten Gerichts hat das Recht auf Einlegen von Revisionsbeschwerden über Entscheidungen des Aufsichtskollegiums (Art. 292 StPO), was nicht nur dem adversatorischen Grundsatz, sondern auch in einem gewissen Maße den Aufgaben der in der Republik betriebenen Rechtspolitik widerspricht, zu denen auch eine „weitere Stärkung der Unabhängigkeit der Richter“ gehört[30].

---

28 Siehe: Стецовский Ю.И. Концепция судебной реформы и проблемы конституционной законности в уголовном судопроизводстве // Государство и право. 1993. № 9, с. 111–112;

29 Тарасов А. А. Единоличное и коллегиальное в уголовном процессе: правовые и социально-психологические проблемы: Дисс. докт. юрид. наук. Саратов: Саратов. ун-т, 2001, с. 218.

30 Пункт 3 Указа Президента РК от 20 сентября 2002 г. № 949 «О Концепции правовой политики Республики Казахстан» // САПП РК. 2002. № 31. Ст. 336; 2005. № 30. Ст. 381.

Zweitens gilt seit dem 1. Januar 2010[31] die Vorschrift (Abs. 3–1 Art. 24 StPO), die vorsieht, dass das Gericht in den Fragen, ob die Aufnahme der in den Akten vorhandenen und von den Parteien in der Hauptverhandlung beigebrachten Beweise notwendig und ausreichend ist, nicht an die Meinungen der Parteien gebunden ist. Damit erlaubt diese Vorschrift dem Gericht, nach eigenem Ermessen Beweise zu sammeln, was der Bestimmung der StPO widerspricht, nämlich: „Indem das Gericht die Objektivität und die Unparteilichkeit behält, schafft es die notwendigen Voraussetzungen, damit die Parteien ihren Verfahrenspflichten nachkommen und die ihnen gewährten Rechte wahrnehmen können".

Drittens ist das Gericht berechtigt, Fälle auf seine eigene Initiative zur Nachuntersuchung zurückzugeben (Art. 303 StPO).

Viertens sind die Parteien in der Aufsichtsinstanz nicht gleichberechtigt: Die Verteidigung darf sich an das Gericht der Aufsichtsinstanz mit dem Antrag auf Überprüfung der Gerichtsentscheidung wenden, der zunächst der vorläufigen Prüfung auf Zulässigkeit unterliegt (Art. 463); wenn der Antrag die Zulässigkeitsvoraussetzungen nicht erfüllt, ist er zurückzuweisen. Dagegen ist der Protest des Staatsanwalts vom Gericht der Aufsichtsinstanz ohne vorläufige Zulässigkeitsprüfung zu behandeln. Damit widerspricht diese Regelung dem Grundsatz der Gleichberechtigung der Parteien (Art. 23 StPO).

6. Ein besonderes Problem ist das gesetzliche Recht der übergeordneten Gerichte auf Ausübung der Gerichtsaufsicht, welches in Verbindung mit umfassenden Personal- und Organisationsbefugnissen der Vorsitzenden dieser Gerichte und insb. des Vorsitzenden des Obersten Gerichts der RK ein ziemlich starkes Mittel zur Beeinflussung der Richter und ihrer Unabhängigkeit ist. So wird von manchen Autoren die Meinung vertreten, es bestehe korporative Solidarität der Richter. Es sei eine allgemein bekannte Praxis, dass die Richter der erstinstanzlichen Bezirksgerichte stark abhängig seien. Diese Richter hingen von den Vorsitzenden des eigenen oder des übergeordneten Gerichts ab und die Entscheidungen würden zuerst vertikal, bis auf die höchste Gerichtsinstanz, abgestimmt[32].

Die Befugnisse der Gerichtsvorsitzenden insgesamt bestimmen die wichtigsten Fragen des Rechtsstatus von Richtern wie ihre Laufbahn, die Heranziehung des Richters zur disziplinären Verantwortung, die Aberkennung seiner Befugnissen, Verleihung der Qualifikationskategorien u.a. Und das Verfahren der Bestellung der Richter führt zur Bürokratisierung des Justizsystems, zur Herausbildung der Macht- und Unterstellungsverhältnisse zwischen Richtern und

31 Siehe: Закон РК от 10 декабря 2009 г. № 227-IV «О внесении изменений и дополнений в Уголовный, Уголовно-процессуальный и Гражданский процессуальный кодексы Республики Казахстан по вопросам совершенствования судебной системы» // Казахстанская правда. 2009. 22 декабря.

32 Беляева Е. Как очистить казахстанскую Фемиду? // Деловая газета «Взгляд». 2010. 9 июля.

Gerichtsvorsitzenden. Der Richter wird zwar im Gesetz als Träger der Justizgewalt bezeichnet, die Verfassung der RK garantiert ihm Unabhängigkeit und Unveränderlichkeit seines Status. Wenn jedoch seine Statusfragen von der Willenserklärung des Gerichtsvorsitzenden abhängen, gerät er in die Situation eines gewöhnlichen Beamten, der gezwungen ist, seine Handlungen, darunter auch bei der Justizausübung, nach den Weisungen und Anordnungen seines Vorgesetzten zu richten.

Im Justizsystem der Republik sind vor der Urteilsfällung die sog. vorläufigen „Beratungen" der Richter mit den Richtern der übergeordneten Berufungs-, Kassations- und Aufsichtsinstanzen üblich geworden. Dabei halten viele Richter diese Praxis für rechtsmäßig[33]. Das lässt sich durch konkrete Umstände erklären, deren Wesen wie folgt ist:

Erstens wird jede Aufhebung oder Änderung der Gerichtsentscheidung, unabhängig von den Gründen, von denen sich dabei die übergeordnete Instanz leiten lässt, dem Richter zur Last gelegt und kann für ihn ernste Konsequenzen haben, bis auf die Unterbindung seiner Befugnisse.

Zweitens überschreiten die übergeordneten Gerichte die ihnen vom Gesetz gewährten Befugnisse ohne Begründung, indem sie diese nach eigenem Ermessen erweitern und verschiedenartige Prüfungen der Tätigkeit untergeordneter Gerichte durch die sog. „zonalen" Betreuer durchführen lassen.

Die Richter selbst betonen, dass es nicht so sehr um ihre Abhängigkeit oder Unabhängigkeit von der Exekutive gehe als vielmehr um Abhängigkeit oder Unabhängigkeit von eigenen Gerichtsvorsitzenden, von eigenen Strukturen oder vom Einfluss der Personen mit schweren Geldbeuteln[34].

Eine besondere Besorgnis ruft nach wie vor die latente Korruption im Gerichtssystem – die Korruptionsanfälligkeit der Richter – hervor[35]. Auch heute noch bleibt die Bemerkung des Akademiemitglieds S. Simanov aktuell, die er bereits 2001 gemacht hat, dass „sich korporative und Cliqueninteressen, wuchernde Korruption unter den Staatsangestellten und Beamten – Erscheinungen, die in der Etappe des Übergangs vom autoritären System zur Demokratie, von der zentralgeleiteten Wirtschaft zur Marktwirtschaft, kaum zu vermeiden waren, sehr negativ auf Aufbau und Effektivität der Justizgewalt in Kasachstan auswirkten, indem sie oft alle denkbaren Grenzen überschreiten"[36].

---

33 Суд: прозрачнее еще прозрачнее // Юридическая газета. 2002. 20 ноября; Соответствовать высокой миссии // Юридическая газета. 2004. 25 февраля.

34 С Фемиды – особый спрос // Юридическая газета. 2003. 4 июня.

35 Siehe: Доклад Специального докладчика по вопросу о независимости судей и адвокатов г-на Леонардо Деспуи. Миссия Казахстан // E/CN. 4. 2005. 60. Add. 2.

36 Зиманов С. Независимость судьи – фундаментальный принцип правосудия // Суды и их роль в укреплении государственной независимости (материалы междунар. научн.-практич.конф., посвященной 10-летию независимости Республики Казахстан. Астана: Изд. центр Верховного суда РК, 2001. С. 14.

7. Der Verfassung der RK und dem Verfassungsgesetz der RK „Über das Gerichtssystem und den Status der Richter in der Republik Kasachstan“ widersprechen auch die 2005 auf Verordnung des Vorsitzenden des Obersten Gerichts der RK in den Gebiets- und den ihnen gleichgestellten Gerichten eingeführten neuen Strukturen: das sind die zwischen den Plenartagungen fungierenden Sitzungen des Gebiets- und des ihm gleichgestellten Gerichts und die operativen Beratungen des Bezirks- und des ihm gleichgestellten Gerichts – als sog. „konsultative Beratungsorgane bei den Gerichtsvorsitzenden[37]“. Deren Zusammensetzung und Zuständigkeiten sind durch Merkmale gekennzeichnet, die den Behörden eigen sind, deren Aufbau und Tätigkeit auf dem Prinzip der Zentralisie-Zentralisierung, Einzelleitung und Unterordnung basieren. Daraus lässt sich schlussfolgern, dass im Justizsystem Verwaltungsorgane gebildet worden sind, was dem Zweck und dem Inhalt der Justizgewalt gem. der Verfassung der RK und den internationalen Standards widerspricht.

Deshalb weisen einige Autoren darauf hin, dass das Justizsystem durch eine harte Hierarchie, latente Mechanismen der Druckausübung auf Richter und unausgesprochene korporative Regeln für Abstimmung von „richtigen“ Entscheidungen geprägt ist[38].

Fazit

Also ist die Reform der Strafjustiz im Allgemeinen recht kompliziert und widerspruchvoll. Einer der Faktoren, die eine solche Situation beeinflussen, sind unendliche und nicht immer begründete Reformversuche[39]. Allein 2009 wurden bspw. 13 Gesetze zur Änderung und Ergänzung der StPO verabschiedet, sieben davon innerhalb nur eines Monats (im Dezember).

In diesem Zusammenhang ist darauf hinzuweisen, dass auch die übliche Praxis der Ausarbeitung von Gesetzentwürfen durch die interessierten Institutionen zur Qualität der angenommenen Gesetze nicht beiträgt; das führt oft zur Aufnahme von Änderungen und Ergänzungen, die anschließend außer Kraft ge-

---

37 Siehe: Распоряжение председателя Верховного Суда РК от 7 сентября 2005 г. № 162 «Об утверждении «Положения об организации работы межпленарного заседания и оперативного совещания местных судов».

38 Канафин Д.К. Перспективы совершенствования судебной системы и уголовно-процессуального законодательства в Республике Казахстан // Перспективы совершенствования судебной системы и уголовно-процессуального законодательства в Республике Казахстан. Сборник материалов круглого стола. Алматы, 2009. С. 73

39 Приветственное слово И.И. Рогова // Актуальные проблемы теории и практики применения уголовного и уголовно-процессуального права Республики Казахстан (Материалы международной научно-практической конференции). Астана, 2007. С. 14.

setzt, dann aber wieder angenommen werden. Infolgedessen ist der Gesetzgebungsprozess, u.a. Annahme von Änderungs- und Ergänzungsgesetzen, äußerst inkonsequent.

Das ist insb. darauf zurückzuführen, dass diese Gesetze übereilt und ohne ausreichende Berücksichtigung wissenschaftlicher Empfehlungen angenommen werden, dass der Gesetzgebungsprozess intransparent ist (Gesetzentwürfe werden praktisch nicht veröffentlicht, deshalb gibt es keine breite gesellschaftliche Diskussion) und dass die wissenschaftliche Begutachtung der Gesetzentwürfe und anderer sog. normativer Rechtsakte einen formellen Charakter hat. Misslungene Vorschriften der aufgenommenen Änderungen und Ergänzungen schaffen ziemlich ernste und schwer zu lösende Anwendungsprobleme.

Die Erfahrungen der Umsetzung von Justizreformen sowohl im Ausland als auch bei uns haben gezeigt, dass „Einbürgerung" eines neuen größeren Gesetzes bedeutender Bemühungen und zunächst der Umschulung und Fortbildung des Personals bedarf. Die Einführung der in den 1960er Jahren angenommenen StPO in den ehemaligen Sowjetrepubliken dauerte bspw. gute zehn Jahre und wurde von vielen Anwendungsfehlern begleitet – obwohl, im Unterschied z.B. zur heutigen StPO, die damaligen Strafprozessordnungen, sogar nach der Meinung ausländischer Experten, ein Vorbild wissenschaftlicher Arbeit darstellten.

Es ist auch darauf hinzuweisen, dass die Benutzung einiger ausländischer Rechtsinstitute bzw. ihre mechanische Übertragung in das kasachische Rechtssystem unzulässig ist, mögen sie auch auf den ersten Blick sehr attraktiv erscheinen. Diese Gründe stellen eigenartige Barrieren dar, die sich weder „überspringen" noch irgendwelche Rechtsstrukturen nach dem Vorbild anderer Staaten schaffen lassen, und zwar, wie bereits erwähnt, kraft der spezifischen wirtschaftlich-sozialen Möglichkeiten der Republik und der nationalen Besonderheiten menschlicher Ressourcen wie soziale Ordnung, Religion, Niveau des Rechtsbewusstseins und der Rechtskultur, herkömmliche Mentalität und ihre sozialen und kulturellen Merkmale usw. Es ist wichtig zu betonen, dass mehrere Schwierigkeiten, die im Zuge der Transformation entstanden sind, in einem großen Maße durch Nichtberücksichtigung und Außerachtlassen, manchmal auch durch Vernachlässigung der Mentalitätsbesonderheiten unserer Bevölkerung bedingt waren; das muss bei der Einführung einiger westlicher Verfahrensinstitute (bspw. des Geschworenengerichts, der gerichtlichen Sanktionierung, der Mediation usw.) unbedingt berücksichtigt werden. Die weltweiten Erfahrungen zeigen, dass eine Komponente der Reformeffektivität in verschiedenen Staaten gerade die Berücksichtigung der Mentalität und der zum Reformbeginn gegebenen gesellschaftlichen Besonderheiten sowie ihre richtige anschließende Ausnutzung im Interesse der weiteren Entwicklung war. *V. Khoros* bemerkt in diesem Zusammenhang mit Recht: „...die Vorwärtsbewegung auf dem Weg des sozialen Fortschritts ist dort besonders erfolgreich, wo ihr die wichtigsten fundamentalen Werte und Institute der vorbürgerlichen, vorkolonialen Kultur zugrunde liegen. Das mag paradoxal erscheinen, ist aber ganz natürlich – kein Entwicklungsprozess kann durch das Niederreißen der Nationalkultur erfolgen. Vielmehr ist er erst dann möglich, wenn traditionelle Bewusstseins- und Verhaltensstrukturen „in vollem Ernst" an ihn angeschlossen sind. Die von außen eingebrachten Komponenten (demokratische Ideen, parlamentarische Institute, Wirtschaftsprinzipien usw.) sind auf die gegebenen kulturellen Normen anzupassen, sonst können sie nicht funktionieren"[40].

40 В.Хорос в: Индия и Китай: две цивилизации - две модели развития (Круглый стол) // Мир. Экономика и мировые отношения. 1988 № 6. С. 90.

Модель уголовного процесса Казахстана

Гульнара Сулейменова

1. Строение казахстанского уголовного процесса

Начавшиеся в Казахстане в начале девяностых годов прошлого столетия кардинальные политические, социальные и экономические преобразования, явившиеся следствием приобретения республикой в 1990 г. статуса суверенного государства[1], повлекли за собой процесс формирование в этой связи своей национальной правовой системы, в том числе и реформирование уголовного судопроизводства.

За прошедшие с того времени годы в сфере уголовного судопроизводства произошли концептуальные изменения, связанные переориентацией приоритетов в этой сфере, введением новых процессуальных институтов, дифференциацией форм уголовного судопроизводства и другими новациями, направленными на создание эффективной и оптимальной модели уголовного процесса. Официальным началом полномасштабной правовой реформы в республике явилось принятие в 1994 г. Государственной программой правовой реформы в Республике Казахстан[2], которой были определены основные ее направления, что требовало, реформирования, в первую очередь, законодательства, в том числе и процессуального.

Как известно, модель уголовного производства, предопределяется, прежде всего, тем, как ее основы, цели и задачи, процессуальные институты, формы и процедура производства по делам и другие составляющие формулируются в уголовно–процессуальном законе. Поэтому первостепенное значение в реформе уголовного судопроизводства отводилось принятию нового УПК, который был принят 13 декабря 1997 г. и введен в действие с 1 января 1998 г. В его основу был положен Модельный УПК, разработанный в соответствии с постановлением Совета Межпарламентской Ассамблеи государств–участников Содружества Независимых Государств[3] от 14 февраля 1995 г.[4] и принятый 17 февраля 1996 г.[5].

---

1 См.: Декларация о государственном суверенитете Казахской ССР от 25 октября 1990 г. // Ведомости Верховного Совета Казахской ССР. 1990. № 44. Ст. 408.

2 См.: Государственная программа правовой реформы в Республике Казахстан: утверждена Постановлением Президента РК от 12 февраля 1994 г. № 1569 // САПП РК. 1994. № 9. Ст. 91.

3 Далее – СНГ.

4 Информационный бюллетень Межпарламентской Ассамблеи государств-участников СНГ. 1995. № 8. С.167-184.

Принятие УПК явилось самым сложным этапом судебной реформы, поскольку оно было связано с пересмотром всей идеологии уголовного процесса, его приоритетов, принципов, и, прежде сего, кардинальным изменением в нем роли и статуса суда. За более, чем 13 лет, прошедшие с момента принятия УПК РК, работа по его совершенствованию активно продолжается: в него внесены изменения и дополнения 47–ю законами, которыми существенно изменено его первоначальное содержание. Необходимость внесения изменений и дополнений в УПК обусловлена теми задачами, которые определены в директивных документах. В настоящее время таким документом является Концепция правовой политики на период с 2010 по 2020 годы[6], сменившая Концепцию правовой политики Республики Казахстан, одобренную Указом Президента РК от 20 сентября 2002 г. № 949[7], которая, в свою очередь, сменила Государственную программу правовой реформы в Республике Казахстан (основные направления), принятую 12 февраля 1994 г.[8].

В целом УПК характеризуют следующие черты:

- преемственность ряда советских институтов уголовно-процессуального права;
- стремление законодателя привести нормы УПК в соответствии с международными стандартами в области уголовного правосудия;
- расширение диспозитивных начал судопроизводства;
- градация всего производства на досудебное производство и производство в судебных инстанциях;
- провозглашение приоритета в уголовном процессе общепризнанных принципов и норм международного права. Международные договорные и иные обязательства Казахстана, отнесены к составной части, а также нормативные постановления Конституционного Совета и Верховного Суда РК, регулирующие порядок уголовного судопроизводства, отнесены к источникам уголовно–процессуального права (п. 1 ст. 4 Конституции РК, ст. 1 УПК)
- введение новых процессуальных институтов, таких как суд с участием присяжных заседателей, сокращенный порядок судебного разбирательства по делам небольшой и средней тяжести, производство по делам частного обвинения, упрощенное досудебное производство, реабилитация, производства по делам лиц, обладающих привилегиями и иммунитетом

---

5 Там же. 1996. № 10. Приложение.

6 Указ Президента РК от 24 августа 2009 г. № 858 «О Концепции правовой политики Республики Казахстан на период с 2010 до 2020 года» // Казахстанская правда. 2009. 27 августа.

7 См.: Собрание актов Президента и Правительства РК (далее – САПП РК). 2002. № 31. Ст. 336; 2005. № 30. Ст. 381.

8 См.: САПП РК. 1994. № 9. Ст. 91.

нитетом от уголовного преследования, введены элементы судебного контроля досудебного производства (рассмотрение судом жалоб на действия и решения органов уголовного преследования, санкционирование судом ар и домашнего ареста подозреваемого (обвиняемого) и продления срока содержания под стражей), предусмотрена система государственной защиты лиц, участвующих в уголовном процессе[9].

- Уточнено содержание ряда принципов и сформулированы новые принципы уголовного процесса, такие как судебная защита прав и свобод человека и гражданина (ст. 12 УПК), уважение чести и достоинства личности (ст. 13 УПК), презумпция невиновности (ст. 19 УПК), состязательность судопроизводства (ст. 23 УПК), неприкосновенность собственности (ст. 27 УПК), свидетельский иммунитет (ст. 18 УПК), свобода обжалования процессуальных действий и решений (ст. 31 УПК) и ряд других новых принципов уголовного процесса, а также наполнение новым содержанием принципов, перешедших из УПК Казахской ССР.
- введены новые требования к доказательствам и доказыванию (например, такие, как возможность признания недопустимыми в качестве доказательств фактических данных; преюдиция, использование результатов оперативно–розыскной деятельности (далее – ОРД) в доказывании и др.);
- расширен круг участников уголовного судопроизводства (введены такие процессуальные фигуры, как частный обвинитель, судебный пристав), а также значительно расширены их права.

Принятый Указ Президента от 17 августа 2010 г. «О мерах по повышению эффективности правоохранительной деятельности и судебной системы в Республике Казахстан»[10] открывает новый этап правовой реформы, в том числе и в сфере уголовного судопроизводства. В частности, этим Указом предусматривается:

- либерализация уголовного законодательства и декриминализация преступлений, не представляющих большой общественной опасности, в том числе в экономической сфере, с переводом их в категорию административных правонарушений, а также переоценка степени тяжести отдельных преступлений путем смягчения наказаний;
- расширение сферы применения наказаний, не связанных с лишением свободы, в том числе в виде штрафа, общественных работ и ограничения свободы, а также мер пресечения, альтернативных аресту;
- дальнейшее упрощение досудебного производства по уголовным делам, в том числе посредством введения поощрительных норм в отношении обвиняемых, сотрудничающих со следствием;

---

9 См.: Закон РК от 5 июля 2000 г. «О государственной защите участников уголовного процесса» и некоторые другие // Казахстанская правда. 2000. 13 июля.

10 Казахстанская правда. 2010. 18 августа.

- расширение примирительных процедур, в частности, путем введения медиации, а также расширения категории уголовных дел частного и частно–публичного обвинения;
- ограничение применения меры пресечения в виде ареста к лицам, совершившим экономические преступления небольшой и средней тяжести, а также их освобождение от уголовной ответственности в случае добровольного погашения ими причиненного ущерба;
- расширение пределов судебного контроля досудебного производства и некоторые другие новации.

В последнее время обсуждаются вопросы о возможности:

- введения уголовной ответственности юридических лиц;
- введения института медиации, а также «сделки о признании вины»;
- реализации предусмотренного п. 1 ст. 83 Конституции РК права прокуратуры опротестовывать законы, противоречащие Конституции и законам Республики,
- реанимации следственного аппарата в органах прокуратуры, который был ликвидирован в 1995 г.

2. Стадии уголовного процесса

Характеризуя современный уголовный процесс, прежде всего, следует указать, что он, как и УПК советского периода, сохранил сочетание унифицированной и дифференцированной форм уголовного процесса, состоящую из 6-ти основных (обязательных) и 2-х факультативных стадий, которые в целом образуют:

- досудебное производство, состоящее из 3-х стадий: 1) возбуждение уголовного дела; 2) предварительное расследование, которое осуществляется в форме - предварительного следствия или дознания; 3) предания обвиняемого суду прокурором;
- судебное производство, состоящее из 4-х основных (обязательных) и 2-х факультативных стадий:

1) основные (обязательные) судебные стадии: 1) назначении главного судебного разбирательства и подготовительные действия к судебному заседанию; 2) главное судебное разбирательство; 3) пересмотр приговоров и постановлений суда, не вступивших в законную силу (осуществляется в форме апелляционного и кассационного производства); 4) исполнение приговоров и постановлений суда;

2) факультативные судебные стадии: 1) пересмотр приговоров и постановлений суда, вступившие в законную силу (надзорное производство); 2) возобновление производства по делу ввиду вновь открывшихся обстоятельств.

Кроме того, УПК предусматривает дифференцированные формы производства для отдельных категорий уголовных дел, а именно:

1) упрощенное досудебное производство по делам о преступлениях небольшой и средней тяжести (Глава 23–1 УПК);
2) особенности производства по отдельным категориям уголовных дел, к числу которых отнесены: а) производство по делам частного обвинения (ст.ст. 389–395 УПК); б) производство по делам о преступлениях несовершеннолетних (ст.ст. 480–495 УПК); б) производство по делам лиц, обладающих привилегиями и иммунитетом от уголовного преследования (ст. 505–541 УПК);
3) особые производства: а) по делам о применении принудительных мер медицинского характера к невменяемым (ст.ст. 505–520 УПК); б) по делам, по которым осуществляется взаимодействие с компетентными учреждениями и должностными лицами иностранных государств по уголовным делам (ст.ст. 521–536 УПК);
4) производство по делам, по которым судебное разбирательство осуществляется с участием присяжных заседателей (ст.ст. 542–547 УПК);

Однако, несмотря на особенности, присущие производству по некоторым категориям дел, все стадии, а также указанные производства по отдельным категориям дел и особые производства, все они связаны между собой общими задачами и принципами судопроизводства, и потому образует единую систему уголовного процесса республики.

За последние годы ярко проявилась тенденция к дальнейшей дифференциации: в перспективе, согласно Концепции правовой политики Республики Казахстан на период с 2010 до 2020 годы, предполагается введение институтов восстановительного правосудия, медиации, а также сделки о признании вины.

Современному уголовному процессу присущи все признаки смешанного типа уголовного процесса, который соединил в себе элементы розыскного и состязательного типов уголовного судопроизводства, выраженные в следующем.

Наряду с введенными многими новыми институтами, УПК, все же, во многом основан на прежней советской модели уголовного процесса. Прежде всего, это касается досудебного производства по уголовным делам, которое, как и советский период, построено на розыскных началах: в компетенции органов уголовного преследования соединены все три процессуальные функции – обвинение, защита и принятие решений по заявленным ходатайствам сторон, а также разрешения дела (в случаях прекращения уголовных дел).

3. Предварительное расследование

Производство предварительного расследования осуществляется, как и в советский период в двух формах – предварительного следствия и дознания. Следствие осуществляется следователями органов Министерства внутренних дел, Комитета национальной безопасности и финансовой полиции. Дознание осуществляют многочисленные государственные органы (ст. 65 УПК):

1) органы внутренних дел;
2) органы национальной безопасности;
3) органы юстиции- по делам о преступлениях, связанных с порядком исполнения уголовных наказаний и содержания под стражей;
4) органы финансовой полиции;
5) таможенные органы;
6) органы военной полиции;
7) командиры пограничных;
8) командиры воинских частей, соединений, начальники военных учреждений и гарнизонов;
9) руководители дипломатических представительств, консульских учреждений и полномочных представительств Республики Казахстан;
10) органы противопожарной службы;
11) капитаны морских судов, находящихся в дальнем плавании, руководителей геологоразведочных партий, других государственных организаций и их подразделений, удаленных от органов дознания, - в период отсутствия транспортного сообщения.

Кроме того, с июля 2009 г. правом производства предварительного следствия наделяется прокурор. В этой связи обсуждается вопрос о реанимации следственного аппарата в органах прокуратуры. Хотя следственный аппарат в органах прокуратуры был упразднен в 1995 г., однако внесенными изменениями и дополнениями в УПК прокурор наделяется функциями по производству предварительного следствия. Так, в 2001 г. Генеральный прокурор РК наделен правом в исключительных случаях образовать следственную группу из числа следователей нескольких органов, назначив при этом прокурора руководителем этой группы (ч. 3 ст. 198 УПК), а с июля 2009 г. – правом производства предварительного следствия наделяется прокурор. В этой связи обсуждается вопрос о реанимации следственного аппарата в органах прокуратуры.

Досудебное производство, как было указано, дифференцировано на три стадии.

Задачами первой стадии - стадии возбуждения уголовного дела - являются проверка информации о совершенном или готовящемся преступлении и принятия по нему решения о возбуждении уголовного дела либо отказа в его возбуждении. Особенность этой стадии заключается в том, что такая проверка должна осуществляться без производства следственных действий. Следует отметить, что эта стадия за последние годы приобрела некоторые черты предварительного следствия за счет расширения круга следственных действий, производство которых закон допускает до возбуждения уголовного дела (это – осмотры, назначение экспертизы, выемка).

Вторая стадия - предварительное расследование - осуществляется в форме предварительного следствия, дознания либо упрощенного производства.

Предварительное следствие обязательно по всем уголовным делам, за исключением дел частного обвинения, упрощенного производства и дознания. При этом предварительное следствие обязательно по всем уголовным делам о преступлениях, совершенных несовершеннолетними или лицами, которые в силу своих физических или психических недостатков не могут сами осуществлять свое право на защиту.

Дознание осуществляется в виде:

1) дознания по делам, по которым предварительное следствие обязательно. Этот вид дознания является первоначальным этапом предварительного следствия;
2) дознания по делам, по которым предварительное следствие не обязательно Исчерпывающий перечень таких дел определен законом (ст. 285 УПК). Дознание этой формы является самостоятельной формой расследования, и оно производится при условии, если известно лицо, подозреваемое в совершении преступления.

С января 2010 г. введена новая форма расследования – упрощенное досудебное производство по делам небольшой и средней тяжести, суть которого заключается в том, что «если собранными доказательствами установлен факт преступления и совершившее его лицо, которое признает свою вину, не оспаривает доказательства, характер и размер причиненного вреда, согласно на применение упрощенного порядка досудебного производства» (ст. 190–1 УПК);

Стадия предания обвиняемого суду осуществляется прокурором. По окончании предварительного следствия и дознания уголовное дело вместе с обвинительным заключением (протоколом обвинения) направляется прокурору, который, как и в советское время, осуществляет надзор и процессуальное руководство следствием и дознанием.

Следует указать, что наделение органов дознания правом производства предварительного следствия (помимо права осуществления оперативно–розыскной деятельности) противоречит процессуальной теории и фактически стирает грань между этими формами предварительного расследования: происходит сращивание процессуальной и оперативно–розыскной деятельности. Хотя ряд преступлений, по которым расследование предусмотрено УПК в виде дознания и упрощенного производства, требует особых усилий по их расследованию.

Таким образом, до настоящего времени не создана оптимальная и эффективная модель досудебного производства: основные усилия законодателя с подачи заинтересованных ведомств направлены на процедурные преобразования, которые носят скорее «косметический» характер. Указанное в совокупности с частотой вносимых изменений в УПК, низкой правовой культуры и правового нигилизма должностных лиц органов уголовного преследования, профессиональный уровень которых оставляет желать лучшего, еще более усиливает негативные явления при возбуждении и расследовании уголовных дел.

Вместе с тем, современное досудебное производство отличается от советского тем, что розыскные начала досудебного нейтрализуется введением некоторых элементов, присущих состязательному процессу:

1) введением элементов судебного контроля, нашедшее выражение в предоставлении не только участникам процесса, но и иным лицам обжаловать действия (бездействия) и решения органов уголовного преследования в суд (ст. 109 УПК); судебном санкционировании ареста и продлении срока содержания под стражей (ст. ст. 149, 150, 155 УПК), а также помещении подозреваемого (обвиняемого), не находящегося под стражей, в медицинский или психиатрический стационар для производства судебно–медицинской или судебно–психиатрической экспертизы (п. 6 ч. 2 ст. 59 УПК). В перспективе ожидается отнесение к компетенции суда санкционирование следственных действий, затрагивающих конституционные права граждан;
2) предоставление защитнику право собирать и представлять предметы, документы и сведения, необходимые для оказания юридической помощи (п. 2 ч. 2 ст. 74 УПК);
3) возможностью признания доказательств недопустимыми не только по усмотрению органа, ведущего производство по уголовному делу, но и по ходатайству сторон (ст. 116 УПК);
4) возможностью прекращения уголовных дел в связи с примирением потерпевшего с подозреваемым (обвиняемым) при наличии предусмотренных законом обстоятельств (ч. 1 ст. 38 УПК).

4. Судебная стадия

В отличие от досудебного производства**, судебные стадии** и процессуальный статус суда были существенно изменены в ходе судебной реформы:

- статус судебной власти, помимо УПК и ГПК, регламентирован специальным конституционным законом[11];
- кардинально изменен правовой и процессуальный статус суда и судей: на конституционном уровне закреплена не только независимость судей, но и установлены ее гарантии;
- значительно изменена сама судебная система: созданы специализированные суды (специализированные межрайонные суды по делам несовершеннолетних, по уголовным делам и другие суды);
- изменена инстанционность: судами первой инстанции являются только суды первого (основного) звена – районные и приравненные к ним суды;
- суды второго звена – областные и приравненные к ним суды действуют только в качестве апелляционных и кассационных инстанций, за Верховным Судом РК – оставлены только надзорные функции;
- введен суд с участием присяжных заседателей, судебное санкционирование ареста и домашнего ареста;
- суд освобожден от многих элементов обвинительных функций, хотя, к сожалению, сделано это недостаточно последовательно;
- фактически упразднена коллегиальность в суде первой инстанции: все уголовные дела в суде первой инстанции рассматриваются судом единолично, за исключением дел, об особо тяжких преступлениях, которые в случае ходатайства обвиняемого рассматриваются судом с участием присяжных заседателей (ч. 2 ст. 58 УПК); коллегиальность сохранена только в кассационной и надзорной инстанциях;
- судебные стадии построены на основе принципа состязательности (ст. 23 УПК), хотя этот принцип действует не в «чистом» виде: имеются нормы, ограничивающие его реализацию, а также противоречащие ему;
- предусмотрено обязательное участие прокурора в судебном разбирательстве по всем делам (ч. 1 ст.317 УПК);
- существенно ограничены права суда возвращать дела для производства дополнительного расследования (ст. 303 УПК);

---

11 См.: Конституционный закон РК от 25 декабря 2000 г. № 132-11 ЗРК «О судебной системе и статусе судей Республики Казахстан» // Ведомости Парламента РК. 2000. № 23. Ст. 410.

- предусмотрено рассмотрение дел в сокращенном порядке по делам о преступлениях небольшой и средней тяжести (ст. 363 УПК);
- пересмотр приговоров и постановлений суда, не вступивших в законную силу, осуществляется, как было указано выше, в двух формах - апелляции и кассации. Следует указать, в 2001 г. кассация и апелляция были реформированы в одну инстанцию – апелляцию, соединившие в себе черты апелляции и кассации[12]. А с 1 января 2010 г. законодатель вновь реанимировал кассационный форму[13];
- внедрены новые информационные технологии в судебную деятельность (автоматизированное распределение дел, сформирован банк данных судебных решений; стало практиковаться рассмотрение уголовных дел по апелляционным и надзорным жалобам в режиме «видеоконференций» и др.).

5. Участия адвоката

Что касается участия адвокатов в уголовном процессе, то их процессуальный статус в уголовном судопроизводстве также существенно изменен: значительно расширены их полномочия. Однако в целом система оказания юридической помощи изменилась мало. В настоящее время в Казахстане функционируют 16 территориальных коллегий адвокатов: 13 областных и 2 городские коллегии адвокатов – Алматинская и г. Астаны. В 2009 г. лицензию на занятие адвокатской деятельностью имело 9 179 лиц, из которых адвокатами являются только 3870 (или 42% от общего числа лиц, имеющих лицензию). Имеет место неравномерность обеспечения адвокатской помощью в городской и сельской местности. Так, в настоящее время в сельских районах функционирует всего 122 юридических консультаций, из которых 39 являются односоставными. В этих консультациях работают 716 адвокатов (или 18 % от общего числа всех адвокатов в республике). Более чем в 30 сельских районах адвокаты ввиду отсутствия служебных помещений закреплены за юридическими консультациями, созданными в городах или областных центрах.. А в некоторых районах отсутствует постоянная адвокатская помощь (например, Амангелдинский районы Коста-

12 См.: Закон РК от 11 июля 2001 г. N 238-II «О внесении изменений и дополнений в некоторые законодательные акты Республики Казахстан по вопросам судопроизводства» // Ведомости Парламента РК. 2001. № 15-16. Ст. 239.

13 См.: Закон РК от 10 декабря 2009 г. № 227-IV «О внесении изменений и дополнений в Уголовный, Уголовно-процессуальный и Гражданский процессуальный кодексы Республики Казахстан по вопросам совершенствования судебной системы» // Казахстанская правда. 2009. 22 декабря.

найской области)[14]. Малочисленность адвокатского сообщества республики в немалой степени обусловлена необходимостью довольно высокой оплаты за прохождение стажировки[15] и вступительного (первого членского) взноса в коллегию адвокатов[16]. Поэтому возможность заниматься адвокатской практикой обходится свыше ~5000 $, что является финансовым препятствием для многих юристов, желающих заниматься адвокатской деятельностью. Поэтому в силу малочисленности адвокатов качественное обеспечение права обвиняемого (подозреваемого) на защиту нередко является проблематичным. Особенно это касается дел, по которым адвокаты оказывают юридическую помощь по назначению, т.е. за счет сред государства. Сохраненная с советских времен процедура назначения адвоката (*ex oficio*) через коллегию адвокатов и низкая оплата их труда, ставит адвокатов в зависимое положение от органов, ведущих уголовный процесс, и приводит не только к отсутствию материального стимула у адвоката на качественное предоставление юридической помощи[17], но и к коррупционным связям между органами, ведущими дело, и их «карманными» адвокатами.

Таким образом, несмотря на меры, принимаемые в отношении совершенствования процессуальных и организационных основ уголовного процесса, которые привнесли в нее определенные позитивные изменения, еще рано говорить о том, что реформа этой формы судопроизводства состоялась и все проблемы, связанные с формированием новой модели уголовного процесса, во всех ее проявлениях разрешены.

---

14 См.: Отраслевая программа развития адвокатской деятельности на период на 2010-2012 годы. // Досье на проект Закона РК «О внесении изменений и дополнений в некоторые законодательные акты Республики Казахстан по вопросам адвокатуры» (июнь 2010 года) // online.prg.kz.

15 В различных коллегиях она колеблется от ~$ 400 до ~$ 1500 в год.

16 Его размер в различных коллегиях варьируется от ~$ 800 до $ 3500. В общей сложности возможность заниматься адвокатской практикой обходится более ~5000 $, что является существенным финансовым препятствием для многих юристов, желающих заниматься адвокатской деятельностью.

17 Квалифицированные адвокаты, как правило, не занимаются таким видом помощи. Она возлагается, в основном, на адвокатов, не имеющих клиентов, либо начинающих адвокатов. Ввиду низких ставок оплаты работы адвокатов в этой сфере, юридическая помощь здесь носит формальный характер; адвокаты не используют предоставленные им законом возможности для защиты интересов представляемых ими лиц. Например, по делам, по которым юридическая помощь оказывается в порядке ст. 71 УПК (т.е. за счет средств государственного бюджета), некоторые адвокаты вообще не приносят жалобы на приговоры, не посещают своих подзащитных, содержащихся в под стражей.

6. Отрицательные реформы

Наряду с положительными тенденциями реформы уголовного судопроизводства, имеют место и отрицательные. Ряд преобразований являются неоднозначными, поскольку некоторые из них входят во внутрисистемные противоречия с имеющими процессуальными институтами, установленными УПК. Вследствие этого стремлению найти и ввести эффективные процедуры, которые бы позволили обеспечить качественное производство по уголовным делам, не всегда соответствуют вносимые в УПК изменения и дополнения, которые в ряде случаев являются противоречивыми.

В немалой степени это обусловлено заимствованием некоторых институтов уголовного судопроизводства правовых систем зарубежных стран. Их перенос в казахстанскую правовую среду в силу определенных объективных причин не дают и, на мой взгляд, не могут дать ожидаемых от них высоких показателей. Эти причины являются своего рода барьерами, не дающими возможность их преодолеть и создать аналоги структур, имеющихся в зарубежных государствах с развитой правовой системой, в силу специфических социально–экономических возможностей республики, национальных особенностей, человеческих ресурсов, таких как – социальный уклад, уровень правосознания и правовой культуры, традиционность менталитета и его социо–культурных характеристик и т.д.

Поэтому главная проблема состоит не в том, что хотят определенные социальные группы, инициирующие реформирование, а в том, что в состоянии одолеть как само государство, так и общество.

Необходимо также отметить и то, что судебная реформа, проводимая в республике, сводится, в основном, к реформе законодательства и правовых институтов и при этом крайне мало уделяется внимания самому главному элементу любой реформы – общественному и профессиональному правосознанию, которые менее подвержены реформированию.

Признание и закрепление демократических новелл в законодательстве отнюдь не означает, что они адекватно реализуются в правоприменительной деятельности. Нельзя не отметить довольно высокий уровень правового нигилизма в общественном сознании, пренебрежение к праву и низкую правовую культуру. Высказывание Шарля Монтескье о том, что: «Есть два вида испорченности: один, когда народ не соблюдает законов, другой – когда они развращаются законами. Последний недуг неизлечим, ибо причина кроется в самом лекарстве», и сегодня звучит актуально: с одной стороны – огромный массив законов, принятых за последние годы и новых правовых институтов, которые порой не согласуются друг с другом, находятся в противоречии, являются декларативными; с другой – рост правового нигилизма не только среди граждан, но и, что самое опасное, среди правоприменителей, в том числе судей, прокуроров, следователей и дознавателей.

Поэтому по происшествии более чем 13 лет с момента введения УПК в действие, можно констатировать, что УПК РК, как и УПК стран СНГ, в том числе и УПК Российской Федерации, «создавался, - как справедливо указывает российский ученый В.С. Шадрин, – судя по его содержанию, как закон опережающего действия, модель уголовного процесса охранительного типа, которую предстояло опробовать и воплотить в реальных условиях при производстве по уголовным делам, хотя необходимые предпосылки для этого в организационной и кадровой деятельности как судебных, так и правоохранительных органов, в психологии судей, прокуроров, следователей, дознавателей, в правовом сознании населения к тому времени не созрели»[18].

Вследствие этого нормы УПК, устанавливающие довольно высокий уровень гарантий и стандартов в отношении доступа к правосудию, прав и свобод лиц, вовлеченных в уголовный процесс, на практике трудно реализуется или вовсе не реализуется ввиду определенной архаичности правосознания правоприменителей, проявляемой в практике реализации закона.

Этому способствуют также и некоторые вносимые изменения и дополнения в уголовно–процессуальное законодательство, касающиеся как самой процессуальной деятельности органов, осуществляющих производство по уголовным делам, так и их правового статуса.

Анализ внесенных изменений и дополнений в УПК позволяет сделать вывод, что содержание и направленность некоторых из них не соответствуют ряду принципов уголовного судопроизводства, международным стандартам в сфере уголовного правосудия, а также требованиям законодательной техники. Например, имеются нормы, которые противоречат провозглашенному в п. 1 ст. 1 Конституции РК принципу приоритета прав человека и гражданина, а также – интересам государства. Таким образом, законодатель вносит все больше корректив, направленных на обеспечение преимущественно публичных (главным образом, ведомственных) интересов при сужении круга гарантий прав лиц, вовлеченных в сферу уголовного судопроизводства (например, внесенные в период с 2007 г. по 2010 г. изменения и дополнения: в ст. 184 УПК РК об увеличении срока рассмотрения заявлений до 2–х месяцев, невключение в срок ареста время ознакомления с материалами уголовного дела обвиняемым, его защитником, а также прокурором при решении вопроса о предании обвиняемого суду

---

18 Шадрин В.С. Трансформация уголовного судопроизводства в контексте правовой политики государства // Материалы международной научной конференции, посвященной 160-летней годовщине со дня рождения проф. И.Я. Фойницкого «Стратегии уголовного судопроизводства» 11-12 октября 2007 г. (Санкт-Петербург). СПб, 2007. // www/ iuaj.net.

(ст. 282 УПК), расширение круга следственных действий, производство которых допускается до возбуждения уголовного дела, неурегулированность прав лиц, вовлеченных в дела, по которым производство ведется в упрощенном порядке и некоторые другие).

Указанные новации не могут в полной мере обеспечить реализацию ряда принципов (например, таких как право на уважение чести и достоинства личности (ст. 13), получение квалифицированной юридической помощи (ст. 28), неприкосновенность личности (ст. 14), презумпция невиновности (ст. 19), состязательность и равноправие сторон (ст. 23), всестороннее, полное и объективное исследование обстоятельств дела (ст. 24) и др.).

7. Выводы

Анализ внесенных изменений и дополнений в УПК позволяет придти к печальному выводу о том, что с каждым принятым новым законом о внесении корректив, УПК становится все хуже и хуже не только с точки зрения сужения гарантий прав, законных интересов и свобод лиц, вовлеченных в уголовное судопроизводство, а также противоречий между вносимыми изменениями в УПК и основными его положениями, но и с точки зрения несоответствия содержания вносимых изменений концептуальным основам уголовно-процессуальной теории, конституционным принципам и международным стандартам, а также требованиям законодательной техники[19].

Досудебное производство

На некоторые из них хотелось бы обратить особое внимание. Начну с досудебного производства.

1. Особую проблему вызывает соблюдение законности при проведении проверок до возбуждения уголовных дел. Законодатель не смог уйти от советского института возбуждения уголовного дела, суть которого заключается в предоставлении органам уголовного преследования осуществлять так называемую доследственную проверку информации об уже совершенном или готовящемся преступлении до принятия официального решения, оформляемого в виде постановления о возбуждении уголовного дела. Однако отсутствие регламентации в УПК порядка проведения такой проверки, приводит к тому, что деятельность органов уголовного преследования до возбуждения уголовного дела нередко имеет социальную окраску: про-

19 Генеральная Прокуратура РК разработала в 2011 г. концепцию по реформе УПК РК, которая не рассматривается в рамках данной статьи.(ред.)

белы и недостатки закона наиболее часто используют для оказания давления на лиц, вовлекаемых в эту проверку, и, особенно на бизнес[20], а также и для реализации коррупционных схем и запугивания граждан, вовлекаемых в орбиту уголовного процесса[21]. Поэтому нельзя исключить, что с «помощью» различных проверочных действий, осуществляемых органами уголовного преследования, можно нанести непоправимый вред деловой репутацию бизнесмена, политика. Кроме того, проверка может быть и «заказной» и является средством устранения конкурентов по политическим или экономическим мотивам и т.д.[22].

С 1 января 2010 г. в УПК были внесены изменения, в соответствии с которыми до возбуждения уголовного дела допускается наряду с осмотром места происшествия и судебной экспертизы, производство выемки и любые виды осмотра. При этом, права лиц, в отношении которых производятся эти действия, законодатель не предусматривает. Нередко под видом осмотра места происшествия фактически производятся обыски, фактические задержания и освидетельствования лиц (особенно, по делам о коррупционных и экономических преступлениях).

В связи с введением нормы, допускающей возможность производства выемки до возбуждения уголовного дела, в результате которой может быть изъята документация, возможно причинение и более существенного вреда, способного парализовать деятельность юридического лица, индивидуального предпринимателя. Можно привести немало и других примеров негативных последствий, которые могут наступить в связи с расширением круга следственных и проверочных действий до возбуждения уголовного дела, которые в сочетании с другими дефектами закона, правового нигилизма и низкой правовой культуры определенной части сотрудников органов уголовного преследования, по сути, создают «теневой» уголовный процесс, поскольку связаны с непроцессуальной полицейской деятельностью и возможностью широкого использования мер оперативно-розыскной деятельности. К сожалению, использование данных, полученных в ходе негласной оперативно-розыскной деятельности, получили широкое распространение не только для раскрытия преступлений, но и в ходе предварительного следствия.

---

20 См.: Сосотоялось заседание Координационного совета правоохранительных органов под председательсвтом Генерального прокурора РК // www.procuror.kz (вебсайт Генеральной прокуратуры РК. 2008. 4 июня).

21 Канафин Д.К. Перспективы совершенствования судебной системы и уголовно-процессуального законодательства в Республике Казахстан // Перспективы развития судебно-правовой реформы в Республике Казахстан; Сборник материалов круглого стола. Алматы, 2009. С. 81.

22 См.: МатусевичГ. В. Поводы и основания для возбуждения уголовного дела: Автореф. … дисс. канд. юрид. наук, М., 2004. С. 4.

Можно предположить, что именно указанные и подобные обстоятельства явились основанием того, что в упомянутом Указе Президента, принятом в августе этого года, к числу мер, которые должны быть приняты, отнесено, цитирую: «Противодействие неправомерному захвату бизнеса и собственности (рейдерству)».

Данная ситуацию усугубляется, как было указано ранее, недостаточной обеспеченности обвиняемых квалифицированной юридической помощью адвокатов.

Таким образом, в УПК имеются нормы, создающие благоприятные условия для коррупционных правонарушений:

- органам уголовного преследования до возбуждения уголовного дела предоставляется право проводить следственные и проверочные действия, а также применять меру принуждения без предоставления соответствующих прав и их гарантий тем лицам, в отношении которых они соответственно проводятся и применяются (особенно по делам, по которым производство по делу ведется в упрощенном порядке);
- законом не установлены четкие процедуры производства указанных действий, что создает возможность их неоднозначного толкования и применения по своему субъективному усмотрению;
- не регламентирован порядок учета собранных в процессе УДП материалов, что создает условия для различного рода манипулирования ими, в том числе и их фальсификации;
- отсутствуют нормы, предусматривающие исчерпывающий объем прав и обязанностей лица, проводящего проверку по поступившему обращению о преступлении. Это приводит к тому, что еще до возбуждения уголовного дела сотрудники органов уголовного преследования начинают реализовывать властные полномочия, требуя от неограниченного круга лиц предоставления любых сведений и материалов. Для этой процедуры вызывают граждан для дачи объяснений.

2. 3 декабря 2009 г. принят Закон РК, который служит дополнением УПК Главой 23–1 «Упрощенное досудебное производство».[23] Стремление оптимизировать досудебное производство, повысить эффективность и оперативность расследования путем введения особого порядка – упрощенного досудебного производства (далее – УДП), вполне объяснимо, поскольку предварительное расследование в Казахстане, как и в ряде стран СНГ, с времен существования Советского союза было и остается одним из самых сложных в мире, поскольку он предельно заформализован. Его необосно-

23 См.: Закон РК от 3 декабря 2009 г. № 213-IV ЗРК «О внесении изменений и дополнений в Уголовно-процессуальный кодекс Республики Казахстан по вопросам упрощенного досудебного производства» // Казахстанская правда. 2009. 12 декабря.

ванная сложность является одной из причин чрезмерно длительных сроков предварительного расследования, а следствие остается крайне громоздким и превращается в образец волокиты даже по несложным делам, на что и указывают многие ученые и практики (В.М. Волженкин, А.М. Ларин, В,С. Шадрин, З.Ф, Коврига, Ю.В. Деришев, С.И. Гирько, А.Б. Соловьев, Ф.Н. Багаутдинов, Сарсембаев Т., Г.Х. Насыров, А.Н. Ахпанов, М.Ч. Когамов, и др.).

УДП соединил в себе отдельные элементы предварительного следствия (поскольку допускается производство следственных действий и применение меры принуждения) и известного советского института протокольной формы досудебной подготовки материалов, предусмотренного ст.ст. 388–394 УПК Казахской ССР, который был упразднен в связи с принятием УПК РК. Его суть состоит в признании лицом своей вины в совершении преступления, а также не оспаривании доказательств, характера и размера причиненного вреда и его согласие на УДП

Регламентация этого института свидетельствует о стремлении опять таки к преимущественной защите публичных (главным образом, ведомственных) интересов посредством расширения полномочий органов уголовного преследования, создавая тем самым для них определенные удобства и преимущества при сужении гарантий прав лиц, вовлеченных в сферу уголовного судопроизводства, что не позволяет реализации ряда принципов в полной мере (например, ст.ст. 13, 14, 19 23, 24 УПК). Этот институт страдает многими существенными недостатками, суть которых заключается в том, что нормами Главы 23–1 УПК РК существенно ограничены, а в некоторых случаях вообще не предусмотрены права вовлеченных в УДП лиц, в числе которых и потерпевший.[24] Не определен процессуальный статус этих лиц, не предусмотрены гарантии от незаконных и произвольных действий и решений органов уголовного преследования. Кроме того, не внесены необходимые изменения и дополнения в ряд статей УПК, что привело к коллизии с принципами уголовного судопроизводства и отдельными нормами УПК. Эти коллизии не только не позволяют позитивно повлиять на существующие проблемы досудебного производства, но и обостряют их в еще большей степени. Учитывая низкий уровень правовой культуры, правового сознания и профессионализма определенной части сотрудников органов уголовного преследования, есть вполне обоснованные опасения предположить, что нарушаются требования п./п. «g» п. 3 ст. 14 Международного пакта[25] «о гражданских и политических правах « («не быть принуждаемым к даче показаний против самого себя или к признанию себя виновным») и ч. 5 ст. 26 УПК (обеспечение обвиняемому права на защиту). Существен-

24 Например, в отношении потерпевшего не только не предусмотрены его права, но и не предусмотрено его участие в УДП.

25 Далее – МПоГПП.

ный недостатки и противоречия норм, регламентирующих УДП, подвергаются критике не только со стороны казахстанских ученых и практических работников[26], но и со стороны известных зарубежных экспертов[27].

3. УПК допускает возможность содержания лица под стражей без санкции суда. Так, ч. 15 ст. 153 УПК устанавливает, что время ознакомления с материалами уголовного дела обвиняемым, его защитником, а также прокурором в порядке ст. 282 УПК РК (для чего ему предоставляется 10 суток) при исчислении срока ареста не учитывается. Однако в соответствии с п. 2 ст. 16 Конституции РК, ч. 2 ст. 16 УПК, не только арест, но и содержание под стражей допускаются только с санкции суда. УПК не предусматривает, что не включение в срок ареста времени, указанного в ч. 15 ст. 153 УПК, означает, что на этот период лицо может находиться под стражей без санкции суда. Однако органы уголовного преследования довольно произвольным образом используют положение ч. 15 ст. 153 УПК: при совпадении времени окончания предварительного следствия и содержания под стражей, следователи и прокуроры не возбуждают перед судом ходатайства о продлении срока содержания под стражей, а направляют начальнику следственного изолятора уведомление о приостановлении срока содержания под стражей в связи с ознакомлением с материалами уголовного дела. Такая регламентация и практика ее применения является нарушением п. 2 ст. 9 МПоГПП, которая устанавливает: «Никто не может быть подвергнут произвольному аресту или содержанию под стражей».

Таким образом, следует констатировать, что реализация ряда институтов и норм УПК обесценивается недостатками и изъянами правоприменительной практики. По-прежнему наиболее проблемной являются допускаемый органами, осуществляющими производство по уголовным делам, грубейшие нарушения требований законодателя.

---

26 См., например подборку статей, опубликованных в журнале Зангер. 2010. № 2: Юрченко Р.Н. Об упрощенном досудебном производстве по уголовным делам в Республике Казахстан (С. 52–57); Канафин Д.К. Анализ Закона Республики Казахстан «О внесении изменений и дополнений в Уголовно-процессуальный кодекс Республики Казахстан по вопросам упрощенного досудебного производства» (С. 58-63); Сулейменова Г.Ж. Упрощенное досудебное производство в свете международных стандартов и принципов уголовного процесса (С. 63–68); Сарсенбаев Т. Не все так просто с упрощенным досудебным производством. В следственную практику введен институт, способный заметно повлиять на качество борьбы с преступностью (С. 87–88).

27 См., например: Пашин С. Экспертное заключение на проект Закона Республики Казахстан «О внесении изменений и дополнений в Уголовно-процессуальный кодекс Республики Казахстан по вопросам упрощенного досудебного производства» (С. 69–71); Ст. Тейман. Упрощенное судопроизводство или согласованное заявление о виновности? (С. 72-86)

Судебное производство

Что касается сферы судебного производства, то несмотря на необходимость и полезность принятых и принимаемых мер по улучшению условий работы судей, повышению качества отправления правосудия, остается еще немало неразрешенных проблем и наличие ряда негативных факторов, влияющих на совершенствование правосудия.

1) Деятельности суда по-прежнему присущи репрессивные начала. Так, наиболее распространенным видом наказания, назначаемым судами, является лишение свободы - в среднем 47%. Суды, в основном, поддерживают ходатайства прокурора об избрании меры пресечения в виде ареста.
2) По-прежнему сохранилось существующее с советских времен положение, устанавливающее нахождение в одном судебном звене различных инстанций (апелляционной и кассационной), что негативно сказывается на независимости судей, на их объективность в рассмотрении и разрешении дела. Это вызывает сомнения в беспристрастности такого суда.
3) Исключение коллегиальности в суде первой инстанции представляет определенную опасность для уголовного судопроизводства[28], поскольку «возрастает опасность произвола и бесконтрольного процессуального упрощенчества, «свёртывания» процессуальных гарантий прав личности»[29]. Надежды на введенный в 2007 г. суд присяжных пока не оправдываются. Процент дел, рассмотренных такими судами, к сожалению, еще очень низок. За период с 2007 по 2009 г. этими судами было рассмотрено всего лишь 137 уголовных дела, что составляет, примерно 0,07 % общего числа всех рассмотренных дел за три года.
4) Загруженность судей делами. Например, в г. Алматы, на каждого судью приходится в месяц в среднем рассмотрение 50 и более дел, что, естественно негативно сказывается на качестве правосудия.
5) Сохраняется противоречивость ряда норм УПК РК в регламентации реализации принципа состязательности и равноправия сторон.

Во-первых, председатели областных и приравненных судов наделены правом внесения представления в Верховный Суд (ч. 3 ст. 423–2, ст. 446-21 УПК), а Председатель Верховного Суда – правом внесения представления

---

28 См.: Стецовский Ю.И. Концепция судебной реформы и проблемы конституционной законности в уголовном судопроизводстве // Государство и право. 1993. № 9. С. 111–112;

29 Тарасов А. А. Единоличное и коллегиальное в уголовном процессе: правовые и социально-психологические проблемы: Дис. … докт. юрид. наук. Саратов: Саратов. ун-т, 2001. С. 218.

на постановления надзорной коллегии (ст. 292 УПК), что противоречит не только принципу состязательности, но и в определенной мере не соответствует задачам проводимой в республике правовой политики, одной из которых является «дальнейшее укрепление независимости судей»[30].

Во-вторых, с 1 января 2010 г.[31] введена норма (ч. 3–1 ст. 24 УПК), предусматривающая, что суд не связан мнением сторон по вопросам необходимости и достаточности исследования имеющихся в деле и представленных в судебном заседании сторонами доказательств. Тем самым, данная норма предоставляет суду возможность по собственной инициативе собирать доказательства, что входит в противоречие с установленным УПК положением, устанавливающим, что: «Суд, сохраняя объективность и беспристрастность, создает необходимые условия для выполнения сторонами их процессуальных обязанностей и осуществления предоставленных им прав»;

В-третьих, суд вправе по своей инициативе возвращать уголовные дела для производств дополнительного расследования (ст. 303 УПК).

В-четвертых, неравенство сторон в надзорной инстанции: сторона защиты вправе обращаться в суд надзорной инстанции с ходатайством о пересмотре судебного решения, которое подлежит вначале предварительному рассмотрению (ст. 463), по результатам которого лицу может быть отказано в рассмотрении его ходатайства судом надзорной инстанции. Тогда протест прокурора подлежит рассмотрению судом надзорной инстанции без какого-либо предварительного рассмотрения. Тем самым, такая регламентация входит противоречие с принципом равноправия сторон (ст. 23 УПК РК).

6. Особую проблему представляют предоставленное законом право вышестоящих судов по осуществлению судебного надзора, которое в сочетании с широкими полномочиями председателей этих судов и особенно Председателя Верховного Суда РК в решении кадровых и организационных вопросов, является довольно мощным средством воздействия на судей, и, прежде всего, на их независимость. Так, некоторыми авторами отмечается, что «существует корпоративная солидарность судей. Это общеизвестная практика: большая зависимость судьи низшего районного звена. Эти судьи зависят от председателей собственного или вышестоящего су-

---

30 Пункт. 3 Указа Президента РК от 20 сентября 2002 г. № 949 «О Концепции правовой политики Республики Казахстан» // САПП РК. 2002. № 31. Ст. 336; 2005. № 30. Ст. 381.

31 См.: Закон РК от 10 декабря 2009 г. № 227-IV «О внесении изменений и дополнений в Уголовный, Уголовно-процессуальный и Гражданский процессуальный кодексы Республики Казахстан по вопросам совершенствования судебной системы» // Казахстанская правда. 2009. 22 декабря.

дов, и изначально решения согласовываются по вертикали, вплоть до высшей судебной инстанции»[32].

Полномочия председателей судов в своей совокупности определяют такие важнейшие вопросы правового статуса судей, как их карьерный рост, привлечение судьи к дисциплинарной ответственности, лишение его полномочий, получение квалификационных классов и др. А процедуры назначения судей ведет к бюрократизации судебной системы, установлению между судьями и председателями судов отношений власти и подчинения. Судья, именуемый в законе носителем судебной власти, которому Конституцией РК гарантирована независимость и постоянство его статуса в таких ситуациях, когда вопросы, связанные с его статусом, зависят от волеизъявления председателя суда, оказывается в положении обычного чиновника, вынужденного сообразовывать свою деятельность, в том числе и при отправлении правосудия, с указаниями и распоряжениями своего начальника.

В судебной системе республики стали практиковаться так называемые предварительные «консультации» судей с судьями вышестоящих инстанций – апелляционных, кассационных и надзорных перед тем как вынести решение по делу. Причем многие судьи считают такую практику правомерной[33]. Причинами этого являются конкретные обстоятельства, суть которых сводится, к следующему.

Во-первых, любая отмена или изменение судебного решения, независимо от оснований принятия такого решения вышестоящей инстанцией, ставится судьям в вину, которая может повлечь для него серьезные последствия, вплоть до прекращения его полномочий.

Во-вторых, вышестоящие суды необоснованно выходят за пределы предоставленных им законом полномочий, расширяя их по собственной инициативе, организуя различного рода проверки деятельности нижестоящих судов в лице так называемых зональных кураторов.

Сами судьи отмечают, что «речь идет не столько о зависимости или независимости от исполнительной власти, сколько от собственных председателей, от собственных структур или влияния лиц, обладающих толстыми кошельками»[34].

По–прежнему особую озабоченность вызывает латентная коррупции в судебной системе, подверженность судей коррупции.[35] Замечание акаде-

32 Беляева Е. Как очистить казахстанскую Фемиду? // Деловая газета «Взгляд». 2010. 9 июля.

33 Суд: прозрачнее еще прозрачнее // Юридическая газета. 2002. 20 ноября; Соответствовать высокой миссии // Юридическая газета. 2004. 25 февраля.

34 С Фемиды – особый спрос // Юридическая газета. 2003. 4 июня.

35 См.: Доклад Специального докладчика по вопросу о независимости судей и адвокатов г-на Леонардо Деспуи. Миссия Казахстан // E/CN. 4. 2005. 60. Add. 2.

мика С. Зиманова, высказанное им еще в 2001 г. о том, что «корпоративные интересы, кланы, широкое распространение коррупции среди государственных служащих, которые в определенной мере трудно было избежать на переходном этапе от авторитарной системы к демократии, от плановой централизованной экономики к рыночной, оказали отрицательное влияние на организацию и эффективность судебной власти в Республике, превышая нередко мыслимые пределы»[36], не теряет своей актуальности и на сегодняшний день.

7. Противоречат Конституции РК и Конституционному закону РК «О судебной системе и статусе судей в Республике Казахстан» введенные в 2005 г. распоряжением председателя Верховного суда РК в областных и приравненных к ним судах новых структур – межпленарных заседаний областного и приравненного к нему суда и оперативных совещаний районного и приравненного к нему суда – консультативно–совещательных органов при председателях судов [37]. Их состав и компетенция характеризуются такими свойствами, которые присущи органам, организация и деятельность которых основана на принципе централизации, единоначалия и подчинения, что позволяет сделать вывод о том, что в судебной системе созданы управленческо–административные органы. Это противоречит назначению и содержанию судебной власти, закрепленному в Конституции РК и международных стандартах

Поэтому исследователями отмечается, что для судебной системы характерны жесткая иерархия, скрытые механизмы давления на судей, негласные корпоративные правила согласования и принятия «нужных» решений»[38].

Итог

Таким образом, реформа уголовного судопроизводства в целом является достаточно сложной и противоречивой. Одним из факторов, влияющим на

---

36 Зиманов С. Независимость судьи – фундаментальный принцип правосудия // Суды и их роль в укреплении государственной независимости (материалы междунар. научн.-практич. конф., посвященной 10-летию независимости Республики Казахстан. Астана: Изд. центр Верховного суда РК, 2001. С. 14.

37 См.: Распоряжение председателя Верховного Суда РК от 7 сентября 2005 г. № 162 «Об утверждении «Положения об организации работы межпленарного заседания и оперативного совещания местных судов».

38 Канафин Д.К. Перспективы совершенствования судебной системы и уголовно-процессуального законодательства в Республике Казахстан // Перспективы совершенствования судебной системы и уголовно-процессуального законодательства в Республике Казахстан. Сборник материалов круглого стола. Алматы, 2009. С. 73.

такое положение являются бесконечные попытки реформирования, причем не всегда обоснованные[39]. Например, только в 2009 г. в УПК были внесены изменения и дополнения тринадцатью законами, из которых семь - только за один месяц (декабрь).

В этой связи следует указать, что не содействует качеству принимаемых законов и сложившаяся практика разработки законопроектов заинтересованными ведомствами, что нередко имеет своим следствием внесение изменений и дополнений в УПК, которые впоследствии отменяются, а потом вновь принимаются. Вследствие этого процесс принятия законов, в том числе, вносящих изменения и дополнения является крайне непоследовательным.

В частности, это во многом объясняется поспешностью их принятия, без достаточного учета научных рекомендаций, отсутствия прозрачности принятия законов (проекты законов, практически не публикуются, вследствие чего отсутствует их широкое обсуждение), формальное проведение научных экспертиз проектов законов и других нормативных правовых актов. Неудачные положения вносимых изменений и дополнений ставят перед правоприменителями довольно серьезные трудноразрешимые проблемы при их применении.

Опыт реализации судебных реформ не только в зарубежных странах, но и у нас, показывает, что усвоение нового более или менее крупного закона нуждается в значительных усилиях, и, главное, – в переучивании кадров. Например, введение УПК 60–х годов в бывших союзных республиках растянулось практически на 10 лет и сопровождалось массовыми ошибками при его применении. А ведь, в отличии, например, нынешнего УПК уголовно-процессуальные кодексы тех лет, даже, по мнению зарубежных экспертов, представляли собой эталон научного творчества.

Следует также указать, что недопустимо использование некоторых зарубежных правовых институтов, какими бы привлекательными на первый взгляд они не являлись, их механическое перенесение в казахстанскую правовую среду в силу определенных объективных причин. Эти причины являются своего рода барьерами, не дающими возможность их, образно говоря, перепрыгнуть и создать структуры по образцу зарубежных государств в силу специфических социально–экономических возможностей республики, национальных особенностей человеческих ресурсов – социальный уклад, религиозность, степень правосознания и правовой культуры, традиционности менталитета и его социо-культурных характеристик и т.д. Важно заметить, что ряд трудностей, возникших в процессе реформи-

---

39 Приветственное слово И.И. Рогова // Актуальные проблемы теории и практики применения уголовного и уголовно-процессуального права Республики Казахстан (Материалы международной научно-практической конференции). Астана, 2007. С. 14.

рования, обусловлен в немалой степени недоучетом, упущением, а в ряде случаев и пренебрежением особенностями менталитета населения республики, что необходимо учитывать при введение некоторых западных процессуальных институтов (например, суда с участием присяжных заседателей, судебного санкционирования, медиации и др.) Как показывает мировой опыт, одним из составляющих эффективности реформ в тех или иных государствах, явился учет традиций, менталитета и особенностей, сложившихся в обществе к началу реформ, а затем их правильное использование в интересах развития. В этой связи В. Хорос справедливо указывает, что продвижение по пути социального прогресса успешнее всего идет там, где оно «посажено» на наиболее фундаментальные ценности и институты добуржуазной, доколониальной культуры. Парадокс, но на самом деле вполне естественно – никакой процесс развития не пойдет через слом национальной культуры. Напротив, он станет возможным только тогда, когда к нему будут «всерьез» подключены традиционные структуры сознания и поведения. Заимствуемые извне элементы (демократические идеи, парламентские институты, принципы хозяйствования и т.д.) должны быть приспособлены к сложившимся культурным нормам, а иначе они просто не будут работать»[40].

40 Индия и Китай: две цивилизации - две модели развития (Круглый стол) // Мир. Экономика и мировые отношения. 1988 № 6. С. 90.

II.

Vorverfahren und adversatorisches Modell

Предварительное расследование и состязательная модель

Adversatorisches Vorverfahren?

Anatolij Barabash

Vom 19. Jahrhundert bis heute haben viele russische Wissenschaftler versucht, den Anwendungsbereich des adversatorischen Grundsatzes im Strafprozess zu bestimmen. Nach Ansicht von *Evgeniy Kronov*, der von der Art der Festlegung des adversatorischen Grundsatzes im Gesetz sowie von der Auslegung des Begriffs „Gerichtsverfahren" ausgeht, werde die Wirkung des adversatorischen Grundsatzes durch die Verfassung der RF und die StPO der RF formell auch auf die Ermittlung und das Gerichtsverfahren ausgedehnt[1]. Der Schlüsselbegriff sei dabei das Wort „formell", weil der Gesetzgeber den Teilnehmern des Gerichtsverfahrens gleiche Rechte nur im Gerichtsverfahren einräume; die Anwendung des adversatorischen Grundsatzes sei aber gem. Art. 15 der StPO der RF ohne Gleichberechtigung der Parteien unmöglich. Die von *Borodinova* und *Demidov* vorgenommene Analyse der geltenden Gesetzgebung ließ sie zu dem Schluss kommen, dass es „im bestehenden System der Voruntersuchung schon rein von der Definition her keine Gleichstellung der Anklage und der Verteidigung geben könne"[2].

Nach einer weit verbreiteten Meinung wurde das russische Strafverfahren, angefangen mit der Satzung der Strafverfahrens (1864), als ein gemischtes Verfahren gestaltet. So bleibt es für viele auch heute noch[3]. Die Mischform des Verfahrens kommt darin zum Ausdruck, dass das vorgerichtliche und das gerichtliche Stadium verschiedene Ansätze als Grundlage haben (im Vorverfahren inquisitorischer und im Gerichtsverfahren adversatorischer Ansatz)[4]. Allerdings

---

1 Кронов Е.В. О реализации принципов состязательности и равноправия сторон в уголовном процессе России // Журнал российского права, 2008, № 2 // СПС «Консультант+»; Vgl. auch: Каминский Э.С. Принцип состязательности по уголовно-процессуальному законодательству Российской Федерации // Российский следователь, 2009, № 9 // СПС «Консультант +» и др.

2 Бородинова Т.Г., Демидов И.Ф. Обвинение и защита: проблема равных возможностей // Журнал российского права, 2005 № 2 // СПС «Консультант +».

3 Siehe: Зайцева Е.А. К вопросу о законодательной власти в России, или как «правят УПК РФ // Российский судья, 2007, № 3 // СПС «Консультант+»; Леопа Н.В. Состязательность сторон в стадии судебного рассмотрения уголовных дел // Актуальные проблемы юридической науки: тез. Докл. Всерос. научн.-практ. конф./ Краснояр. гос. ун-та Юрид. инт-т; отв. ред. А.Н. Тарбагаев. – Красноярск: РУМЦ ЮО, 2005. С. 796; Мешков В.М., Соколов А.Н. О состязательности уголовного процесса через призму времени // Журнал российского права, 2006, № 2 // СПС «Консультант +» и др.

4 Барабанов П.К. Является ли по УПК РФ обвинение уголовным иском // Российская юстиция, 2008, № 7 // СПС «Консультант+».

ist ebenfalls die Meinung vertreten, dass es auch im Vorverfahren Probleme gibt. Wie *E.S. Kaminskij* schreibt: „Zwar wird heute der verfassungsmäßige Adversations- und Gleichberechtigungsgrundsatz im gerichtlichen Strafverfahren in einem genügenden Maße umgesetzt. Dasselbe kann jedoch nicht vom vorgerichtlichen Strafverfahren behauptet werden, das einen gemischten Charakter mit Verbindung des Inquisitions- und des adversatorischen Strafverfahrens angenommen hat“[5]. Die zitierte Arbeit gibt keine Antwort darauf, worin diese Verbindung besteht. Diese Behauptung widerspricht auch den meisten Autoren. Sie finden im Vorverfahren keinen adversatorischen Charakter, obwohl sich einige Forscher bemühen, für den adversatorischen Grundsatz auch im Vorverfahren Platz zu schaffen. Nach ihrer Meinung kann der Untersuchungsführer nicht objektiv sein, in seiner Tätigkeit kann er die Funktion der Anklage und die der Verteidigung nicht vereinen[6]. Es wird behauptet, dass „die Verbindung der prozessualen Funktionen in einem Organ bzw. in einer Amtsperson mit dem Gesetz der Logik und der Psychologie unvereinbar ist“[7]. Allerdings wird nicht präzisiert, welches Gesetz gemeint ist.

Nichtobjektivität des Untersuchungsführers ist eine gefährliche Sache. Während er auf die Anklage konzentriert ist, kann er an den rechtfertigenden oder die Schuld mildernden Beweisen vorbeigehen, ohne sie zu bemerken. Das ist eine absolut unzulässige Situation. Einige Autoren sehen den Ausweg in der Angleichung der prozessualen Möglichkeiten des Untersuchungsführers und des Verteidigers. Sie meinen in erster Linie, dass der Untersuchungsführer und der Verteidiger gleiche Rechte bei der Beweiserhebung haben sollten[8]. So schreibt L.V. Simancheva: „In der StPO ist die Verpflichtung des Verteidigers zur Erhebung der sog. rechtfertigenden Beweise (positive Referenzen; mildernde Umstände; Taten, die den kriminalen Charakter der Tat und die Strafe ausschließen; Umstände, die die Befreiung von der Strafverantwortung zur Folge haben kön-

---

5 Каминский Э.С. a.a.O.

6 Симанчева Л.В. Проблемы реализации процессуального равенства сторон в состязательном уголовном процессе // Право на судебную защиту в уголовном процессе: Европейские стандарты и российская практика: Сб. статей по мат. межд. науч.-практической конф. (г. Томск, 20-22 сентября 2007 г.) / Под ред. М.К. Свиридова. – Томск: Изд-во Том. ун-та. С.61. Ähnliche Behauptungen und Ansätze bei der Lösung des Problems sind nicht neu. Manche Forscher sagten dasselbe praktisch mit denselben Worten bereits vor der Revolution. Vgl.: Ясельская В.В. Проблемы реализации принципа состязательности в уголовном процессе дореволюционной России // Право на судебную защиту в уголовном процессе: Европейские стандарты и российская практика: Сб. статей по мат. межд. науч.-практической конф. (г. Томск, 20-22 сентября 2007 г.) / Под ред. М.К. Свиридова. – Томск: Изд-во Том. ун-та, 2007. С. 82-87.

7 Поплавская Н.Н. Состязательность в уголовном процессе России: закон и реальность // Российская юстиция, 2008, № 6 // СПС «Консультант+».

8 Ясельская В.П. a.a.O. С. 85.

nen) festzulegen und dementsprechend ist T. 1 Art. 86 StPO der RF durch den Hinweis auf den Verteidiger als ein Subjekt der Beweiserhebung zu ergänzen, was unseres Erachtens wenigstens formell von der prozessualen Gleichberechtigung der Parteien zeugte"[9]. Das wäre aber eine unvollständige, verstümmelte, „formelle" Adversarität. Besteht etwa das Wesen des adversatorischen Grundsatzes in der Gleichberechtigung des Untersuchungsführers und des Verteidigers bei der Beweissammlung?

Einen ähnlichen Standpunkt vertritt *I.B. Lapin*, der unterstreicht, dass die Gleichberechtigung der Anklage und der Verteidigung gerade im Rahmen der Beweiserhebung zu erreichen ist. Er schreibt: „Die geltenden konzeptuellen Grundlagen des adversatorischen Strafverfahrens weisen den Fragen der Ausbalancierung der Anklage und der Verteidigung eine wichtige Rolle zu, die durch die Notwendigkeit gestärkt sind, bestimmte formell-prozessuale normative Vorschriften einzuhalten, die im Gesetz festgelegt sind"[10]. Der Autor versteht diese Balance als eine Möglichkeit der aktiven Beteiligung der Parteien aufgrund der Gleichberechtigung bei der Beweisaufnahme bereits während der vorgerichtlichen Stufe des Strafverfahrens[11]. Erreicht wird dieses prozessuale Gleichgewicht „des ganzen anschließenden Gerichtsverfahrens (Erscheinen der gleichberechtigten Parteien – der Anklage und der Verteidigung)" durch die Entscheidung über die Heranziehung der Person als Beschuldigter[12]. Stimmt man der Meinung dieses Autors zu, dann ist die Schlussfolgerung unvermeidlich, dass gerade ab diesem Zeitpunkt (dem Zeitpunkt des Beschlusses) der Angeklagte und sein Verteidiger die Rechte erhalten, die denen des Untersuchungsführers ähnlich sind, und sie können Untersuchungshandlungen parallel vornehmen, um die Unschuld oder eine kleinere Schuld des Angeklagten festzustellen. Geht es aber um Adversarität? Es geht eher um Gleichberechtigung der Parteien. Und weiter: Ist eine Gleichberechtigung der Parteien im Vorverfahren möglich? Ist diese Gleichberechtigung durch den Gesetzgeber sichergestellt? Die Suche nach den Antworten auf diese Fragen hat zum Ergebnis geführt, dass der Autor nur die Befugnisse einer Seite beschreibt, nämlich die des Untersuchungsführers. Etwas anderes kann ihm das Gesetz auch nicht erlauben.

Ein logischer Abschluss der o.g. Ansätze ist die Meinung: Wenn schon das Vorverfahren adversatorisch ausgestaltet werden sollte, dann in voller Übereinstimmung mit dem Inhalt des Art. 15 StPO – jede Partei hat ihre Funktionen wahrzunehmen: der Untersuchungsführer hat die die Schuld bestätigenden Umstände zu ermitteln, andere Umstände haben der Beschuldigte, der Verdächtige,

---

9 Симанчева Л.В. a.a.O. S. 63.

10 Лапин И.Б. Проблемы обеспечения законности и обоснованности привлечения лица в качестве обвиняемого: Дис. … канд. юрид. наук. Красноярск, 2007. С. 12.

11 a.a.O. S. 20.

12 a.a.O. S. 39.

sowie sein gesetzlicher Vertreter und Verteidiger festzustellen[13]. Dem Verteidiger wird also „die Aufgabe auferlegt, seinen Mandanten zu verteidigen. Verteidigen bedeutet, seine Nichtbeteiligung am Verbrechen, seine Unschuld oder eine kleinere Schuld zu beweisen. Deshalb kann man sagen, dass der Verteidiger verpflichtet ist, die Nichtbeteiligung seines Mandanten am Verbrechen, seine Unschuld oder eine kleinere Schuld zu beweisen“[14]. Das ist alles. Mehr als gesagt lässt sich nicht sagen. Der Verteidiger, der Beschuldigte bzw. Angeklagte sind Subjekte des Beweisens der entschuldigenden oder mildernden Umstände. Haben sie es nicht bewiesen, dann haben sie ihre Pflicht nicht erfüllt und müssen negative Folgen tragen.

In allen gegenwärtigen weltweiten Hauptformen des Verfahrens, darunter auch im adversatorischen Verfahren, hat die Verteidigung Vorrechte gegenüber der Anklage, sie ist von der Beweislast befreit[15]. Uns wird nun aber vorgeschlagen, auf diese Vorrechte zu verzichten, wodurch das russische Strafverfahren um einige Jahrhunderte zurückversetzt wird.

Kommen wir nun auf die Hauptthese zurück, deren Folgen wir betrachtet haben. Der Untersuchungsführer ist nicht objektiv, er kann die Funktionen der Anklage und der Verteidigung gleichzeitig nicht wahrnehmen. Aber er soll das auch nicht. Denn im Grunde genommen, obwohl ihn der Gesetzgeber zur Verteidigungspartei zählt und ein Strafverfolgungsorgan nennt, kann er das nicht sein, weil es sein gesetzlich festgelegtes Ziel nicht zulässt. Art. 74 StPO nennt den Untersuchungsführer unter den Staatsorganen, die verpflichtet sind, alle zu beweisenden Umstände, auch entschuldigende und mildernde Umstände, festzustellen. Die in der StPO festgelegten und nicht festgelegten Grundsätze (nicht festgelegte Grundsätze sind gnoseologische Erkenntnisgrundlagen), die er dabei zu befolgen hat, lassen ihn, falls sie ordnungsgemäß realisiert werden, zum Ergebnis kommen, das der Zielsetzung entspricht, der gesetzliche Mechanismus der Erkenntnistätigkeit ist dafür geeignet. Aus dem Gesagten ist nur eine Schlussfolgerung möglich: Um seine Zielsetzungen zu erreichen, hat der Untersuchungsführer die Position des Forschers einzunehmen, der sich zur Prüfung jeder beliebigen Tatversion gleich verhält, denn nur ein solches Verhalten lässt

13 Козубенко Ю.В. Уголовное преследование: вопросы теории и практики: Дис. … канд. юрид. наук. Екатеринбург, 2006. С 67.

14 Хозова Л.П., Рябцев А.А. О правах подозреваемого и обвиняемого в ходе доказывания по действующему УПК РФ // Судебная власть в России: закон, теория и практика: Сборник статей по итогам Международной научно-практической конференции. Тюмень, 19-20 ноября 2004 г. – М.: Издательская группа «Юрист», 2005. С. 483.

15 Das Vorliegen dieses Vorrechts im Allgemeinen stellt die Frage über Existenz des adversatorischen Verfahrens nicht nur in der Art, wie es vom russischen Gesetzgeber und von den o.g. Autoren verstanden wird, sondern auch in der Wirklichkeit. Heute kann man vom öffentlich-adversatorischen Verfahren sprechen. Dieses kann schon mit vollem Recht als gemischt bezeichnet werden.

sämtliche zu beweisenden Umstände feststellen. Darin besteht sein öffentlicher Auftrag. Und wenn uns immer noch wichtig ist, zu verstehen, welche Funktion er wahrnimmt, dann gibt es darauf eine eindeutige Antwort: die des Vorverfahrens.

Eine solche Einstellung ermöglicht dem Untersuchungsrichter, objektiv zu sein. Es lohnt sich nicht, dem Untersuchungsführer die Funktion der Strafverfolgung bzw. der Anklage aufzuzwingen, dann gibt es auch keine Gründe, unter der Berücksichtigung des oben Gesagten, zu befürchten, dass er sich während der Ermittlungen nicht objektiv verhalten wird. In dieser Situation braucht man keine aktiven Rechte für den Rechtsanwalt.

Nachdem ich meine Vorstellung davon, was, wie und warum ein Untersuchungsführer zu machen hat, dargelegt habe, kann ich diese Tätigkeit nicht als Inquisitionstätigkeit bezeichnen. Ich glaube, das wäre eine veraltete Bezeichnung, in die ein negativer Sinn hineingelegt wird, der eine Neigung zur Anklage feststellt. Obwohl dieser Begriff an und für sich neutral ist, entspricht seine Verwendung der tatsächlichen Stellung des Untersuchungsführers im modernen Strafverfahren nicht. Die heutzutage am besten geeignete Bezeichnung ist „Untersuchungstätigkeit" (russ.: *следственная деятельность*).

Bevor ich nun Bilanz ziehe, möchte ich an die am Anfang dieses Beitrags angeführte Aussage von *E.S. Kaminskij* erinnern, nämlich dass das vorgerichtliche Verfahren einen gemischten Charakter mit Verbindung der Merkmale des Inquisitions- und des adversatorischen Strafverfahrens angenommen habe. Es scheint, dass dieser Behauptung die Übertragung der Aufsichtsbefugnisse des Staatsanwalts ans Gericht zugrunde liegt. Diese Tätigkeit ist heute als gerichtliche Kontrolle bekannt. Das Gericht hat inzwischen Zuständigkeiten für die Prüfung von Beschwerden gegen den Verzicht auf Einleitung des Strafverfahrens, Einstellung bzw. Ruhen des Strafverfahrens, gegen die Absonderung eines Falls zu einem selbstständigen Strafverfahren oder gegen die Fallverbindung, über Handlungen und Entscheidungen hinsichtlich der Durchsuchungen und Beschlagnahme des Vermögens, gegen eine Amtsenthebung, eine Unterbringung in einer Heilanstalt zwecks Durchführung einer forensisch-psychiatrischen Begutachtung sowie gegen Festnahme, Inhaftierung und Haftverlängerung. Ohne Zweifel erfolgt die Prüfung einer von einem Prozessteilnehmer eingelegten Beschwerde gegen Entscheidungen des Untersuchungsführers, bspw. gegen Anordnung der Zwangsmaßnahme in Form der Inhaftierung, meistens im Rahmen einer adversatorischen Prozedur; bedeutet es aber etwa, dass diese forensische Tätigkeit ins Gewebe des Vorverfahrens eingeflochten und sein Bestandteil ist? Es kann die Ermittlung beeinflussen, aber es ist keine Ermittlung. Der Gesetzgeber hat den Prozessteilnehmer berechtigt, das Gericht anzurufen, wenn dieser meint, dass seine legitimen Rechte und Interessen vom Untersuchungsführer bei der Ausübung der öffentlichen Tätigkeit beeinträchtigt seien. Diese Situation ist zwar einer Situation ähnlich, die bei Anfechtung des Urteils in der Berufungsinstanz entsteht, jedoch wird wohl kaum jemand behaupten, die Tätigkeit der Berufungsinstanz sei ein Bestandteil der erstinstanzlichen Gerichtsverhandlung. In beiden Fällen werden Handlungen im Zusammenhang mit eventuellen Verstößen ausgeübt, aber nicht statt der Tätigkeit in diesen Stufen.

Aus dem Gesagten ergibt sich die Konsequenz, dass es keine Gründe gibt, vom gemischten Charakter des Vorverfahrens zu sprechen, noch mehr – es besteht keine Notwendigkeit, den adversatorischen Grundsatz in das Vorverfahren einzuführen. Obwohl, wenn wir uns noch einmal den oben betrachteten Meinungen zuwenden, wird es uns klar, dass es eigentlich in keiner dieser Meinungen um den adversatorischen Grundsatz geht. Zur Erinnerung: In einem Fall wird vorgeschlagen, dem Verteidiger die gleichen Rechte bei der Beweiserhebung zu gewähren, wie die des Untersuchungsführers; nach der zweiten Meinung, die etwas weiter geht, sollte man dem Verteidiger und dem Untersuchungsführer gleiche Rechte bei der Beweisuntersuchung gewähren (übrigens ist dieser Vorschlag nicht konkret), schließlich sollte der Verteidiger verpflichtet werden, die Umstände festzustellen, die von der Nichtbeteiligung seines Mandanten am Verbrechen, von seiner Unschuld oder einer kleineren Schuld zeugen. Das alles sind Derivate aus der Adversarität, aber keine Adversarität selbst.

Was ist also unter dem adversatorischen Verfahren zu verstehen? Suchen wir nach einer Antwort auf diese Frage in der modernen prozessualen Literatur, so haben wir es mit einem höchst merkwürdigen Bild zu tun. Was man heute über das adversatorische Verfahren schreibt, entspricht weder der Meinung der ausländischen Autoren in den Ländern des *common law*-Systems, wo das Strafverfahren durch den adversatorischen Ansatz geprägt ist, noch der Definition des adversatorischen Verfahrens in den Arbeiten sowjetischer und russischer Rechtswissenschaftler. In den Arbeiten ausländischer Forscher gibt es kaum Unterschiede bei der Auslegung des adversatorischen Grundsatzes[16]. Das ist ein Streit – ein Streit zwischen den Parteien in der Hauptverhandlung[17]. Sowjetische und russische Wissenschaftler betrachteten den adversatorischen Grundsatz aus dem gleichen Blickwinkel heraus, und zwar als „ein Mittel der Verfahrensteilnehmer zur Verteidigung ihrer Positionen, zur Wahrnehmung ihrer Rechte und Pflichten, zur Erforschung der Wahrheit, als eine Methode, um die Wahrheit ausfindig zu machen“[18]. Das ganze Verfahren sieht für sie aus wie „eine Polemik der Parteien, die ihre legitimen Interessen verteidigen“[19]. Rechtsstreit ist das Wesen der Gerichtsverhandlung, darauf sind sowohl Plädoyers als auch die gan-

16 Siehe z.B.: Уайнреб Ллойд Л. Отказ в правосудии. Уголовный процесс в США. М.: Юрид. лит., 1985. С.127.

17 Ich möchte hinzufügen, dass sich jede Partei in diesem Streit darauf stützt, was sie erforscht hat.

18 Макарова З. Состязательность нужна, но какая? // Законность. 1999. № 3. С. 25.

19 Строгович М.С. Курс советского уголовного процесса Т. 1. Основные положения науки советского уголовного процесса. М.: Наука, 1968. С. 149.

ze Gerichtsverhandlung gegründet. Rechtsstreit ist das Wesen des adversatorischen Grundsatzes. Mit der Annahme der geltenden StPO hat sich alles geändert. Auch angesehene Forscher gehen nicht i.d.R. über den Rahmen des Art. 15 StPO der RF hinaus, wenn die Rede vom adversatorischen Grundsatz ist. Das dürfte ein Merkmal des politkorrekten Ansatzes sein. An einen ähnlichen Ansatz hielten sich ausdrücklich die Väter der geltenden Prozessordnung in ihrem Kommentar zur StPO. Für sie bedeutet der adversatorische Grundsatz Folgendes:

1) Trennung der Funktionen der Anklage (der Strafverfolgung) und der Verteidigung und Auferlegung dieser Funktionen auf die Anklage- und die Verteidigungsseite;
2) Abtrennung der Funktion der Konfliktlösung (Rechtspflege) von denen der Anklage und der Verteidigung;
3) prozessuale Gleichberechtigung der Parteien[20].

Von *I.L. Petruchin* wird noch „Verhandlung des Falls durch Polemik der Parteien vor einem unabhängigen und unparteiischen Gericht" hinzugefügt[21]. Was ist dabei Adversarität, wodurch wird die Umsetzung des adversatorischen Grundsatzes ermöglicht? Von allen oben betrachteten Meinungen ist *I.L. Petruchin* dem richtigen Verständnis besonders nahe gekommen; sein Fehler besteht aber darin, dass er den Rechtsstreit, der in Form einer Polemik erfolgen kann, auf die gleiche Stufe mit den Derivaten aus dem Rechtsstreit setzt. Gerade zur Ermöglichung eines Rechtsstreits sollen die Funktionen der Parteien getrennt werden, von diesen ist die Funktion der Rechtspflege abzugrenzen; der Richter ist keine Partei im Rechtsstreit, sondern ein unvoreingenommener Vermittler, und ohne Gleichberechtigung ist ja kein Rechtsstreit möglich.

Der festgestellte Inhalt des adversatorischen Grundsatzes entzieht den Behauptungen über die Möglichkeit der adversatorischen Gestaltung des Vorverfahrens jegliche Grundlage. Es lässt sich über das Ergebnis, zu dem wir gekommen sind, streiten – denn hätten wir kein Ergebnis, dann gäbe es keinen Grund zum Streit. Die Tätigkeit im Vorverfahren erfolgt gerade mit dem Ziel, ein kognitives Ergebnis zu bekommen.

---

20 Комментарий к Уголовно-процессуальному кодексу Российской Федерации / Отв. ред. Д.Н. Козак, Е.Б. Мизулина. 2-е изд., перераб. и доп. М., 2004. С. 94

21 Петрухин И.Л. Реформа уголовного правосудия в России не завершилась // Законодательство. 2006. N 3. С. 69-70.

Состязательность на предварительном следствии?

Анатолий Барабаш

С XIX в. и по настоящее время многие российские исследователи пытались определить сферу реализации состязательности в уголовном процессе. В наше время, отталкиваясь от способа законодательного закрепления состязательности в законе и трактовки понятия «судопроизводства», Е.В. Кронов констатирует, что формально и Конституция РФ и УПК РФ распространяют действие состязательности и на досудебную и судебную стадии[1]. Ключевым здесь является слово «формально», т.к. законодатель предоставляет участникам судопроизводства равные права только в судебном разбирательстве. А без равенства прав, если исходить из содержания ст. 15 УПК РФ, состязательность не может быть реализована. Проведенный анализ действующего закона привел Т.Г. Бородинову и И.Ф. Демидова к выводу о том, что «равенства возможностей обвинения и защиты в существующей системе досудебного следствия не может быть по определению»[2].

Таким образом, как полагают многие исследователи, российский уголовный процесс, начиная с Устава уголовного судопроизводства 1864 года, был сконструирован как смешанный. Таковым он для многих является и в настоящее время[3]. Смешанность его проявляется в том, «что в нем досудебные и судебные стадии построены на разных началах (в досудебном производстве - инквизиционных, а судебном - на состязательных)»[4]. Правда, есть мнение, что не все так просто с досудебным производством. Если,

---

1 Кронов Е.В. О реализации принципов состязательности и равноправия сторон в уголовном процессе России // Журнал российского права, 2008, № 2 // СПС «Консультант+»; См., также: Каминский Э.С. Принцип состязательности по уголовно-процессуальному законодательству Российской Федерации // Российский следователь, 2009, № 9 // СПС «Консультант +» и др.

2 Бородинова Т.Г., Демидов И.Ф. Обвинение и защита: проблема равных возможностей // Журнал российского права, 2005 № 2 // СПС «Консультант +».

3 См.: Зайцева Е.А. К вопросу о законодательной власти в России, или как «правят УПК РФ // Российский судья, 2007, № 3 // СПС «Консультант+»; Леопа Н.В. Состязательность сторон в стадии судебного рассмотрения уголовных дел // Актуальные проблемы юридической науки: тез. Докл. Всерос. научн.-практ. конф./ Краснояр. гос. ун-та Юрид. инт-т; отв. ред. А.Н. Тарбагаев. – Красноярск: РУМЦ ЮО, 2005. С. 796; Мешков В.М., Соколов А.Н. О состязательности уголовного процесса через призму времени // Журнал российского права, 2006, № 2 // СПС «Консультант +» и др.

4 Барабанов П.К. Является ли по УПК РФ обвинение уголовным иском // Российская юстиция, 2008, № 7 // СПС «Консультант+».

как пишет Э.С. Каминский, «В настоящее время конституционный принцип состязательности и равноправия сторон в судебном производстве по уголовному делу реализован в достаточной мере. Этого пока нельзя сказать о досудебном производстве по уголовному делу, которое приобрело смешанный характер с сочетанием розыскного и состязательного уголовного процесса»[5]. В чем сочетание – ответа на этот вопрос в цитируемой работе нет. Да и приведенное утверждение противоречит материалу большинства исследователей. Не видят другие авторы смешанного характера досудебного производства, хотя ряд исследователей прилагает усилия к тому, чтобы состязательность нашла свое место и на стадии предварительного расследования. Не может, по их мнению, следователь быть объективным, не может он в своей деятельности соединять функцию обвинения и защиты[6]. Делается утверждение, что «соединение процессуальных функций в одном органе или должностном лице несовместимо с законом логики и психологии»[7]. Правда, с каким конкретно законом не уточняется.

Необъективность следователя вещь опасная. Реализуя установку на обвинение, он может пройти мимо доказательств, оправдывающих или смягчающих вину обвиняемого. Ситуация совершенно недопустимая. Выход отдельные авторы видят в уравнивании процессуальных возможностей следователя и защитника. В первую очередь они полагают, что у следователя и защитника должны быть равные права при собирании доказательств[8]. Л.В. Симанчева пишет: «в УПК следует закрепить обязанность защитника по собиранию так называемых оправдательных доказательств (положительные характеристики, обстоятельства, смягчающие наказание, исключающие преступность и наказуемость деяния, обстоятельства, которые могут повлечь за собой освобождение от уголовной ответственности), и, соответственно, дополнить ч. 1 ст. 86 УПК РФ указанием на защитника

---

5 Каминский Э.С. Указ. соч.

6 Симанчева Л.В. Проблемы реализации процессуального равенства сторон в состязательном уголовном процессе // Право на судебную защиту в уголовном процессе: Европейские стандарты и российская практика: Сб. статей по мат. межд. науч.-практической конф. (г. Томск, 20-22 сентября 2007 г.) / Под ред. М.К. Свиридова. – Томск: Изд-во Том. ун-та. С.61. Подобные утверждения и аналогичные подходы к решению проблемы не новы. Отдельная часть дореволюционнвх исследователей на материале Устава уголовного судопроизводства говорили о том же и практически теми же словами. См.: Ясельская В.В. Проблемы реализации принципа состязательности в уголовном процессе дореволюционной России // Право на судебную защиту в уголовном процессе: Европейские стандарты и российская практика: Сб. статей по мат. межд. науч.-практической конф. (г. Томск, 20-22 сентября 2007 г.) / Под ред. М.К. Свиридова. – Томск: Изд-во Том. ун-та, 2007. С. 82-87.

7 Поплавская Н.Н. Состязательность в уголовном процессе России: закон и реальность // Российская юстиция, 2008, № 6 // СПС «Консультант+».

8 Ясельская В.П. Указ. соч. С. 85.

как субъекта собирания доказательств, что на наш взгляд, хотя бы формально говорило о процессуальном равенстве сторон»[9]. Какая-то неполная, куцая, «формальная» состязательность получается. И разве это состязательность, суть которой в равных правах следователя и защитника по собиранию доказательств?

Близкой к рассмотренной является точка зрения И.Б. Лапина, который подчеркивает, что равенство обвинения и защиты должно быть достигнуто в рамках исследования доказательств. Он пишет: «Действующие концептуальные основы состязательности уголовного процесса отводят важную роль вопросам достижения баланса обвинения и защиты, усиливает которые необходимость соблюдения определенных нормативных формально-процедурных предписаний, установленных в законе»[10]. Баланс этот видится автору в возможности активного участия сторон на основе равенства в процессе исследования доказательств уже в ходе досудебного производства по уголовным делам [11]. Создается этот процессуальный баланс «всего последующего судопроизводства (появление равноправных сторон – обвинения и защиты от обвинения)» постановлением о привлечении лица в качестве обвиняемого[12]. При согласии со сказанным этим автором неизбежен вывод, что именно с этого момента (момента вынесения постановления) у обвиняемого и его защитника появляются права, аналогичные правам следователя, и они наряду с ним могут проводить следственные действия по установлению невиновности или меньшей виновности обвиняемого. Но о состязательности ли здесь идет речь? Скорее всего, о равенстве сторон. Далее, возможно ли равенство сторон в стадии предварительного расследования? Обеспечено ли это равенство законодателем? Поиск ответов на эти вопросы дал следующий результат - автор описывает полномочия только одной стороны - следователя. Ничего другого ему закон и не может позволить.

Логическим завершением указанных выше подходов служит мнение, что если предварительное расследование сделать состязательным, то в полном соответствии с содержанием ст. 15 УПК - каждая сторона должна будет выполнять свою функцию: следователь устанавливает обстоятельства обвинительного свойства, иные – обвиняемый, подозреваемый, а также его законный представитель и защитник[13]. Таким образом, на защитника «возлагается обязанность защищать подзащитного. «Защищать – значит

---

9 Симанчева Л.В. Указ. соч. С. 63.

10 Лапин И.Б. Проблемы обеспечения законности и обоснованности привлечения лица в качестве обвиняемого: Дис. … канд. юрид. наук. Красноярск, 2007. С. 12.

11 Там же. С. 20.

12 Там же. С. 39.

13 Козубенко Ю.В. Уголовное преследование: вопросы теории и практики: Дис. … канд. юрид. наук. Екатеринбург, 2006. С. 67.

доказывать его непричастность к совершенному преступлению, невиновность или меньшую степень таковой. Поэтому можно сказать, что защитник несет обязанность доказывания непричастности, невиновности или меньшей степени виновности своего подзащитного»[14]. Все. Больше сказанного не скажешь. Защитник, обвиняемый – субъекты доказывание обстоятельств, оправдывающих и смягчающих вину. Не доказал – не выполнил обязанность, неси негативные последствия.

Во всех основных современных мировых формах процесса, не исключая и состязательный, защита перед обвинением имеет привилегии, она освобождена от обязанности доказывания[15]. Нам же предлагают отказаться от этих привилегий, отбрасывая российский уголовный процесс на несколько столетий назад.

Итак, вернемся к основному тезису следствия, которое мы рассматривали. Следователь не объективен, он не может одновременно выполнять функцию обвинения и защиты. А он и не должен этого делать. Ведь, по сути, хотя законодатель и относит его к стороне обвинения, называет органом уголовного преследования, цель, что ставит он перед ним, не позволяет ему быть таковым. В ст. 74 УПК среди государственных органов, обязанных устанавливать все обстоятельства, подлежащие доказыванию, в том числе и оправдательные и смягчающие вину, указан, наряду с другими органами государства, и следователь. Принципы, которым он должен следовать при этом, закрепленные и незакрепленные в УПК (применительно к последним речь идет о гносеологических основаниях познавательной деятельности), при их надлежащей реализации, позволяют получить результат, соответствующий цели, существующий в законе механизм познавательной деятельности приспособлен для этого. После сказанного возможен только один вывод – чтобы выполнить стоящие перед ним цели, следователь должен поставить себя в позицию исследователя, одинаково относящегося к проверке любых версий по делу, ведь только такое отношение и позволит установить все обстоятельства, подлежащие доказыванию. В этом его публичное служение. А если нам по-прежнему важно, какую функцию он выполняет – ответ однозначен – функцию предварительного расследования.

---

14 Хозова Л.П., Рябцев А.А. О правах подозреваемого и обвиняемого в ходе доказывания по действующему УПК РФ // Судебная власть в России: закон, теория и практика: Сборник статей по итогам Международной научно-практической конференции. Тюмень, 19-20 ноября 2004 г. – М.: Издательская группа «Юрист», 2005. С. 483.

15 Наличие этой привилегии вообще ставит вопрос о существовании состязательного процесса не только в том виде, как его понимает российский законодатель и указанные выше авторы, но и в реальности. Сейчас можно говорить о публично-состязательном процессе. Вот он - то точно смешанный.

Подобное отношение к делу позволит следователю быть объективным. Не стоит следователю навязывать функцию уголовного преследования, обвинения, тогда не будет оснований, с учетом выше сказанного, опасаться того, что он будет необъективен при расследовании. И не нужны в такой ситуации никакие активные права для адвоката.

Высказав свое отношение к тому, что, как и почему следователь должен делать, я не могу обозначить эту деятельность как инквизиционную или розыскную. Полагаю, что это устаревшие обозначения, в которые вкладывается негативный смысл, фиксирующий обвинительный уклон. Хотя сами по себе эти термины нейтральны, но применение их не соответствует действительному месту следователя в современном уголовном процессе. Самое приемлемое обозначение его деятельности для нашего времени – следственная.

Прежде чем подводить итог рассматриваемому вопросу, напомню приведенное в начале статьи высказывание Э.С. Каминского о том, что досудебное производстве по уголовному делу приобрело смешанный характер с сочетанием розыскного и состязательного уголовного процесса. Как представляется, в основе такого утверждения лежит передача суду надзорных полномочий прокурора. Сейчас эта деятельность известна как судебный контроль. Суд стал рассматривать жалобы на отказ в возбуждении уголовного дела, прекращение уголовного дела на приостановление производства по уголовному делу, о выделении или соединении уголовных дел, на действия и решения, связанные с производством обыска и наложением ареста на имущество, об отстранении от должности, о помещении в стационар для проведения судебно-психиатрической экспертизы, а также на задержание, заключение под стражу и продление сроков содержания под стражей. Несомненно, что в большинстве случаев рассмотрение жалобы участника процесса на решение следователя, например, об избрании меры пресечения в виде заключения под стражу, осуществляется в состязательной процедуре, но значит ли это, что данная деятельность суда вплетена в ткань предварительного расследования и является составной частью его. Влиять на расследование это может, но не может быть им. Законодатель предоставил участнику процесса в том случае, когда при осуществлении публичной деятельности по расследованию следователь, как он (участник) посчитал, не учел или нарушил его законные права и интересы, обратиться за защитой в суд. Ситуация аналогична той, что возникает при обжаловании приговора в суд кассационной инстанции, но вряд ли кто будет утверждать, что деятельность суда кассационной инстанции является частью судебного разбирательства по первой. Как в том, так и в другом случае деятельность осуществляется по поводу возможных нарушений, но не вместо деятельности в этих стадиях.

Из всего сказанного следует вывод, что нет никаких оснований говорить о смешанности предварительного расследования, более того – нет и необходимости вводить состязательность в его рамки. Хотя если обратиться еще раз к рассмотренным точкам зрения, то по сути, ни в одной из них не шла речь о состязательности. Напомню, в одном случае предлагалось предоставить защитнику равные со следователем права по сбору доказательств, в другом, чуть шире – предоставить защитнику равные со следователем права по исследованию доказательств (правда, это предложение так и не обрело конкретики), в третьих - возложить на защитника обязанности устанавливать обстоятельства, свидетельствующие о невиновности или о меньшей виновности обвиняемого. Все это производное от состязательности, но не она сама.

Что же следует понимать под состязательностью? При поиске в современной процессуальной литературе ответа на этот вопрос мы сталкиваемся с более чем странной картиной. То, что пишут сейчас о состязательности, не соответствует не только тому, что пишут о ней зарубежные авторы, живущие в странах общего права, где началом уголовно-процессуальной формы является состязательность. Но и тому, как определяли сущность состязательности советские и российские ученые. В работах зарубежных исследователей особого разночтения в том, что такое состязательность нет[16]. Это спор, спор между сторонами в судебном разбирательстве[17]. Советские и российские ученые рассматривали ее в том же ключе, как «способ отстаивания участниками процесса своей позиции по делу, осуществления ими своих прав и обязанностей, средство для установления истины, метод ее отыскания»[18]. Для них весь процесс выглядит как «полемика сторон, защищающих свои законные интересы»[19]. Спор – сущность судебного разбирательства, на нем основаны не только судебные прения, но и все судебное разбирательство. Спор – сущность состязательности. Все изменилось с принятием действующего кодекса. Сейчас даже маститые исследователи, говоря о состязательности, не выходят, как правило, за рамки содержания ст. 15 УПК РФ. Вероятно, это признак политкорректности. Подобный подход четко выдержан в комментарии к УПК «отцов – основателей» действующего кодекса. Для них принцип состязательности означает:

---

16 См., например: Уайнреб Ллойд Л. Отказ в правосудии. Уголовный процесс в США. М.: Юрид. лит., 1985. С. 127.

17 Причем, добавим от себя, этот спор каждая из сторон ведет, основываясь на результатах познанного ею.

18 Макарова З. Состязательность нужна, но какая? // Законность. 1999. № 3. С. 25.

19 Строгович М.С. Курс советского уголовного процесса Т. 1. Основные положения науки советского уголовного процесса. М.: Наука, 1968. С. 149.

1) разграничение функций обвинения (уголовного преследования) и защиты и возложение этих функций на стороны обвинения и защиты;
2) отделение функции разрешения дела (правосудия) от функций обвинения и защиты;
3) процессуальное равноправие сторон[20].

К перечисленному И.Л. Петрухин добавляет «разбирательство дела путем полемики сторон перед независимым и беспристрастным судом"[21]. Что из этого состязательность, а что позволяет ей реализовываться? Из того, что приведено выше ближе всего к правильному пониманию подошел И.Л. Петрухин, но ошибка его заключается в том, что он спор, который может протекать в форме полемики, поставил на один уровень с производными от него. Для возможности осуществления спора и должны быть разграничены функции сторон, от них должна быть отделена функция правосудия, судья не сторона в споре, а арбитр, ну а если не будет равенства – возможен будет спор?

Выявленное содержание состязательности снимает всякое основание для утверждений о возможности состязательного построения предварительного расследования. Спорить можно по поводу полученного результата, нет его – нет и оснований для спора. Деятельность в рамках стадии предварительного расследования осуществляется как раз для получения познавательного результата.

---

20 Комментарий к Уголовно-процессуальному кодексу Российской Федерации / Отв. ред. Д.Н. Козак, Е.Б. Мизулина. 2-е изд., перераб. и доп. М., 2004. С. 94

21 Петрухин И.Л. Реформа уголовного правосудия в России не завершилась // Законодательство. 2006. N 3. С. 69-70.

Adversatorisches Vorverfahren?

Klaus Rogall

1. Vorbemerkung

Jede Annäherung an das vorgegebene Thema, das die Frage betrifft, ob es sich empfiehlt, das strafprozessuale Vorverfahren adversatorisch auszugestalten, ruht auf Prämissen, die zunächst einmal offen gelegt werden müssen. Es sind deren zwei.

Die erste Prämisse besteht in der *Existenz eines rechtsstaatlich geordneten Rechtssystems*. Damit ist gemeint, dass die Organe der Justiz unabhängig sein müssen. Entscheidungen dürfen nicht käuflich sein, und vor allem darf es keine unlautere politische Einflussnahme auf Strafverfahren geben. Wenn das nicht gewährleistet ist, macht eine Diskussion über die Vor- und Nachteile eines adversatorischen oder inquisitorischen Systems keinen Sinn. *Einem korrupten oder diktatorischen Rechtssystem ist die Form seines Strafverfahrens gleichgültig.*

Die zweite Prämisse betrifft das unseren Erörterungen zugrundeliegende *Verständnis des Begriffs der Adversarität.* Dieser Begriff bezeichnet nur eine bestimmte *Struktur des Verfahrens* und beschreibt *nicht* etwa die *Rechtsstellung der Verfahrensbeteiligten* in dem Sinne, dass sie bestimmte Rechte und Befugnisse haben sollten oder müssten. Ein Verfahren ist adversatorisch, wenn allein die Parteien für die Beibringung des Prozessstoffes verantwortlich sind und sich die Rolle des Gerichts auf die Überwachung der Fairness der Verhandlung und auf die Streitentscheidung selbst beschränkt[1]. Aus dieser Struktur mögen sich tatsächlich bestimmte Konsequenzen ergeben – wie z.B. die Einrichtung eines Kreuzverhörs. Aber Letzteres ist wiederum strukturunabhängig, wie man daran erkennt, dass auch die deutsche StPO ein Kreuzverhör kennt (§ 239 StPO), auch wenn ihm keine praktische Bedeutung zukommt. Jedenfalls dürfen Strukturfragen und Fragen nach der Rechtsstellung der Verfahrensbeteiligten nicht verwechselt werden. Die erste Frage ist eher technischer Natur, während die zweite das Staats- und Verfassungsverständnis betrifft.

---

1 Weigend, Die Reform des Strafverfahrens - Europäische und deutsche Tendenzen und Probleme, ZStW 104 (1992), 486 ff.; Pfeiffer, Der Grundsatz des adversarial system of justice und die Informationsrechte des Beschuldigten im Strafprozess der USA, JA 2004, S. 754 ff.

2. Rahmenbedingungen der Verfahrensformen

I. Straftaten sind Störungen der gesellschaftlichen Ordnung und ihrer Grundbedingungen. Ihre Bedeutung als solche wurde zunächst nicht überall erkannt; die Straftat erschien als Störung privater Verhältnisse und wurde auch in dieser Form erledigt, nämlich im Wege der Fehde oder Privatrache. Diese ihre private Bedeutung hat die Straftat zwischenzeitlich verloren – der Verlust der Privatheit der Straftat führte aber nicht in ein Vakuum, sondern zur Entdeckung der öffentlichen Bedeutung der Straftat und des öffentlichen Interesses an ihrer Verfolgung. Wenn aber die *Strafverfolgung* eine *öffentliche Angelegenheit* ist, dann kann sie im Grundsatz nicht Privaten überlassen werden. Die Strafverfolgung ist Sache des Staates geworden. Sie ist sogar eine verpflichtende Aufgabe des Staates geworden, denn der Bürger kann auf Selbsthilfe nur verzichten, wenn und soweit ihm der Staat die Verfolgung der Tat garantiert und ihm dadurch Genugtuung verschafft. Die aus diesem Befund zu ziehenden Konsequenzen sind die folgenden:

1. Die Strafverfolgung obliegt allein den dazu berufenen staatlichen Justizorganen. Sie erfolgt grundsätzlich *ex officio*, d.h. von Amts wegen (sog. *Offizialprinzip*)[2].

a) Zu diesem Prinzip muss es allerdings Ausnahmen geben. Beispiele dafür sind etwa die *Antrags- oder Ermächtigungsdelikte* (§§ 77 ff. StGB). Bei ihnen setzt die Strafverfolgung einen Antrag oder eine Ermächtigung des Verletzten voraus. Denn es ist natürlich denkbar, dass die Strafverfolgung auch Interessen des Verletzten berührt, d.h. ihm sogar nachteilig sein kann. So kann die Verfolgung eines Diebstahls unter Angehörigen den Familienfrieden stören und die Verfolgung einer politischen Straftat mit Auslandsberührung den außenpolitischen Interessen eines Staates nachteilig sein.

b) Ferner sind zu nennen die sog. *Privatklagedelikte* (§§ 374 ff. StPO). Das sind Fälle minderer Bedeutung, bei denen die Verfolgung dem Privaten überlassen bleibt. Staatliche Verfolgungsorgane sind zu einer Mitwirkung nicht verpflichtet. Der Verletzte muss den Täter verklagen; der Beklagte kann sogar Widerklage erheben. Dem staatlichen Gericht bleibt es überlassen, das Strafurteil zu sprechen. Ein Beispiel für die Privatklage ist der Fall von wechselseitigen Körperverletzungen zweier Väter, die bei einem Fußballspiel ihrer Söhne in Streit geraten sind.

Dieses Beispiel bestätigt aber nur, wie die zuvor genannten, die vorherrschende Stellung des Grundprinzips: Bei der Privatklage erfolgt eine Übernahme der Verfolgung durch den Staat nur, wenn dies im öffentlichen Interesse liegt (§ 376 StPO). Dieses und nicht die privaten Bedürfnisse der Beteiligten stellen also den maßgeblichen Faktor dar.

---

2 Dazu Schroeder, Strafprozessrecht, 4. Aufl. 2007, Rn. 61 ff.

2. Die weitere Konsequenz besteht darin, dass die Verfolgung von Straftaten für den Staat verpflichtend ist (sog. *Legalitätsprinzip*). Hier haben sich im Laufe der Zeit Ausnahmen gebildet. In diesen Fällen (§§ 153 ff. StPO) erfolgt die Strafverfolgung nach Maßgabe der *Opportunität*. Auch hier geht es letztlich um die Frage, ob jeweils ein Fall vorliegt, der einen Verzicht auf die Strafverfolgung mangels eines öffentlichen Interesses zulässt. Hintergrund und Motiv dieser Regelungen ist die Schonung der Ressourcen der Justiz und die Sorge um die Wirtschaftlichkeit des Verfahrens insgesamt. Gerechtigkeit ist nämlich nicht nur ein kostbares Gut, sondern zuweilen auch ein knappes Gut.

3. Aus alledem ergibt sich eine *erste These*: Der Staat darf die Strafverfolgung grundsätzlich nicht Privaten oder privaten Organisationen überlassen. Eine Privatisierung der Strafjustiz oder einzelner ihrer Zweige ist unzulässig und demnach abzulehnen[3].

Es stellt sich allerdings die Frage, was unter „Privatisierung" zu verstehen ist. Teilweise wird dies relativ großzügig interpretiert[4]. Richtigerweise geht es darum, dass die Justiz gehindert ist, sich aus der Hoheitsaufgabe der Strafverfolgung (d.h. auch der Aufgabe, Ermittlungen anzustellen und ihre Richtung zu bestimmen) zurückzuziehen und sie Privaten zu überlassen. Die Inanspruchnahme von Informanten und Vertrauenspersonen der Polizei gehört nicht dazu, denn sie ist staatlich veranlasst und vom Staat zu verantworten. Auch Nachforschungen des Beschuldigten selbst, seines Verteidigers oder des Verletzten gehören nicht hierher.

Wie wichtig jedoch die These des Verbots einer Privatisierung des Ermittlungsverfahrens ist, zeigt sich bspw. an den von der amerikanischen SEC veranlassten Ermittlungen im Falle Siemens[5]. Hier wurden Arbeitnehmer von ihrem Arbeitgeber veranlasst, sich gegenüber Vertrauensanwälten der SEC zu äußern[6]. Die Dysfunktionalität derartiger Vorgänge wird an den Folgeproblemen erkennbar, die bei der Wahrnehmung prozessualer Schweigerechte und der Verwertbarkeit dieser Äußerungen im Strafverfahren auftreten[7].

II. Zu den Rahmenbedingungen gehört ferner – neben der Gesetzlichkeit des Verfahrens überhaupt – die Achtung der Subjektstellung des Beschuldigten und seiner Rechte und die Wahrung der Verhältnismäßigkeit der Mittel der Strafverfolgung.

---

3 Vgl. zu einem Beispielsfall LG Kiel JR 2007, 81 m. Anm. Wehnert.

4 So etwa von Brunhöber, Privatisierung des Ermittlungsverfahrens im Strafprozess, GA 2010, S. 571 ff.

5 Jahn, Ermittlungen in Sachen Siemens/SEC, StV 2009, S. 41 ff.

6 Wastl/Litzka/Pusch, SEC-Ermittlungen in Deutschland – eine Umgehung rechtsstaatlicher Mindeststandards!, NStZ 2009, S. 68 ff.

7 Dann/Schmidt, Im Würgegriff der SEC? – Mitarbeiterbefragungen und die Selbstbelastungsfreiheit, NJW 2009, 1851 ff.; zum Ganzen SK-StPO/Rogall, 4. Aufl. 2010, Vor § 133 Rn. 140.

1. Der Beschuldigte ist als Rechtssubjekt anzuerkennen, dessen Unschuld vermutet wird. Der Nachweis seiner Schuld ist vom Staat zu erbringen. Gelingt dieser Nachweis nicht, ist der Beschuldigte aus dem Verfahren zu entlassen (*burden of proof*; *in dubio pro reo*)[8].

2. Dem Beschuldigten müssen gleichgewichtige (nicht identische) Möglichkeiten der Mitwirkung und Einflussnahme auf das Verfahren geboten werden („*Waffengleichheit*“). Es darf nicht kurzerhand über ihn verfügt werden. Das Verfahren muss fair sein (*Fairness-Prinzip*)[9].

3. Es muss sichergestellt werden, dass der Unschuldige freigesprochen und der Schuldige verurteilt wird (*Wahrheitserforschungspflicht*)[10]. Das setzt voraus, dass die Organe der Strafverfolgung versuchen, der Wahrheit so nahe zu kommen, wie es eben geht. Allerdings gibt es keine Wahrheitserforschung um jeden Preis. Das hätte verhängnisvolle Wirkungen.

Bei der Frage, wie man der Wahrheit am besten nahe kommt, gehen die Meinungen allerdings auseinander. In den Ländern des anglo-amerikanischen Rechtswesens wird die Adversarität hochgehalten. Die Anglo-Amerikaner sind der festen Überzeugung, dass den justiziellen Interessen mit den festen Werten „Konfrontation“, „Kreuzverhör“ und „Jury“ am besten gedient ist. Vom Kreuzverhör heißt es demnach auch bei einem berühmten amerikanischen Prozessualisten (*Wigmore*, On Evidence), dass es sich dabei um „*the best engine ever invented to detect the truth*” handle. Der Nachteil dieses Systems liegt aber ersichtlich darin, dass die Wahrheitserforschung in Abhängigkeit von der Geschicklichkeit der Verteidigung und der Intelligenz und Lebenserfahrung von Laien – den Geschworenen – gestellt wird. Das hat u.U. zur Konsequenz, dass der Richter, der als ausgebildeter Jurist über entsprechende Erfahrungen verfügt und als „Profi“ zu betrachten ist, eine Verurteilung aussprechen muss, obwohl er selbst stärkste Zweifel hat[11]. Aus diesem und aus vielerlei anderen Gründen finden sich in Deutschland nur ganz vereinzelt Befürworter der Einführung eines Parteiprozesses[12].

Das kontinental-europäische und damit auch das deutsche System beruhen demgegenüber auf dem Grundsatz der Erforschung der Wahrheit von Amts wegen (*Amtsaufklärungsgrundsatz*), allerdings unter Mitwirkung der Staatsanwaltschaft und des Beschuldigten. Durch Beweisanträge können die Parteien das Gericht zu einer Beweiserhebung zwingen. Das Gericht liefert dem Beschuldigten

8 Zur Rechtsstellung des Beschuldigten eingehend Rogall, Der Beschuldigte als Beweismittel gegen sich selbst, 1977.

9 Zu diesen Verfahrensgrundsätzen SK-StPO/Rogall, Vor § 133 Rn. 101 ff.

10 Näher dazu Schroeder, Strafprozessrecht, Rn. 245.

11 Instruktiv zu den Problemen des amerikanischen Rechts Pfeiffer, Der Grundsatz des adversarial system of justice und die Informationsrechte des Beschuldigten im Strafprozess der USA, JA 2004, S. 754 ff.

12 So etwa Klug, Zum Strafverfahren als Parteiprozess, ZRP 1999, S. 288 ff.

zugleich Rechtsschutz gegen die Staatsanwaltschaft, indem es die Anklage zulassen muss und darüber wacht, dass Maßnahmen der Staatsanwaltschaft sich im Rahmen der Gesetzlichkeit halten. Das Gericht ist nicht an den Beweisstoff gebunden, der ihm vorgelegt wird, sondern kann (und muss, falls erforderlich) den Sachverhalt selbst (weiter) aufklären. Umgekehrt dürfen die Parteien selbst weitere Nachforschungen anstellen und ggf. weiteres Beweismaterial beibringen[13].

4. Die hinlänglich bekannte (auch erkenntnistheoretische) Kritik am Dogma der Wahrheitserforschung zwingt nicht zur Abkehr vom Ideal der Wahrheit. Es gibt keine Alternative zum Versuch einer möglichst getreulichen Rekonstruktion der Wahrheit. Was mit den Mitteln des Strafprozesses nicht aufgeklärt werden kann oder aufgeklärt werden darf, muss im Dunkeln bleiben. Wenn man nicht aufklären kann, muss man eben freisprechen.

Die *zweite These* lautet also, dass auf den Versuch einer möglichst zuverlässigen Wahrheitserforschung nicht verzichtet werden darf – übrigens ganz unabhängig von der Systemfrage. Die Wahrheitsfindung ist im Übrigen maßgeblich auch von der Mitwirkung des Beschuldigten abhängig.

III. Zu den Rahmenbedingungen gehört auch die Feststellung, dass nicht jeder Beschuldigte in der Lage ist, seine Beteiligungs- und Verteidigungsrechte angemessen wahrzunehmen. Er bedarf unter *Fürsorgegesichtspunkten* der Unterstützung und Hilfe. Es wäre deshalb nicht angängig, wenn man den Beschuldigten bei seiner Mitwirkung an der Wahrheitserforschung allein lassen würde. Daraus resultiert z.B. das Erfordernis der sog. *notwendigen Verteidigung*, deren Problem allerdings darin besteht, ihren Umfang und ihre Grenzen zu bestimmen[14].

Daraus folgen aber auch Regelungen wie die in § 160 Abs. 2 StPO, wonach die Staatsanwaltschaft verpflichtet ist, auch für die Ermittlung entlastender Umstände zu sorgen, ferner die Tatsache, dass die Staatsanwaltschaft auch zugunsten des Beschuldigten Rechtsmittel einlegen kann (§ 296 Abs. 2 StPO), dass jedes Rechtsmittel der Staatsanwaltschaft die Wirkung hat, dass die angefochtene Entscheidung auch zugunsten des Beschuldigten abgeändert werden kann (§ 301 StPO) sowie dass die Staatsanwaltschaft ein zugunsten des Beschuldigten eingelegtes Rechtsmittel nicht ohne dessen Zustimmung zurücknehmen kann (§ 302 Abs. 1 S. 3 StPO).

Die *dritte These* muss deshalb lauten: Wenn die Mitwirkungs- und Beteiligungsrechte auch Relevanz für die Wahrheitserforschung und für *due process* haben, besteht auch ein staatliches Interesse daran, dass der Beschuldigte seine Rechte wahrnehmen kann. Das kann man ihm nicht selbst oder seinem Verteidi-

---

13 Näher dazu Brunhöber, Privatisierung des Ermittlungsverfahrens im Strafprozess, GA 2010, S. 574 ff. mit zu weitreichenden Einschränkungen beim (nicht zur Nebenklage berechtigten) Verletzten.

14 Für das deutsche Strafprozessrecht vgl. namentlich § 140 StPO.

ger überlassen, jedenfalls dann nicht, wenn für ihn viel (z.B. eine Freiheitsstrafe) auf dem Spiel steht. Soviel Paternalismus muss der Bürger ertragen!

Die Richtigkeit dieser These lässt sich am Beispiel der Nebenklage (§§ 395 ff. StPO) gut demonstrieren. Der Beschuldigte sieht sich in diesem Verfahren einem mit Rechtsmacht ausgestatteten Opfer gegenüber. Der Beschuldigte gilt hier nur theoretisch als unschuldig, während die Opfereigenschaft als solche vermutet wird. Richtigerweise dürfte man nur von einem „mutmaßlichen Täter“ und einem „mutmaßlichen Opfer“ sprechen. Ob das Opfer wirklich Opfer ist, steht erst nach rechtskräftiger Verurteilung des Angeklagten fest. Bei der Nebenklage wendet sich also die Unschuldsvermutung gegen den Beschuldigten. Nicht ohne Grund sieht das Gesetz daher eine Pflichtverteidigung vor, wenn dem Verletzten ein Rechtsanwalt zu seiner Unterstützung beigeordnet worden ist (§ 140 Abs. 2 S. 1 StPO).

Damit bin ich am Ende der (hier gleichwohl noch unvollständig dargestellten) Rahmenbedingungen unseres Themas und wende mich nun den erforderlichen Konkretisierungen für das Vorverfahren zu.

3. Verfahrensstrukturen im Ermittlungsverfahren

Aus dem Gesagten geht hervor, dass vorstehende Grundsätze im Prinzip auch im Vorverfahren gelten müssen. Grundsätzlich bleibt es bei

- dem Grundsatz der Strafverfolgung *ex officio*,
- der Pflicht des Staates zur Verfolgung von Straftaten (*Legalitätsprinzip*) und zur Aufklärung des Sachverhalts von Amts wegen (*Amtsermittlungsgrundsatz*),
- dem Verbot einer Privatisierung der Justiz und
- der Gewährleistung von „*due process*“,

so wie das zuvor dargestellt worden ist.

Nicht beantwortet sind damit allerdings Fragen nach der Konkretisierung dieser Grundsätze sowie insb. nach der Geltung von Ausnahmen nach Maßgabe von Eigengesetzlichkeiten des Ermittlungsverfahrens. Es stellen sich aber auch Fragen der Justizorganisation.

I. Frucht des reformierten Strafprozesses ist die Einrichtung einer Staatsanwaltschaft als dominierende Kraft im Vorverfahren und ihre Weisungsbefugnis gegenüber der Polizei[15]. Daran ist aus hier nicht weiter darzustellenden Gründen festzuhalten.

15 Roxin, Zur Rechtsstellung der Staatsanwaltschaft damals und heute, DRiZ 1997, S. 109 ff.; Kelker, Die Rolle der Staatsanwaltschaft im Strafverfahren, ZStW 118 (2006), S. 389 ff.

II. In Rechnung zu stellen sind im Vorverfahren Bemühungen des Beschuldigten, die Erforschung der Wahrheit zu verhindern oder sich dem Verfahren zu entziehen. Dem muss entgegengewirkt werden. Das kann auf verschiedene Weise geschehen. Das Rechtsinstitut der Untersuchungshaft (§§ 112 ff. StPO) ist hierfür nur ein Beispiel. Vor allem aber kann der Öffentlichkeitsgrundsatz nicht gelten. Das Vorverfahren ist zu Recht nicht öffentlich und schriftlich. Es ist freibeweislich eingerichtet, also nicht an fest eingerichtete Formen der Beweiserhebung gebunden.

III. Die Rechte des Beschuldigten sind auch im Vorverfahren zu wahren. Der Beschuldigte hat einen Beweiserhebungsanspruch auch schon im Vorverfahren. Er darf sich des Beistands eines Verteidigers in jedem Stadium des Verfahrens versichern. Er hat Anspruch auf Schutz seiner Rechte durch den Ermittlungsrichter (den Richter im Vorverfahren).

Diese Rechte können in Randbereichen durchaus beschränkt werden; ihr Kern muss aber unangetastet bleiben. Daraus folgt z.B., dass es keine allgemeine notwendige Verteidigung geben muss und dass kein unbedingter Beweiserhebungsanspruch gewährt werden muss[16].

Dem Beschuldigten darf unter bestimmten Voraussetzungen der Zugang zu Ermittlungsergebnissen versagt werden. Die Regelung des § 147 StPO über das Akteneinsichtsrecht zeigt, dass es im Strafprozess keine „*open-documents-doctrine*“ geben muss. Nach der Rechtsprechung des deutschen Bundesverfassungsgerichts ist ein Informationsvorsprung der Staatsanwaltschaft im Vorverfahren nicht zu beanstanden[17].

IV. In Deutschland wird die im Vorverfahren bestehende Rechtslage stark kritisiert, weil die Rechte des Beschuldigten nicht genügend gewahrt seien. Dabei wird vor allem darauf hingewiesen, dass das Vorverfahren für den gesamten Strafprozess präjudizierend sei, also die Funktion einer „Weichenstellung“ habe[18].

Die Aktualität dieser Fragen lässt sich daran erkennen, dass sich der Deutsche Juristentag im Jahre 2004[19] mit den „Chancen und Risiken einer Reform des strafrechtlichen Ermittlungsverfahrens“ befasst hat. Er ist bei den Beratungen zu folgenden Ergebnissen gekommen[20]:

- Das Vorverfahren bedarf keiner grundsätzlichen Reform, sondern nur einer behutsamen Modernisierung und Weiterentwicklung. Dabei muss allen Be-

16 Vgl. § 166 Abs. 1 StPO.

17 Vgl. BVerfG NJW 1984, 1676.

18 Zu dieser Kritik vgl. schon Rogall, Die Rolle des Ermittlungsverfahrens in der Bundesrepublik Deutschland, in: Eser/Kaiser (Hrsg.), Zweites Deutsch-Ungarisches Kolloquium über Strafrecht und Kriminologie (1995), S. 75 ff.

19 Vgl. insoweit das Gutachten von Satzger, Chancen und Risiken einer Reform des strafrechtlichen Ermittlungsverfahrens, 2004, S. C 1 ff.

20 Vgl. dazu im Einzelnen die Beschlüsse der strafrechtlichen Abteilung des Juristentags.

teiligten klar sein, dass mit einer Verstärkung des Justizpersonals auf absehbare Zeit nicht gerechnet werden kann.
- Die zentrale Aufgabe des Strafverfahrens, den wahren Sachverhalt als Grundlage eines gerechten Urteils zu erforschen, darf nicht beeinträchtigt werden.

Insgesamt wurden u.a. folgende Forderungen an den Gesetzgeber gerichtet:

- Die Einleitung des Ermittlungsverfahrens ist dem Beschuldigten mitzuteilen, sobald dies ohne Gefährdung des Ermittlungszwecks geschehen kann.
- Der Verteidiger hat das Recht zur Mitwirkung an der Vernehmung des Beschuldigten auch durch die Polizei.
- Im Verhältnis zur Polizei ist an der Verfahrensleitung durch die Staatsanwaltschaft festzuhalten.
- Ein eigenes Einstellungsrecht der Polizei ist nicht vorzusehen.
- Die Rechtsstellung der Staatsanwaltschaft soll weiter gestärkt werden; insb. ist ihre Unabhängigkeit von politischer Einflussnahme weiter zu stärken.
- Auch die Rechtsstellung des Ermittlungsrichters ist weiter zu stärken.

4. Adversatorisches Vorverfahren?

Ein adversatorisches Vorverfahren kommt, das ist schon deutlich geworden, jedenfalls für den deutschen Strafprozess nicht in Betracht. Allerdings: Im Privatklageverfahren muss der Privatkläger selbst sehen, wie er zu seinen Beweismitteln kommt. Und selbstverständlich sind dem Verteidiger eigene Ermittlungen nicht untersagt. Die StPO geht sogar von ihrer Zulässigkeit aus[21]. Und natürlich ist auch das deutsche Ermittlungsverfahren durch die Absprachen (etwas) adversatorischer geworden[22]. Dazu Näheres auszuführen, verbietet leidet der vorgesehene Zeitrahmen.

Eine strenge Adversarität würde zur Notwendigkeit einer Pflichtverteidigung von Anfang an führen. Es wäre auch vorzusehen, dass der Beschuldigte bzw. der Verteidiger Zeugen und Sachverständige zur Tätigkeit zwingen könnte; auch müsste dann eine Erscheinenspflicht von Zeugen und Sachverständigen vor dem Verteidiger begründet werden.

Das alles lässt sich nicht realisieren. Die entstehenden Kosten könnten nicht getragen werden, und es wäre problematisch, Private für private Interessen zwangsweise zu mobilisieren. Wenn man das alles bedenkt, ist das adversatorische Modell im Ergebnis sicher keine Empfehlung wert.

---

21 Brunhöber, Privatisierung des Ermittlungsverfahrens im Strafprozess, GA 2010, S. 573 f.

22 Zur Kritik der Absprachen (allerdings überzogen) Roxin/Schünemann, Strafverfahrensrecht, 26. Aufl. 2009, Rn. 17/7 ff.

5. Schlussbemerkung

Forderungen nach Adversarität des Vorverfahrens gehen von einer Benachteiligung des Beschuldigten in Form eines Mitwirkungsdefizits aus. Das stimmt so nicht ganz. Heute ist z.B. das Phänomen des „Medienanwalts" gebräuchlich geworden, wie sich am Beispiel des *Kachelmann*-Prozesses zeigen lässt. Gute Verteidigung zeichnet sich heute eben auch durch einen professionellen Umgang mit den Medien aus. Insoweit könnte man sogar von einer Stärkung der Stellung des Beschuldigten sprechen. Gleichwohl bleiben Disparitäten bestehen, die sich nicht ausräumen lassen. Soll etwa jedem Beschuldigten ein Medienanwalt gegeben werden? Viel wichtiger, das mag am Ende eigenartig klingen, erscheint tatsächlich eine Stärkung der Rechtsstellung der Staatsanwaltschaft, auch durch Schaffung eines eigenen Berufsrechts. Das gilt für Deutschland, aber vielleicht nicht für andere Staaten. Bei der Durchführung von etwaigen Reformen, und das schließt jetzt den Kreis, darf aber eines nicht vermengt werden: die Struktur eines Strafverfahrens und die Gewährleistung der Rechte der Verfahrensbeteiligten.

Состязательность на предварительном следствии?

Клаус Рогалль

1. Вступление

Любой подход к обозначенной теме, касающейся вопроса о том, рекомендуется ли организовать предварительное расследование в уголовном процессе на принципе состязательности, основывается на предпосылках, с раскрытия которых и следует начать. Таких предпосылок две.

Первая предпосылка заключается в *существовании правовой системы, основанной на принципах верховенства права*. Это подразумевает независимость органов юстиции. Судебные решения не должны подкупаться и продаваться, но прежде всего не должно быть никакого недобросовестного влияния на уголовный процесс. Если это не гарантировано, то дискуссия о преимуществах и недостатках состязательной или инквизиционной системы лишена смысла. *Коррупционной или диктаторской правовой системе безразлично, какова форма ее уголовного процесса*.

Вторая предпосылка касается лежащего в основе наших рассуждений *понимания термина состязательность*. Этот термин обозначает только определенную *структуру процесса* и *не* описывает, например, *правовой статус участников процесса* в том смысле, что им следует или они обязательно должны иметь определенные права и полномочия. Процесс является состязательным, если только стороны несут ответственность за представление процессуальных материалов и роль суда ограничивается наблюдением за справедливостью судебного разбирательства и решением самого спора.[1] Эта структура может, пожалуй, действительно иметь определенные последствия – например, введение перекрестного допроса. Но последний, опять же, независим от какой-либо структуры, что доказывается тем фактом, что и в немецкой уголовно-процессуальной системе есть перекрестный допрос (§ 239 УПК Германии, далее - УПК Германии), хотя он и не имеет практического значения. Во всяком случае, нельзя смешивать структурные вопросы и вопросы правового статуса участников процесса. Первый вопрос имеет скорее техническую природу, в то время как

1 Weigend, Die Reform des Strafverfahrens - Europäische und deutsche Tendenzen und Probleme, ZStW 104 (1992), 486 ff.; Pfeiffer, Der Grundsatz des adversarial system of justice und die Informationsrechte des Beschuldigten im Strafprozess der USA, JA 2004, 754 ff.

второй касается понимания таких институтов, как государство и конституция.

2. Типовые условия различных процессуальных форм

I. Уголовные преступления являются нарушением общественного порядка и его основных условий. Такое их значение сначала понималось не везде; уголовное преступление казалось нарушением частных отношений и в этой же форме и каралось, а именно путем междоусобных войн или личной мести. С течением времени преступление утратило это личное значение – но утрата преступлением личностного характера не привела к образованию вакуума, т.к. обнаружилось публичное значение уголовного преступления и публичная заинтересованность в преследовании преступлений. Но если *уголовное преследование является публичным делом,* то оно не может быть оставлено в руках частных лиц. Уголовное преследование превратилось в дело государства. Это стало даже обязательной задачей государства, потому что гражданин может отказаться от самопомощи только в том случае, когда и поскольку государство гарантирует ему преследование за совершенное преступление и тем самым удовлетворяет его. Из этого заключения можно сделать следующие выводы:

1. Обязанность уголовного преследования возложена только на специально созданные органы юстиции. Оно осуществляется принципиально ex officio, т.е. государственные органы реагируют на преступление по долгу службы (так называемый принцип официальности – нем. *Offizialprinzip*).[2]

а) Правда, из этого принципа обязательно должны иметься исключения. Например, преступления, преследуемые в уголовном порядке только по жалобе потерпевшего или по выданному им полномочию (§ 77 и след. Уголовного кодекса Германии). В случаях этих правонарушений уголовное преследование начинается только по заявлению потерпевшего или если потерпевший уполномочил органы юстиции. Ведь, конечно, возможны ситуации, когда уголовное преследование затрагивает также и интересы потерпевшего, т.е. может даже повредить ему. Так, преследование за воровство может нарушить мир в семье, а преследование за политическое преступление, осложненное иностранным элементом, может нанести вред интересам государства.

б) Далее следует назвать так называемые *преступления, преследуемые по частному обвинению* (§ 374 и след. УПК Германии). Это маловажные дела, преследование за которые остается в руках частных лиц. Государст-

---

2 См. об этом: Schroeder, Strafprozessrecht, 4. Aufl. 2007, Rn. 61 ff.

венные органы не обязаны сотрудничать с потерпевшим. Потерпевший должен подать в суд на лицо, совершившее правонарушение; обвиняемый вправе даже предъявить встречный иск. Право вынесения приговора остается за государственным судом. Примером частного обвинения является нанесение двумя отцами друг другу телесных повреждений, поссорившимися, когда их сыновья играли в футбол.

Но этот пример, как и другие вышеприведенные примеры, только подтверждает приоритет основного принципа: в случае частного обвинения государство начинает уголовное преследование лишь тогда, когда это отвечает публичным интересам (§ 376 УПК Германии). Следовательно, решающим фактором являются только эти интересы, а не личные потребности участников.

2) Следующий вывод заключается в том, что уголовное преследование является обязательным для государства (так называемый *принцип законности*). С течением времени здесь появились исключения. В этих случаях (§§ 153 и след. УПК Германии) уголовное преследование осуществляется по мере *целесообразности*. Здесь, в конечном счете, речь тоже идет о вопросе, допускает ли соответствующее дело отказ от уголовного преследования из-за отсутствия публичных интересов. Причиной и мотивом этих положений является бережное отношение к ресурсам органов юстиции и забота о рентабельности процессуальных расходов в целом. Ведь справедливость – это не только дорогое благо, но иногда и дефицитное благо.

3) Из вышесказанного следует *первый тезис*: Государство принципиально не имеет права передавать уголовное преследование в руки частных лиц или частных организаций. Приватизация государственной юстиции или отдельных ее ветвей недопустима и поэтому должна быть отвергнута.[3]

Правда, возникает вопрос, что понимать под «приватизацией». Частью это интерпретируется весьма широко.[4] Вернее, речь идет о том, чтобы воспрепятствовать органам юстиции устраниться от выполнения государственной задачи уголовного преследования (т.е. и задачи вести дознание и определять его направленность) и предоставить ее частным лицам или организациям. Использование информантов и доверенных лиц полиции сюда не относится, т.к. полиция создана государством и за ее действия отвечает государство. Не относятся сюда и расследования, ведущиеся самим обвиняемым, его защитником или потерпевшим.

Насколько важен тезис о запрете приватизации процесса дознания, можно продемонстрировать на примере дознания, проводившегося по указанию американской Комиссии по ценным бумагам и бирже (SEC).[5] Со-

---

3 См. для примера дело LG Kiel JR 2007, 81 m. Anm. Wehnert.

4 Так, например: Brunhöber, Privatisierung des Ermittlungsverfahrens im Strafprozess, GA 2010, 571 ff.

5 Jahn, Ermittlungen in Sachen Siemens/SEC, StV 2009, 41 ff.

трудники по распоряжению своего работодателя должны были отвечать на вопросы адвокатов, нанятых Комиссией SEC, информируя власти о правонарушениях своего работодателя.[6] Дисфункциональность подобных действий становится понятной при появлении впоследствии проблем, возникающих при осуществлении права на молчание и при использовании таких показаний в уголовном процессе.[7]

II. Кроме того, к типовым условиям – наряду с *законностью процесса* вообще – относится уважение *статуса субъекта, которым обладает обвиняемый,* и его прав. а также *соблюдение принципа соразмерности средств уголовного преследования.*

1) Обвиняемый должен рассматриваться как субъект права, невиновность которого презюмируется. Доказательство его вины должно представить государство. При невозможности доказать вину обвиняемого следует отпустить (*burden of proof – бремя доказывания*; *in dubio pro reo – при сомнении воздержись*).[8]

2) Обвиняемому должны быть предоставлены равновесные (не идентичные) возможности сотрудничества и оказания воздействия на ход процесса (равенство сил и возможностей – нем. «*Waffengleichheit*»). Нельзя бездумно распоряжаться обвиняемым. Процесс должен быть справедливым (*принцип справедливости*).[9]

3) Необходимо гарантировать, что невиновный будет освобожден, а виновный наказан (*обязанность установления истины*).[10] Это предполагает, что органы уголовного преследования должны стараться приблизиться к истине настолько, насколько это возможно. Правда, истина не должна устанавливаться любой ценой. Это привело бы к роковым последствиям.

По вопросу, каков же наилучший путь установления истины, мнения расходятся. В странах англо-американского права высоко ценят состязательность. Англо-американцы твердо убеждены, что интересам юстиции лучше всего отвечают такие прочные ценности, как «конфронтация», «перекрестный допрос» и «суд присяжных». Поэтому известный американский процессуалист Джон Уигмор (*Wigmore*, On Evidence) утверждает, что при этом речь идет о «самом лучшем инструменте для установления истины, который когда-либо изобретался». Но очевидный недостаток этой системы заключается в том, что установление истины ставится в зависимость

---

6 Wastl/Litzka/Pusch, SEC-Ermittlungen in Deutschland – eine Umgehung rechtsstaatlicher Mindeststandards!, NStZ 2009, 68 ff.

7 Dann/Schmidt, Im Würgegriff der SEC? – Mitarbeiterbefragungen und die Selbstbelastungsfreiheit, NJW 2009, 1851 ff.; zum Ganzen SK-StPO/Rogall, 4. Aufl. 2010, Vor § 133 Rn. 140.

8 См. подробно о правовом статусе обвиняемого: Rogall, Der Beschuldigte als Beweismittel gegen sich selbst, 1977

9 См. об этих процессуальных принципах: SK-StPO/Rogall, Vor § 133 Rn. 101 ff.

10 См. подробнее: Schroeder, Strafprozessrecht, Rn. 245

от ловкости и мастерства защиты и интеллекта и жизненного опыта непрофессионалов – присяжных. Следствием этого является, при известных условиях, то, что судья, который как образованный юрист обладает соответствующим опытом и должен считаться профессионалом, обязан вынести приговор, хотя у него самого имеются сильнейшие сомнения.[11] По этой и по многим другим причинам в Германии встречаются лишь отдельные приверженцы введения состязательного уголовного процесса, который в Германии называют и *Parteiprozess*.[12]

В отличие от этого, континентально-европейская, а поэтому и немецкая система основана на принципе установления истины официальным путем, в силу обязанностей (*принцип установления истины по долгу службы, нем. Amtsaufklärungsgrundsatz*), правда, при содействии прокуратуры и обвиняемого. Подавая ходатайства о допущении доказательств, стороны могут заставить суд исследовать доказательства. Суд одновременно предоставляет обвиняемому правовую защиту от действий прокуратуры, проверяя допустимость обвинения и следя за тем, чтобы меры прокуратуры не выходили за рамки законности. Суд не связан представляемыми ему доказательствами, но может (и должен, если требуется) самостоятельно расследовать обстоятельства дела или продолжить расследование. И, наоборот, стороны вправе самостоятельно проводить дальнейшие расследования и, при необходимости, представлять дополнительные доказательства.[13]

4) Достаточно известная критика (в том числе и с позиций теории познания) в адрес догмата установления истины не может заставить отказаться от идеала истины. Не существует никакой альтернативы попытке как можно точнее реконструировать истину. То, что невозможно или запрещено выяснить с помощью уголовно-процессуальных средств, должно остаться неизвестным. Если невозможно установить истину, обвиняемый должен быть оправдан.

Таким образом, *второй тезис* гласит, что нельзя отказываться от попытки как можно более надежного расследования и установления истины – впрочем, это совсем не зависит от системы. В остальном поиск истины существенно зависит и от содействия обвиняемого.

III. К типовым условиям относится также утверждение, что не каждый обвиняемый в состоянии разумно реализовать свои права на участие и защиту. Ему требуется *попечительство*, т.е. поддержка и помощь. Поэтому

---

11 См. содержательный разбор проблем американского права: Pfeiffer, Der Grundsatz des adversarial system of justice und die Informationsrechte des Beschuldigten im Strafprozess der USA, JA 2004, 754 ff.

12 См., например: Klug, Zum Strafverfahren als Parteiprozess, ZRP 1999, 288 ff.

13 См. об этом подробнее: Brunhöber, Privatisierung des Ermittlungsverfahrens im Strafprozess, GA 2010, 574 ff. о значительных ограничениях прав потерпевшего (не имеющего права на подачу дополнительного иска).

было бы недопустимым предоставить обвиняемого самому себе при его содействии в установлении истины. Из этого следует, например, требование так называемой *необходимой защиты*, правда, проблема заключается в определении объема и границ защиты.[14]

Из этого вытекают и положения, например, абз. 2 § 160 УПК Германии, согласно которым прокуратура обязана заботиться и о выяснении оправдывающих обстоятельств, а также имеет право подать кассационную жалобу и в пользу обвиняемого (абз. 2 § 296 УПК Германии), любая жалоба прокуратуры может привести к изменению обжалованного судебного решения и в пользу обвиняемого (§ 301 УПК Германии), и прокурор без согласия обвиняемого не может забрать поданную жалобу, поданную в его защиту (предложение 3 абз. 1 § 302 УПК Германии).

Поэтому *третий тезис* должен гласить: если права на содействие и участие имеют также существенное значение для установления истины и для *due process* (надлежащей правовой процедуры), то и государство заинтересовано в том, чтобы обвиняемый мог осуществлять свои права. Это нельзя предоставить ему самому или его защитнику, во всяком случае, тогда, когда для него на карту поставлено слишком много (например, если ему грозит тюремное заключение). Столько патернализма гражданин наверняка вынесет!

Справедливость этого тезиса можно продемонстрировать на примере дополнительного, или присоединяющегося, частного обвинения (*нем.:* Nebenklage). В ходе этой процедуры обвиняемый оказывается лицом к лицу с жертвой, облеченной юридической властью. Здесь обвиняемый считается невиновным только теоретически, в то время как в отношении потерпевшего презюмируется статус жертвы. Правильнее было бы говорить только о «предположительном преступнике» и «предположительной жертве». Является ли жертва действительно жертвой, выясняется только после вступления в силу приговора обвиняемому. Таким образом, в случае поступления дополнительного частного обвинения презумпция невиновности оборачивается против обвиняемого. Поэтому закон небезосновательно предусматривает обязательную защиту, если в поддержку потерпевшему предоставлен адвокат (предложение 1 абзац 2 § 140 УПК Германии).

На этом я завершаю вопрос о типовых условиях (хотя он все же здесь полностью не раскрыт) и перехожу к конкретному рассмотрению предварительного расследования.

---

14 В отношении немецкого уголовно-процессуального права см.: § 140 StPO.

3. Процессуальные структуры в процессе дознания

Из сказанного следует, что выше названные принципы должны обязательно распространяться и на предварительное расследование. Принципиально сохраняются:

- принцип уголовного преследования ex officio;
- обязанность государства осуществлять уголовное преследование (принцип законности) и выяснять обстоятельства дела по долгу службы (принцип осуществления дознания по долгу службы);
- запрет на приватизацию юстиции и
- обеспечение надлежащей правовой процедуры (due process),

как это было описано выше.

Правда, это не дает ответа на вопросы о конкретном содержании этих принципов и, в частности, о действии исключений в соответствии с автономией процесса дознания. Возникают и вопросы об организации юстиции.

I. Плодом реформы уголовного процесса является учреждение прокуратуры как доминирующей силы на этапе предварительного следствия и предоставление ей полномочий давать указания полиции.[15] Этого надо придерживаться по причинам, которые здесь более подробно не рассматриваются.

II. Надо учитывать и усилия, прилагаемые обвиняемым на предварительном расследовании, чтобы воспрепятствовать установлению истины или избежать судебного процесса. Этому необходимо противодействовать. Для этого есть разные способы. Лишь одним из примеров является правовой институт предварительного заключения (§§ 112 и след. УПК Германии). Но прежде всего не может действовать принцип гласности судебного разбирательства. Предварительное следствие совершенно справедливо не является публичным и письменным. Оно организовано по принципу свободного доказывания, т.е. не связано строго установленными формами сбора доказательств.

III. Права обвиняемого должны соблюдаться и в ходе предварительного расследования; обвиняемый может потребовать сбора доказательств уже на этапе предварительного расследования. Он вправе заручиться поддержкой адвоката на любой стадии процесса. Он может потребовать защи-

15 Roxin, Zur Rechtsstellung der Staatsanwaltschaft damals und heute, DRiZ 1997, 109 ff.; Kelker, Die Rolle der Staatsanwaltschaft im Strafverfahren, ZStW 118 (2006), 389 ff.

ты своих прав судьей-дознавателем (судья на этапе предварительного расследования) (нем.: Ermittlungsrichter).

Эти права в их маргинальных проявлениях вполне могут быть ограничены; но их главная суть должна оставаться неприкосновенной. Из этого следует, например, что не должна существовать общая необходимая защита и что обвиняемому не нужно обязательно предоставлять право требовать сбора доказательств.[16]

При определенных условиях обвиняемому может быть отказано в доступе к результатам дознания. Положение § 147 УПК Германии о праве на ознакомление с материалами дела показывает, что в уголовном процессе не обязательно должен действовать принцип предоставления материалов (англ.: open-documents-doctrine). Согласно решению Федерального конституционного суда Германии, превосходство прокуратуры в степени информированности на этапе предварительного расследования обжалованию не подлежит.[17]

IV. В Германии раздается резкая критика правовой ситуации в ходе предварительного расследования, т.к. права обвиняемого недостаточно защищены. При этом указывается прежде всего на то, что предварительное расследование предваряет весь уголовный процесс, т.е. выполняет функцию определения дальнейшего развития процесса, своего рода «перевод стрелок».[18]

Актуальность этих вопросов подтверждается тем, что Ассоциация юристов Германии (der Deutsche Juristentag) в 2004 г. занималась вопросами «шансов и рисков реформы уголовно-процессуального дознания»[19]. После обсуждения этих вопросов Ассоциация пришла к следующим выводам:[20]

- Этап предварительного расследования требует не принципиальной реформы, а только осторожной модернизации и дальнейшего развития. При этом всем участникам, скорее всего, ясно, что в обозримом будущем нельзя рассчитывать на увеличение судебного персонала.
- Нельзя умалять центральную задачу уголовного процесса – раскрытие истинных обстоятельств дела как основы для вынесения справедливого приговора.

---

16 См. § 166 Abs. 1 StPO.

17 См. BVerfG NJW 1984, 1676.

18 Об этой критике см.: Rogall, Die Rolle des Ermittlungsverfahrens in der Bundesrepublik Deutschland, in: Eser/Kaiser (Hrsg.), Zweites Deutsch-Ungarisches Kolloquium über Strafrecht und Kriminologie (1995), S. 75 ff.

19 См. экспертное заключение: Satzger, Chancen und Risiken einer Reform des strafrechtlichen Ermittlungsverfahrens, 2004, S. C 1 ff.

20 Конкретно об этом см. решения уголовно-правового отдела Ассоциации немецких юристов.

В целом в адрес законодателя были направлены следующие требования:

- Обвиняемому следует сообщать о начале дознания, как только это можно сделать без угрозы для цели следствия.
- Защитник имеет право на участие в допросе обвиняемого, в том числе на допросах, проводимых полицией.
- В отношениях с полицией следует придерживаться принципа, согласно которому руководство процессом осуществляет прокуратура.
- За полицией не предусмотрено право самостоятельно прекращать процесс.
- Правовой статус прокуратуры следует еще более укрепить; в частности, нужно усилить ее независимость от политического влияния.
- Следует укрепить и правовой статус судьи-дознавателя.

4. Состязательное предварительное расследование?

Состязательное предварительное расследование, как уже стало ясно, не подходит для уголовного процесса, во всяком случае – для немецкого. Однако: в процессах по частному обвинению лицо, подавшее жалобу, должно самостоятельно позаботиться о получении доказательств. И, разумеется, защитнику не запрещается проводить собственное дознание. УПК Германии даже исходит из его допустимости.[21] И, конечно, предварительное дознание в Германии стало (немного) состязательнее благодаря институту судебных сделок.[22] К сожалению, рамки данного доклада не позволяют остановиться на этом подробнее.

Строгое следование принципу состязательности привело бы к необходимости обязательной защиты с самого начала процесса. Нужно было бы также предусмотреть, чтобы обвиняемый или его защитник могли вынудить свидетелей давать показания, а экспертов составить экспертизу; кроме того, надо было бы ввести и обосновать обязанность явки свидетелей и экспертов к защитнику.

Все это невозможно реализовать. Возникли бы непомерные расходы, и было бы проблемой заставить частных лиц активно действовать в частных интересах под принуждением. Если все это принять во внимание, то в итоге состязательную модель, конечно, не стоит рекомендовать.

---

21 Brunhöber, Privatisierung des Ermittlungsverfahrens im Strafprozess, GA 2010, 573 f.

22 Критика судебных сделок (правда, излишняя): Roxin/Schünemann, Strafverfahrensrecht, 26. Aufl. 2009, Rn. 17/7 ff.

5. Заключение

Требования сделать предварительное расследование состязательным основываются на ущемлении прав обвиняемого в форме дефицита содействия. Это не совсем так. Сегодня вошел в употребление такой феномен, как «медиа-адвокат», что видно на примере процесса по делу немецкого телеведущего Йорга Кахельмана. Хорошая защита отличается сегодня именно профессиональным подходом к средствам массовой информации. С этой точки зрения можно было бы говорить даже об усилении позиции обвиняемого. Тем не менее, сохраняются определенные диспропорции, избавиться от которых невозможно. Не предоставлять же каждому обвиняемому медиа-адвоката? Намного более важным - в завершение моего доклада это может прозвучать несколько странно – мне представляется усиление позиции прокуратуры, в том числе путем создания собственного профессионального права прокуроров. Это касается Германии, а других государств, может быть, и нет. Но при проведении возможных реформ – и круг теперь замыкается – нельзя смешивать разные понятия: структуру уголовного процесса и обеспечение прав участников процесса.

Richterliche Kontrolle im Ermittlungsverfahren: Probleme der rechtlichen Regelung

Sergej Pashin

1. Rechtliche Grundlagen der richterlichen Kontrolle

Die hoheitliche Gewalt lässt sich noch ertragen, solange sie mit den Staatsangehörigen die Sprache des Rechts spricht. Deshalb lassen sich die Kriterien zur Beurteilung der Tätigkeit öffentlicher Behörden, besonders derjenigen, die heute üblicherweise zur Exekutive gezählt werden, nicht auf die Effizienzkennzahlen bei Vollbringung von bestimmten Leistungen in dem ihnen zugewiesenen Staatsverwaltungsbereich reduzieren, bspw. Sicherung von *Queen's* bzw. *King's peace*, von öffentlicher Ordnung, Unterbindung und Aufklärung von Straftaten. Die Tätigkeit der Rechtsschutzorgane ist auch ungeachtet der Erfolgsleistungen vom Blickpunkt der Rechtmäßigkeit und der Gerechtigkeit aus zu beurteilen. Diesen Standpunkt beziehen die Gerichte, die dazu berufen sind, Träger der Rechtsgüter zu sein und die Gerechtigkeit in der alltäglichen Praxis anzuwenden.

Die Idee der richterlichen Kontrolle geht auf die *Magna Carta Libertatum* von 1215 zurück. In Art. 39 hat der englische König *Johann Ohneland* den Baronen versprochen: „Kein freier Mann soll verhaftet, gefangen gesetzt, seiner Güter beraubt, geächtet, verbannt oder sonst angegriffen werden; noch werden wir ihm anders etwas zufügen, oder ihn ins Gefängnis werfen lassen, als durch das gesetzliche Urteil von Seinesgleichen, oder durch das Landesgesetz.[1]" In einer besonders offensichtlichen und vollkommenen Weise wurde die richterliche Kontrolle durch das Institut *habeas corpus* umgesetzt, das ursprünglich zwar als ein Element des *common law* existierte, nachdem aber das englische Parlament im Jahre 1679 den *Habeas Corpus Amendment Act* (*Act for the better securing the Liberty of the Subject, and for Prevention of Imprisonments beyond the Seas*) verabschiedet hatte, wurde *habeas corpus* zum Bestandteil der Gesetzgebung (*statute law*).

Die Unterzeichnerstaaten des Internationalen Paktes über bürgerliche und politische Rechte (IPbpR) verpflichten sich, „den gerichtlichen Rechtsschutz auszubauen" (Art. 2 Abs. 3 b). Die Einführung einer *Habeas-Corpus-*

---

1 "Nullus liber homo capiatur, vel imprisonetur, aut disseisiatur, aut utlagetur, aut exuletur, aut aliquo modo destruatur, nec super eum ibimus, nec super eum mittemus, nisi per legale judicium parium suorum vel per legem terre." Magna Carta Libertatum, Originaltext, deutsche Übersetzung http://www.verfassungen.eu/gb/gb1215.htm.

Gesetzgebung in den Staaten, die im postsowjetischen Raum entstandenen sind, ist kraft Art. 9 des IPbpR unbedingt nötig, für einige dieser Staaten ergibt sich diese Notwendigkeit auch aus den Vorschriften des Art. 5 der Europäischen Konvention zum Schutze der Menschenrechte und Grundfreiheiten (EMRK). Die Bestimmungen des IPbpR und der EMRK werden durch die von der internationalen Gemeinschaft gebilligten Standards weiterentwickelt. So lautet Grundsatz 9 der UN-Prinzipien zum Schutz aller Personen in sämtlichen Arten von Gefangenschaft und Inhaftierung (vom 09. Dezember 1988): „Die Behörden, die eine Person festhalten, inhaftieren oder in ihrer Sache ermitteln, haben nur die ihnen gesetzlich gewährten Befugnisse wahrzunehmen, die Wahrnehmung dieser Befugnisse kann vor Gericht oder vor einer anderen vom Gesetz vorgesehenen Behörde angerufen werden".

Die richterliche Kontrolle soll durch ein zuständiges und unvoreingenommenes Gericht ausgeübt werden, das aufgrund des Gesetzes gebildet ist, sich an demokratische Grundsätze der Rechtsprechung hält, innerhalb angemessener Fristen handelt und in der Lage ist, einen effektiven Schutz der Rechte eines Menschen bzw. die Wiederherstellung seiner während der Ermittlung verletzten Rechte und Freiheiten zu gewährleisten.

2. Einige Probleme der richterlichen Kontrolle in den GUS-Staaten

Das Studium der Gesetzgebung der GUS-Staaten (GUS – Gemeinschaft unabhängiger Staaten) lässt uns zu dem Schluss kommen, dass die dort umgesetzten Reformen manchmal durch Strukturwandel und Neuverteilung der Befugnisse im System der Strafverfolgungsorgane begleitet wurden, ihre Hauptrolle im Strafgerichtsverfahren jedoch unverändert geblieben ist. Die Gerichte sind nach wie vor Anhängsel der Machtstrukturen, wodurch die richterliche Kontrolle im Ermittlungsverfahren formell und unzuverlässig wird.

Der Aufbau des Vorermittlungsverfahrens in den GUS-Staaten entspricht den Merkmalen des sog. „gemischten" Strafverfahrens. Die Verfassung der Russischen Föderation (RF) ist die einzige unter den Verfassungen der GUS, in der verbrieft ist, dass nicht nur die Gerichtsverhandlung, sondern das „Gerichtsverfahren" insgesamt auf der Grundlage des adversatorischen Prinzips und der Gleichberechtigung der Parteien durchzuführen ist (Art. 123 Teil 3 der Verfassung der RF). Faktisch aber kann das Vorermittlungsverfahren in Russland nicht als adversatorisch bezeichnet werden, weil die Anklageseite Herr der Ermittlung ist und deutliche Vorteile gegenüber der Verteidigung aufweist. Nur der Ermittler und der Untersuchungsführer dürfen Beweise vorlegen; von ihnen hängt es auch ab, ob die von der Verteidigung erhobenen Beweise den Akten beigefügt werden und damit den Beweisstatus erhalten. In Russland wie auch in den anderen GUS-Staaten verläuft das Vorermittlungsverfahren hinter verschlossenen Türen, es hüllt sich in ein „Kanzleigeheimnis", was den Inquisitionsformen des Verfahrens ganz nahe steht.

Das ernsteste und für alle postsowjetischen Staaten gemeinsame Problem ist die Vermischung der Vorermittlung und der formellen Ermittlung im Strafverfahren. Im zaristischen Russland wurde die Vorermittlung von der Polizei sowie den Gendarmeriebeamten vorgenommen, die formelle Ermittlung aber war in der Hand der Bediensteten der Justizgewalt – der gerichtlichen Untersuchungsführer. Der Untersuchungsführer in den GUS-Staaten vereinigt in sich einerseits die Merkmale des Vertreters der Strafverfolgungsbehörde und andererseits die der Justizgewalt; zusätzlich ist der Ermittler faktisch ein Beamter der Exekutive, welcher mit der sog. operativen Fahndungstätigkeit eng in Berührung kommt. Dieser Ansatz deformiert den prozessualen Aufbau der Ermittlung und führt zu paradoxen Situationen. Nach der russischen Gesetzgebung gelten z.B. der Untersuchungsführer und der Ermittler als Prozessparteien, jedoch haben sie die Anträge der Verteidigungsseite, d.h. ihrer Gegenpartei, zu prüfen und zuzulassen (übrigens auch die Anträge der geschädigten Partei); diese Amtspersonen dürfen auch Beweise als unzulässig erklären, die sie selbst durch Besichtigung des Tatorts, Hausdurchsuchungen und andere Ermittlungshandlungen bekommen haben.

Bei der Reform des Strafgerichtsverfahrens sehen sich die Reformer gezwungen, nicht nur die von der Sowjetordnung geerbte Allgewalt der Machtstrukturen (besonders die der Staatssicherheitsorgane), sondern auch die spezifische Rolle der Staatsanwaltschaft zu berücksichtigen. Die richterliche Kontrolle erobert überall die Gebiete zurück, die die staatsanwaltschaftliche Aufsicht unter Druck von außen verlassen musste. So ist für die GUS-Staaten die sukzessive Einführung der *Habeas-Corpus-Gesetzgebung* ziemlich typisch: Zuerst ordnen die Staatsanwälte nach wie vor, wie auch zu den Sowjetzeiten, Inhaftierung als eine Sicherheitsmaßregel an. Ohne den Staatsanwälten diese Befugnis zu entziehen, erlaubt dann der Gesetzgeber den Beschuldigten und den Angeklagten, die Inhaftierung vor Gericht anzurufen und schließlich wird die Entscheidung über Inhaftierung und Verlängerung der Haftdauer voll und ganz den Gerichten zugewiesen. Bei der Reglementierung der Rechtsmittel für Anrufung der Handlungen bzw. der Untätigkeit der Ermittlungsorgane sowie ihrer Entscheidungen ist es nach wie vor üblich, bestimmte Akten auszusondern, die der richterlichen Kontrolle nicht unterliegen.

3. Schwierigkeiten bei der Rechtsregelung der richterlichen Kontrolle

Bei der Entwicklung der Gesetzgebung über die richterliche Kontrolle entsteht unvermeidlich eine Reihe von Fragen, deren konkrete Lösung von der vorgegebenen Tiefe der Justizreformen abhängt.

Eine davon ist das Subjekt der richterlichen Kontrolle: Soll dieses Subjekt etwa ein Spezialrichter sein oder kann die einschlägige Funktion durch den Richter an einem regionalen ordentlichen Gericht wahrgenommen werden? Die weltweite Praxis kennt beide Ansätze. Dem Anschein nach führt der bequemere und billigere Ansatz, bei dem die richterliche Kontrolle ohne Änderungen des Gerichtsaufbaus durch die gewöhnlichen Richter für Straf- und Zivilsachen ausgeübt wird, zu zwei ernsten Problemen. Erstens dürfen sich die Richter nicht auf die Prüfung von Haftanträgen oder auf Sanktionieren von Ermittlungshandlungen bzw. operativen Fahndungsmaßnahmen spezialisieren, sonst kommt es zwangsläufig zum Zusammenschluss der Richter mit den Machtstrukturen und, infolge der beruflichen Deformation, zur unkritischen Auffassung von Bitten und Wünschen der letzteren von den ersten. Zweitens sollten die Richter, die die Inhaftierung des Beschuldigten, d.h. des jetzigen Angeklagten, angeordnet haben, abgelehnt, d.h. von der Hauptverhandlung zurückgestellt werden. Verzichtet man auf die Vorschrift über Ablehnung des Richters, der die richterliche Kontrolle ausgeübt hat, wie es in Russland aus den Organisationsüberlegungen gemacht wurde (Anfang des Jahrhunderts funktionierten im Lande einige hundert Gerichte, die mit je einem Richter besetzt waren), wird dadurch die Einstellung auf Schuldausspruch zusätzlich gestärkt.

Die anscheinend äußerst theoretische Frage nach dem Verhältnis zwischen der richterlichen Kontrolle und der Rechtspflege ist bei weitem nicht müßig. In der postsowjetischen juristischen Gemeinschaft ist die für die Menschenrechte und -freiheiten schädliche Meinung verbreitet, dass die Rechtspflege im eigentlichen Sinne dieses Begriffs ausschließlich das Hauptverfahren in der Strafsache sei, die mit einem Urteilsspruch beendet werden könne. Es ist typisch, dass nach dem Ausschluss der richterlichen Kontrolle aus dem Bereich der Rechtsprechung die Rechtsmöglichkeiten des Gerichts im Rahmen dieses Verfahrens beschnitten werden (so wird dem Richter das Recht aberkannt, Zeugen zur Vernehmung zu laden oder die Entscheidung über Unzulässigkeit der Beweise zu treffen). Ich glaube, dass die richterliche Kontrolle, die eine Form der Rechtsprechung ist, im Rahmen der ihr eigenen ordnungsmäßigen Prozeduren auszuüben ist, wobei die allgemeinen Bedingungen des Gerichtsverfahrens einzuhalten sind, insb. Öffentlichkeit, Mündlichkeit, Kontinuität und unmittelbare Beweiserhebung. Sowohl die Hauptverhandlung als auch die richterliche Kontrolle sind Mittel der Rechtsprechung, weil in beiden Fällen im Raum des Gerichts in der Sprache des Rechts ein Dialog über die grundlegenden Rechte und Freiheiten des Menschen zwischen dem Staat und der betroffenen Person stattfindet. Dabei kann die Rede von den gleichen Rechtsgütern sein (z.B. Freiheit und persönliche Unantastbarkeit), was die Notwendigkeit bestätigt, die richterliche Kontrolle im Ermittlungsverfahren als eine Art der Rechtsprechung zu verstehen. Im Rahmen der richterlichen Kontrolle in den vorgerichtlichen Phasen des Verfahrens wird die Frage nach der Schuld einer Person freilich nicht beantwortet (tatsächliche Schuld oder Unschuld werden im Ergebnis der Hauptverhandlung festgestellt, nachdem die Ermittlung abgeschlossen und der Fall ans Gericht übergeben ist), jedoch kann sich das Instrumentarium der dem Gericht zur Verfügung stehenden Mittel nicht wesentlich von den Möglichkeiten des bekennenden Gerichts unterscheiden. Die Befugnisse des Gerichts werden vor allem nicht durch das unmittelbare Objekt seiner Tätigkeit bestimmt, sondern erstens durch den Gegenstand dieser Tätigkeit (Schutz der Menschenrechte und -freiheiten), zweitens durch ihr Wesen (Rechtsprechung) und drittens durch den Status des Gerichts selbst als ein selbstständiges und unabhängiges Organ der Judikative.

Sehr wichtig ist eine richtige Balance zwischen den Befugnissen der Strafverfolgungsorgane und des Gerichts, das zur Konfliktschlichtung in den vorgerichtlichen Phasen des Strafverfahrens hinzugezogen wird. Die richterliche Kontrolle kann weder die durch die Leiter der Ermittlungsorgane auszuübende Amtsaufsicht noch die staatsanwaltschaftliche Aufsicht ersetzen, darf keine technischen Fragen erfassen und die prozessuale Selbstständigkeit des Untersuchungsführers nicht beeinträchtigen. Die richterliche Kontrolle darf nicht tagtäglich und kleinlich sein, denn *de minimis non curat praetor*.

Der Gesetzgeber hat für die richterliche Kontrolle einen Rahmenkatalog mit Fragen festzulegen, in den ausdrücklich die mit den Garantien der Grundrechte bzw. der Verfassungsrechte und -freiheiten des Menschen verbundenen Fragen aufzunehmen sind, insb. Gewährleistung des Zugangs zur Justiz. Dabei wird die Zuständigkeit des jeweiligen Gerichts nicht nur durch einen direkten oder vermutlichen Hinweis auf die vor Gericht anzurufenden oder gerichtlich zu sanktionierenden Akte der Ermittlungsorgane bestimmt, sondern auch durch die Festlegung der Aspekte, die der gerichtlichen Prüfung unterliegen. In Russland z.B. hat zwar der Richter, kraft der eingeübten Rechtsposition des Verfassungsgerichts der RF und des Obersten Gerichts der RF, die Entscheidung des Untersuchungsführers über die Klageabweisung auf Rechtmäßigkeit und Begründetheit zu prüfen, jedoch wird die Entscheidung über Einleitung eines Strafverfahrens faktisch nur auf die Rechtmäßigkeit untersucht, ohne dabei zu prüfen, ob genug Nachweismaterialien für den Beginn der Strafverfolgung vorliegen.

In den für die richterliche Kontrolle vorgegebenen Fragenkatalog können auch einzelne Konflikte aufgenommen werden, die sich aus der Ermittlungstätigkeit und aus den Regeln der Inhaftierung der Beschuldigten und Angeklagten

(Sicherheitsregeln, Regelung der Kontakte des Beschuldigten mit seinem Verteidiger und der Außenwelt, rechtswidrige Haft) ergeben.

In ihren StPOen bestimmen die GUS-Gesetzgeber praktisch nie den Beweisgegenstand für die richterliche Kontrolle. Bestenfalls lässt er sich durch die Auswertung von Gesetzen, Rechtspositionen der obersten Gerichte und von internationalen Verpflichtungen unserer Staaten formulieren. Häufig verbieten die obersten Justizorgane der GUS-Staaten den untergeordneten Richtern, sich in den vorgerichtlichen Verfahrensphasen mit den Fragen zu befassen, die zum Gegenstand der gerichtlichen Ermittlung in der Hauptverhandlung werden können. Diese Rechtsposition scheint aber nicht präzise zu sein. Diese Fragen dürfen im Zuge der richterlichen Kontrolle gestellt und angesprochen werden, jedoch zunächst nur zum Zwecke der richterlichen Kontrolle und nicht zur Verurteilung oder Freisprechung einer Person. Außerdem dürfen dabei die Tatsachen nicht endgültig festgestellt werden, die einer Feststellung im Urteil unterliegen (mit anderen Worten, man kann sich schon mit den entsprechenden Fragen auseinandersetzen, jedoch darf dadurch dem Urteil nicht vorgegriffen werden). Schließlich gilt darüber hinaus bei der gerichtlichen Entscheidung im Rahmen der richterlichen Kontrolle ein milderer Standard für die Erklärung gewisser Umstände als bewiesen als beim Ausspruch des Urteils. Das treffendste Beispiel dafür ist die Forderung nach der Schlüssigkeit der Anklage. Bei der Wahl der Inhaftierung als eine Sicherungsmaßregel muss die Anklage schlüssig bewiesen werden, um die Notwendigkeit der Haft zu rechtfertigen und um einen Schuldspruch fällen zu können. Im ersten Fall geht es um eine hohe Wahrscheinlichkeit, im zweiten um einen sicheren nachvollziehbaren Beweis der Anklage (Beweis, der „jeden vernünftigen Zweifel ausschließt").

Wir gehen davon aus, dass bei der Ausübung der richterlichen Kontrolle als eine Form der Rechtsprechung das Verbot der Benutzung von unzulässigen Beweisen durch die Strafverfolgungsorgane eine ebenso absolute Kraft hat, wie in der Hauptverhandlung in Strafsachen.

Des Weiteren ist es wichtig, die Verfahrensphase festzulegen, in deren Verlauf die richterliche Kontrolle zulässig ist. Hierfür ist es wichtig, im Gesetz wenigstens zwei Fallkonstellationen vorzusehen. Mit der einen werden die Richter konfrontiert, wenn trotz des Vorliegens eines legitimen Grunds zur Prüfung der Beweismaterialien, die die Haftnotwendigkeit begründen, die gesetzliche Haftfrist vor dem Eingang der Unterlagen bzw. vor Beginn der Prüfung des vom Untersuchungsführer oder Staatsanwalt gestellten Antrags bereits abgelaufen ist. Die in einem solchen Fall populäre Empfehlung, die Akten an die Strafverfolgungsorgane zurückzuweisen, kann nicht als rechtmäßig anerkannt werden. Soweit das Gericht eine schnelle und effektive Wiederherstellung einer Person in ihren Rechten zu gewährleisten hat, hat gerade der Richter eine unverzügliche Entlassung aus der Haft anzuordnen, falls die Haftdauer abgelaufen ist. Die zweite Fallkonstellation kommt zustande, wenn die Strafsache zwar bereits zur

Hauptverhandlung ans Gericht weitergeleitet ist, die Gerichtskontrolle jedoch noch nicht stattgefunden hat. Ich glaube, dass die verbreitete Rechtsposition, nach welcher der Richter angehalten ist, die Beschwerden des Beschuldigten, des Verteidigers oder des Opfers ohne Prüfung an das bekennende Gericht zu versenden oder an die Beschwerdeführer zurückzuweisen, die Interessen der Parteien nicht berücksichtigt und sie mehrerer möglicher Instanzen entzieht, die ihre Rechtsansprüche behandeln könnten.

Nach unserer Vorstellung können an der Aktenprüfung im Rahmen der richterlichen Kontrolle nicht nur die Parteien, sondern auch die Antragsteller bzw. Beschwerdeführer und sonstige betroffenen Personen beteiligt werden, die nicht als Prozessteilnehmer anerkannt sind (etwa die Personen, die die Rechtmäßigkeit des Eindringens in ihre Wohnung zur Hausdurchsuchung, des Abhörens ihrer Telefongespräche, des Lesens ihrer Briefe anfechten). Zu sichern sind auch die Rechte mancher „marginaler" Personen, die faktisch eine Varietät der Beschuldigten darstellen: Dazu gehören Jugendliche, die auf gerichtliche Entscheidung den ambulanten Sanktionen unterliegen (in den Staaten, die dieses Verfahren eingeführt haben) oder Personen, gegen die die Vollstreckung ärztlicher Maßnahmen erwogen wird und die aufgrund ihres geistigen Zustands nicht an der Ermittlung beteiligt werden können.

Den an dem Verfahren der richterlichen Kontrolle beteiligten bzw. zum Verfahren hinzugezogenen Personen ist die Einsicht in sämtliche von der Anklageseite vorgelegte Schriftstücke zu gewähren. Das Bekanntmachen der Prozessteilnehmer mit diesen Schriftstücken bzw. die Überreichung von Kopien der Schriftstücke kann vom Richter vorgenommen oder dem Untersuchungsführer auferlegt werden. Wir können die Meinung einiger Wissenschaftler nicht teilen, die die Übermittlung sämtlicher Schriftstücke ans Gericht für unbedingt notwendig halten, zweifellos darf jedoch der Richter die von ihm benötigten Schriftstücke anfordern. Spricht der Gesetzgeber dem Richter dieses Recht ab, ist die jeweilige Einschränkung durch die Verpflichtung des Richters auszugleichen, die entsprechende Beweislücke zugunsten des Antragsstellers (regelmäßig des Verteidigers) auszulegen.

4. Die Formen der richterlichen Kontrolle

Die Vielzahl der bekannten Formen der richterlichen Kontrolle über das Vorermittlungsverfahren lässt einen „Ingenieur-Ansatz" bei der Gestaltung einschlägiger Verfahrensinstitute als fruchtbar erscheinen. Die bestehenden und erprobten Mechanismen können jedoch nur unter der unerlässlichen Voraussetzung übernommen werden, dass die nationale Eigenart des Landes, die Eigentümlichkeit der in diesem Land geltenden Rechtsverhältnisse und die Machtkonstellation in den Gewaltstrukturen mit berücksichtigt werden.

Ich darf hier die Hauptformen der richterlichen Kontrolle erwähnen, ohne dabei ins Detail zu gehen.

In den GUS-Ländern, wo die Beschwerden von Privatpersonen und Einrichtungen an die Behörden der Verfassungsaufsicht zulässig sind, gelten die Entscheidungen der Verfassungsgerichte als eines der Mittel der gerichtlichen Einflussnahme auf die Vorermittlung in Strafsachen. Ihre offiziell verankerten Rechtspositionen sind manchmal sogar bei Abweisung einer Beschwerde von Bedeutung. Solche Entscheidungen der Verfassungsgerichte werden als „Entscheidungen mit positivem Inhalt" bezeichnet.

Eine Jurisdiktionskontrolle wird von den obersten Gerichten der GUS-Staaten ausgeübt, welche nicht nur Gesetze auslegen (in den sog. „Leitempfehlungen", „normativen Beschlüssen"), sondern auch verschiedenartige Empfehlungen und Rundschreiben erlassen, die untergeordnete Richter in den Beratungen oder durch Veröffentlichung von Antworten auf ihre Fragen orientieren sowie Präzedenzfälle schaffen und verbreiten.

Die Präzedenzentscheidungen, die das strafrechtliche Gerichtsverfahren betreffen, ergehen manchmal im Rahmen des Zivilverfahrens. Das kann etwa bei der Beanstandung normativer Verwaltungsakte der Fall sein (Anweisungen über das Vorlegen der Ergebnisse der operativen Fahndungsmaßnahmen an den Untersuchungsführer; Regeln der inneren Ordnung in der U-Haft). Bei der Verhandlung in zivilrechtlichen Einzelfällen werden bspw. Fragen über die Grenzen der Verfassungsrechte der Bürger oder Grenzen des Privatgeheimnisses gestellt (z.B. ob außer dem Inhalt des Telefongesprächs auch sonstige von den Telefongesellschaften registrierten Daten über die unter der bestimmten Telefonnummer ein- und ausgehenden Anrufe dem Nachrichtengeheimnis unterliegen).

Die effektivsten Formen der erstinstanzlichen richterlichen Kontrolle über die Vorermittlung sind folgende:

Die Hauptverhandlung; in den GUS-Staaten sind übrigens Freisprüche recht selten und das bedeutet, dass die Strafverfolgungsorgane unverdienterweise eine unterstützende Rückmeldung von den Gerichten bekommen;

die Voranhörung, die es ermöglicht, einen Einzelfall, ohne dass die Hauptverhandlung eröffnet wird, zur Beseitigung der Mängel an die Strafverfolgungsorgane zurückzugeben und – in einigen GUS-Staaten – zur Nachermittlung;

besondere Gerichtsverfahrensordnungen, in denen die Schlüssigkeit der Anklage anhand der Schriftstücke geprüft wird, d.h. unter Ausschluss der allgemeinen Bedingung der unmittelbaren Verhandlung; es gibt auch Sonderordnungen, in denen dem Angeklagten die Erfüllung einer vorgerichtlichen Vereinbarung über Mitwirken auferlegt wird.

Im engeren Sinne kann die richterliche Kontrolle über das Vorermittlungsverfahren folgende Formen annehmen:

Die Gesetzgebung vom Typ *habeas corpus*; es ist insb. wichtig, dass die Verteidigungsseite die Möglichkeit hat, sich über die Rechtmäßigkeit der Festnahme einer Person sofort zu beschweren;

gerichtliche (vorläufige oder anschließende) Sanktionierung der Ermittlungshandlungen, durch welche die Grundrechte und -freiheiten des Menschen beeinträchtigt werden;

gerichtliche (vorläufige oder anschließende) Sanktionierung von operativen Fahndungsmaßnahmen, durch welche die Grundrechte und -freiheiten des Menschen beeinträchtigt werden; in den GUS-Staaten sollte eine solche Sanktionierung gesetzlich geregelt werden, weil viele operative Fahndungsmaßnahmen inhaltlich den Ermittlungshandlungen nahe stehen und als Mittel der Beweiserhebung anerkannt sind;

Anrufung von Entscheidungen, Handlungen oder Untätigkeit der Strafverfolgungsorgane sowie von Haftbedingungen;

Deponieren von Beweisen; leider hat diese Form der richterlichen Kontrolle keine bemerkbare Verbreitung in den GUS-Staaten gefunden.

5. Regelung der richterlichen Kontrolle über die Rechtmäßigkeit der Festnahme

Meines Erachtens ist es hinsichtlich einer *Habeas-Corpus-Gesetzgebung* erforderlich, in der juristischen Öffentlichkeit der GUS-Staaten und in den Parlamenten folgende Überlegungen zu diskutieren:

1) Die Gesetzgebung über die richterliche Kontrolle über die Rechtmäßigkeit der Haft sollte nicht nur vorschreiben, die Einleitung des Strafverfahrens und die Qualifizierung der Tat auf Schlüssigkeit und Legitimität zu prüfen, sondern auch festsetzen, dass die Stichhaltigkeit des Verdachts bzw. der Anklage durch eine unmittelbare Beweiserhebung zu prüfen und festzustellen ist. Diese Aufgabe des Gerichts ergibt sich u.a. aus der Position der internationalen Gremien zum Schutz der Menschenrechte.
2) Der Verlauf der Gerichtsverhandlung wird in den Strafprozessordnungen der GUS-Staaten ziemlich verschwommen und summarisch geregelt, deshalb ist er zu detaillieren. In den einschlägigen Vorschriften ist auch das eventuelle Verhör des Beschuldigten bzw. Angeklagten, des Opfers sowie der Zeugen, Sachverständigen, Experten der Anklage und der Verteidigung vorzusehen. Der Richter hat sich selbst und den Staatsanwalt, den Untersuchungsführer bzw. den Ermittler sowie den Gerichtsschreiber vorzustellen und die Parteien über das Ablehnungsrecht aufzuklären.
3) Die Frage nach der Haftdauer, die die Richter sanktionieren dürfen, ist vom humanistischen Standpunkt aus zu lösen. Die heute geltende Haftdauer er-

scheint uns unmotiviert lang, und zwar aus zwei folgenden Gründen. Erstens ist die maximale Dauer der U-Haft der Beschuldigten unmotiviert lang. Zweitens halte ich es für unzulässig, die Haftdauer mit Monaten zu berechnen. In England hat der *magistrate* alle acht Tage die Rechtmäßigkeit der Haft zu prüfen. Deshalb sollte der Richter berechtigt sein, die Haftdauer für höchstens einen Monat, aber nicht sofort für 2–6 Monate anzuordnen.

4) Es ist erforderlich, der Verteidigung das Recht zu gewähren, beim erstinstanzlichen Gericht vor Ablauf der vom Richter festgesetzten Haftdauer einen Antrag auf Aufhebung oder Änderung der U-Haft als eine Sicherungsmaßregel zu stellen. Nach den im postsowjetischen Raum geltenden Gesetzen wird die inhaftierte Person nur auf Initiative der Strafverfolgungsorgane dem Richter vorgeführt, wenn diese die Verlängerung der U-Haftdauer beantragen- der Inhaftierte hat also faktisch keinen Zugang zur Justiz. Ist die von der Verteidigung eingelegte Beschwerde durch das zweitinstanzliche Gericht abgewiesen, bleibt der Beschuldigte monatelang in Haft und ist praktisch außerstande, vor Gericht seine Freilassung zu beantragen, was besonders bei einer Änderung der Umstände unzulässig ist (Erkrankung des Beschuldigten, die Tatsache der Anwendung der Folter, bei Vorliegen einer Gefahr für seine Gesundheit oder sein Leben, Verelendung der Unterhaltsberechtigten, weil das Einkommen des Hauptverdieners ausbleibt). Diese Rechtslage widerspricht sowohl dem gesunden Menschenverstand als auch dem Grundsatz 32 des UN-Grundsatzkatalogs für den Schutz aller irgendeiner Form von Haft oder Strafgefangenschaft unterworfenen Personen (die Resolution der UN-Generalversammlung Nr. 43/173 vom 09. Dezember 1988).

5) Zu präzisieren ist der Beweisgegenstand (und auch der Inhalt der auf die Strafverfolgungsorgane auferlegten Beweislast) bei der Entscheidung über Inhaftierung eines Beschuldigten bzw. Angeklagten. Oben wurde bereits erwähnt, dass in diesem Fall die Schlüssigkeit des Verdachts bzw. der Anklage ein integraler Bestandteil des Beweisgegenstands ist. Das reicht aber nicht. Im Gesetz ist wenigstens festzusetzen, dass:

- der Beschuldigte bzw. Angeklagte darauf Anspruch hat, „bei seiner Vorführung vor dem Richter … eine Erklärung über die ihm während des Gewahrsams zuteil gewordene Behandlung abzugeben“ (Grundsatz 37 des Grundsatzkatalogs für den Schutz aller irgendeiner Form von Haft oder Strafgefangenschaft unterworfenen Personen vom 09. Dezember 1988);
- das Gericht, wenn es über Verlängerung der Haftdauer entscheidet, auch zu prüfen hat, wie die Strafverfolgungsorgane die ihnen zur Verfügung gestellte Zeit ausgenutzt haben: Ob sie wirklich intensive Bemühungen unternommen haben, um das Verfahren dem Tag der Gerichtsverhandlung näherzubringen, oder ob sie keine Ermittlungshandlungen unter

Beteiligung der inhaftierten Person durchgeführt oder gar den Aufenthalt des Beschuldigten in der U-Haft zur Druckausübung auf ihn benutzt haben; die hierzu einschlägige Vorschrift, die das Gericht berechtigt, Gründe der Ermittlungsverzögerung zu untersuchen und sogar die Versionen der Ermittlung zu prüfen, findet sich z.B. in Art. 247 Teil 2 der StPO der Republik Usbekistan.

6) *Habeas-Corpus-Gesetzgebung* ist in den Fällen, in denen der Beschuldigte bzw. Angeklagte in einer stationären psychiatrischen Anstalt oder medizinischen Einrichtung zur Begutachtung untergebracht wird, analog anzuwenden.

In der Hoffnung auf eine ebenso rasche rechtliche Entwicklung im verwaltungsrechtlichen Bereich, wie dies in den 20 Jahren der Unabhängigkeit Kasachstans in anderen Rechtsbereichen bereits der Fall war, beende ich meine Ausführungen und bedanke mich für Ihre Aufmerksamkeit.

Zum Schluss möchte ich meine Hoffnung zum Ausdruck bringen, dass die hier dargelegten Überlegungen einen Beitrag zur Vervollkommnung der Strafprozessordnungen im postsowjetischen Raum leisten.

Судебный контроль за расследованием: проблемы правового регулирования

Сергей Пашин

1. Правовые основания судебного контроля

Верховная власть терпима для подданных, доколе говорит с ними на языке права. Поэтому критерии оценки деятельности органов публичной власти, в особенности структур, которые ныне принято относить к сфере исполнительной власти, не сводимы к показателям эффективности в достижении определенных результатов в отведенном им секторе государственного управления, например, в обеспечении «королевского мира», общественного порядка, пресечения и раскрытия преступлений. Требуется также взгляд на деятельность правоохранительных органов, вне зависимости от ее успешности, с позиций правомерности и справедливости. Данные позиции занимают суды, призванные быть носителями правовых ценностей и каждодневно практиковать справедливость.

Идеи судебного контроля за расследованием уголовных дел восходят, по крайней мере, к Magna Charta Libertata 1215 года. В ее статье 39 король Англии Иоанн (Безземельный) пообещал баронам, что «Ни один свободный человек не будет взят под стражу или подвергнут заключению, или лишен насильственным образом пользования принадлежащей ему землей, вольностей или привилегий, или поставлен вне закона, изгнан или какимилибо путями ввергнут в разорение; и мы не пойдем против него…, и мы не пошлем против него, иначе как в силу законного решения равных ему лиц… или по закону страны». В наиболее очевидном и законченном виде судебный контроль реализовывался в институте habeas corpus – сперва существовавшем как элемент common law, а затем, с принятием английским Парламентом Акта о лучшем обеспечении свободы подданного и предупреждении заточений за морями 1679 года, ставшем частью законодательства (statute law).

Государства, участвующие в Международном пакте о гражданских и политических правах, обязались «развивать возможности судебной защиты» (пункт «b» части 3 статьи 2 Международного пакта). Введение законодательства типа habeas corpus необходимо для стран, возникших на постсоветском пространстве, в силу статьи 9 Международного пакта, а для некоторых из них – также в соответствии с требованиями статьи 5 Конвенции о защите прав человека и основных свобод. Положения Международного пакта и Конвенции находят развитие в одобренных международным сообществом стандартах. Так, Принцип 9 Свода принципов защиты всех лиц, подвергающихся задержанию или заключению в какой бы то ни было форме (утв. резолюцией Генеральной Ассамблеи ООН от 9 декабря 1988 г.) гласит: «Власти, производящие арест лица, его задержание или ведущие расследование его дела, осуществляют лишь полномочия, предоставляемые им по закону, и осуществление этих полномочий может быть обжаловано в судебном или ином органе, предусмотренном законом».

Судебный контроль должен осуществляться независимым, компетентным и беспристрастным судом, созданным на основании закона, соблюдающим демократические принципы правосудия, действующим в разумные сроки и способным обеспечить эффективную защиту прав человека, восстановление его нарушенных при расследовании прав и свобод.

2. Некоторые проблемы судебного контроля в странах СНГ

Изучение законодательства государств СНГ позволяет сделать вывод о том, что происходившие в них реформы иногда сопровождались структурными изменениями и перераспределением полномочий в системе органов уголовного преследования, однако их главенствующая роль в уголовном судопроизводстве осталась неизменной. Суды остаются придатками силовых структур, что делает судебный контроль за предварительным расследованием формальным и ненадежным.

В странах СНГ устройство предварительного расследования соответствует чертам так называемого «смешанного» уголовного процесса. Конституция Российской Федерации остается единственной из конституций стран Содружества, где закрепляется, что не только судебное разбирательство, но в целом «судопроизводство» осуществляется на основе состязательности и равноправия сторон (ч. 3 ст. 123 Конституции Российской Федерации). Однако фактически предварительное расследование в России не может считаться состязательным, поскольку в его рамках сторона обвинения имеет власть и явные преимущества над стороной защиты. Лишь следователь и дознаватель вправе создавать доказательства; от них же зависит, будут ли собранные защитой материалы приобщены к делу и, следовательно, обретут ли они статус доказательств. Предварительное расследование в России, как и в других странах СНГ, происходит келейно, его окутывает канцелярская тайна, что весьма близко инквизиционным формам производства.

Самой серьезной проблемой расследования, общей для постсоветских государств, выступает смешение в уголовном процессе предварительного и формального следствия. В царской России предварительное расследование осуществляли полиция, а также чины корпуса жандармов, а формальное следствие находилось в руках должностных лиц судебной власти – судебных следователей. Фигура следователя в странах СНГ сочетает в себе черты представителя органа уголовного преследования, с одной стороны, и судебной власти, с другой стороны; дознаватель вдобавок фактически является чиновником исполнительной власти, тесно соприкасающимся с оперативно-розыскной деятельностью. Такое положение деформирует процессуальную конструкцию расследования и создает весьма парадоксальные ситуации. Например, согласно российскому законодательству, следователь и дознаватель считаются сторонами в процессе, однако рассматривают и разрешают ходатайства противной им стороны защиты (как, впрочем, и потерпевшей стороны); эти должностные лица вправе признавать недопустимыми доказательства, которые сами же и получили в результате производства осмотров, обысков, других следственных действий.

Преобразовывая уголовное судопроизводство, реформаторы вынуждены учитывать не только доставшееся в наследство от советского строя всевластие силовых структур (в особенности, органов государственной безопасности), но также и специфическую роль прокуратуры. Судебный контроль повсеместно отвоевывает территории, оставленные под давлением извне прокурорским надзором. Довольно типично для стран СНГ, например, поэтапное введение законодательства типа habeas corpus: сперва прокуроры продолжают, как и в советские времена, санкционировать аресты в качестве меры пресечения; затем законодатель, сохраняя за прокурорами данное полномочие, дозволяет обвиняемым и подозреваемым обжаловать заключение под стражу в суд; наконец, право решать вопрос о заключении под стражу и продлении срока содержания под стражей полностью закрепляется за судьями. При регламентации обжаловании в суд действий, бездействия органов расследования, а также их постановлений, обычно сохраняется круг актов, которые недоступны для судебной проверки.

3. Трудности правового регулирования судебного контроля

При разработке законодательства о судебном контроле с неизбежностью встает ряд вопросов, которые должны получить то или иное разрешение в зависимости от задуманной глубины реформ судопроизводства.

Один из таких вопросов заключается в субъекте судебного контроля: должен ли это быть специальный судья либо соответствующую функцию может отправлять судья, работающий в составе территориального суда общей юрисдикции. Мировой практике известны оба решения данной проблемы. По видимости, более удобный и дешевый подход, при котором судебный контроль обеспечивается без изменения судоустройства, обычными судьями, рассматривающими уголовные и гражданские дела, порождает две серьезных проблемы. Во-первых, судьи не должны специализироваться, например, на рассмотрении ходатайств о заключении под стражу или на санкционировании следственных действий (оперативно-розыскных мероприятий); в противном случае неизбежна смычка судей с силовыми структурами и, в результате профессиональной деформации, некритическое восприятие первыми просьб и пожеланий последних. Во-вторых, следует отводить от рассмотрения уголовных дел по существу судей, санкционировавших предварительное заключение обвиняемого, теперешнего подсудимого. Если отказаться от нормы об отводе судьи, осуществлявшего некогда судебный контроль, как отказались от этого правила в России из организационных соображений (в начале века в стране было несколько сот односоставных судов), обвинительный уклон при вынесении приговоров получит дополнительный стимул.

Далеко не праздным представляется, казалось бы, сугубо теоретический вопрос о соотношении судебного контроля с правосудием. В постсоветском юридическом сообществе распространено то губительное для прав и свобод человека мнение, будто правосудием в собственном смысле этого понятия выступает исключительно рассмотрение уголовного дела по существу, которое может завершиться постановлением приговора. Типично, что после исключения судебного контроля из области отправления правосудия, правовые возможности суда в рамках этой процедуры урезают (например, не признают за судьей права вызвать для допроса свидетелей, принять решение о признании доказательств недопустимыми). Полагаю, что судебный контроль, будучи формой отправления правосудия, должен реализовываться в свойственных ему надлежащих процедурах, с соблюдением общих условий судебного разбирательства, включая гласность, устность, непрерывность, непосредственность исследования доказательств. И главное судебное разбирательство, и рассмотрение вопросов судебного контроля являются средствами отправления правосудия, поскольку и в том и в другом случае в пространстве суда происходит диалог государства и личности на языке права об основополагающих правах и свободах человека. При этом речь может идти об одних и тех же благах (например, свобода и личная неприкосновенность), что подкрепляет необходимость отнесения судебного контроля за расследованием к разновидностям правосудия. В рамках судебного контроля на досудебных стадиях процесса и впрямь не предрешается вопрос о виновности лица (факт виновности либо невиновности устанавливается в итоге главного разбирательства, когда расследование окончено и дело передано в суд), однако арсенал находящихся в распоряжении суда средств не может существенно отличаться от возможностей суда, рассматривающего дело по существу. Полномочия суда определяются не столько непосредственным объектом его деятельности, сколько, во-первых, ее предметом (защита прав и свобод человека); во-вторых, ее сущностью (отправление правосудия); в-третьих, самим положением суда как самостоятельного и независимого органа судебной власти.

Весьма важно установить верный баланс между полномочиями органов уголовного преследования и суда, призываемого для разрешения конфликтов на досудебных стадиях уголовного процесса. Судебный контроль не может подменять собою ведомственный контроль руководителей следственных органов и прокурорский надзор, не должен распространяться на технические вопросы и ущемлять процессуальную самостоятельность следователя. Судебный контроль не может быть повседневным и мелочным, ибо de minimis non curat praetor.

Законодатель обязан очертить для судебного контроля круг вопросов, в который определенно должны включаться связанные с гарантиями основных (конституционных) прав и свобод человека, в особенности с обеспечением доступа к правосудию. При этом компетенция суда задается не только указанием, прямым либо подразумеваемым, на подлежащие обжалованию в суд либо судебному санкционированию акты органов расследования, но также определением подлежащих судебной проверке аспектов. Например, в России судья, в силу усвоенной правовой позиции Конституционного и Верховного Судов Российской Федерации, проверяет постановление следователя об отказе в возбуждении дела с точки зрения его законности и обоснованности, а постановление о возбуждении уголовного дела – фактически лишь в части его законности, не вдаваясь в вопрос о достаточности проверочных материалов для начала уголовного преследования.

В круг вопросов, предназначенных для судебного контроля, могут включаться отдельные конфликты, вытекающие из оперативно-розыскной деятельности, а также из режима содержания обвиняемых и подозреваемых под стражей (обеспечение безопасности заключенного, его контактов с защитником и внешним миром, незаконное удержание под стражей).

Законодатели стран СНГ практически никогда не определяют в уголовно-процессуальных кодексах предмет доказывания для актов судебного контроля. В лучшем случае, его можно сформулировать в результате анализа законов, правовых позиций высших судов и международных обязательств наших государств. Часто высшие судебные органы стран СНГ запрещают нижестоящим судьям на досудебных стадиях процесса вдаваться в вопросы, которые могут стать предметом судебного исследования при рассмотрении дела по существу. Эта правовая позиция представляется неточной. В ходе судебного контроля данные вопросы могут подниматься и затрагиваться, однако, во-первых, для целей судебного контроля, но не для осуждения или оправдания лица; во-вторых, без окончательного установления фактов, которые подлежат установлению в приговоре (иными словами, в соответствующие вопросы можно «вдаваться», но нельзя их предрешать). Наконец, в-третьих, для судебного решения в рамках судебного контроля принимается менее жесткий стандарт доказанности определенных обстоятельств, нежели при постановлении приговора. Самый яркий пример в этом смысле – требование обоснованности обвинения. При решении вопроса об избрании меры пресечения в виде ареста обвинение должно быть достаточно доказано, чтобы оправдать необходимость заключения под стражу, а при постановлении приговора – чтобы осудить подсудимого. В первом случае речь идет о высокой степени вероятности, во втором – о доказанности обвинения с несомненностью («вне разумных сомнений»).

Мы исходим из того, что при осуществлении судебного контроля как формы отправления правосудия запрет на использование органами уголовного преследования недопустимых доказательств имеет такую же абсолютную силу, как и при разрешении уголовного дела по существу.

Важно также зафиксировать процессуальный отрезок, на протяжении которого допустим судебный контроль. Здесь важно предусмотреть в законе, по крайней мере, две ситуации. С одной из них суды сталкиваются, когда при наличии законного повода к рассмотрению материалов, обосновывающих необходимость ареста, к моменту поступления документов (начала рассмотрения обращения следователя или прокурора) истекли законные сроки пребывания задержанного под стражей. Популярна рекомендация в этом случае возвращать материалы органам уголовного преследования, однако ее нельзя признать правомерной. Поскольку суд призван обеспечивать быстрое и эффективное восстановление человека в правах, именно судья обязан распорядиться о немедленном освобождении из-под стражи лица, срок задержания которого истек. Второй случай складывается, когда уголовное дело уже направлено в суд для разбирательства по существу, но акт судебного контроля еще не состоялся. Думается, что распространенная правовая позиция, требующая от судьи пересылки без рассмотрения жалоб обвиняемого, защитника, потерпевшего в суд, где находится дело, либо возвращения жалоб заявителям, не учитывает интересов сторон, лишает их нескольких возможных инстанций рассмотрения их притязаний.

В рассмотрении материалов в порядке судебного контроля могут, как представляется, участвовать не только стороны, но также заявители и другие заинтересованные лица, не признанные участниками процесса (например, лица, оспаривающие законность вторжения в их жилище для производства обыска, прослушивание их переговоров, перлюстрацию корреспонденции). Должны быть также обеспечены права некоторых «маргинальных» фигур, являющихся фактически разновидностью обвиняемых: несовершеннолетних, к которым по прекращенным уголовным делам применяются судьями меры воспитательного воздействия (в странах, где такая процедура имеется); лиц, в отношении которых ставится вопрос о применении принудительных мер медицинского характера и которые под предлогом их душевного расстройства отстранены от участия в следственных действиях.

Лицам, вовлеченным в процедуру судебного контроля, должна обеспечиваться возможность ознакомления со всеми материалами, представленными судье стороной обвинения. Ознакомление участников процесса с этими материалами (вручение их копий) может осуществляться судьей, но может быть возложено и на следователя. Мы не разделяем точки зрения некоторых ученых, считающих необходимым направление в суд всех материалов уголовного дела, однако судья в рамках судебного контроля безусловно вправе истребовать нужные ему материалы. Если же законодатель в таком полномочии судье отказывает, соответствующее ограничение должно быть компенсировано обязанностью судьи истолковать в пользу заявителя (как правило, стороны защиты) наличие пробела в системе доказательств обвинения.

4. Формы судебного контроля

Многочисленность известных форм судебного контроля за предварительным расследованием делает плодотворным инженерный подход при конструировании соответствующих процессуальных институтов. Уже имеющиеся и опробованные механизмы можно заимствовать при том, однако, непременном условии, что учитывается национальное своеобразие страны, особенность сложившихся в ней фактических правоотношений, расстановка сил в структурах власти.

Позволю себе упомянуть основные формы судебного контроля за расследованием без их детального описания.

В странах СНГ, где допустимы обращения частных лиц и организаций с жалобами в органы конституционного контроля, одним из средств судебного влияния на предварительное расследование уголовных дел выступают решения конституционных судов. Иногда их документально закрепленные правовые позиции имеют значение даже при отказе заявителю в рассмотрении его жалобы. Такие акты конституционных судов именуются «определениями с позитивным содержанием».

Юрисдикционный контроль осуществляют высшие суды стран СНГ, которые не только разъясняют законодательство (в «руководящих разъяснениях», «нормативных постановлениях»), но издают всякого рода рекомендации, циркуляры; ориентируют нижестоящих судей на совещаниях, а также публикуя ответы на их вопросы; фактически создают и распространяют прецеденты.

Порою прецедентные решения, касающиеся уголовного судопроизводства, принимаются в порядке гражданского процесса. Это происходит, например, при оспаривании ведомственных нормативных актов (инструкций о порядке предоставления следователю результатов оперативно-розыскной деятельности; правил внутреннего распорядка СИЗО). При рассмотрении конкретных гражданских дел ставятся, например, вопросы о границах конституционных прав граждан, о пределах личной тайны (например, защищаются ли тайной сообщений не только содержание разговора, но также и регистрируемые телефонными компаниями данные о входящих и исходящих вызовах с телефона обслуживаемого абонента).

Если говорить о судах первой инстанции, то наиболее действенной формой судебного контроля за расследованием, в широком смысле данного понятия, служат:

главное разбирательство; в государствах СНГ, впрочем, оправдательные приговоры весьма редки, а значит, органы уголовного преследования получают от судов незаслуженно подкрепляющую обратную связь;

предварительное слушание, позволяющее, не доводя дело до главного разбирательства, возвратить его органам уголовного преследования для устранения помех рассмотрения дела, а в некоторых государствах СНГ – на доследование;

особые порядки судебного разбирательства, в рамках которых обоснованность обвинения проверяется по письменным материалам, вне общего условия непосредственности; существуют особые порядки, где также устанавливается выполнение обвиняемым досудебного соглашения о сотрудничестве.

В узком смысле данного понятия, судебный контроль за расследованием может приобретать следующие формы:

законодательство типа habeas corpus; важно, в частности, чтобы сторона защиты имела возможность быстро обжаловать правомерность задержания лица;

санкционирование (предварительное или последующее) судом следственных действий, затрагивающих основные права и свободы человека;

санкционирование (предварительное или последующее) судом оперативно-розыскных мероприятий, затрагивающих основные права и свободы человека; в государствах СНГ такое санкционирование должно быть предусмотрено законом, поскольку многие оперативно-розыскные мероприятия близки по своему содержанию следственным действиям и признаются средствами получения доказательств;

обжалование решений, действий, бездействия органов уголовного преследования, а также условий содержания под стражей;

депонирование доказательств; эта форма судебного контроля в странах СНГ заметного распространения, к сожалению, не получила.

5. Регулирование судебного контроля за правомерностью ареста

Если говорить о законодательстве типа habeas corpus, представляется необходимым обсуждение правовой общественностью стран СНГ и депутатами парламентов следующих соображений.

1) Законодательство о судебном контроле за правомерностью арестов должно содержать указание не только на проверку обоснованности и законности возбуждения уголовного дела и квалификации деяния, но также и на необходимость проверить и установить путем непосредственного исследования доказательств обоснованность подозрения (обвинения). Такая обязанность суда вытекает, в частности, из позиции международных органов по защите прав человека.
2) Порядок судебного заседания описывается в УПК стран СНГ весьма расплывчато и суммарно, а потому нуждается в детализации. В соответствующих нормах необходимо указать, в том числе, на возможность допроса подозреваемого (обвиняемого), потерпевшего, а также свидетелей, эксперта, специалиста – как со стороны обвинения, так и со стороны защиты. Судья должен представиться, представить прокурора, следователя (дознавателя), секретаря судебного заседания, разъяснить право отвода.
3) Необходимо решить в гуманистическом ключе вопрос о сроках, на которые судьи вправе санкционировать содержание под стражей. Нынешние сроки представляются неоправданно длительными в двух аспектах. Во-первых, предельные сроки пребывания обвиняемых в предварительном заключении неоправданно велики. Во-вторых, представляется недопустимым исчисление сроков заключения под стражу месяцами. Английский магистрат, например, проверяет законность содержания лица под стражей каждые 8 суток. Поэтому следует установить право судьи определять срок содержания лица под стражей в пределах ближайшего месяца, но не сразу на 2–6 месяцев.
4) Необходимо предусмотреть право стороны защиты возбудить перед судом первой инстанции ходатайство об отмене (изменении) меры пре-

сечения в виде заключения под стражу до окончания определенного судьей срока содержания под стражей. По ныне действующим на постсоветском пространстве законам гражданин предстает перед судьей лишь по инициативе органов уголовного преследования, желающих добиться продления времени его пребывания в СИЗО, то есть фактически лишен доступа к правосудию. После отклонения судом второй инстанции жалобы стороны защиты на арест обвиняемый остается под стражей на протяжении месяцев и фактически лишен возможности добиваться своего освобождения через суд, что особенно недопустимо при изменении обстановки (заболевание обвиняемого, факт применения к нему пыток, наличие угрозы его здоровью или жизни, обнищание иждивенцев из-за отсутствия кормильца). Такое положение противоречит не только здравому смыслу, но также, в частности, принципу 32 Свода принципов защиты всех лиц, подвергающихся задержанию или заключению в какой бы то ни было форме (утв. резолюцией Генеральной Ассамблеи ООН от 9 декабря 1988 г.).

5) Нуждается в уточнении предмет доказывания (и содержание возложенного на органы уголовного преследования бремени доказывания) при рассмотрении вопроса о заключении подозреваемого (обвиняемого) под стражу. Как уже говорилось выше, неотъемлемым элементом предмета доказывания в данном случае является обоснованность подозрения (обвинения). Но этого недостаточно. Необходимо указать в законе, по крайней мере:

- что подозреваемый (обвиняемый) перед судьей «имеет право выступить с заявлением по поводу обращения с ним в период задержания» и пребывания под стражей (принцип 37 Свода принципов от 9 декабря 1988 г.);
- что суд, решая вопрос о продлении срока пребывания под стражей, проверяет также, каким образом использовалось отпущенное время органами уголовного преследования, действительно ли они интенсивно приближали день судебного разбирательства, либо с заключенным следственных мероприятий не проводили, а то и использовали пребывание обвиняемого в СИЗО как способ давления на него; соответствующая норма, дозволяющая суду проверять причины проволочки в расследовании и даже изучать версии следствия, содержится, например, в ч. 2 ст. 247 УПК Республики Узбекистан.

6) Законодательство типа habeas corpus должно применяться по аналогии в случаях помещения обвиняемого (подозреваемого) в психиатрический или медицинский стационар для экспертизы.

Разрешите выразить надежду, что изложенные соображения помогут совершенствованию уголовно-процессуального законодательства на постсоветском пространстве.

Habeas Corpus Act in Usbekistan: Gesetzgebung und Praxis, Probleme und Lösungen

Gafur Abdumazhidov

Habeas Corpus Act ist eine der weltweit bekannten Rechtsquellen der Strafgerichtsbarkeit und gilt in fast 130 Ländern der Welt. Es gibt umfassende Informationen über den gewundenen Weg des Werdens und der Verbreitung der gerichtlichen Ordnung für Anwendung von prozessualen Zwangsmaßnahmen. Der von Usbekistan bei der Einführung dieser Ordnung zurückgelegte Weg war besonders schwer und lang. Seit 2008 hat die gesetzliche Regelung der Anwendung der Zwangsmaßnahme in Form der Inhaftierung in Usbekistan wesentliche Besonderheiten angenommen. Diesbezügliche Untersuchungs- und forensische Praxis ist, milde gesagt, unerfreulich und ruft natürlich Besorgnis hervor.

2009 wurden durch Staatsanwälte 20,7 Prozent mehr Anträge auf gerichtliche Anordnung der Zwangsmaßnahme in Form der Inhaftierung als 2008 gestellt. Beunruhigend ist auch, dass bei einer relativ stabilen Dynamik der Kriminalität fast 40 Prozent dieser Anträge bei der Untersuchung von solchen Straftaten gestellt wurden, die keine große gesellschaftliche Gefahr darstellten oder als leichte bis mittelschwere Verbrechen qualifiziert waren; um 30 Prozent nahm die Anzahl der Anträge in Bezug auf weibliche Straftäter zu. Noch mehr: Die Richter geben fast allen Anträgen statt, 2008 waren 98,5 Prozent und 2009 98,9 Prozent der Anträge erfolgreich.

2008 wurde durch Gerichte 104 Anträgen auf Haftfortdauer zwecks Beibringung zusätzlicher Beweise der Begründetheit bzw. Unbegründetheit der Anordnung der Zwangsmaßnahme in Form der Inhaftierung stattgegeben. Davon wurden 32 Anträge zurückgewiesen und die Anordnung der ersuchten Zwangsmaßnahme verweigert.

2008 wurde allen Anträgen auf Haftfortdauer stattgegeben und 2009 wurden nur 1,1 Prozent der Anträge zurückgewiesen. 2008 wurde in 98 Prozent der Anträge und 2009 in 97 Prozent der Anträge die Haftfrist auf fünf Monate und nur in 2 bis 3 Prozent der Anträge auf sieben Monate verlängert. Anträge auf Haftfortdauer um höhere Fristen gab es nicht.

2008 und 2009 wurden 5,5 Prozent und 4,6 Prozent der Gerichtsbeschlüsse über Inhaftierung angefochten, 6,2 Prozent und 10,6 Prozent der angefochtenen Gerichtsbeschlüsse wurden aufgehoben, 70 Personen wurden durch Berufungsgerichte aus der Haft entlassen.

So sind die Kennzahlen der Anwendung von *Habeas Corpus Act*. In diesem Zusammenhang wird bezweifelt, ob dieses Instrument der Inhaftierung von Beschuldigten und von mutmaßlichen Tätern wirkungsvoll ist.

Es scheint, dass die erwähnten unerwünschten Folgen der Einführung von *Habeas Corpus Act* hauptsächlich mit den strafprozessualen Vorschriften verbunden sind, insb. sind das:

1) Die StPO der Republik Usbekistan (im Folgenden RU) lässt eine Möglichkeit der Anwendung der Zwangsmaßnahme in Form der Inhaftierung nicht nur gegen Angeklagte, sondern auch gegen mutmaßliche Täter zu, gegen die keine konkrete Anklage erhoben worden ist. Gleichzeitig erlaubt Art. 242 StPO eine Inhaftierung in den Fällen von Straftaten, die mit wenigstens drei Jahren Freiheitsentzug bestraft werden.
2) Der Antrag wird nicht durch den Untersuchungsführer, sondern durch den Staatsanwalt ans Gericht gestellt. Die oft zwischen dem zuständigen Untersuchungsführer und dem ihn kontrollierenden Staatsanwalt entstehenden Meinungsverschiedenheiten bezüglich der Inhaftierung des Beschuldigten bzw. des Angeklagten werden nicht vom Gericht, sondern vom Staatsanwalt entschieden. Dabei ist der Staatsanwalt nicht verpflichtet, die betreffende Person zu verhören, bevor er einen Haftantrag ans Gericht stellt.
3) Vor Gericht werden die Haftanträge in Anwesenheit des Staatsanwalts und nicht des Untersuchungsführers geprüft. Das Opfer hat kein Recht, an diesem gerichtlichen Termin teilzunehmen. Der Angeklagte bzw. der Beschuldigte, der zum Zeitpunkt der gerichtlichen Prüfung des vom Staatsanwalt gestellten Haftantrags keinen Verteidiger hat, hat keine Möglichkeit, das Gericht um Verschiebung des Gerichtstermins bis zum Erscheinen seines Verteidigers zu ersuchen. Bei Inhaftierung von Jugendlichen sieht das Gesetz die Ladung der Eltern oder der sie ersetzenden Personen nicht vor.
4) Oft werden diese Anträge in Abwesenheit der Beschuldigten unter dem Vorwand, sie entzögen sich der Strafverfolgung, geprüft. Die ausländische Praxis der gerichtlichen Prüfung von Anträgen auf Inhaftierung der gesuchten Personen am Ort, an dem sie aufgespürt und festgenommen werden, könnte dadurch gerechtfertigt sein, dass sie dem Schutz von Menschenrechten dient.
5) Antrag auf Anordnung der Zwangsmaßnahme in Form der Inhaftierung ist vom Gericht innerhalb von zwölf Stunden ab dem Zeitpunkt des Eingangs zu prüfen. In einigen Ländern prüft das Gericht solche Anträge unverzüglich oder innerhalb von zwei bis drei Stunden, was sachgemäß erscheint.
6) Gegen den richterlichen Beschluss über Anordnung der Zwangsmaßnahme in Form der Inhaftierung kann innerhalb von drei Tagen Einspruch eingelegt werden. Das übergeordnete Gericht hat die Beschwerde oder den Einspruch ebenfalls innerhalb von drei Tagen zu prüfen. Praktizierende Juristen haben vorgeschlagen, solche Beschwerden und Einsprüche innerhalb von 24 Stunden einzulegen und zu prüfen.

7) Dem Richter ist nicht verboten, die Hauptverhandlung über den Straffall zu führen, in dem er den Beschluss über Genehmigung bzw. Abweisung des Haftantrags erlassen hat.
8) Der Staatsanwalt sowie der Untersuchungsführer mit Zustimmung des Staatsanwalts dürfen den Inhaftierten freilassen.
9) Der Antrag auf Haftfortdauer ist in allen Fällen vom Richter des Rayons- bzw. Stadtgerichts, des Bezirks- oder regionalen Militärgerichts zu prüfen. Es wäre sachgemäß, wenn solche Anträge, die von den Staatsanwälten der RU, der Republik Karakalpakstan, des Gebiets und der Stadt Taschkent gestellt werden, von den Richtern der zuständigen übergeordneten Gerichte geprüft werden.
10) Unterbringung des Beschuldigten/Angeklagten in eine Heilanstalt ist mit seiner Isolierung von der Gesellschaft verbunden und wird im Grunde genommen dem Freiheitsentzug bis zu zwei Monaten gleichgestellt. Laut Gesetz reicht es, wenn der Beschluss des Untersuchungsführers mit dem Staatsanwalt abgestimmt wird. Es erscheint sachgemäß, dass diese Zwangsmaßnahme nur mit Zustimmung des Gerichts anzuordnen ist.

Ohne die Objektivität der Untersuchungsführer und der Staatsanwälte zu bezweifeln, muss jedoch darauf hingewiesen werden, dass sie an der Freiheitsbeschränkung der Beschuldigten und Angeklagten interessiert sind, um ihnen die Möglichkeit zu nehmen, den Verlauf des Vorverfahrens negativ zu beeinflussen. Dadurch könnte der übermäßige Anstieg der Anzahl der Haftanträge erklärt werden, obwohl diese Zwangsmaßnahme nur in Ausnahmefällen zulässig ist. Wenn die Staatsanwälte ahnen, dass der Richter ihren unbegründeten Forderungen nicht nachgeben wird, nehmen sie ihre Anträge zurück. 2008 wurden 26 und 2009 18 Haftanträge von den Staatsanwälten zurückgenommen. Die heutige Praxis der Anwendung von *Habeas Corpus Act* durch Staatsanwälte und Untersuchungsführer sowie im Gericht ist auch durch viele andere Mängel geprägt.

Zur Beseitigung dieser Mängel steht uns zunächst eine vertiefte Analyse der gegebenen Praxis bevor. Zugleich ist es auch hilfreich, ausländische Erfahrungen zu berücksichtigen, insb. die gesetzliche Regelung einzelner Aspekte der forensischen Ordnung bei Anwendung dieser prozessualen Zwangsmaßnahme.

In den *USA* werden jährlich über zwei Mio. schwere und besonders schwere Verbrechen begangen. Auf Antrag der Polizei genehmigen die Gerichte die Inhaftierung der Beschuldigten in Ausnahmefällen, in den meisten Fällen wird eine Kaution angeordnet. Dabei haben die Gerichte eine entsprechende Verfügung möglichst im beschleunigten Verfahren zu erlassen.

In *England* ist die Inhaftierung des mutmaßlichen Täters für mehr als 36 Stunden nur mit richterlicher Zustimmung zulässig. Die Haftdauer wird jeweils um acht Tage verlängert. Eine Person, die eines schweren Verbrechens beschuldigt wird, darf maximal 112 Tage in Haft gehalten werden.

In *Frankreich* wird der Beschuldigte oft durch eine gerichtliche Verfügung freigelassen, dabei wird er überwacht und verpflichtet sich schriftlich, seinen Aufenthaltsort nicht zu verlassen, ihm wird der Führerschein entzogen und verboten, bestimmte Tätigkeitsarten auszuüben, usw.

In *Deutschland* und *Italien* ist der Festgenommene spätestens nach 48 Stunden dem Richter vorzuführen, der unter Beteiligung des Verteidigers über Inhaftierung zu beschließen hat. Nach Ablauf von drei Monaten darf der Richter nach eigenem Ermessen die Frage über Entlassung des Beschuldigten/Angeklagten aus der Haft prüfen.

In *Norwegen* ist der Festgenommene innerhalb von 24 Stunden dem Richter vorzuführen. Das Gericht verfügt über seine Inhaftierung jeweils für maximal vier Wochen, jedoch nicht länger als sechs Monate.

In *Moldau* ist der Festgenommene auch innerhalb von 24 Stunden dem Richter vorzuführen. Auf Anordnung des Gerichts darf der Beschuldigte höchstens sechs Monate und auf Beschluss des Parlaments der Republik maximal zwölf Monate in Haft gehalten werden. Jugendliche im Alter von 14-16 Jahren dürfen höchstens vier Monate und im Alter von 16-18 Jahren höchstens sechs Monate in Haft bleiben.

In *Russland* galt bis 1929 noch das 1860 eingeführte Verfahren, nach dem die Inhaftierung nur auf Anordnung des Gerichts möglich gewesen war. Dann wurde die Haftsanktionierung durch den Staatsanwalt eingeführt, die bis zur Verabschiedung der StPO der RF, d.h. bis zum 01. Juli 2002, galt. Heute dürfen solche Zwangsmaßnahmen wie Haft, Hausarrest und Kaution nur auf Verfügung des Gerichts angewandt werden. Der Haftantrag des Untersuchungsführers ist durch das Gericht in Anwesenheit des Beschuldigten zu prüfen, es sei denn, der Beschuldigte ist der internationalen Fahndung ausgeschrieben.

In *Weißrussland* und *Armenien* sind die zwischen dem Untersuchungsführer und dem Staatsanwalt entstandenen Meinungsunterschiede hinsichtlich der zu wählenden Zwangsmaßnahme auf Antrag des Untersuchungsführers vor Gericht zu entscheiden.

In *Kasachstan* ist der Haftantrag durch das Gericht unter Beteiligung des Staatsanwalts und des Verteidigers zu prüfen, zum Gerichtstermin werden außer der betroffenen Person auch das Opfer und sein gesetzlicher Vertreter geladen, jedoch ist ihr Nichterscheinen kein Grund zum Ruhen der Antragsprüfung.

In *Kirgisistan* darf eine Person bis zu 48 Stunden in Haft gehalten werden, innerhalb dieser Frist ist die Anklage zu erheben und die Person ist auf gerichtliche Verfügung in Haft zu nehmen; anschließend hat das Gericht die Frage unter Beteiligung des Untersuchungsführers innerhalb von zwei Stunden zu entscheiden.

In *Tadschikistan* ist der Antrag auf Haft bzw. Hausarrest innerhalb von acht Stunden zu prüfen.

Es wäre sinngemäß, die hier genannten Besonderheiten der gerichtlichen Prüfung der Haftanträge in der StPO der RU zu berücksichtigen. Darüber hinaus erscheint es notwendig, die Vorschrift des P. 4 Art. 9 des Internationalen Pakts über bürgerliche und politische Rechte in die nationale Gesetzgebung zu implementieren, die das Gericht verpflichtet, den Angeklagten, seinen Verteidiger, das Opfer und dessen gesetzlichen Vertreter mit den dem Gericht vorliegenden Akten bekannt zu machen. Zu beachten ist auch die Empfehlung der mit Billigung der Vereinten Nationen gegründeten Internationalen Staatsanwaltsvereinigung (*International Association of Prosecutors*), dass der Festgenommene spätestens innerhalb von zwei Tagen dem Gericht vorgeführt wird, dass er regelmäßig das Gericht anrufen darf sowie dass das Gericht verpflichtet werden sollte, die Bedingungen der Unterbringung der Inhaftierten zu überwachen.

Neben der bevorstehenden Einführung der Ordnung für Gerichtskontrolle über Rechtmäßigkeit und Begründetheit der Anordnung aller Zwangsmaßnahmen ist auch der Mechanismus der Rechtsmitteleinlegung gegen Handlungen und Entscheidungen des Ermittlers, des Untersuchungsführers und des Staatsanwalts festzulegen.

Das sind die bevorstehenden Aufgaben der Rechts- und Justizreform im Zusammenhang mit der Umsetzung von *Habeas Corpus Act* in Usbekistan.

Habeas Corpus Act в Узбекистане: законодательство и практика, проблемы и решения

Гафур Абдумажидов

Habeas Corpus Act – один из всемирно известных законодательных источников уголовного судопроизводства, действующий почти в 130 странах мира. Существует обширное информация об извилистном пути становления и распространения судебного порядка применения процессуальных мер принуждения. Труднейшим и долгим оказался путь внедрения этого порядка в Узбекистане. Законодательное регулирование порядка применения меры пресечения в виде содержания лица под стражей с начала 2008 года в Узбекистане имеет ряд существенных особенностей. Следственная и судебная практика по данному вопросу, мягко говоря, не утешительна и, естественно, вызывает озабоченность.

В истекшем 2009 году прокуроры обратились в суд с ходатайством о применении меры пресечения в виде заключения под стражу 20,7% больше, чем в 2008 г. Вызывает тревогу и то, что при относительно стабильной динамике преступности почти 40% этих ходатайств внесены по делам о преступлениях, не представляющих большой общественной опасности и менее тяжким преступлениях, на 30% увеличились ходатайства в отношении женщин. Более того, судьи удовлетворяют почти все ходатайства прокуроров в 2008 г. – 98,5% и в 2009 г. – 98,9%.

В 2008 году судами удовлетворено 104 ходатайств сторон продлении срока задержания для представления дополнительных доказательств обоснованности или необоснованности применения меры пресечения в виде заключения под стражу. Из них по 32 материалам в последующем было отказано в применении меры пресечения.

В 2008 г. удовлетворены все ходатайства о продлении срока содержания под стражей, а в 2009 г. отклонено лишь 1,1% ходатайств. 2008 году по 98% и в 2009 году по 97% ходатайств сроки содержания под стражей продлены до 5 месяцев, лишь по 2-3% - до 7 месяцев. Ходатайств о продлении срока содержания под стражей на более длительные сроки не имело место.

В 2008 и 2009 г. обжаловано определений судов по вопросу заключения под стражу соответственно 5,5% и 4,6%, отменено 6,2% и 10,6% обжалованных определений, 70 лиц освобождены из под стражи судами в апелляционной инстанции.

Таковы показатели применения Habeas Corpus Act-а. В связи с этом высказываются сомнения в эффективности судебного порядка заключения обвиняемых и подозреваемых под стражу.

Представляется, что приведенные выше не желательные последствия внедрения Habeas Corpus Act-а связаны, главным образом, уголовно-процессуальными нормами, регулирующими порядок его применения, в частности:

1) УПК Республики Узбекистан допускает возможность применения меры пресечения в виде содержания под стражей не только в отношении обвиняемых, но и подозреваемых, которым конкретное обвинение не предъявлено. В тоже время, ст. 242 Кодекса разрешает заключение под стражей по делам о преступлениях, караемых лишением свободы на срок не менее трех лет.
2) Ходатайство перед судом возбуждает не следователь, а прокурор. Возникающие часто между следователем, расследующим уголовное дело, и надзирающим за ним прокурором разногласия по поводу заключения обвиняемого (подозреваемого) под стражу решаются не судом, а прокурором. Притом прокурор не обязан допросить лицо, прежде чем ходатайствовать перед судом о его заключении под стражу.
3) В суде ходатайства о заключении лица под стражу рассматриваются в присутствии прокурора, а не следователя. Лицо, пострадавшее от преступления, лишено право участвовать в таком судебном заседании. Обвиняемый (подозреваемый), не имеющий защитника к моменту рассмотрения судом ходатайства прокурора, лишен возможности просить суд отложить судебное заседание до явки адвоката. Закон не предусматривает приглашения родителей или лиц, их заменяющих, при рассмотрении ходатайства о заключении под стражу несовершеннолетних.
4) Немало случаев рассмотрения таких материалов в отсутствии обвиняемых под предлогом, что они скрываются от следствия. Зарубежная практика рассмотрения судом ходатайств о применении меры пресечения в виде заключения под стражу в отношении разыскиваемых лиц по месту их обнаружения и задержания, представляется оправданной в целях обеспечения защиты прав человека.
5) Ходатайство об избрании меры пресечения в виде содержания под стражей рассматривается судом в течение двенадцати часов с момента поступления материалов. В ряде стран суд рассматривает такие материалы незамедлительно или в течение 2-3 часов, что представляется целесообразным.
6) Определение судьи по материалу о применении меры пресечения в виде заключения под стражу может быть обжаловано и опротестовано в течение трех суток. Вышестоящий суд рассматривает жалобу или протест также в течение трех суток. Практическими работниками высказа-

ны предложения о том, чтобы такие жалобы и протесты подавались и рассматривались в суточный срок.

7) Судье не запрещено рассматривать по существу уголовное дело, по которому он выносил определение об удовлетворении или отказе в удовлетворении ходатайства о применении меры пресечения в виде заключения под стражу.
8) Прокурор, а также следователь с согласия прокурора вправе освободить лицо, заключенное под стражу судом.
9) Ходатайство о продлении срока содержания под стражей во всех случаях рассматривается судьей районного (городского) суда или окружного, территориального военного суда. Целесообразно, чтобы такие ходатайства прокуроров Республики Узбекистан, Республики Каракалпакстан, области и города Ташкента рассматривалась судьями соответствующих вышестоящих судов.
10) Помещение обвиняемого в медицинское учреждение связано с изоляцией его от общества и по существу приравняется к лишению свободы до двух месяцев. Согласно закону постановление следователя об этом достаточно согласовать с прокурором. Представляется, что данную принудительную мера следует применять только с согласии суда.

Не ставя под сомнение объективность следователей и прокуроров, все же нельзя не заметить, что они заинтересованы в ограничении свободы обвиняемых и подозреваемых, чтобы лишить последних возможности воздействовать негативно на ход предварительного следствия. Этим, по-видимому, объясняется чрезмерное увеличение числа их ходатайств о применении меры пресечения в виде содержания под стражей, тогда как такая мера допустима лишь в исключительных случаях. Прокуроры, чувствуя, что судья наверняка не станет удовлетворять их необоснованные требований, прибегают к отзыву своих ходатайств. Такие факты имели место в 2008 году по 26 материалам и в 2009 г. по 18 материалам, хотя в УПК такая возможность не предусмотрена. Сложившейся следственно-прокурорской и судебной практике применения Habeas Corpus Act-а в Узбекистане присущи и многие другие недостатки.

В целях их устранения предстоит, прежде всего глубокий анализ сложившейся практики. Вместе с тем, полезно учесть и зарубежный опыт, в частности, законодательное регулирование отдельных аспектов судебного порядка применения данной меры процессуального принуждения.

В *США* ежегодно совершаются более 2 млн. тяжких и особо тяжких преступлений. Суды по обращениям полиции разрешают заключение обвиняемых под стражу в исключительных случаях, широко применяя залог. Причем, данный вопрос рассматривается судами по возможности ускоренно.

В *Англии* задержание лица, в совершении преступлений, более 36 часов допускается лишь с разрешения судьи. Срок содержания обвиняемого под стражей продлевается каждый раз на 8 дней. Лицо, обвиняемый в совершении тяжких преступлений, может содержаться под стражей максимум до 112 суток.

Во *Франции* обвиняемый часто оставляется судом на свободе с установлением над ним наблюдения и отбиранием подписки о невыезде с место жительства, возложением на него обязанности регулярно пройти регистрацию, не управлять автотранспорт, не заниматься отдельными видами деятельности и т.д.

В *ФРГ* и *Италии* задержанное лицо не позднее 48 часов доставляется к судье, который с участием защитника рассматривает вопрос о заключении его под стражу. По истечении трех месяцев судья по своей инициативе рассматривает вопрос о возможности освобождения обвиняемого из под стражи.

В *Норвегии* задержанное лицо доставляется к судье в течении 24 часов. Суд дает разрешение на его заключение под стражу каждый раз на срок до 4 недель, максимум до 6 месяцев.

В *Молдове* задержанное лицо доставляется к судье также не позднее 24 часов. Содержание обвиняемого под стражей на срок до 6-месяцев допускается с разрешения суда, а до 12-месяцев – Парламентом страны. Несовершеннолетние в 14-16 летнем возрасте могут содержаться под стражей не более 4 месяцев, в возрасте 16-18 лет – не более 6 месяцев.

В *России* порядок заключения под стражу обвиняемого только по разрешению суда, введенный еще в 1860 году, продолжал действовать до 1929 года, затем санкционирование ареста прокурором – до введения УПК РФ т.е 1 июля 2002 г. В настоящее время содержание обвиняемого под стражей, домашний арест и залог применяются с разрешения суда. Ходатайство следователя о заключении под стражу рассматривается судом в присутствии обвиняемого, за исключением случае объявления его в международном розыске.

В *Беларусь* и *Армении* возникающие по поводу избрания меры пресечения разногласия между следователем и прокурором решаются судом по обращению следователя.

В *Казахстане* материал о заключении лица под стражу рассматривается судом с участием прокурора и защитника, на судебное заседание кроме лица, относительно которого подано ходатайство, приглашаются потерпевший и его законный представитель но их неявка не приостанавливает рассмотрение материала.

В *Киргизии* лицо может быть задержано до 48 часов, в течение этого срока ему должно быть предъявлено обвинение и заключено под стражу судом, который обязан рассмотреть данной вопрос с участием следователя в течение двух часов.

В *Таджикистане* материал о заключении лица под стражу и домашнем аресте должен быть рассмотрены в течение 8 часов.

Приведенные выше особенности рассмотрения судом вопроса о предварительном заключении лица под стражу целесообразно учесть в УПК Республики Узбекистан. Кроме того, представляется необходимым имплементировать в национальное законодательство положения пункта 4 статьи 9 Международного пакта о гражданских и политических правах, обязывающие суд ознакомить с представленными ему материалами обвиняемого, его защитника, потерпевшего и его законного представителя. Заслуживает также рекомендация созданной с одобрения ООН Международной ассоциации прокуроров о том, чтобы задержанное лицо было доставлено в суд не позднее двух дней, имело право периодически обращаться суду, а также об обязанности суда осуществлять контроль за условиями содержания лиц, содержащихся под стражей.

Наряду с предстоящим вводом порядка судебного контроля за законностью и обоснованностью применения всех мер процессуального принуждения, следует определить механизм обжалования действий и решений дознавателя, следователя и прокурора в суд.

Таковы предстоящие задачи судебно-правовой реформы, связанные с осуществлением Habeas Corpus Act-a в Узбекистане.

Befugnisse des Gerichts im Vorverfahren: Erfahrungen in Kirgisistan

Kayrat Osmonaliev

Im Laufe der letzten 15 Jahre ist das Gerichtssystem in Kirgisistan wohl stärker als andere Justizorgane unserer Republik in die Mitte der Rechtsreformen geraten. Dabei ist zu betonen, dass die Justizreform mit den Verfassungsänderungen untrennbar verbunden ist. Heute gilt in Kirgisistan die Verfassung von 1993 in der Fassung, die durch die Volksabstimmung am 27. Juni 2010 gebilligt wurde. Seit der Verabschiedung der Verfassung wurden in den Text bereits sechs Mal Änderungen aufgenommen, die in erster Linie das System der Gewaltenteilung betreffen, aber gleichzeitig wurden auch die Vorschriften geändert, die in einem unmittelbaren Zusammenhang mit dem Gerichtssystem und den Menschenrechten stehen. Die fortschrittlich gestimmten Vertreter der juristischen Öffentlichkeit Kirgisistans haben die Verfassungsnovellen von 2006 beifällig aufgenommen, durch die die Befugnisse für Haftsanktionierung von der Staatsanwaltschaft auf die Gerichte übertragen wurden, was eine folgerichtige Konsequenz der internationalen Verpflichtungen Kirgisistans ist, das sich dem Internationalen Pakt über bürgerliche und politische Rechte angeschlossen hat. Die Neufassung der kirgisischen Verfassung setzt die Richtung auf Stärkung der Position des Gerichts im Vorverfahren konsequent fort, indem ihm die Befugnisse für Untersuchungshandlungen übertragen wurden, die die Verfassungsrechte der Bürger auf Unantastbarkeit und auf Schutz personenbezogener Daten unmittelbar betreffen. Da der Verfassung die höchste juristische Kraft zukommt, wurden bei der Änderung der Verfassung entsprechende Korrekturen in die Gesetzgebung aufgenommen – in erster Linie ins Strafgesetzbuch, in die Strafprozessordnung und ins Strafvollzugsgesetzbuch Kirgisistans. Auf die geplanten Änderungen und Ergänzungen zur StPO Kirgisistans, die mit den Befugnissen der Gerichte im Vorverfahren verbunden sind, werde ich später eingehen.

Zunächst einige vorangestellte Erörterungen zum Gerichtssystem Kirgisistans. Gem. der Verfassung der Kirgisischen Republik (im Folgenden KR) (T. 3 Art. 93) setzt sich das Gerichtssystem Kirgisistans aus dem Obersten Gericht und den regionalen Gerichten zusammen. Durch Gesetz können Fachgerichte (interbezirkliche Gerichte für Wirtschaftsstreitigkeiten und Militärgerichte) gebildet werden.

Zur Zusammensetzung des Obersten Gerichts gehört auch die Verfassungskammer[1].

---

1 Bis vor kurzem funktionierte in Kirgisistan das Verfassungsgericht, das nicht zum Obersten Gericht gehörte. Jedoch wurde das Verfassungsgericht auf Erlass der Proviso-

Die Richterschaft in Kirgisistan zählt ca. 430-440 Richter bei einer Bevölkerungszahl von rund fünf Millionen Menschen. Vorgreifend kann ich behaupten, dass eine solche Anzahl der Richter ungenügend ist. In der Republik gibt es Bezirke, in denen die Gerichte nur mit einem Richter besetzt sind, wegen der begrenzten Richteranzahl erscheint dort die Haftsanktionierung und die Rechtspflege in Strafsachen sehr problematisch. In solchen Fällen entstehen ähnliche Probleme auch bei der Ausübung der Gerichtskontrolle in Form der Überprüfung von Beschwerden über Entscheidungen, Handlungen oder Nichttätigkeit der Untersuchungsführer und Staatsanwälte gem. Art. 131 und 132 der StPO der KR.

Als eine der Errungenschaften der Justizreform ist der Umstand zu betonen, dass die Justizgewalt den Haushalt des Gerichtssystems selbstständig bildet. Diese Regelung ist in T. 2 Art. 98 der Verfassung der KR verankert. Im Zuge der Reformen sind viele positive Ergebnisse erreicht worden, insb. bei der Unterstützung seitens solcher internationalen Institutionen wie die EU und die GTZ (seit dem 1. Januar 2011 GIZ).

Aber man muss auch eingestehen, dass es nicht gelungen ist, den Einfluss nichtforensischer Gewaltzweige auf das Gerichtssystem in Kirgisistan zu überwinden. Besonders kennzeichnend ist der hohe Grad der Abhängigkeit der Richter (der Richteranwärter) bei der Ernennung der Richter durch das Staatsoberhaupt: Der Präsident der KR ernennt Richter, lässt sie rotieren und enthebt sie des Amtes. Dadurch erklärt sich die große Anzahl der Gerichtsurteile zugunsten der regierenden Cliquen der ehemaligen Präsidenten, die nach dem Sturz ihrer politischen Regime revidiert wurden. Obwohl der Anteil solcher politisch und wirtschaftlich engagierten Gerichtsentscheidungen an der gesamten Strafstatistik gering ist, kann ihr Widerhall nicht nur für das System der Strafjustiz, sondern auch für das ganze Land beklagenswert sein. Ein Beweis dafür sind zwei politische Regimewechsel 2005 und 2010.

Um das Gerichtssystems zu charakterisieren, brauchen wir einige statistische Angaben aus dem Bereich der Strafrechtspflege. 2009 wurden in der ersten Instanz 19.065 Straffälle judiziert, davon:

- Verurteilungen – 8.444 oder 44,3 Prozent;
- Einstellung des Strafverfahrens – 5.450 oder 28,6 Prozent;
- Freisprüche – 206 in Bezug auf 323 Personen oder 1,7 Prozent;

---

rischen Regierung Kirgisistans im Mai 2010 aufgelöst. Juristische Gründe für die Auflösung dieses wichtigsten Instituts der Justizgewalt wurden in der Öffentlichkeit nicht erklärt. Dieser Entscheidung lagen in einem großen Maße politische Motive zugrunde: Im September 2010 wurde durch die Generalstaatsanwaltschaft Kirgisistans ein Strafverfahren gegen die ganze Zusammensetzung des ehemaligen Verfassungsgerichts (neun Personen) wegen Übergriffen, die zu schweren Folgen geführt hatten, eingeleitet. Siehe URL: http://www.24.kg/politic/83253-generalnaya-prokuratura-kyrgyzstana-uli chaet.html.

- Zurückgabe an die Staatsanwaltschaft bei Untersuchungslücken – 467 oder 2,4 Prozent.

Von der Gesamtanzahl der vor Gericht verhandelten Fälle (19.065) wurden 3.495 (18,3 Prozent) an die Berufungsinstanz weitergeleitet, 1.773 Gerichtsentscheidungen (50,7 Prozent) wurden aufrecht erhalten. Die Stabilitätsrate der Gerichtsentscheidungen liegt bei 91 Prozent[2].

Meines Erachtens zeugen diese Angaben von einer recht hohen Qualität der Arbeit der Gerichte und von einer insgesamt unabhängigen Position der Gerichte bei Urteilsfällung. Es würde genügen, auf 1,7 Prozent der Freisprüche zu verweisen (in den meisten postsowjetischen Staaten liegt diese Kennzahl unter einem Prozent).

Wie bereits erwähnt sind einzelne Befugnisse der Gerichte im Hauptgesetz des Landes – in der Verfassung – festgelegt. Solche verfassungsrechtlichen Vorschriften in Art. 24, 29 und 30 bestimmen die Befugnisse und Rolle des Gerichts im Vorverfahren.

In T. 3 und 4 Art. 24 der Verfassung der KR heißt es: „Niemand kann festgenommen, in Haft gehalten werden oder seiner Freiheit entzogen werden, es sei denn auf Gerichtsentscheidung und nur aus gesetzlich bestimmten Gründen und unter Beachtung des im Gesetz vorgeschriebenen Verfahrens. Niemand darf länger als 48 Stunden ohne Gerichtsentscheidung in Haft gehalten werden. Jede festgenommene Person muss unverzüglich und jedenfalls innerhalb von 48 Stunden ab dem Zeitpunkt der Festnahme einem Richter zwecks Entscheidung der Frage über Legitimität seiner Festnahme vorgeführt werden.“

In T. 2 Art. 29 der Verfassung der KR ist festgehalten: „Jeder hat das Recht auf Brief-, Post- und Telekommunikationsgeheimnis. Eine Einschränkung dieses Rechts ist nur gem. dem Gesetz und ausschließlich aufgrund eines richterlichen Beschlusses zulässig.“

T. 2 und 3 Art. 30 der Verfassung der KR lauten: „Durchsuchung, Beschlagnahme, Besichtigung und sonstige Handlungen sowie Eindringen von Vertretern der Behörden in die Wohnung und sonstige Objekte, die im Eigentum oder in einem anderen Recht sind, sind nur aufgrund eines richterlichen Beschlusses zulässig. In gesetzlich vorgesehenen Fällen sind Durchsuchung, Beschlagnahme, Besichtigung und sonstige Handlungen sowie Eindringen von Vertretern der Behörden in die Wohnung und sonstige Objekte, die im Eigentum oder in einem anderen Recht stehen, ohne richterlichen Beschluss zugelassen. Gesetzlichkeit und Begründetheit solcher Handlungen sind vom Gericht zu prüfen.“

---

2 Bericht des Vorsitzenden des Obersten Gerichts der KR über die Ergebnisse der Tätigkeit des Justizsystems 2009 (Доклад Председателя Верховного суда КР по итогам деятельности судебной системы за 2009 г.). Siehe URL: www.sudsystem.kg.

Die genannten verfassungsrechtlichen Vorschriften sind in der StPO detailliert. Die Befugnisse des Gerichts im Vorverfahren gem. der StPO der KR[3] sind in unterschiedlichen Artikeln vorgesehen. Maßgeblich ist Art. 32 (Befugnisse des Gerichts). Dort heißt es:

„... (2) Nur das Gericht, auch während des Vorverfahrens, ist befugt, folgende Beschlüsse zu fassen:

1) über Anordnung einer Zwangsmaßnahme in Form der Haft, des Hausarrestes;
2) über Haftfortdauer;
3) über Unterbringung des Verdächtigen, des Beschuldigten, der nicht in Haft gehalten wird, in einer ärztlichen oder psychiatrischen Heilanstalt zwecks Durchführung einer forensisch-ärztlichen oder forensisch-psychiatrischen Begutachtung;
4) über Anordnung von Maßnahmen zur Sicherheit der Zeugen, der Verletzten und sonstiger Beteiligten am Strafgerichtsverfahren.

(3) Im Vorverfahren darf das Gericht Beschwerden über Handlungen bzw. Untätigkeit und Entscheidungen des Staatsanwalts, des Untersuchungsführers, des Ermittlungsorgans und des Ermittlers in den gesetzlich vorgesehenen Fällen und unter Beachtung des in Art. 131 der vorliegenden StPO vorgeschriebenen Verfahrens prüfen."

Diese Befugnisse des Gerichts sind in den folgenden Artikeln mehr oder weniger detailliert:

- Art. 109-1. Hausarrest.
- Art. 110. Inhaftierung.
- Art. 131. Beschwerden über Handlungen und Entscheidungen des Untersuchungsführers, des Staatsanwalts.
- Art. 132. Gerichtliches Verfahren für Prüfung einer Beschwerde über Entscheidungen des Untersuchungsführers, des Staatsanwalts.
  Art. 132-1. Gerichtliches Verfahren für Prüfung einer Beschwerde über gerichtliche Anordnung der Inhaftierung als Zwangsmaßnahme.
- Art. 169-1. Gerichtliches Verfahren für Einholen der Genehmigung für eine Untersuchungshandlung.

Es sei betont, dass es geplant ist, im Zusammenhang mit der neuen Fassung der Verfassung der KR Änderungen in folgende Artikel der StPO aufzunehmen:

- Art. 13. Unantastbarkeit der Wohnung, Schutz der Privatsphäre, Brief- und Telekommunikationsgeheimnis.
- Art. 177. Gründe und Verfahren für Durchführung der Besichtigung.
- Art. 184. Gründe und Verfahren für Beschlagnahme.

---

3 Die StPO der KR wurde am 30. Juni 1997 verabschiedet und am 21. Juli 1999 in Kraft gesetzt.

- Art. 187. Beschlagnahme des Schrift- und Telegraphenverkehrs, Einsicht in die schriftlichen Mitteilungen.
- Art. 188. Abhören der Telefongespräche.

Nach unserer Ansicht soll die Aufnahme der entsprechenden Änderungen die Rolle des Gerichts im Vorverfahren stärken. Neue Befugnisse der Gerichte sollen, wie es erscheint, das Niveau und die Intensität der gerichtlichen Kontrolle steigern, deren Einführung eine wichtige Errungenschaft der in der Republik laufenden Justizreform darstellt.

Einerseits beschränkt die Gerichtskontrolle den Spielraum der Strafverfolgungsorgane bei Wahrnehmung einiger ihrer Verfahrensrechte während der Untersuchung der Straftat – Ausübung wichtiger Untersuchungshandlungen. Andererseits ist offenkundig, dass, wenn es um Untersuchungshandlungen und prozessuale Zwangsmaßnahmen geht, die die Verfassungsrechte und Freiheiten des Einzelnen wesentlich einschränken, die Notwendigkeit, eine gerichtliche Genehmigung zu erhalten, nur dazu beiträgt, dass diese Entscheidung tatsächlich begründet ist.

Diese Behauptung wird bei der Haftsanktionierung bestätigt. Die Gerichte können eine recht unabhängige Position bei der Wahrnehmung ihrer Rechte einnehmen. So bekamen 2009 die kirgisischen Gerichte 8.866 Anträge auf Anordnung der Inhaftierung als Zwangsmaßnahme, 7.624 davon wurde stattgegeben – das sind 85,9 Prozent. 1.242 Anträge wurden also abgewiesen, das macht 14,1 Prozent aus. Vergleichend sei betont, dass im benachbarten Kasachstan nur 2-4 Prozent entsprechender Anträge vom Gericht abgelehnt werden.

Man kann behaupten, dass sich die Gerichtskontrolle im Vorverfahren auf das Niveau des persönlichen Rechtsschutzes positiv auswirkt. Es ist allgemein bekannt, dass menschliche Rechte und Grundfreiheiten in dieser Verfahrensstufe besonders oft unbegründet beeinträchtigt werden und deshalb sicherer Strafverfahrensgarantien zu ihrem Schutz bedürfen.

Zum Gegenstand der Gerichtskontrolle über das Vorverfahren gehören zwei Elemente: Kontrolle über Einhaltung menschlicher und bürgerlicher Rechte und Freiheiten sowie Überprüfung der Rechtmäßigkeit von Entscheidungen der Behörden, die das Vorverfahren durchführen.

Gleichzeitig ist es offensichtlich, dass das Gericht – nach dem Grundsatz der Teilung von Verfahrensfunktionen – die Staatsanwaltschaft im Strafverfahren nicht ersetzen darf.

In der Struktur der Gerichtskontrolle ist die Überwachung der Qualität der Beweisführung hervorzuheben, unabhängig davon, ob eine Zwischen- oder endgültige Entscheidung getroffen wird.

Bei der Wahrnehmung der Funktion der Gerichtskontrolle kann der Richter eine aktive Position haben, er kontrolliert die Legitimität und Begründetheit der Entscheidungen im Vorverfahren. Die Ergebnisse seiner Tätigkeit können den Verlauf des Verfahrens und die Gestaltung des Beweissystems maßgebend beeinflussen. Gleichzeitig spielt das Gericht in der Hauptverhandlung im Grunde genommen eine recht passive Rolle eines unabhängigen Vermittlers.

Nach der herrschenden Meinung weist die Gerichtskontrolle im Vorverfahren mehrere Vorteile gegenüber der staatsanwaltschaftlichen Aufsicht und der behördlichen Kontrolle auf, die darin bestehen, dass der Status des Richters und des Gerichts sowie deren Funktionen nicht mit der Qualität des Vorverfahrens verbunden sind keine Verantwortung für Erfüllung der Aufdeckungsvorgaben vorsehen und dass das mit adversatorischen Elementen ausgestattete Gerichtsverfahren einen effektiveren Schutz der menschlichen und bürgerlichen Rechte und Freiheiten voraussetzt.

Die Notwendigkeit, die Rolle des Gerichts im Vorverfahren zu stärken, ist durch folgende Umstände bedingt:

1) Das Wesen und der Vorrang der Strafgerichtsbarkeit bleibt nach wie vor der Kampf gegen die Kriminalität, nicht aber der Schutz von Rechten und legitimen Interessen eines Einzelnen[4].
2) Es besteht eine ausdrückliche Orientierung auf Anklageerhebung, d.h. das Höchstmaß des Inquisitionsgrundsatzes.
3) Es ist unmöglich, der Anklage und der Verteidigung gleiche Möglichkeiten zu gewähren, d.h. das Mindestmaß des Verhandlungsgrundsatzes.
4) Im Vorverfahren werden besonders oft empörende Verstöße gegen Menschenrechte begangen (Folter, Diskriminierung u.ä.).

Das Studium der entsprechenden Praxis in Kirgisistan zeugt davon, dass das Gericht noch nicht die Herrschaft über das Vorverfahren erhalten hat. Der Wortlaut der Art. 131 und 132 der StPO lässt auf Kollisionen schließen, die das ordnungsmäßige Funktionieren des Mechanismus der Gerichtskontrolle verhindern. So heißt es in T. 7 Art. 131: „Beschwerdeeinlegung unterbricht die Ausübung der angefochtenen Handlung und den Vollzug der angefochtenen Entscheidung nicht, wenn der Untersuchungsführer, der Staatsanwalt oder der Richter es nicht für notwendig hält“. Wenn also eine Handlung oder Nichttätigkeit eines Beamten als unrechtmäßig oder unbegründet anerkannt ist (P. 1 T. 5 Art. 131 StPO), verpflichtet ihn zwar der Richter, den entsprechenden Verstoß zu beseitigen, aber kraft T. 7 desselben Artikels können der Untersuchungsführer oder der Staatsanwalt den Beschluss des Richters einfach ignorieren. In einer solchen Situation sieht das Institut der Gerichtskontrolle wie eine Fiktion aus. Offensichtlich müsste T. 7 Art. 131 StPO so verfasst werden, dass der richterliche Beschluss bindend wird.

---

4 Siehe Алауханов Е.О. Обвинение и защита: проблема равных возможностей. Сборник материалов международной конференции «Проблемы реализации Концепции правовой политики Республики Казахстан на период 2010-2020 гг.» – Алматы: КазГУ, 2010. С. 7.

Neben der Korrektur der in Art. 131 und 132 StPO vorgesehenen Vorschriften ist der Bereich der Gerichtskontrolle im Vorverfahren auszuweiten. So ist bspw. die Einstellung des Strafverfahrens aus den nichtrehabilitierenden Gründen ausschließlich dem Gericht vorzubehalten, weil der Untersuchungsführer und der Staatsanwalt Verfahrensparteien sind, die an der Anklageerhebung von Anfang an interessiert sind. Zu beachten ist auch der Vorschlag über eine Vergrößerung der Richterschaft mit der Perspektive der Einführung des Untersuchungsrichters, um an ihn die Funktionen der Kontrolle über das Vorverfahren zu übertragen.

In Bezug auf die Gerichtskontrolle gibt es viele weitere Fragen, deren Wesen in der Hauptidee der Justizreform besteht, nämlich dass das Gericht zur Zentralfigur im Strafverfahren werden soll, einschließlich des Vorverfahrens.

Полномочия суда в стадии предварительного расследования: опыт Кыргызстана

Кайрат Осмоналиев

На протяжении последних пятнадцати лет судебная система Кыргызстана, пожалуй, больше других органов юстиции республики, находится в центре правовых реформ. При этом необходимо отметить, что реформа судебной системы неразрывно связана с конституционными преобразованиями. На данный момент в Кыргызстане действует Конституция 1993 г. в редакции, одобренной референдумом 27 июня 2010 г. С момента принятия Конституции в нее не менее шести раз вносились поправки, в основном которые касались системы разделения властей, но, в то же время, неоднократно менялись положения, имеющие непосредственное отношение к судебной системе и прав личности. Прогрессивно настроенная часть юридической общественности Кыргызстана с одобрением встретила конституционные новеллы 2006 г., утвердившие передачу полномочий по санкционированию арестов от прокуроров судьям, что логично следовало из международных обязательств Кыргызстана, присоединившегося к Пакту о политических и гражданских правах. Последняя редакция Конституция продолжила линию на укрепление позиций суда на стадии предварительного расследования, передав полномочия по санкционированию следственных действий, непосредственно затрагивающих конституционных прав граждан на неприкосновенность и личные тайны. Поскольку Конституция имеет высшую юридическую силу, при ее изменении соответствующие поправки вносились в законодательство, в первую очередь в уголовный, уголовно-процессуальный и уголовно-исполнительный кодексы Кыргызстана. О предполагаемых изменениях и дополнениях в УПК Кыргызстана, связанные с полномочиями судов на предварительном расследовании будет отмечено далее.

Несколько штрихов, характеризующих судебную систему Кыргызстана.

Согласно Конституции КР (ч. 3 ст. 93) судебная система состоит из Верховного суда и местных судов. Законом могут учреждаться специализированные суды (межрайонные суды по экономическим спорам и военные суды).

В составе Верховного суда предусмотрена Конституционная палата[1].

---

1 До недавнего времени в Кыргызстане функционировал Конституционный суд, который не входил в состав Верховного суда. Однако Временным правительством Кыргызстана в мае 2010 г. Конституционный суд был распущен. Юридические основания расформирования данного важнейшего института судебной власти об-

Судейский корпус Кыргызстана составляет примерно 430-440 судей при населении около 5 млн. человек. Забегая вперед, могу утверждать, что такое количество судей недостаточно, в республике имеются районы с односоставными судами, где весьма проблематичным представляется санкционирование арестов и осуществления правосудия по уголовным делам в силу ограниченного количества судей. В таких случаях похожие проблемы возникают при осуществлении судебного контроля в форме реагирования на жалобы в отношении решений, действий (бездействия) следователей и прокуроров согласно ст. 131 и 132 УПК КР.

Одним из достижений судебно-правовой реформы можно отметить то обстоятельство, что бюджет судебной системы формируется судебной властью самостоятельно. Это положение отмечено в ч. 2 ст. 98 Конституции КР. В ходе реформ достигнуто много других позитивных результатов, в том числе при поддержке ведущих международных организаций как Европейский союз, ГТЦ и др.

Однако необходимо признать, что в Кыргызстане не удалось преодолеть влияние несудебных ветвей власти на судебную систему. Особенно характерна высокая степень зависимости судей (кандидатов в судьи) при назначении на должность главой государства. Он назначает, ротирует и освобождает от должности судей. Отсюда масса судебных решений в пользу правящих кланов бывших президентов, пересмотренных после свержения их режимов. Хотя доля такого рода политически и экономически ангажированных судебных решений в уголовной статистике невелика, но их резонанс может быть плачевным не только для системы уголовной юстиции, но и страны в целом. Подтверждением могут служить смены политических режимов в 2005 и 2010 гг.

Характеризуя структуру судебной системы необходимо привести некоторые статистические данные отправления правосудия по уголовным делам. В 2009 г. судами первой инстанции рассмотрено 19.065 уголовных дел, по которым:

- обвинительных приговоров – 8.444 или 44,3%;
- прекращено – 5.450 или 28,6%;
- оправдательных приговоров – 206 в отношении 323 лиц или 1,7%;
- возвращено прокурору для восполнения пробелов следствия – 467 дел или 2,4 %.

щественности не пояснялись. В основе такого решения в большей степени находились политические мотивы: в сентябре 2010 г. Генеральной прокуратурой Кыргызстана возбуждено уголовное дело в отношение всего состава бывшего Конституционного суда (9 человек) за превышение должностных правомочий и вынесение заведомо неправосудных решений, повлекших тяжкие последствия. См.: URL: http://www.24.kg/politic/83253-generalnaya-prokuratura-kyrgyzstana-uli chaet.html

Из рассмотренных судами дел (19.065) обжаловано в суды 2-ой инстанции 3.495 дел (18,3%), из которых оставлено в силе – 1.773 судебных акта или 50,7%. Стабильность судебных актов – 91%.[2]

Приведенные показатели свидетельствуют, на мой взгляд, о достаточно качественной работе судов и наличии в целом независимой позиции судов при вынесении судебных решений. Достаточно сослаться на 1,7% оправдательных приговоров (в большинстве постсоветских стран этот показатель составляет менее одного процента).

Как уже было отмечено выше, отдельные полномочия судов обозначены в главном законе страны – Конституции. Такие конституционно-правовые нормы определяют полномочия и роль суда на стадии предварительного расследования в ст. 24, 29 и 30.

Согласно ч. 3 и 4 ст. 24 Конституции КР: «Никто не может быть арестован, содержаться под стражей или оказаться лишенным свободы иначе как по решению суда и только на основаниях и в порядке, установленных законом. Никто не может быть подвергнут задержанию на срок более 48 часов без судебного решения. Каждое задержанное лицо в срочном порядке и в любом случае до истечения 48 часов с момента задержания должно быть доставлено в суд для решения вопроса о законности его задержания.

В ч. 2 ст. 29 Конституции КР записано: «Каждый имеет право на тайну переписки, телефонных и иных переговоров, почтовых, телеграфных, электронных и иных сообщений. Ограничение этих прав допускается только в соответствии с законом и исключительно на основании судебного акта».

Ч. 2 и 3 ст. 30 Конституции КР гласят: «Производство обыска, выемки, осмотра и осуществление иных действий, а также проникновение представителей власти в жилище и иные объекты, находящиеся в собственности или ином праве, допускаются лишь на основании судебного акта. В случаях, предусмотренных законом, обыск, выемка, осмотр и осуществление иных действий, проникновение представителей власти в жилище и иные объекты, находящиеся в собственности или ином праве, допускаются без судебного акта. Законность и обоснованность таких действий подлежат рассмотрению судом».

Указанные конституционно-правовые предписания детализируются в УПК. Полномочия суда на стадии предварительного расследования по УПК КР[3] обозначены в различных статьях. Основополагающей является статья 32 (Полномочия суда). В ней указано: «… (2) Только суд, в том числе в ходе досудебного производства, правомочен принимать решения:

---

2 Доклад Председателя Верховного суда КР по итогам деятельности судебной системы за 2009 г. Доступно по URL: www.sudsystem.kg

3 Принят 30 июня 1997 года и введен в действие с 21 июля 1999 года.

1) об избрании меры пресечения в виде заключения под стражу, домашнего ареста;
2) о продлении срока содержания под стражей;
3) о помещении подозреваемого, обвиняемого, не находящегося под стражей, в медицинский или психиатрический стационар для производства соответственно судебно-медицинской или судебно-психиатрической экспертизы;
4) о применении мер по обеспечению безопасности в отношении свидетелей, потерпевших и иных участников уголовного судопроизводства.

(3) Суд правомочен в ходе досудебного производства рассматривать жалобы на действия (бездействие) и решения прокурора, следователя, органа дознания и дознавателя в случаях и порядке, которые предусмотрены статьей 131 настоящего Кодекса».

В следующих статьях эти полномочия судов расписаны более менее подробно:

- Статья 109-1. Домашний арест.
- Статья 110. Заключение под стражу.
- Статья 131. Жалобы на действия и решения следователя, прокурора.
- Статья 132. Судебный порядок рассмотрения жалобы на решения следователя, прокурора.
- Статья 132-1. Судебный порядок рассмотрения жалобы на применение судом заключения под стражу в качестве меры пресечения.
- Статья 169-1. Судебный порядок получения разрешения на производство следственного действия.

Следует отметить, что в связи с новой редакцией Конституции КР будут внесены соответствующие изменения в следующие статьи УПК:

- Статья 13. Неприкосновенность жилища, охрана личной жизни, тайны переписки, телефонных переговоров, почтовых, телеграфных и иных сообщений.
- Статья 177. Основания и порядок для производства осмотра.
- Статья 184. Основания и порядок производства обыска и выемки.
- Статья 187. Наложение ареста на почтово-телеграфные отправления, их осмотр и выемка.
- Статья 188. Прослушивание переговоров.

По нашему мнению, внесение соответствующих поправок должно повысить роль суда на стадии предварительного расследования. Новые полномочия судов, как представляется, повысят уровень и интенсивность судебного контроля, создание которого является важным достижением судебной реформы, проводимой в республике.

С одной стороны судебный контроль неизбежно ограничивает свободу органов предварительного расследования по распоряжению некоторыми из их процессуальных полномочий по ведению дела – проведения важных следственных действий. Очевидно, что с другой стороны, когда речь идет о производстве следственных действий и применении мер процессуального принуждения, существенно ограничивающих конституционные права и свободы личности, необходимость получения судебного разрешения лишь способствует тому, чтобы такое решение было действительно обоснованным.

В случае санкционирования арестов данное утверждение находит свое подтверждение. Суды могут занимать относительно независимую позицию при реализации своих полномочий. Например, в 2009 г. в суды Кыргызстана поступило 8866 ходатайств об избрании меры пресечения в виде ареста, из них 7624 были удовлетворены – 85,9%. Таким образом, 1242 ходатайств были отклонены, что составляет 14,1%. Отметим для сравнения: в соседнем Казахстане лишь 2-4% соответствующих ходатайств отклоняются судом.

Можно утверждать, что судебный контроль на стадии расследования позитивно влияет на уровень защиты прав личности. Общеизвестно, что на этой стадии права человека и его основные свободы наиболее часто подвергаются необоснованным ограничениям и поэтому нуждаются в надежных уголовно-процессуальных гарантиях их защиты.

В предмет судебного контроля за предварительным расследованием входят два элемента: контроль за соблюдением прав и свобод человека и гражданина, а также проверка законности принимаемых решений органами, осуществляющими предварительное следствие.

Вместе с тем, очевидно, что исходя из принципа разделения процессуальных функций, суд не должен подменять прокурора в уголовном процессе.

В структуре судебного контроля можно выделить контроль качества доказательств, независимо от того, какое принимается решение промежуточное либо окончательное.

Реализуя функцию судебного контроля, судья может занимать активную позицию, он контролирует законность и обоснованность решений стадии предварительного расследования. Результаты его деятельности могут серьезно повлиять на ход процесса и на формирование системы доказательств. В то же время при рассмотрении уголовного дела по существу суд занимает относительно пассивную роль арбитра.

Считается, что судебный контроль на стадии предварительного расследования имеет ряд преимуществ перед прокурорским надзором и ведомственным контролем, заключающихся в том, что статус судьи и суда, их функции не связаны с качеством предварительного следствия, не предполагают ответственности за раскрываемость преступлений, судебная процедура с элементами состязательности предполагает более эффективную защиту прав и свобод человека и гражданина.

Необходимость повышения роли суда на стадии предварительного расследования обусловлена следующими обстоятельствами:

1) Сутью и приоритетом уголовного судопроизводства по-прежнему остается борьба с преступностью, но не защита прав и законных интересов личности[4].
2) Имеющий место выраженный обвинительный уклон, максимум инквизиционности уголовного процесса.
3) Невозможность обеспечения равных возможностей обвинения и защиты, минимум состязательности.
4) На стадии предварительного расследования наиболее часто допускаются вопиющие нарушения прав человека (пытки, дискриминации и т.п.).

Изучение соответствующей практики в Кыргызстане свидетельствует о том, что суд еще не стал господствующей фигурой на стадии предварительного расследования. Сама формулировка статей 131 и 132 УПК позволяет сделать вывод о коллизиях, не позволяющих функционировать механизму судебного контроля надлежащим образом. Так, в части 7 ст. 131 записано: «Принесение жалобы не приостанавливает производство обжалуемого действия и исполнение обжалуемого решения, если это не найдет нужным сделать следователь, прокурор или судья». Получается, что в случае признания действия (бездействия) или решения соответствующего должностного лица незаконным или необоснованным (п. 1 ч. 5 ст. 131 УПК), судья обязует устранить допущенное нарушение, но в силу ч. 7 той же статьи следователь или прокурор может проигнорировать решение судьи на вполне законных основаниях. В такой ситуации институт судебного контроля выглядит фикцией. Очевидно, что ч. 7 ст. 131 УПК должна быть отредактирована таким образом, чтобы решение судьи было обязательным для исполнения.

Наряду с корректировкой положений, указанных в ст. 131 и 132 УПК, следует расширять сферу судебного контроля на стадии предварительного расследования. Например, возложить прекращение уголовных дел по нереабилитирующим основаниям исключительно на суд, т.к. следователь и прокурор являются сторонами в процессе, изначально заинтересованными в предъявлении обвинения. Заслуживает интерес предложения об увеличе-

---

4 Алауханов Е.О. Обвинение и защита: проблема равных возможностей. Сборник материалов международной конференции «Проблемы реализации Концепции правовой политики Республики Казахстан на период 2010-2020 гг.» – Алматы: КазГУ, 2010. С. 7.

нии судейского корпуса с перспективой введения следственного судьи с передачей ему контрольных функций за предварительным расследованием.

Существует множество других вопросов, связанных с судебным контролем, суть которых сводится к главной идее – судебной реформы о том, чтобы суд стал центральной фигурой в уголовном процессе, включая стадию предварительного расследования.

Die Rolle des Staatsanwalts im Vorverfahren im Strafprozess der Republik Tadschikistan

Zainiddin Iskandarov

Der adversatorischer Grundsatz ist nicht nur ein fortschrittliches und beiderseitig günstiges Mittel zur Lösung von Rechtsstreitigkeiten, sondern führt im öffentlichen Recht, zu dem auch das Strafverfahrensrecht gehört, nicht immer zur Feststellung der materiellen Wahrheit und zum Triumph der Gerechtigkeit. Die Feststellung der materiellen Wahrheit erfordert eine Untersuchung des Sachverhalts, Sammlung des Beweismaterials. Was im Grunde schon inquisitorisch ist. Anschließend kann das in der Hauptverhandlung zum Interpretierungs- und Verhandlungsobjekt werden. Deshalb gestatten Sie mir, Sie mit der Strafprozessgesetzgebung Tadschikistans bekannt zu machen, die ein Produkt der historischen Entwicklung unseres Landes ist und die prozessuale Stellung des Staatsanwalts im Vorverfahren festlegt.

Im Unterschied zur amerikanischen dezentralisierten Staatsanwaltschaft handelt die Staatsanwaltschaft in unserer Republik wie eine zentralisierte multifunktionale Behörde, die neben der allgemeinen Aufsicht auch bei Ermittlungen und der Voruntersuchung Aufsichtsfunktionen ausübt sowie Strafverfolgung durchführt, prozessuale Leitung der Untersuchungen ausübt und im Namen des Staates die Anklage unterstützt. An ein solches Verfahrensmodell ist Tadschikistan historisch gebunden, nämlich seit der Zeit, als Tadschikistan ein Teil der Sowjetunion war, d.h. schon seit mehr als 85 Jahren. Nach wie vor funktioniert dieses Modell und ist von der Gesellschaft gefragt. Die heutigen Funktionen der Staatsanwaltschaft sind durch die rechtlich-sozialen Entwicklungsbedingungen unserer Gesellschaft und des Staates in der Transformationsperiode, durch den Platz der Staatsanwaltschaft im System der Staatsbehörden, und durch Wechselbeziehungen der Behörden bedingt.

In der Geschichte des Werdens und der Entwicklung der Organe der Staatsanwaltschaft ist folgende Gesetzmäßigkeit festzustellen: Historisch gesehen war die Staatsanwaltschaft als ein Exekutivorgan gestaltet, deren Tätigkeit auf genaue Einhaltung der Gesetze gerichtet war, später gehörte sie zur Struktur der Gerichtsorgane und übte die Funktion einer staatlichen Anklagebehörde aus. Nachdem sie in den 30er Jahren des 20. Jahrhunderts unabhängig geworden war, übte sie die hoheitliche Aufsicht über die Einhaltung der Gesetze aus und war gegenüber der Legislativbehörde berichtspflichtig. Je stärker die „soziale Verantwortung" des Staates gegenüber der Gesellschaft wurde, desto umfassender wurden die Funktionen der Staatsanwaltschaft und desto höher stieg ihre Rolle im System der Staatsmechanismen zur Sicherung der Rechte und Freiheiten des Bürgers.

Heute spricht man manchmal von der Abschaffung der Aufsichtsfunktion der Staatsanwaltschaft und davon, dass die prozessuale Stellung des Staatsanwalts lediglich zu der eines Strafverfolgers werden sollte. Ihre Meinung begründen die Opponenten zwar mit den Erfahrungen ausländischer Staaten (z.B. Englands, den USA), eine „Verengung" der Staatskontrolle bzw. -aufsicht in diesen Ländern erklärt sich jedoch dadurch, dass dort bürgerliche Gesellschaften und ihre Regulationsmechanismen schon längst geschaffen sind: Rechtskultur, umfassende lokale Selbstverwaltung, Privatklage, Gerichtskontrolle, nachhaltige Gesetzgebung, Traditionen der Achtung vor dem Gesetz, es fehlt sogar die Idee einer einheitlichen Rechtsanwendung. Vielmehr, wenn unter den Bedingungen der Transformationsperiode und mit unseren Rechtsvorstellungen die Aufsichtsfunktion des Staatsanwalts abgeschafft wäre, würden dadurch im Endergebnis die Interessen der Bürger, die Privatpersonen, beeinträchtigt. Beim Aufbau eines Rechtsstaats sind wir noch weit von dem Idealniveau entfernt, wenn die Einhaltung des Gesetzes und des Rechts zu einem natürlichen Bedürfnis jedes Einzelnen wird. Deshalb ist gerade in dieser Periode die staatsanwaltschaftliche Aufsicht als ein Instrument zur Sicherung des Regimes der einheitlichen Rechtsanwendung in unserer jungen Republik notwendig. In dieser Periode dürfen die Bürger nicht im Stich gelassen werden, in der Hoffnung, sie könnten sich selbst vor Gericht justiziell verteidigen. Unser Strafverfahren basiert auf den Grundsätzen der Legitimität und des öffentlichen Rechts, d.h. dass die Eröffnung der Strafverfolgung nicht von dem Willen des Opfers abhängt. Außerdem müssen bei uns, wie auch in Deutschland (§ 160, Abs. 2 § 244 StPO Deutschland), das Gericht und der Staatsanwalt sowie die Ermittlungs- und Untersuchungsorgane die materielle Wahrheit von Amts wegen erforschen (Art. 21, 85 StPO RT).

Vor diesem Hintergrund verhalten wir uns bei der Reform der Funkionen der Staatsanwaltschaft mit Vorsicht, indem wir die Errungenschaften Tadschikistans im Bereich der Rechtschutztätigkeit, des Schutzes der Menschenrechte sowie die Realien der öffentlichen Rechtsbeziehungen berücksichtigen. Diese Reform erfolgt schrittweise, je nach der Vorbereitung der sozial-rechtlichen Voraussetzungen und des menschlichen Faktors, unter Berücksichtigung der gesammelten Erfahrungen, der bestehenden Rechtsinstitute und der Traditionen der Rechtsanwendung, durch Aufnahme von Änderungen in die geltenden Gesetzgebungen und durch Verabschiedung neuer Gesetze.

Ein Zeugnis für diesen gemäßigten Ansatz legt der lange Prozess der Vorbereitung und Verabschiedung der StPO der RT von 2009 ab, der 15 Jahre in Anspruch nahm und länger als die Ausarbeitung der napoleonischen StPO in Frankreich (neun Jahre) dauerte. Bei der Entwicklung der neuen StPO der RT wurden die verfassungsrechtlichen Grundlagen des Schutzes der Menschenrechte, der Rechtsprechung und der staatsanwaltschaftlichen Aufsicht berücksichtigt, insb. Gewaltenteilung (Art. 9), Vorrang der Gerichtsverteidigung (Art. 14, 19), Unschuldsvermutung (Art. 20), Ausübung der Rechtsprechung nur durch das Gericht (Art. 84), adversatorischer Grundsatz und Gleichberechtigung der Parteien vor Gericht, Öffentlichkeit der Gerichtsverhandlung (Art. 88), Vorhandensein der staatsanwaltschaftlichen Aufsicht (Art. 93) usw. Die genannten verfassungsrechtlichen Grundlagen des Schutzes der Menschenrechte prädestinierten die Entwicklungsperspektiven der Strafgerichtsbarkeit, was sich in der neuen StPO der RT von 2009 widerspiegelt.

Die StPO der RT von 2009 hat das Strafverfahren im Wesentlichen neu konzipiert, indem das früher als ein Kampfmittel gegen Kriminalität verstandene Strafverfahren zum Schutzwerk der Menschenrechte geworden ist; in der StPO sind die einheitliche Doppelaufgabe des Strafverfahrens und seine Grundsätze verankert, die Vorschrift der Verfassung der RT über die Anerkennung des Menschen, seiner Rechte und Freiheiten als höchste Werte detailliert, die außerordentliche Stellung des Gerichts bei der Sicherung der Rechte und Freiheiten des Menschen betont und der Begriff der Parteien im Strafverfahren eingeführt worden.

Bei der Entwicklung der neuen StPO der RT wurden die Fragen der Neuverteilung der Befugnisse des Staatsanwalts, der Durchführung der gerichtlichen Aufsicht im Vorverfahren sowie der Bestimmung der prozessualen Stellung des Staatsanwalts im Vorverfahren besonders heftig und scharf diskutiert. Einerseits sind zwar von der Verfassung der Grundsatz der Gewaltenteilung und des Vorrangs des gerichtlichen Schutzes der Menschenrechte, der adversatorische Grundsatz und die Gleichberechtigung der Parteien in der Hauptverhandlung sowie die Bestellung des Verteidigers ab dem Zeitpunkt der Festnahme anerkannt, was sinngemäß die adversatorische Gestaltung des ganzen Strafverfahrens fördern könnte, andererseits bestimmt jedoch Art. 93 der Verfassung der RT den Hauptauftrag der Staatsanwaltschaft als den eines Aufsichtsorgans, das die genaue und einheitliche Erfüllung der Gesetze in ganz Tadschikistan überwacht. Deshalb standen die Funktionen der staatsanwaltschaftlichen Aufsicht über die Einhaltung der Gesetze seitens der Untersuchungs- und Ermittlungsorgane an erster Stelle in der ersten Variante des StPO-Entwurfs, in der geltenden StPO aber wurden sie der Funktion der Strafverfolgung nachgestellt (T. 2 Art. 36 StPO). Zur Lösung dieses Problems ist der Gesetzgeber einen anderen Weg gegangen, indem er den Wortlaut im ersten Teil über die staatsanwaltschaftliche Strafverfolgungsfunktion korrigiert und den Status des Staatsanwalts als den eines öffentlichen Beamten anerkannt hat, der die Klage im Namen des Staates erhebt und die Durchführung der Strafverfolgung in allen Phasen des Strafverfahrens sicherstellt (T. 1 Art. 36 StPO).

Bei der Erhebung der öffentlichen Klage in der Untersuchungsphase darf der Staatsanwalt nicht nur die Anklage erheben, sondern auch das Strafverfahren einleiten (T. 4 Art. 24, Art. 146, 147, 168 StPO), er beginnt die Voruntersuchung selbst (Art. 148 StPO), übernimmt das Verfahren in allen Fallarten (T. 2 Art. 159 StPO), beauftragt die Ermittlungsorgane mit der Durchführung von Untersuchungshandlungen, gibt Anweisungen hinsichtlich der Durchführung operativer Untersuchungshandlungen zur Aufklärung von Verbrechen und zum Aufspüren von Personen, die diese Verbrechen begangen haben (in den Fällen, die sich bei dem Staatsanwalt oder dem Untersuchungsführer in Bearbeitung befinden), gibt das Verfahren an den Untersuchungsführer oder an die Ermittlungsorgane mit seinen Anweisungen über Durchführung der Nachuntersuchung zurück, bestätigt die Anklageschrift, verweist das Verfahren ans Gericht (Art. 168 StPO) und darf auf Strafverfolgung und Klageerhebung verzichten, solange sich das Gericht ins Beratungszimmer zwecks Urteilsfindung noch nicht zurückgezogen hat (T. 5 Art. 36, T. 10 Art. 279 StPO), was zur Einstellung des Verfahrens führen kann. Dieses außerordentliche Befugnis des Staatsanwalts (für das Gericht sogar bindend, es sei denn, dass das Opfer einen Widerspruch einlegt), das sich auch auf das Vorverfahren erstreckt, ist der Entscheidung der amerikanischen Staatsanwaltschaft ähnlich, die „nolle prosequi[1]“ genannt wird („ich verzichte auf Verfolgung“). Im Unterschied zum amerikanischen Staatsanwalt, der nach eigenem Ermessen handelt, ist der Staatsanwalt gem. der tadschikischen Gesetzgebung gehalten, das Verfahren nur aus den Gründen und unter Beachtung der gesetzlichen Ordnung einzuleiten oder einzustellen.

Gestatten Sie mir, Sie auf die Bestimmung in T. 1 Art. 36 StPO aufmerksam zu machen: „Der Staatsanwalt hat die Durchführung der Strafverfolgung sicher zu stellen“ – mit anderen Worten gibt der Gesetzgeber zu, dass der Staatsanwalt die Strafverfolgung nicht in jedem Einzelfall selbst ausübt. Denn die Strafverfolgung ist in Art. 6 StPO als eine solche Tätigkeit definiert, die auf Feststellung der vom Strafgesetz verbotenen Tat und des Täters sowie auf Heranziehung dieser Person zur Verantwortung gerichtet ist. Gem. Art. 26 StPO gehört die Strafverfolgung zu den Pflichten des Untersuchungsführers und des Ermittlers. Dadurch versucht die StPO, den Begriff der Voruntersuchung à la français durch die Strafverfolgung auf englische Art zu ersetzen. Der Eckpfeiler bleibt nach wie vor die staatsanwaltschaftliche Aufsicht mit weit gefassten Befugnissen. Deshalb steht der Staatsanwalt gem. der StPO der RT an der Spitze des Systems der staatlichen Strafverfolgungsorgane und ist in diesem Zusammenhang berechtigt, im Notfall die Strafverfolgung selbst vorzunehmen, die Leitung des Verfahrens zu übernehmen und von diesen Organen eine genaue und rechtzeitige Einhaltung der Gesetze zu fordern, um Rechte und gesetzliche Interessen der durch die Tat betroffenen Personen und Einrichtungen, der strafverfolgten Per-

1 Nolle prosequi (лат.) – „ich verzichte auf Verfolgung“: Im angelsächsischen Recht schrieb der öffentliche Ankläger, der die Strafverfolgung nicht fortsetzen wollte, diese Worte auf die Rückseite der Anklageschrift. Siehe *William Burnham*, Introduction to the Law and Legal System of the United.

sonen sowie sonstiger Personen, die in den Bereich der strafprozessualen Verhältnisse einbezogen sind, wahrzunehmen.

Gem. der StPO der RT ist die Rolle des Staatsanwalts in der Strafverfolgung ziemlich spezifisch. Der Staatsanwalt hat in erster Linie eine rechtzeitige, begründete und gesetzmäßige Durchführung der Strafverfolgung durch einen Untersuchungsführer und Ermittler sicher zu stellen und im Notfall (d.h. bei der Feststellung der Tatumstände oder wenn er direkt über die Tat informiert wird oder wenn eine grobe Gesetzverletzung seitens des Untersuchungsführers, des Ermittlers vorliegt sowie im Falle ihrer Nichtzuständigkeit) ist der Staatsanwalt als Aufseher gezwungen, die Strafverfolgung selbst fortzusetzen. Im Unterschied zu den anderen Strafverfolgungsorganen ist die Staatsanwaltschaft ein Garant für die Gesetzlichkeit der Untersuchung sowie für die Einhaltung der Rechte und die gesetzlichen Interessen der am Verfahren beteiligten Personen. Die Tätigkeit des Staatsanwalts bei der Strafverfolgung ist von seiner Aufsicht über die Verfahrenshandlungen der Ermittlungs- und Voruntersuchungsorgane nicht zu trennen. Die Rolle des Staatsanwalts bei der Sicherstellung der Strafverfolgung soll eben unter dem Blickwinkel der Wahrnehmung der Aufsichtsfunktion beurteilt werden. In diesem Zusammenhang sieht Art. 168 StPO der RT in seinen 20 Punkten die Aufsichtsbefugnisse des Staatsanwalts vor, die ihrem Wesen nach auf Aufklärung und Vorbeugung von Gesetzesverstößen und sowie Beseitigung ihrer Folgen gerichtet sind. So hat er die Erfüllung der gesetzlichen Vorschriften über Annahme, Registrierung und Prüfung von Anzeigen von Straftaten zu überprüfen; von den Untersuchungs- und Ermittlungsorganen Strafakten, Dokumente, Materialien und sonstige Informationen über begangene Straftaten sowie über den Verlauf der Untersuchungen und der Ermittlung anzufordern; dem Untersuchungsführer bzw. dem Ermittler zu genehmigen, ans Gericht einen Antrag auf Anordnung der Haft, des Hausarrests oder auf Änderung bzw. Aufhebung dieser Maßnahmen zu stellen; er darf einen unrechtmäßigen oder unbegründeten Beschluss des ihm untergeordneten Staatsanwalts, des Untersuchungsführers bzw. des Ermittlers aufheben, die Strafakten an den Ermittler bzw. den Untersuchungsführer mit eigenen Anweisungen hinsichtlich der Durchführung einer Nachuntersuchung zurückgeben (Art. 158, 168 StPO), das Verfahren von einem Untersuchungsführer an einen anderen übergeben, die Akten von jedem Untersuchungsorgan einziehen und diese an den Untersuchungsführer der Staatsanwaltschaft übergeben (Art. 168 StPO).

Die Funktionen der staatsanwaltschaftlichen Aufsicht über die Untersuchung und der Gegenstand der staatsanwaltschaftlichen Aufsicht sind in Kap. 4 des Verfassungsgesetzes „Über die Organe der Staatsanwaltschaft der RT“ vom 25. Juli 2005 gesondert festgelegt. Der Gegenstand der staatsanwaltschaftlichen Aufsicht im Vorverfahren sind die Einhaltung der Rechte und Freiheiten des Menschen und des Bürgers, der festgelegten Ordnung zur Prüfung von Anträgen und Anzeigen begangener bzw. in Vorbereitung befindlicher Verbrechen sowie der gesetzlichen Ordnung Durchführung prozessualer Handlungen (Art. 29). Die Aufgaben der staatsanwaltschaftlichen Aufsicht sind: Förderung der gesetzmäßigen Aufdeckung von Verbrechen (unter den tadschikischen Verhältnissen ist das wichtig); Schutz der Persönlichkeit, Rechte und Freiheiten, des Eigentums, der Rechte von Unternehmen, Einrichtungen, Behörden vor rechtswidrigen Angriffen; Erfüllung der gesetzlichen Forderung über Unabwendbarkeit der Strafe für begangene Verbrechen; Verhinderung einer unrechtmäßigen Heranziehung zur Strafverantwortung und Schutz der Rechte und der legitimen Interessen von in ein Untersuchungsverfahren verwickelten Personen. Das ergibt sich aus der einheitlichen Doppelaufgabe der Strafjustiz. Die staatsanwaltschaftliche Aufsicht dient dazu, dass die aufklärenden Organe die Rechte und Freiheiten des Menschen wahrnehmen, unabhängig davon, in welcher Qualität die entsprechende Person im Strafverfahren auftritt. Liegen ausreichende Gründe zur Vermutung vor, dass eine Verletzung der Rechte und Freiheiten des Menschen den Charakter einer Straftat trägt, hat der Staatsanwalt ein Strafverfahren einzuleiten und entsprechende Maßnahmen zu treffen, damit die Täter gem. dem Gesetz strafverfolgt werden. Der Staatsanwalt ist verpflichtet, eine unrechtmäßige Strafverfolgung oder einen unbegründeten Verzicht auf Strafverfolgung nicht zuzulassen, indem er ständig die Untersuchungsorgane überwacht.

In der letzten Zeit herrscht unter russischen Rechtswissenschaftlern die Meinung, dass die Funktion der Strafverfolgung für den Staatsanwalt vorrangig sei. Es wird behauptet, die Aufsicht sei eine Form der Durchführung der Strafverfolgung2. Die Bedeutung der staatsanwaltschaftlichen Tätigkeit im Vorverfahren begründen manche Autoren mit der Aufgabe, die der Staatsanwalt vor Gericht wahrzunehmen hat, nämlich Unterstützung der öffentlichen Anklage3. Noch mehr: Das Vorverfahren, die Aufsicht darüber und die Unterstützung der öffentlichen Anklage vor Gericht werden zu zusammenhängenden Formen der Strafverfolgung erklärt. In Zukunft wäre wohl eine solche Gestaltung der Funktion des Staatsanwalts im Strafverfahren auch für Tadschikistan akzeptabel. Heute bestimmt das Grundgesetz seine Funktionen auf Aufsicht über die genaue und einheitliche Erfüllung der Gesetze. Die StPO der Republik hat die Funktionen des Staatsanwalts im Strafverfahren nicht nur auf Strafverfolgung festgelegt. Unter der Berücksichtigung der Befugnisse des Staatsanwalts im Vorverfahren, das von Art. 158, 168 StPO geregelt wird, tritt die Strafverfolgung als eine Methode bzw. ein Mittel zur Ausübung der staatsanwaltschaftlichen Aufsicht auf.

---

2 Siehe: Иванова Т.Ю. Участие прокурора в доказывании на предварительном следствии. Автореф. дисс. ...канд. юрид. наук. - Самара, 1998. – С. 6-10.

3 Siehe: Лазарева В.А. Роль прокурора в демократическом правовом государстве (уголовно-процессуальный аспект) // Актуальные проблемы совершенствования прокурорского надзора, предварительного расследования по уголовным делам и уголовно - исполнительного законодательства в свете конституционных преобразований в Казахстане. - Астана, 2008. - С. 51.

Der „Verfolgungscharakter" der Befugnisse des Staatsanwalts macht ihn keineswegs nur zu einem Strafverfolgungsorgan. In dieser Stufe nimmt er auch eine Schutzfunktion wahr, denn er kann gegenüber der Verletzung von Rechten und Interessen der Strafverfolgten nicht gleichgültig bleiben, deren Rechtsstatus vom Gesetz bestimmt wird. Als ein strafverfolgender Teilnehmer des Strafverfahrens hat der Staatsanwalt seine prozessualen Befugnisse wahrzunehmen, die sich aus dem Verfassungsgesetz „Über die Organe der Staatsanwaltschaft der RT" ergeben und die Aufgaben der Strafjustiz zu erfüllen (Art. 2 StPO). Deshalb muss der Staatsanwalt alle ihm gewährten Verfahrensbefugnisse zum Schutz der Menschenrechte und -freiheiten sowie der gesetzlichen Interessen der Allgemeinheit und des Staates ausnutzen (Art. 12 StPO). Im Zusammenhang damit hat der Staatsanwalt unrechtmäßige Entscheidungen über die Heranziehung einer Person als Beschuldigten und über Anordnung einer Zwangsmaßnahme gegen diese Person zu verhindern bzw. aufzuheben, Maßnahmen zur Absicherung der Rechte des Opfers, des Zivilklägers, des Zivilverklagten und aller sonstigen Teilnehmer des Strafverfahrens zu treffen, ihre Beschwerden zu prüfen und darüber zu entscheiden (Art. 123 StPO). Sollten Gründe zur Strafverfolgung fehlen, darf der Staatsanwalt unter Beachtung der in der StPO der RT festgelegten Ordnung und Gründe auf Strafverfolgung verzichten; im Vorverfahren führt das zur Einstellung der Strafverfolgung, in der Hauptverhandlung führt die Zurücknahme der Anklage vom Staatsanwalt zur Einstellung des Verfahrens.

Wenn wir auch die Regel eingeführt hätten, nach der die Staatsanwaltschaft zum Hauptorgan der Strafverfolgung würde, wie in Deutschland, oder als eine Art „Attorney Service" wie in den USA, wohin würden wir dann gelangen? Zum Hauptsubjekt der Strafverfolgung würde der Staatsanwalt, er würde zur am stärksten interessierten Person an der Anklageseite, er würde die Verantwortung zur Strafverfolgung tragen. Die Aufsichtsfunktion des Staatsanwalts könnte dann in den Hintergrund gedrängt werden, und es ist fraglich, ob die heutige Richterschaft die Last der totalen Kontrolle des Vorverfahrens tragen kann, was nach unserer Gesetzgebung als „eine strikt vom Gesetz festgelegte Tätigkeit des Untersuchungsführers" anerkannt wird, die „der Feststellung aller, d.h. auch mildernder und rechtfertigender, Umstände dient". Gerichte können die Aufsichtsfunktionen des Staatsanwalts nicht wahrnehmen, weil sie immer in der Hauptverhandlung mit Beteiligung der beiden Parteien handeln. Die Kontrollfunktionen des Gerichts haben einen passiven Charakter und entstehen im Strafverfahren nur auf die Initiative der Beteiligten. Außerdem wird bei uns das Vorverfahren nicht vom Untersuchungsrichter, sondern von den Untersuchungsführern bzw. Ermittlern durchgeführt, die in der StPO von 2009 als strafverfolgende Teilnehmer bezeichnet sind.

Wenn wir anerkennen, dass das Hauptbefugnis des Staatsanwalts die Strafverfolgung im Vorverfahren sei, so werden wir dadurch seine Aufsichtsbefugnisse herabsetzen und im Endergebnis dieses aktive Instrument zur Sicherung von Rechten, Freiheiten und Interessen des Einzelnen verlieren, weil die Untersuchung durch andere rechtschützende Organe durchgeführt wird. In der heutigen Übergangsphase tritt deshalb die Rolle des Staatsanwalts bei der Absicherung von Rechten und legitimen Interessen der Verfahrensteilnehmer sowie sonstiger Personen, deren Rechte und legitime Interessen verletzt sind, in den Vordergrund.

Die Anordnungs- und Machtbefugnisse des Staatsanwalts ermöglichen ihm, auf jeden Verstoß gegen das Gesetz seitens der Ermittlungsorgane oder der Untersuchungsführer zu reagieren, wenn dieser Verstoß zur Beeinträchtigung der Rechte und Freiheiten des Verdächtigen, Beschuldigten oder Verletzten führt. Er ist verpflichtet, Maßnahmen im Rahmen seiner Befugnisse zu treffen, um verletzte Rechte wiederherzustellen – unabhängig davon, wessen Rechte verletzt sind.

Es gibt zwar viele Beispiele aus dem Bereich der operativen Fahndungstätigkeit, der Ermittlungen und der Untersuchung, die die Bedeutung der staatsanwaltschaftlichen Aufsicht bei der Absicherung von Rechten und Freiheiten des Menschen und des Bürgers beweisen. Äußerst niedrig ist aber auch der Prozentanteil der Freisprüche und der Rückgabe der Akten zur Nachuntersuchung wegen einer ungenügenden Erforschung der Tatumstände (auf Gerichte entfällt ein erbärmlich kleiner Anteil der zur Nachforschung zurückgegebenen Fälle – ca. 5-6 Fälle pro Jahr), es besteht eine unverkennbare Gefahr, dass die Gerichtsorgane zur Anklagegewalt werden, überall stützen sich die Richter nur auf die im Vorverfahren gesammelten Beweismaterialien. Die von der tadschikischen Staatsanwaltschaft gesammelten Erfahrungen beim schnellen Reagieren auf Gesetzesverstöße sowie die Unentgeltlichkeit des Rechtsbeistands sind der Grund, dass es heutzutage keine Alternative zur Staatsanwaltschaft in ihrer gegenwärtigen Qualität gibt.

Die StPO der RT von 2009 hat viele Regeln und Normen in sich aufgenommen, mit dem Ziel, das Vorverfahren mehr öffentlich und adversatorisch zu machen: Wenn früher das französische Modell bei der Entwicklung des Vorverfahrens teilweise als Grundlage diente (dies erforderte eine Trennung der Strafverfolgungsfunktion von der Untersuchung und von der Hauptverhandlung), so basiert heute das Vorverfahren auf solchen Elementen wie Vorrang von öffentlichen Interessen, Anerkennung des Begriffs der Parteien nur in Bezug auf das Gerichtsverfahren oder prozessuale Gesamtleitung des Vorverfahrens durch den Staatsanwalt, wie es im deutschen Vorverfahren üblich ist. Deshalb hat die StPO der RT von 2009 die Aufsicht und prozessuale Leitung der Untersuchungs- und Ermittlungsorgane als Hauptfunktionen des Staatsanwalts beibehalten, obwohl der Staatsanwalt neben den Untersuchungsführern, Ermittlern und strafverfolgenden Teilnehmern positioniert wird (Kap. 5). Er übt die Strafverfolgung insofern aus, als dies die Wahrnehmung seiner Aufsichtsfunktionen und der

Schutz der Interessen der Allgemeinheit, des Staates und des Einzelnen erfordert.

Die StPO der RT von 2009 ist noch weiter gegangen: Zum ersten Mal im tadschikischen Strafverfahren, und zwar im Vorverfahren, wurde eine Art „Untersuchungsrichter" eingeführt, welcher organisatorisch und prozessual vom Staatsanwalt unabhängig ist. D. h. Art. 35 StPO hat die ordentlichen Gerichte (Richter) berechtigt, erforderliche Beschlüsse zu fassen (über Haft, Hausarrest, Haftfortdauer, Unterbringung von Beschuldigten oder Angeklagten, die nicht in Haft sind, in einer medizinischen oder psychiatrischen Heilanstalt zur Begutachtung, Wohnungsbesichtigung ohne Zustimmung der Bewohner, Wohnungsdurchsuchung, Pfändung des Vermögens, Abhören und Aufzeichnung von telefonischen und anderen Gesprächen usw.). Nach der Idee des Gesetzgebers sollen gerichtliche Handlungen im Vorverfahren auch diese Stufe adversatorisch gestalten. In dieser Hinsicht fängt unser Vorverfahren an, in einem gewissen Maße an den gegenwärtigen deutschen morphologischen Typ zu erinnern. Nach der geltenden StPO der RT ist das Verhältnis der Funktionen im Vorverfahren wie folgt: Strafverfolgung (Untersuchung, Anklage), Gerichts- und Staatsanwaltsaufsicht, Verteidigung. Dementsprechend lässt Art. 20 StPO der RT, von dem der adversatorische Grundsatz und der Grundsatz der Gleichberechtigung der Parteien festgelegt werden, das Basiselement der Adversarität absichtlich aus: „Die Funktionen der Strafverfolgung, der Verteidigung und der gerichtlichen Entscheidung sind voneinander getrennt und werden durch verschiedene Organe und Amtspersonen ausgeübt". Im Großen und Ganzen trägt das Strafverfahren in Tadschikistan dieser Konstruktion, ausgenommen von der Fusion der Verteidigungs- und Anklagefunktion der staatsanwaltschaftlichen Aufsicht im Vorverfahren. Unter Berücksichtigung der gegebenen Funktionsverhältnisse bleibt das Vorverfahren in Tadschikistan inquisitorisch, wenn auch mit Vorhandensein einiger adversatorischer Elemente. Die Verfassung der RT lässt eine Erweiterung des Wirkungsbereichs des adversatorischen Grundsatzes im Vorverfahren zu. Zulassung des Richters zum Vorverfahren, Übertragung der Aufsichtsfunktionen an den Staatsanwalt und Ausdehnung der Rechte des Beschuldigten können diese Probleme allein nicht lösen, weil die Wahrnehmung ihrer Rechte in eine starke Abhängigkeit von dem Ermessen des Verfahrensherrn – des Staatsanwalts und seines Assistenten – des Untersuchungsführers gesetzt ist. Und wenn sie, wie Prof. *A.V. Smirnov* sagte, wenigstens mit einem Fuß auf dem Boden der Anklage stünden (der Untersuchungsführer steht da mit beiden Füßen), so vermöge auch eine ganze Legion von Verteidigern aus einer Inquisitionssenkrechte kein adversatorisches Dreieck zu machen. Daraus kann man schlussfolgern, dass es unmöglich ist, in einem gemischten Modell der Strafjustiz die Wirkung des adversatorischen Grundsatzes im Vorverfahren zu verabsolutieren. Ich möchte darauf hinweisen, dass wir unter Berücksichtigung des Erkenntniswerts des Vorverfahrens und zur Sicherung einer Balance der Interessen des Staates und des Bürgers, zur Steigerung der Effektivität der staatsanwaltschaftlichen Aufsicht, in Zukunft tatsächlich darüber nachdenken müssen, wie die prozessuale und organisatorische Unabhängigkeit der Untersuchungsführer sichergestellt und die ständige kleinliche Bevormundung der Untersuchungsorgane seitens des Staatsanwalts beseitigt werden kann, wie die Funktionen der Strafverfolgung von denen der Untersuchung und die Aufsichtsfunktionen von der prozessualen Leitung getrennt werden können, und wie eine wirklich unabhängige Stellung der Gerichte, ihre Kompetenz und eine hohe Kultur zu gewährleisten sind. Das wird die erforderlichen Voraussetzungen für eine wirkungsvolle Wahrnehmung der Befugnisse des Staatsanwalts bei der Aufsicht über die prozessuale Tätigkeit der Untersuchungsorgane schaffen und eine höhere Objektivität der Untersuchung ermöglichen, wodurch die Gesetzlichkeit im Bereich der Strafgerichtsbarkeit gewährleistet wird.

Роль прокурора на стадии предварительного расследования в уголовном процессе Республики Таджикистан

Зайниддин Искандаров

Состязательность достаточно передовой, взаимовыгодный способ решения правовых споров, но оно в сфере публичного права, каким является уголовно-процессуальное право, не всегда ведет к установлению материальной истины, торжества справедливости. Установление материальной истины требует исследования обстоятельств дела, сбор данных, что по существу является инквизицией, позже в суде может быть объектом интерпретации и состязания. Поэтому позвольте мне ознакомить Вас с уголовно-процессуальном законодательством Таджикистана, что является продуктом исторического развития нашей страны, который устанавливает процессуальные положения прокурора в стадии расследования преступлений.

В отличие от американской децентрализованной прокуратуры, у нас в Республике прокуратура в соответствии со ст. 93 Конституции РТ действует как единый строго централизованный многофункциональный орган, осуществляющий наряду с общим надзором, надзор за дознанием, предварительное следствие и другие надзорные функции, такие как уголовное преследование, процессуальное руководство следствием, поддержание обвинения от имени государства. К такой многофункциональной модели Таджикистан привязан исторически, еще, будучи в составе союзного государства, вот уже более 85 лет она выполняет свои функции, оставаясь востребованной обществом. Сегодняшние функции прокуратуры вызваны социально-правовыми условиями развития нашего общества, государства переходного периода, местом прокуратуры в системе органов государственной власти, их взаимоотношения.

В истории становления и развития органов прокуратуры прослеживается следующая закономерность: прокуратура исторически была организована как орган исполнительной власти, деятельность которой была направлена на обеспечение точного исполнения законов. Позже она перешла в структуру судебных органов, осуществляя государственное обвинение, а с 30-х годов 20 века получив независимость, прокуратора обеспечивала высший надзор за исполнением законов, была подотчетно законодательному органу; чем сильнее стала «социальная ответственность» государства перед обществом, тем шире становились функции прокуратуры и выше ее роль в системе государственных механизмов обеспечения прав и свобод гражданина.

Сегодня иногда поговаривают об упразднении надзорной функции прокуратуры, превращение процессуального положения прокурора в уголовном процессе лишь в уголовного преследователя. Свои высказывания оппоненты обосновывают опытом зарубежных стран (например, Англии, США). Но ведь сужение государственного контроля или надзора в тех странах объясняется тем, что там уже давно созданы гражданские общества и его регуляторы: правовая культура, широкого местного самоуправления, частного обвинения, судебного контроля, стабильное законодательство, традиции уважения к праву, даже отсутствует идеи единой законности. Более того, в условиях переходного периода, с нашим правовым представлением, если аннулировать надзорную функцию прокурора, то в конечном итоге, от этого пострадает гражданин, частное лицо. В деле построения правового государства, мы ещё далеки от того идеального уровня, когда соблюдение закона и права станет естественной потребностью каждого индивида. Поэтому, именно в этот период прокурорский надзор необходим как инструмент обеспечения режима единой законности в нашей молодой республики. Нельзя в этот период оставлять людей на произвол судьбы с надеждой на то, что они сами смогут защитить себя через судебную власть путём правосудия. Наш уголовный процесс, главным образом, построен на принципах законности и публично-правовой, где начало уголовного преследования не завысить от воли лиц потерпевшего. Кроме того, у нас, так же как и в Германии (п. 160, 244, абзац 2 УПК Германии), суд и прокурор, да и органы дознания и следствия, обязаны установит материальную истину (ст. ст. 21, 85 УПК РТ).

В связи с этим, к вопросу реформирования функции органов прокуратуры в Таджикистане относятся осторожно с учётом его достижений в сфере правоохранительной деятельности, защиты прав человека и реалии общественных правоотношений. Оно происходит постепенно, по мере подготовки социально-правовых условий и человеческого фактора, с учётом накопленного опыта, существующих институтов права и традиции правоприменения, путём внесения изменений в действующих законодательствах и принятия новых законов.

Свидетельством такого умеренного подхода выступает длительный процесс подготовки и принятие УПК РТ 2009 г. (15 лет), по сроку превосходить наполеоновского УПК Франции (9 лет). При разработке нового УПК РТ учитывались конституционно-правовые основы защиты прав человека, судопроизводство и прокурорский надзор, такие как положение о разделении государственной власти (ст. 9), превосходстве судебной защиты (ст. 14, 19), презумпции невиновности (ст. 20), осуществление правосудия только судом (ст. 84); состязательность и равенство сторон в судебном процессе, гласность судебного разбирательства (ст. 88), наличие прокурорского надзора (ст. 93) и т.д. Перечисленные конституционно-правовые основы защиты прав человека предопределила перспективу развития уголовного судопроизводства, что отражены в новый УПК РТ 2009 г.

УПК РТ 2009 г. существенно изменил концепцию уголовного процесса от способа борьбы с преступностью к защите прав человека; закрепил двуединой его задачи, принципов уголовного процесса, детализировал положение Конституции РТ о признании человека, его прав и свобод наивысшей ценностью, отмечая исключительное положение суда в деле обеспечения прав и свобод человека, вел понятие сторон в уголовном процессе.

Одними из самыми дискуссионными проблемами разработки нового УПК РТ были вопросы перераспределения полномочий прокурора, ведения судебного надзора в стадия предварительного расследования, определения процессуального положения прокурора в досудебном производстве. Так как, с одной стороны, Конституция признаёт принцип разделения властей и превосходства судебного обеспечения защиты прав человека, состязательность и равенство прав сторон в судебном процессе, допуск защитника с момента задержания, которые по идее могли бы способствовать состязательному формированию всего уголовного процесса, а с другой стороны ст. 93 Конституции РТ определяет основное предназначение прокуратуры как органа надзора за точным и единообразным исполнением законов на территории Таджикистана. Поэтому в первом варианте проекта УПК функции прокурорского надзора за исполнением законов органами дознания и предварительного следствия были размещены по тексту на первое место, а в действующем они занимают второе место, после уголовного преследования (ч. 2 ст. 36 УПК РТ). Для решения этого вопроса законодатель пошёл другим путем, откорректировав текст первой части о функции уголовного преследования прокурора, признал его положение как государственного должностного лица, осуществляющего обвинения от имени государства и обеспечивающего осуществления уголовного преследования на всех стадиях уголовного процесса (ч. 1 ст. 36 УПК РТ).

Прокурор, осуществляя обвинение в стадии расследования преступлений, вправе возбуждать уголовное дело, не только публичного обвинения (ч. 4 ст. 24, ст. ст. 146, 147, 168 УПК РТ). Он сам приступает к производству предварительного следствия (ст. 148 УПК РТ), принимает к своему производству следствие по любому делу (ч. 2 ст. 159 УПК РТ), поручает органам дознания проведение следственных действий, дает указания о проведении оперативно-розыскных действий для раскрытия преступлений и обнаружения лиц, их совершивших, по делам, находящимся в производстве прокурора или следователя, возвращает уголовное дело следователю или органам дознания со своими указаниями о производстве дополнительного следствия, утверждает обвинительное заключение, направляет дело в суд (ст. 168 УПК РТ), вправе отказаться от уголовного преследования и обвинения вплоть до удаления суда в совещательную комнату для постановления приговора (ч. 5 ст. 36, ч. 10 ст. 279 УПК РТ), что может привести к прекращению производства по делу. Это исключительное полномочие прокурора (даже обязательное для суда при отсутствии возражения потерпевшего), распространяющего и на стадии предварительного расследования является подобием решения американского прокурора, именуемого nolle prosequi[1] (отказываюсь от преследования). В отличии от американского прокурора, который действует по «собственному усмотрению», прокурор в соответствии отечественного законодательства обязан возбуждать или отказывать от уголовного преследования и обвинения лишь по основаниям и в порядке, предусмотренного законом.

Позвольте заострить внимание на формулировке ч. 1 ст. 36 УПК РТ «прокурор обеспечивает осуществления уголовного преследования», то есть законодатель признаёт, что прокурор сам постоянно не занимается уголовным преследованием по каждому конкретному уголовному делу. Ведь уголовное преследование, согласно ст. 6 УПК РТ определено как деятельность, направленная на установление деяния, запрещенного уголовным законом и совершившего его лица, привлечения последнего в качестве обвиняемого. И оно в соответствии со ст. 26 УПК РТ в основном вменено в обязанности следователя и дознавателя. Таким образом, УПК РТ, попытался заменить понятие предварительного расследования французского толка с уголовным преследованием английской черты. Но краеугольным камнем остался прокурорский надзор с широким полномочием. Поэтому согласно УПК РТ он возглавил систему государственных органов осуществляющих уголовное преследование, в связи, с чем он наделен правом в необходимых случаях самому произвести уголовное преследование, быть процессуальным руководителем, требовать от этих органов точное и своевременное исполнение законов с тем, чтобы обеспечит прав и законных интересов лиц и организаций, потерпевших от преступлений, и лиц, в отношении которых осуществляется уголовное преследование, а так же иных лиц, вовлечённых в сферу уголовно-процессуальных отношений.

---

1 Nolle prosequi (лат.) - «отказываюсь от преследования»: термин имеет отношение к старинной практике в Англии, в соответствии которой государственный обвинитель не желавший продолжать уголовное преследование, делал эту надпись на оборотной стороне обвинительного акта. Цит. по кн.: Уиляма Бернама. Правовая система США. 3-й выпуск. -М., 2007. - С. 454.

В соответствии УПК РТ роль прокурора в осуществлении уголовного преследования является специфичной. Прокурор обязан, первым делом обеспечить своевременное, обоснованное и законное осуществление уголовного преследования со стороны следователей, дознавателей, а в случае необходимости (то есть в случае выявления самых признаков преступления или же поступления сведения о совершении преступления непосредственно ему или же выявления грубого нарушения закона со стороны следователя, дознавателя, их некомпетентности) прокурор вынужден как надзиратель сам продолжать уголовное преследование. В отличие от иных органов уголовного преследования, прокуратура является гарантом законности расследования, соблюдения прав и законных интересов, участвующих в нем лиц. Деятельность прокурора по осуществлению уголовного преследования неотделима от его деятельности по надзору за процессуальной деятельностью органов дознания и предварительного следствия. Именно через призму осуществления функции надзора и должна оцениваться роль прокурора в обеспечении уголовного преследования лиц, совершивших преступления. В связи с чем, ст. 168 УПК РТ 20-ю пунктами предусматривает надзорные полномочия прокурора, по существу, направленное на выявление, предупреждение, устранение нарушение закона. Например, проверяет исполнение требований закона о приеме, регистрации и разрешение заявлений и сообщений о преступлениях; требует от органов предварительного следствия и дознания уголовные дела, документы, материалы и иные сведения о совершенных преступлениях, ходе дознания или следствия; даёт согласие дознавателю, следователю на представление ходатайств в суд для применения меры пресечения в виде заключения под стражу, домашнего ареста, в том числе изменения и отмены этих мер; он вправе отменить незаконное или необоснованное постановление нижестоящего прокурора, следователя, дознавателя; возвратить уголовное дело дознавателю, следователю со своими указаниями о производстве дополнительного расследования (ст.ст. 158, 168 УПК РТ), передаёт дело от одного следователя другому, изымает дело у любого органа предварительного расследования и передаёт его следователю прокуратуры (ст. 168 УПК РТ).

Надзорные функции прокурора за расследованием, а также его предмет установлены отдельной 4 главой Конституционного закона «Об органах прокуратуры РТ» от 25 июля 2005 г. Предметом прокурорского надзора в стадии предварительного расследования выступают соблюдение прав и свобод человека и гражданина, установленный порядок разрешения заявлений и сообщений о совершенных или готовящихся преступлениях, установленный законом порядок проведения процессуальных действий (ст. 29). Задачи прокурорского надзора - содействие законному раскрытию преступлений (в условиях Таджикистана это важно), защите личности, ее прав и свобод, собственности, прав предприятий, учреждений, организаций от преступных посягательств, исполнение требований закона о неотвратимости ответственности за совершенное преступление, предотвращение незаконного привлечения лица к уголовной ответственности, охрана прав и законных интересов граждан, находящихся под следствием. Это вытекает из двуединой задачи уголовного судопроизводства. Прокурорский надзор направлен на то, чтобы органами, осуществляющими расследование преступлений, соблюдались права и свободы человека, независимо от того в качестве кого выступает тот или иной человек в уголовном процессе. При наличии оснований полагать, что нарушение прав и свобод человека и гражданина имеет характер преступления, прокурор возбуждает уголовное дело и принимает меры к тому, чтобы лица, его совершившие, были подвергнуты уголовному преследованию в соответствии с законом. Прокурор, осуществляя постоянное наблюдение за органами расследования, обязан не допустить незаконного уголовного преследования или необоснованного отказа в уголовном преследовании.

В последнее время среди российских учёных доминирует мнение о приоритетности функции уголовного преследования прокурора. Высказана точка зрения о том, что надзор якобы является формой осуществления уголовного преследования.[2] Значение деятельности прокурора в досудебном производстве некоторые обуславливают задачей, стоящей перед ним в суде, то есть поддержанием государственного обвинения.[3] Более того, предварительное расследование, надзор за ним и поддержание государственного обвинения в суде считают как взаимосвязанные формы уголовного преследования. Такая конструкция функции прокурора в уголовном процессе вполне была бы приемлема в будущем и для Таджикистана. На сегодняшний день основной закон определяет его функции как надзор за точным и единообразным исполнением законов. Уголовно-процессуальный кодекс республики 2009 г. определил функции прокурора в уголовном процессе не только как уголовное преследование. С учётом полномочия прокурора в стадии предварительного расследования, предусмотренной в ст. ст. 158, 168 УПК РТ уголовное преследование выступает одним из методов, способов осуществления прокурорского надзора.

Наличие преследовательского характера полномочий прокурора никоим образом не превращает его только в орган уголовного преследования, так как он в этой стадии выполняет и охранительную функцию, потому что

---

2 Иванова Т.Ю. Участие прокурора в доказывании на предварительном следствии. Автореф. дисс. ...канд. юрид. наук. - Самара, 1998. - С. 6-10.

3 Лазарева В.А. Роль прокурора в демократическом правовом государстве (уголовно-процессуальный аспект) // Актуальные проблемы совершенствования прокурорского надзора, предварительного расследования по уголовным делам и уголовно-исполнительного законодательства в свете конституционных преобразований в Казахстане. - Астана, 2008. - С. 51.

ему небезразличен факт нарушения прав и интересов лиц, преследуемых в уголовном порядке, правовое положение которых определяет закон. Будучи участником уголовного судопроизводства, осуществляющий уголовное преследование, прокурор должен выполнять свои процессуальные полномочия, вытекающего из Конституционного закона “Об органах прокуратуры РТ” и задачи уголовного судопроизводства (ст. 2 УПК РТ). Поэтому прокурор обязан использовать все предоставленные ему процессуальное полномочия для защиты прав и свобод человека, охраняемых законом интересов общества и государства (ст. 12 УПК РТ). В этой связи прокурор должен предотвращать или отменять незаконные решения о привлечении лица в качестве обвиняемого, применения ему меры пресечения и др., принимать меры к обеспечению прав потерпевшего, гражданского истца, гражданского ответчика и всех иных участников уголовного судопроизводства, рассматривать и разрешать их жалобы (ст. 123 УПК РТ). При отсутствии к тому оснований прокурор вправе в порядке и по основаниям, которые установлены в УПК РТ, отказаться от осуществления уголовного преследования, что на досудебном производстве влечетза собой прекращение уголовного преследования, а в суде отказ прокурора от обвинения - прекращение дела.

Даже если мы примем правило, по которому прокуратура станет главным образом органом уголовного преследования, как в Германии или на подобии атторнейской службы в Англии, то к чему мы можем прийти? Главным субъектом уголовного преследования станет прокурор, он станет самым заинтересованным лицом стороны обвинения, ответственность по преследованию ляжет на прокурора. Тогда надзорная функция прокурора как бы отодвигается на второй план, и возникает вопрос сможет ли нынешний судейский корпус нести бремя тотального контроля предварительного расследования, что по нашему законодательству признаётся «строго установленным законом деятельности следователя, направленная на установление всех обстоятельств, в том числе смягчающие и оправдывающие обстоятельства по уголовному делу». Суды не могут выполнять надзорные функции прокуратуры, потому что они действует путем проведения каждый раз заседания с участием сторон. Контрольные функции суда носят пассивный характер и возникают в уголовном процессе лишь по инициативе участников. Более того, предварительное расследование производит у нас не следственный судья, а следователи или дознаватели, что УПК РТ 2009 г. назвал их участниками, осуществляющих уголовное преследование.

Если признать за прокурором в качестве главного его полномочия уголовное преследование в стадии расследования, то этим мы как бы ослабим его надзорные полномочия, и в конечном итоге потеряем активный инструмент обеспечения прав, свобод и интересов личности в ходе расследования другими правоохранительными органами. Поэтому на данном переходном этапе, роль прокурора в обеспечении защиты прав и законных интересов участников уголовного процесса, а также иных лиц, чьи права и законные интересы были нарушены, выходят на первый план.

Властно-распорядительное полномочие прокурора позволяет ему реагировать на любое нарушение закона со стороны органов дознания, следователей, результатом чего является ущемление прав и свобод подозреваемого, обвиняемого, потерпевшего. Он обязан независимо от того, чьи права нарушены, принять меры прокурорского реагирования с целью восстановления нарушенных прав.

Много примеров доказывающих значимость прокурорского надзора в обеспечении прав и свобод человека и гражданина имеется и в ходе ОРД, дознания и следствия. Но крайне мал и низок процент не только оправдательных приговоров, но и становится редчайшим случаем отправление материалов уголовного дела на дополнительное следствие из-за неполноты исследования обстоятельств дела со стадии подготовки к судебному разбирательству (судам приходится мизерная часть из общей численности возвращенных дел на доследование, в год 5-6 дел). Существует явная опасность превращения судебных органов в обвинительную власть, судьи стали опираться только на собранные в стадии предварительного следствия материалов. Накопленный таджикской прокуратурой опыт быстрого и эффективного реагирования на нарушения законности, безвозмездность, осуществляемой ею защиты прав граждан делают ее в этом качестве на сегодня безальтернативной.

УПК РТ 2009 года вобрал в себя много правил и норм, которые по идее должны делать предварительное расследование более открытым и состязательным: если ранее при создании предварительного следствия в основу была положена отчасти французская модель (которая требовала разделение функции уголовного преследования от расследования и разрешения уголовных дел по существу), то сегодня она построена на элементах преобладания публичных интересов, признания понятия сторон только по отношению судебного производства, общего процессуального руководства предварительным следствием и прокурором, как в предварительном следствии Германии. В связи с этим, УПК РТ 2009 г. хотя и перечислил прокурора в один ряд со следователями, дознавателями, участниками осуществляющими уголовное преследование (глава 5), но по существу оставил за прокурором главную его функцию надзора и процессуального руководства органами дознания и следствия. Он осуществляет уголовное преследование постольку, поскольку того требует достижение его надзорных функций, защита интересов общества, государства и личности.

Более того, УПК РТ 2009 г. пошел дальше: впервые в таджикском уголовном процессе, именно в стадии расследования преступлений введены так называемые "следственные судьи", организационно-процессуально независимые от прокурора. То есть, ст. 35 УПК наделяет суды (судий) основного звена судебной системы общей юрисдикции права принимать необходимые постановления судебного свойства (о заключении под стражу, о заключении под домашний арест, о продлении их сроков, о помещении подозреваемого и обвиняемого, не находящего под стражей, в медицинский и психиатрический стационар для производства экспертизы, об осмотре жилища при отсутствии согласия проживающих в нем лиц; о разрешении обыска жилья; о разрешении наложения ареста на имущество; о разрешении прослушивания и записи телефонных и иных переговоров и т. п.). Появление суда на стадии предварительного расследования, как видно, призвано, по мысли законодателя, сделать и эту стадию состязательной. В этом плане наше предварительное расследование начинает до некоторой степени напоминать современный германский морфологический тип. По действующему УПК РТ соотношение функций в стадии расследования преступлений представлено в следующей конструкции: уголовное преследование (расследование, обвинение), судебно-прокурорский надзор, защита. Адекватно тому, ст. 20 УПК РТ закрепляя принцип состязательности и равноправия сторон, намеренно опускает его базовый элемент, как «Функции уголовного преследования, защита и разрешение дела судом отделены друг от друга и осуществляется различными органами и должностными лицами». Уголовный процесс Таджикистана, в общем, выдерживает такой конструкции, за исключением частичного слияния функции уголовного преследования (обвинения), процессуального руководства и защиты в общем в структуре функции надзора прокурора в стадии предварительного следствия. С учётом реально сложившихся соотношений функций предварительное расследование в таджикском процессе остаётся розыскным с внедренными в него состязательными элементами. Конституция РТ не запрещает расширение сферы действия принципа состязательности в стадии предварительного расследования. Допуск сюда судьи, определение положение прокурора с объеденными функциями надзирателя, допуск защитника с начала уголовного преследования и расширение права обвиняемого сами по себе проблемы не решают, поскольку реализация их прав так или иначе поставлена в сильную зависимость от усмотрения хозяева процесса - прокурора и его помощника следователя. И если они хотя одной ногой стоят на почве обвинения (следователь стоит двумя ногами), по выражению проф. А.В. Смирнова, то и легион защитников не сделает из розыскного перпендикуляра состязательный треугольник. Отсюда можно заключить, что в смешанной модели уголовного судопроизводства, нельзя абсолютизировать действие принципа состязательности сторон на досудебных стадиях. Но с учетом познавательной характеристики предварительного расследования, с целью обеспечения баланса интересов государства и человека, повышение эффективности прокурорского надзора, отмечу, что действительно в будущем нам необходимо подумать об обеспечении процессуальной и организационной независимости следователей с устранением постоянной мелочной опекой прокурора над органами расследования, размежевании функции уголовного преследования от следствия, надзора от процессуального руководства, обеспечении подлинно независимого положения судов и их компетентности, высокой культуры. Она создаст необходимые условия для эффективной реализации полномочий прокуроров по надзору за процессуальной деятельностью органов предварительного следствия, позволит повысить объективность следствия, тем самым обеспечивая законность в сфере уголовного судопроизводства.

Die Ergebnisse der Reform des Instituts der Rechtsanwaltschaft und die Erweiterung der prozessualen Funktionen des Rechtsanwalts in der Republik Usbekistan

Shohrud Fayziev

Heute werden in der Republik Usbekistan Rechts- und Justizreformen umgesetzt. In den Reformprozess ist auch das Institut der Rechtsanwaltschaft einbezogen, genauer gesagt geht es um eine Erweiterung der Befugnisse der Verteidigung im Strafverfahren, darunter auch im Vorverfahren.

Es sei betont, dass die weitere Reform des Instituts der Rechtsanwaltschaft die wichtigste Aufgabe der Reform des Rechts- und Justizsystems in der gegenwärtigen Etappe ist, die auf die Entwicklung der Institute der bürgerlichen Gesellschaft und auf allseitige Sicherung des effektiven Schutzes der Menschenrechte und -freiheiten gerichtet ist. Das ist dadurch bedingt, dass die Rechtsanwaltschaft ein äußerst wichtiges Rechtsinstitut in jedem Rechtsstaat ist, der die Rechte, Freiheiten und legitimen Interessen seiner Bürger und Vereinigungen anerkennt. Die Wahrnehmung der Menschenrechte und -freiheiten ist nur dann in vollem Umfang möglich, wenn diese sachgemäß und fachkundig verteidigt werden. Mit anderen Worten muss diese Tätigkeit durch ein besonderes Institut der demokratischen Gesellschaft – Rechtsanwaltschaft – ausgeübt werden. Es ist bemerkenswert, dass die Rechtsanwaltschaft durch den Erlass des Präsidenten der Republik Usbekistan zum ersten Mal gesetzlich als eines der Hauptinstitute der demokratischen Gesellschaft anerkannt worden ist.

Gerade zur Reform des Instituts der Rechtsanwaltschaft und zur Sicherung der fachkundigen juristischen Hilfe wurde vom Parlament das Gesetz „Über Aufnahme von Änderungen und Ergänzungen in einige gesetzgebende Akten der Republik Usbekistan im Zusammenhang mit der Vervollkommnung des Instituts der Rechtsanwaltschaft" verabschiedet. Dieses Gesetz, das in Übereinstimmung mit dem Erlass des Präsidenten der Republik Usbekistan vom 01. Mai 2008 Nr. УП-3993 „Über die Maßnahmen zur weiteren Reformierung des Instituts der Rechtsanwaltschaft in der Republik Usbekistan" entwickelt wurde, sieht die Aufnahme von Änderungen und Ergänzungen in die StPO der Republik Usbekistan (im Folgenden RU), in das Gesetzbuch über administrative Verantwortung, in das Strafvollzugsgesetzbuch, in das Gesetz „Über die Rechtsanwaltschaft" sowie in das Gesetz „Über die Garantien der Rechtsanwaltstätigkeit und den sozialen Schutz der Rechtsanwälte" vor und enthält folgende Bestimmungen:

Erstens sind die Anforderungen an die Qualifizierung der Rechtsanwaltsanwärter gestärkt worden, die eine bestimmte Berufserfahrung im juristischen Beruf, Praktika in Rechtsanwaltsorganisationen sowie die Einführung einer systematischen Pflichtfortbildung für Rechtsanwälte vorsehen.

Zur Erweiterung der Rechtsanwaltschaft durch qualifizierte Fachleute, die spezielle Fertigkeiten besitzen, sind neue Anforderungen an die Qualifikation der Rechtsanwaltsanwärter vorgesehen. Vorausgesetz werden die mindestens zwei Jahre Berufserfahrung, darunter ein mindestens sechsmonatiges Praktikum in einer Rechtsanwaltsorganisation.

Ausgehend davon sind die Normen festgelegt, die eindeutig den Status eines solchen Praktikanten, die an ihn gestellten Anforderungen sowie sonstige mit dem Praktikantenverhältnis verbundene Hauptbestimmungen regeln.

Die Rechtsanwälte werden auch verpflichtet, ihre Kenntnisse ständig zu vervollkommnen und mindestens einmal in drei Jahren eine Fortbildung zu belegen, und zwar in einer durch die Rechtsanwaltskammer der RU zu bestimmenden Weise.

Zugleich verbietet das Gesetz die Ausübung anderer Tätigkeiten, mit Ausnahme der Forschungs- und Lehrtätigkeit, um die Unabhängigkeit der Rechtsanwälte sicherzustellen.

Zweitens ist vorgesehen, ein effektives System der Lizenzvergabe zu schaffen, um einen Zufluss von fairen und hoch qualifizierten Fachleuten in die Rechtsanwaltschaft zu gewährleisten.

Das frühere System der Lizenzierung der Rechtsanwälte genügte den modernen Anforderungen nicht, es setzte keine Anreize für lizenzierte Fachleute, den Rechtsanwaltsberuf tatsächlich auszuüben. Im Ergebnis sind von fast 7.000 Personen, die die Lizenzen erhalten haben, lediglich etwas mehr als 4.000 Personen als Rechtsanwälte tätig.

Um ein effektives System der Lizenzvergabe zu schaffen, sind Anforderungen festgelegt, die die ordnungsmäßig lizenzierten Personen verpflichten, innerhalb von drei Monaten den Rechtsanwaltseid zu leisten und individuell oder zusammen mit anderen Lizenzinhabern eine Rechtsanwaltsorganisation zu gründen oder einer bestehenden beizutreten. Von heute an führt die Nichterfüllung dieser Anforderungen zum Widerruf der Lizenz.

Darüber hinaus sind konkrete Gründe für Suspendierung und Widerruf der Lizenz sowie Gründe für Suspendierung des Rechtsanwaltsstatus vorgesehen.

Drittens wurden die Befugnisse der Rechtsanwaltsorganisationen klar getrennt und ihr Rechtsstatus festgelegt.

Im verabschiedeten Gesetz sind Normen festgelegt, die jede Rechtsform der Rechtsanwaltsorganisation eindeutig bestimmen: Das Rechtsanwaltsbüro ist eine Rechtsanwaltsorganisation, in der die Rechtsanwaltstätigkeit individuell ausgeübt wird; das Rechtsanwaltsunternehmen (auf Russisch heißt es *Rechtsanwaltsfirma*) ist eine Rechtsanwaltsorganisation, die eine Partnerschaft voraussetzt und durch zwei oder mehr Rechtsanwälte gegründet wird; das Rechtsanwaltskollegium ist eine Rechtsanwaltsorganisation, deren Hauptgrundsatz die Mitgliedschaft ist, die Mindestanzahl der Mitglieder beträgt zehn Rechtsanwälte; die Rechtsberatung ist eine Strukturabteilung der regionalen Verwaltung der Rechtsanwaltskammer und hat keine Rechtspersönlichkeit, sie wird bei Mangel von Rechtsanwälten vor Ort gebildet.

Viertens sieht das Gesetz die Schaffung eines effektiven zentralisierten Systems der Selbstverwaltung der Rechtsanwälte als eines der Hauptinstrumente der bürgerlichen Gesellschaft zum Schutz der Menschenrechte und -freiheiten vor.

In Erfüllung des Erlasses des Präsidenten der RU vom 01. Mai 2008 Nr. УП-3993 „Über die Maßnahmen zur weiteren Reformierung des Instituts der Rechtsanwaltschaft in der Republik Usbekistan“ wurde auf der Basis der Vereinigung der Rechtsanwälte Usbekistans (*Ассоциация адвокатов Узбекистана*) die Rechtsanwaltskammer der RU gegründet, die auf der Pflichtmitgliedschaft aller Rechtsanwälte der Republik aufbaut und deren Ziele folgende sind: Gewährleistung der korporativen Einheit der Rechtsanwälte, Vertretung und Schutz der Interessen der Rechtsanwälte, Regelung der Tätigkeit der Rechtsanwaltsorganisationen, Annahme und Einhaltung der Regeln der Berufsethik der Rechtsanwälte, Schaffung von Voraussetzungen und Bedingungen für berufliche Aus- und Fortbildung der Rechtsanwälte sowie Gewährleistung des Zugangs zur Rechtshilfe und eines hohen Niveaus des Rechtsbeistands.

Im Gesetz sind die Normen festgelegt, die den Rechtsstatus der Rechtsanwaltskammer der RU und ihrer regionalen Verwaltungen, ihre Hauptaufgaben, Organe und Amtspersonen, Finanzierungsquellen u.a. bestimmen.

Fünftens ist der Mechanismus der Kontrolle über die Einhaltung der Regeln der Berufsethik und das System des Disziplinarverfahrens gegen Rechtsanwälte vervollkommnet worden.

Die bisherige Praxis zeugte vom Fehlen der für alle Rechtsanwälte einheitlichen Standards der Berufsethik und eines entsprechenden Mechanismus der Kontrolle über die Einhaltung der Regeln der Berufsethik. Obwohl die von der Vereinigung der Rechtsanwälte Usbekistans angenommenen Regeln der Berufsethik der Rechtsanwälte nur für die Mitglieder der Vereinigung galten (nur weniger als 50 Prozent aller berufstätigen Rechtsanwälte waren Mitglieder der Vereinigung), gab es keine Kontrolle über Einhaltung.

Vor diesem Hintergrund und ausgehend von dem Rechtsstatus der Rechtsanwaltskammer der RU wurde als eine ihrer Aufgaben die Ausübung der Kontrolle über die Einhaltung der Gesetzgebung, der Regeln der Berufsethik und des Rechtsanwaltseides festgelegt.

Sechstens sind gleiche Rechte für Anklage und Verteidigung im Strafverfahren sicher gestellt worden.

Zur Gewährleistung der Gleichberechtigung im adversatorischen Strafverfahren wurde der Verteidiger mit zusätzlichen prozessualen Rechten zur gleichberechtigten Beteiligung am Beweisprozess ausgestattet.

Dem Verteidiger wurde das Recht gewährt, selbstständig Angaben und Materialien zu sammeln und den Untersuchungsorganen vorzulegen, die als Beweise benutzt werden können. Dabei ist der durch den Verteidiger gestellte Antrag auf Beifügung der Beweismaterialien zur Akte vom Untersuchungsführer, Ermittler oder Staatsanwalt bindend zu erfüllen, was eine wesentliche Stärkung der Position der Verteidigung und eine Garantie für die Wahrnehmung des Rechts des Verteidigers auf Beteiligung am Beweisprozess bedeutet.

Zur Ermöglichung der rechtzeitigen Bestellung des Verteidigers sind der Festgenommene, der Verdächtige und der Beschuldigte berechtigt, einen Rechtsanwalt oder einen nächsten Verwandten telefonisch anzurufen, außerdem wird ihnen das Recht auf Treffen mit dem Verteidiger ohne Festlegung der Anzahl und Dauer der Besuche vor dem ersten Verhör, gesetzlich garantiert.

Da das Schweigerecht während des Vorverfahrens und in der Hauptverhandlung ein untrennbarer Teil der Unschuldsvermutung und eine wichtige Garantie dafür ist, dass niemand gezwungen werden darf, gegen sich selbst als Zeuge auszusagen oder sich schuldig zu bekennen, sind der Verdächtige und der Beschuldigte/Angeklagte berechtigt, Aussagen zu verweigern; er muss belehrt werden, dass seine Aussagen im Strafverfahren als Beweise gegen ihn benutzt werden können.

Um eine wirkliche Unabhängigkeit des Verteidigers im Strafverfahren zu erreichen, wurden die Vorschriften der StPO aufgehoben, die eine schriftliche Bestätigung der Zulassung des Verteidigers zum Strafverfahren sowie eine Genehmigung für den Besuch seines Mandanten forderten. Die Befugnisse des Verteidigers und sein Recht auf Beteiligung am Strafverfahren werden durch seinen Ausweis und die sog. Order bestätigt.

Ausgehend davon, dass in Wirklichkeit der Verteidiger oft sehr viel Zeit braucht, um die Strafakte zu lesen, besonders wenn er Auszüge aus vielbändigen Strafakten zu machen hat, darf er moderne technische Mittel benutzen, um das Aktenlesen zu beschleunigen und die Akten detailliert zu studieren.

Damit gewährt das Gesetz dem Verteidiger die Möglichkeit, eine qualifizierte fachkundige Rechtshilfe in jeder Phase des Strafverfahrens zu erweisen, unabhängig von Staatsbehörden und den Amtspersonen, die für das Strafverfahren zuständig sind.

Zur Umsetzung der Verfassungsnorm, die jedem Bürger das Recht auf eine fachkundige Rechtshilfe garantiert, ist das Institut des Rechtsanwalts des Zeugen vorgesehen. Der Rechtsstatus des Rechtsanwalts des Zeugen als ein neuer Verfahrensteilnehmer wird in Art. 661 der StPO festgelegt. Im Zusammenhang damit wurden entsprechende Änderungen in die Artikel aufgenommen, die die Rechte und Pflichten des Zeugen regeln.

Die frühere Gesetzgebung enthielt zwar Vorschriften, die eine Verantwortung für die Abhaltung des Rechtanwalts von der Ausübung seiner Berufstätigkeit vorsahen, jedoch wurde die Art der Verantwortung nicht festgelegt. Deshalb wurden Rechtsanwälte bei der Ausübung ihrer Tätigkeit vielfach behindert.

Ausgehend davon wurde zur Ausfüllung dieser Lücke in der Gesetzgebung eine administrative Verantwortung für die Abhaltung des Rechtanwalts von der Ausübung seiner Berufshandlungen festgesetzt; unter dem Begriff der Abhaltung versteht der Gesetzgeber die Verweigerung einer Antwort auf Rechtsanwaltsanfragen bzw. -gesuche sowie jegliche Form der Druckausübung auf den Rechtsanwalt mit dem Ziel, ihn an der Verfahrensbeteiligung zu hindern oder ihn zu zwingen, eine den Interessen des Mandanten zuwiderlaufende Position einzunehmen. Jetzt wenden wir uns der Verfahrensfunktion des Rechtsanwalts zu.

Die Gesetzgebung gewährt dem Rechtsanwalt ziemlich umfangreiche Rechte und Pflichten, die für die Ausübung seiner beruflichen Funktionen im Strafverfahren notwendig sind. Gleichzeitig ist zu berücksichtigen, dass der Status des Rechtsanwalts während der Hilfestellung im Strafverfahren doppelter Natur ist. Zum einen versteht man darunter bürgerliche Rechte und Pflichten der Person, die dem Mandanten Rechtshilfe erweist, zum anderen sieht der Status des Rechtsanwalts unmittelbar prozessuale Rechte vor, die eine öffentliche Natur haben und oft in Bezug auf andere Beteiligte des Strafverfahrens entstehen. Im Rahmen dieses Beitrags ist für uns die prozessuale Statusseite besonders interessant.

Die StPO der RU, die durch das Gesetz vom 22. September 1994 Nr. 2013-XII verabschiedet wurde, bezeichnet den Rechtsanwalt nicht als ein selbstständiges Subjekt des Strafverfahrens, sondern sieht lediglich vor, in welcher Qualität er zur Beteiligung zugelassen werden kann. Der Verteidiger, der Vertreter des Opfers, des Zivilklägers oder des Zivilverklagten, der Rechtsanwalt des Zeugen – das ist eine ausschöpfende Liste der Subjekte des Strafverfahrensrechts, die ihren Status im Strafverfahren erwerben. Die Rechte und Pflichten dieser Strafprozessteilnehmer werden in Art. 53, 63 und 66[1] StPO RU geregelt. Falls jedoch der Rechtsanwalt als einer von ihnen auftritt, wird sein Verfahrensstatus, zusätzlich zu den Rechten und Pflichten des jeweiligen Subjekts, auch in Art. 6, 7 des Gesetzes „Über Rechtsanwaltschaft" in Art. 4 des Gesetzes „Über die Garantien der Rechtsanwaltstätigkeit und den sozialen Schutz der Rechtsanwälte" vom 25. Dezember 1998 Nr. 721-I bestimmt.

Das alles ist dank dem Umstand möglich geworden, dass die StPO, der wichtigste normative Rechtsakt im Bereich des Strafverfahrens, nichtsdestotrotz in Art. 11 (über den Grundsatz der Rechtmäßigkeit) alle Beteiligten am Strafverfahren verpflichtet, nicht nur die Verfassung der RU und die StPO selbst, sondern auch andere Legislativakte einzuhalten[1]. Deshalb ist es unzulässig, die Rechte der Personen, die fachkundige Rechtshilfe im Strafverfahren erweisen, auf irgendeine Weise zu ignorieren, indem darauf verwiesen wird, dass die in anderen Gesetzen festgelegten Normen in der StPO fehlen.

Wie bereits erwähnt, darf sich der Rechtsanwalt am Strafverfahren als Verteidiger, Vertreter des Verletzten, des Zivilklägers, des Zivilverklagten und als Rechtsanwalt des Zeugen beteiligen. Auf Rechte und Pflichten von jedem der genannten Strafverfahrenssubjekte wird in einer anderen Arbeit eingegangen, hier aber werde ich ausführlicher die Arten der Berufstätigkeit erörtern, die der Rechtsanwalt bei Erweisung des Rechtsbeistands im Strafverfahren dank seinem erworbenen Status des entsprechenden Prozessteilnehmers ausübt. Nach einer verbreiteten Meinung nehmen die Beteiligten, trotz der Vielfältigkeit des Strafverfahrens, folgende prozessuale Hauptfunktionen direkt oder indirekt wahr: Anklage, Verteidigung, Fallerledigung und Unterstützung der Rechtspflege[2]. Die Interessen der Personen, die sich an den Rechtsanwalt gewandt haben, können unterschiedlich sein, deshalb sind auch die Arten des Rechtsbeistands mannigfaltig.

So verfolgt der Rechtsanwalt als Verteidiger das Hauptziel, seinen Mandanten zu rechtfertigen und zu rehabilitieren oder seine Schuld und die Strafe zu mildern. Dabei ist er durch das Gesetz verpflichtet, alle gesetzlichen Mittel und Wege auszunutzen, um die Umstände festzustellen, die den Verdacht entkräften oder die Verantwortung mildern; damit wird die Richtung der Tätigkeit des Rechtsanwalts als Verteidiger festgelegt. Die Vertreter des Opfers und des Zivilklägers sind in der Regel bestrebt, den Täter festzustellen und angemessen zu bestrafen sowie negative materielle Folgen der die Allgemeinheit gefährdenden Tat zu beseitigen. Was den Zivilverklagten angeht, erwartet er meistens von seinem Vertreter den Schutz seiner Vermögensinteressen, weil von ihm ein Ersatz des durch die Tat zugefügten Schadens verlangt wird.

Eine für die Gesetzgebung der RU und für die Rechtsprechung neue Richtung der Berufstätigkeit des Rechtsanwalts im Strafverfahren ist die Vertretung der Interessen des Zeugen. Der vor kurzem in die StPO aufgenommene Artikel. 66^1 beauftragt den Rechtsanwalt des Zeugen mit der Verteidigung seiner Rechte und legitimen Interessen und der Erweisung der erforderlichen Rechtshilfe, darunter auch Überwachung der Rechtmäßigkeit der Verfahrenshandlungen mit

1 Zum Begriff „Legislativakt" gehören gem. Teil 2 Art. 6 des Gesetzes der RU „Über die normativen Rechtsakte" vom 14. Dezember 2004 Nr. 160-II die Verfassung der RU, Gesetze und Beschlüsse der Kammern des Oliy Majlis der Republik Usbekistan.

2 Siehe z.B.: Уголовный процесс: Учебник для студентов юридических вузов и факультетов./ Под ред. К.Ф. Гуценко. - М.: Зерцало, 2005; Уголовный процесс: Учебник для вузов./ 2-е изд. перераб. и доп. Под общ. ред. В.И. Радченко. – М.: Юстицинформ, 2006; Тухташева У.А. Уголовный процесс: Учебное пособие. – Т.: ТГЮИ, 2006.

Beteiligung der Personen, denen irgendwelche Umstände bekannt sind, die in diesem Straffall festzustellen sind. Nach meiner Ansicht wurde damit der Grundstein zur Einführung des Instituts der Rechtshilfe für die mitwirkenden Personen in die Gesetzgebung der RU gelegt.

Nicht nur die Tätigkeitsrichtungen des Rechtsanwalts im Strafverfahren, sondern auch das Maß an Autonomie seiner Entscheidungen und das Maß an Selbstständigkeit seiner Einstellung zum Fall hängen direkt von der Person ab, deren Interessen er vertritt. Deshalb hat der Rechtsanwalt bei Erweisung der Rechtshilfe die gesetzlichen Vorschriften und die Regeln der Berufsethik der Rechtsanwälte zu befolgen, die die Verhältnisse zwischen ihm und seinem Mandanten (dem Verteidigten) betreffen und verschiedene Regelungen dieser Verhältnisse vorsehen.

Итоги реформирования института адвокатуры и расширение процессуальных функций адвоката – защитника в Республике Узбекистан

Шохруд Файзиев

На сегодняшний день в Республике Узбекистан проводятся судебно-правовые реформы. Не остался без внимания и институт адвокатуры в части расширения полномочий защитника в уголовном процессе, в том числе и на стадии предварительного расследования.

Следует заметить, что дальнейшее реформирование института адвокатуры является важнейшей задачей реформ судебно-правовой системы на нынешнем этапе, направленной на развитие институтов гражданского общества и всестороннее обеспечение эффективной защиты прав и свобод человека. Обусловлено это тем, что адвокатура является важнейшим правовым институтом любого государства, который признает верховенство закона и уважение прав, свобод и законных интересов своих граждан и объединений. Реализация прав и свобод человека и гражданина возможна в полной мере лишь тогда, когда они квалифицированно отстаиваются. Иначе говоря, эта деятельность должна осуществляться особым институтом гражданского общества – адвокатурой. Примечательно, что Указом Президента Республики Узбекистан на законодательном уровне впервые адвокатура признана в качестве одного из основных институтов гражданского общества.

Именно в целях реформирования института адвокатуры и обеспечения квалифицированной юридической помощи одним из законов, принятым Парламентом, является Закон «О внесении изменений и дополнений в некоторые законодательные акты Республики Узбекистан в связи с совершенствованием института адвокатуры». Данный закон, разработанный в соответствии с Указом Президента Республики Узбекистан от 1 мая 2008 года № УП-3993 «О мерах по дальнейшему реформированию института адвокатуры в Республике Узбекистан», предусматривает внесение изменений и дополнений в Уголовно-процессуальный кодекс, Кодекс Республики Узбекистан об административной ответственности, Уголовно-исполнительный кодекс, Закон Республики Узбекистан «Об адвокатуре», Закон Республики Узбекистан «О гарантиях адвокатской деятельности и социальной защите адвокатов», и содержит следующие основные положения:

Во-первых, усилены требования, предъявляемые к квалификации кандидатов в адвокаты, предусматривающее наличие стажа работы по юридической специальности и прохождение стажировки в адвокатских формированиях, а также введение обязательного системного повышения профессиональной квалификации адвокатов.

В целях пополнения рядов адвокатуры квалифицированными специалистами, обладающими специальными навыками, предусмотрены новые требования, предъявляемые к квалификации кандидатов в адвокаты, предусматривающие наличие стажа по юридической специальности не менее двух лет, в том числе с прохождением стажировки в адвокатском формировании сроком не менее шести месяцев.

Исходя из этого, закреплены нормы, четко определяющие статус стажера адвоката, требования, предъявляемые к нему и другие основные положения, связанные с прохождением стажировки.

Также, устанавливается обязанность адвокатов постоянно совершенствовать свои знания и не реже одного раза в три года осуществлять повышение своей профессионально квалификации в порядке, определяемом Палатой адвокатов Республики Узбекистан.

Одновременно, для обеспечения независимости адвокатов закон устанавливает запрет на занятие другими видами деятельности, кроме научной и педагогической.

Во-вторых, предусмотрено образование эффективной системы лицензирования, обеспечивающей укомплектование адвокатуры честными и высокопрофессиональными специалистами.

Действовавшая ранее система лицензирования адвокатской деятельности не отвечала требованиям сегодняшнего дня, она не стимулировала лиц, получивших лицензию, реально осуществлять адвокатскую деятельность. В результате, из около 7000 лиц, получивших лицензии, адвокатской деятельностью занимаются только чуть более 4000 человек.

Для того чтобы создать эффективную систему лицензирования были установлены требования, обязывающие лиц, получивших в установленном порядке лицензию, в течение трех месяцев принести присягу адвоката и индивидуально или совместно с другими лицами, имеющими лицензию, создать адвокатское формирование либо вступить в одно из существующих адвокатских формирований. Отныне невыполнение данных требований влечет отзыв лицензии.

Помимо этого, предусмотрены конкретные основания для приостановления действия и отзыва лицензии, а также основания, наличие которых требует временного приостановления статуса адвоката.

В-третьих, четко разграничены полномочия и определен правовой статус адвокатских формирований.

В принятом законе закреплены нормы, четко разграничивающие правовые положения каждого из видов адвокатских формирований: адвокатское бюро – адвокатское формирование, в котором адвокатская деятельность осуществляется индивидуально; адвокатская фирма – адвокатское формирование, основанное на партнерстве и учрежденное двумя и более адвокатами; коллегия адвокатов – адвокатское формирование, основанное на членстве, количество членов в которой не должно быть менее 10 адвокатов; юридическая консультация – структурное подразделение территориального управления Палаты адвокатов, не обладающее статусом юридического лица, создаваемое в случаях недостаточности количества адвокатов на местах.

В-четвертых, закон предусматривает создание действенной централизованной системы самоуправления адвокатуры в качестве одного из основных институтов гражданского общества в деле защиты прав и свобод человека.

В соответствии с Указом Президента Республики Узбекистан от 1 мая 2008 года № УП–3993 «О мерах по дальнейшему реформированию института адвокатуры в Республике Узбекистан» на базе Ассоциации адвокатов Узбекистана создана Палата адвокатов Республики Узбекистан, основанная на обязательном членстве всех адвокатов республики, деятельность которой направлена на обеспечение корпоративного единства адвокатов, представительства и защиты интересов адвокатов, упорядочение деятельности адвокатских формирований, обеспечение принятия и соблюдения Правил профессиональной этики адвокатов, создание условий для организации профессиональной подготовки и повышения квалификации адвокатов, а также обеспечения доступности юридической помощи и высокого уровня, оказываемой адвокатами юридической помощи.

В Законе закреплены нормы, определяющие правовой статус Палаты адвокатов Республики Узбекистан, и ее территориальных управлений, ее основные задачи, органы и должностные лица, источники финансирования и др.

В-пятых, совершенствован механизм контроля за соблюдением адвокатами правил профессиональной этики и системы дисциплинарного производства в отношении адвокатов.

Действовавшая практика свидетельствовала об отсутствии единых для всех адвокатов стандартов профессиональной этики адвокатов и, соответственно, механизма контроля за соблюдением адвокатами норм профессиональной этики. Несмотря даже на то, что принятые Ассоциацией адвокатов Узбекистана Правила профессиональной этики адвокатов распространялись только на своих членов (из работающих адвокатов всего лишь менее 50% являлись членами Ассоциации), контроль за их соблюдением вовсе отсутствовал.

В связи с этим, исходя из статуса Палаты адвокатов Республики Узбекистан, в качестве одного из основных ее задач законодательно закреплено осуществление контроля за соблюдением адвокатами законодательства, Правил профессиональной этики и присяги адвоката.

В-шестых, обеспечено равенство процессуальных прав сторон обвинения и защиты в уголовном процессе.

Для обеспечения равноправия сторон в состязательном уголовном процессе защитник наделен дополнительными процессуальными возможностями для равноправного участия в доказывании.

Защитнику предоставлено право самостоятельно собирать и представлять следственным органам сведения, которые могут быть использованы в качестве доказательств. При этом, ходатайство, заявленное защитником о приобщении к делу представленных материалов в качестве доказательств, подлежит обязательному удовлетворению дознавателем, следователем, прокурором, что является значительным укреплением позиции стороны защиты и гарантией реализации права защитника на участие в процессе доказывания.

В целях предоставления возможности своевременного обеспечения защитником задержанный подозреваемый и обвиняемый наделены правами на телефонный звонок адвокату либо близкому родственнику, кроме этого законом им гарантируется право на встречу с защитником без ограничения числа и продолжительности свиданий и до первого допроса.

В связи с тем, что право хранить молчание во время следствия и в суде является неотъемлемой частью презумпции невиновности и важной гарантией права не принуждаться к признанию вины или даче показаний против себя подозреваемый и обвиняемый наделены правом на отказ от дачи показаний и быть уведомленным о том, что его показания могут быть использованы в качестве доказательств по уголовному делу против него.

В целях достижения реальной независимости защитника в уголовном процессе из Уголовно-процессуального кодекса исключены нормы, предусматривавшие получение защитником письменного подтверждения о допуске к участию в деле, а также разрешения для свидания с подзащитным. При этом, документами, определяющими полномочия защитника и допускающими его участие в деле, являются удостоверение и ордер.

Исходя из того, что на практике защитник нередко затрачивает значительное время на ознакомление с уголовным делом, особенно, когда необходимо делать выписки из многотомных уголовных дел, в целях ускорения процесса ознакомления с делом и качественного его изучения защитнику предоставлено право использовать современные технические средства.

Таким образом, закон предоставляет защитнику возможность оказывать квалифицированную юридическую помощь на любой стадии уголовного процесса, независимо от государственных органов и должностных, ответственных за производство по уголовному делу.

В целях реализации конституционной нормы, гарантирующей каждому право на профессиональную юридическую помощь, предусмотрен институт адвоката свидетеля. Правовой статус адвоката свидетеля в качестве нового участника уголовного процесса определяется статьей 661 УПК. В связи с этим, внесены соответствующие изменения в статьи, регламентирующие права и обязанности свидетеля.

В ранее действовавшем законодательстве были отражены нормы, предусматривавшие ответственность за воспрепятствование профессиональной деятельности адвоката, но вид ответственности не был определен. В связи с этим, у адвокатов возникали различные препятствия в процессе осуществления своей деятельности.

Исходя из этого, в целях восполнения пробела в законодательстве, установлена административная ответственность за воспрепятствование профессиональной деятельности адвоката, которая может быть выражена в непредставлении ответа на адвокатский запрос, а также в воздействии в какой бы то ни было форме на адвоката с целью воспрепятствовать его участию в деле либо добиться занятия им позиции, противоречащей интересам доверителя (подзащитного).

Теперь же перейдем к процессуальной функции адвоката.

Законодательство наделяет адвоката довольно широким объёмом прав и обязанностей, необходимых для осуществления своих профессиональных функций по уголовному делу. Вместе с тем, нужно учитывать, что статус адвоката при оказании правовой помощи в уголовном процессе имеет двойственную природу. Он подразумевает под собой с одной стороны гражданские права и обязанности лица, оказывающего юридическую помощь, по отношению к доверителю, а с другой стороны непосредственно процессуальные, являющиеся по своей природе публичными и возникающие, зачастую, по отношению к другим участникам производства по уголовному делу. Наибольший интерес для нас представляет процессуальная сторона его статуса.

Уголовно-процессуальный кодекс Республики Узбекистан, утвержденный Законом от 22 сентября 1994 года №2013-XII, не выделяет адвоката в качестве отдельного субъекта уголовного процесса, а лишь предусматривает, в качестве кого он может быть допущен к участию в деле. Защитник, представитель потерпевшего, гражданского истца либо гражданского ответчика, адвокат свидетеля – это исчерпывающий перечень субъектов уголовно-процессуального права, статус которых приобретается им в уголовном процессе. Права и обязанности этих участников производства по уголовным делам регламентируются статьями 53, 63 и 66[1] УПК. В случае же, если в качестве них выступает адвокат, то его процессуальный статус регламентируется дополнительно к правам и обязанностям соответствующего субъекта также и статьями 6, 7 Закона «Об адвокатуре», статьей 4 Закона Республики Узбекистан «О гарантиях адвокатской деятельности и социальной защите адвокатов» от 25 декабря 1998 года №721-I.

Подобное стало возможным в силу того, что Уголовно-процессуальный кодекс, хотя и является основным нормативно-правовым актом в сфере производства по уголовным делам, все же устанавливает в своей статье 11, посвященной принципу законности, обязанность всех участников уголовного процесса соблюдать не только Конституцию и сам УПК, но и другие законодательные акты[1]. Поэтому является недопустимым каким-либо образом игнорировать права лиц, оказывающих профессиональную юридическую помощь в уголовном процессе, со ссылкой на отсутствие данных норм в УПК, при их закреплении в другом законе.

Как уже отмечалось ранее, адвокат может участвовать по уголовному делу в качестве защитника, представителя потерпевшего, гражданского истца, гражданского ответчика и адвоката свидетеля. Права и обязанности каждого из вышеназванных субъектов производства по уголовным делам будут рассмотрены нами в следующих главах, сейчас же остановимся подробнее на тех направлениях профессиональной деятельности, которые осуществляются адвокатом при оказании юридической помощи в уголовном процессе посредством приобретения им статуса соответствующего его участника. Принято считать, что, несмотря на многогранность производства по уголовным делам, лица, принимающие в нем участие, прямо или косвенно реализуют следующие основные процессуальные функции: обвинение, защиту, разрешение дела и содействие правосудию[2]. Интересы лиц обратившихся к адвокату могут быть различными, поэтому и виды адвокатской помощи в уголовном процессе разнообразны.

Так, в качестве защитника адвокат преследует основную цель – оправдать и реабилитировать своего подзащитного либо смягчить его ответственность и меру наказания. При этом закон обязывает его использовать все предусмотренные законом средства и способы для выяснения обстоятельств, опровергающих подозрение и обвинение либо смягчающих ответственность, чем закрепляет вектор деятельности адвоката-защитника. Представители потерпевшего и гражданского истца, как правило, стремят-

1 В понятие «законодательный акт», согласно части 2 статьи 6 Закона Республики Узбекистан «О нормативно-правовых актах» от 14 декабря 2004 года № 160-II, входят Конституция Республики, законы и постановления палат Олий Мажлиса Республики Узбекистан.

2 См. к примеру: Уголовный процесс: Учебник для студентов юридических вузов и факультетов./ Под ред. К.Ф. Гуценко. - М.: Зерцало, 2005; Уголовный процесс: Учебник для вузов./ 2-е изд. перераб. и доп. Под общ. ред. В.И. Радченко. – М.: Юстицинформ, 2006; Тухташева У.А. Уголовный процесс: Учебное пособие. – Т.: ТГЮИ, 2006.

ся к тому, чтобы лицо, совершившее преступление было установлено и понесло заслуженное наказание, а отрицательные материальные последствия общественно-опасного деяния были устранены. Что касается гражданского ответчика, то он чаще всего ожидает от своего представителя отстаивания его имущественных интересов, поскольку от него требуют возместить причиненный преступлением вред.

Новым для законодательства Республики Узбекистан и правоприменительной практики направлением профессиональной деятельности адвоката в уголовном процессе является представление интересов свидетеля. Статья 66^1, недавно дополнившая УПК, поставила перед адвокатом свидетеля задачи по отстаиванию его прав и законных интересов, оказанию ему необходимой юридической помощи, в том числе, и контроля над правильностью совершения процессуальных действий с участием лиц, которым известны какие-либо обстоятельства подлежащие установлению по уголовному делу. Тем самым, думается, было положено начало введению в законодательство Республики Узбекистан института правовой помощи лицам, оказывающим содействие правосудию.

Не только направления деятельности адвоката в уголовном процессе, но и степень автономности принятия им решений и самостоятельности позиции по делу напрямую зависят от того, чьи интересы он представляет. Поэтому, при оказании юридической помощи тому или иному субъекту, адвокату необходимо соблюдать предписания закона и Правил адвокатской этики, касающиеся взаимоотношений между ним и доверителем (подзащитным) и предусматривающие их различные режимы.

Autorenverzeichnis

Prof. Dr. Gafur Abdumazhidov	Juristisches Institut Taschkent
Prof. Dr. Lorena Bachmaier Winter	Universität Complutense Madrid
Prof. Dr. Anatolij Barabash	Juristisches Institut der Sibirischen Föderalen Universität Krasnojarsk
Dr. Shohrud Fayziev	Juristisches Institut Taschkent
Prof. Dr. Volker Haas	Universität Heidelberg
Prof. Dr. Zainiddin Iskandarov	Tadschikische Nationale Universität
Dr. Bakhtijor Khudoyorov	Justizminister der Republik Tadschikistan
Dr. Manuchehr Kudratov LL.M. (Mainz)	Institut für Ostrecht München
Prof. Hans Lilie	Universität Jena
Prof. Dr. Kairat Osmonaliev	Juristisches Institut, Nationale Universität der Republik Kirgisien
Prof. Sergej Pashin	Professor an der HSE Moskau
Prof. Dr. Mahmad Rakhimov	Nationales Zentrum für Gesetzgebung Tadschikistan
Prof. Dr. Klaus Rogal	Freie Universität Berlin
Prof. Dr. Dres h.c. Friedrich-Christian Schroeder	Wissenschaftlicher Leiter des Instituts für Ostrecht München
Prof. Dr. Alexandr Smirnov	Berater des Verfassungsgericht der Russischen Föderation
Prof. Gulanara Suleimenova	Eurasisches Zentrum des Rechts, Kasachstan

Список авторов

Д.ю.н. Гафур Абдумажидов	Ташкентский Государственный Юридический Институт, профессор
Д.ю.н. Лорена Бахмайер Винтер	Университет Комплутенсе Мадрид, профессор
Д.ю.н. Анатолий Барабаш	Сибирский Федеральный Университет, профессор
Д.ю.н. Зайниддин Искандаров	Таджикский Национальный Университет, профессор
Др. Манучехр Кудратов LL.M. (Mainz)	Институт Восточно-Европейского права
Д.ю.н. Ханс Лилие	Университет Йена, профессор
Д.ю.н. Кайрат Осмоналиев	Кыргызский Национальный Университет, профессор
К.ю.н. Сергей Пашин	ВШЭ Москва, профессор
Д.ю.н. Махмад Рахимов	Национальный центр законодательства, профессор
Д.ю.н. Клаус Рогалль	Свободный Университет Берлин, профессор
Д.ю.н. Александр Смирнов	Советник Конституционного суда РФ, профессор
К.ю.н. Гульнара Сулейменова	Евразийский центр права, профессор
К.ю.н. Шохруд Файзиев	Ташкентский Государственный Юридический Институт, доцент
Д.ю.н. Фолькер Хаас	Университет Гейдельберга, профессор
К.ю.н. Бахтиёр Худоёров	Министр юстиции Республики Таджикистан
Д.ю.н. Поч. Др. Др. Фридрих-Кристиан Шрёдер	Научный директор Института Восточно-Европейского права, профессор

Studien des Instituts für Ostrecht München

Begründet von Professor Dr. Reinhart Maurach
Herausgegeben von Professor Dr. Friedrich-Christian Schroeder,
Dr. h.c. (Breslau), Regensburg

Band 41 Manfred Gratzl: Die Reform der tschechischen Strafprozeßordnung nach 1989. Im Spannungsfeld von Rechtsstaatlichkeit, Verfahrensökonomie und Effizienz. 2002.

Band 42 Thomas Paintner: Die Insolvenz des Unternehmers in Polen. 2003.

Band 43 Niels von Redecker (Hrsg.): Deutsch-Estnische Rechtsfragen. 2003.

Band 44 Niels von Redecker: Die polnischen Vertreibungsdekrete und die offenen Vermögensfragen zwischen Deutschland und Polen. 2003. 2., durchgesehene Auflage 2004.

Band 45 Niels von Redecker: Das polnische Beamtenrecht. Entwicklung und Stand beim Beitritt Polens zur Europäischen Gemeinschaft. 2003.

Band 46 Cornelia Stefanie Wölk: Das Deliktsrecht Rußlands nach dem neuen Zivilgesetzbuch. 2003.

Band 47 Petr Bohata: Untersuchungshaft im deutschen und tschechischen Recht. 2003.

Band 48 Attila Széchényi: Das neue ungarische Strafprozessrecht im Spannungsverhältnis zwischen Rechtsstaatsprinzip, Verfahrensökonomie und Effizienz. 2003.

Band 49 Agnes Balawejder: Das polnische Telekommunikationsrecht. Umsetzungsbemühungen und -stand des telekommunikationsrechtlichen acquis communautaire im polnischen TK-Recht vor dem Unionsbeitritt Polens. 2004.

Band 50 Sven I. Oksaar / Niels von Redecker (Hrsg.): Deutsch-Estnische Rechtsvergleichung und Europa. 2004.

Band 51 Friedrich-Christian Schroeder (Hrsg.): Justizreform in Osteuropa. 2004.

Band 52 Herbert Küpper: Kollektive Rechte in der Wiedergutmachung von Systemunrecht. Teil I und Teil II. 2004.

Band 53 Sören Langner: Der GmbH-Geschäftsführer im tschechischen Recht. Organstellung und Anstellung im Rechtsvergleich. 2005.

Band 54 Herbert Küpper: Einführung in die Rechtsgeschichte Osteuropas. 2005.

Band 55 Anja Spitzweg: Das russische föderale Gesetz „Über Investmentfonds". 2007.

Band 56 Herbert Küpper: Die ungarische Verfassung nach zwei Jahrzehnten des Übergangs. Einführung mit Textübersetzung. 2007.

Band 57 Axel Boës: Die Gesellschaft mit beschränkter Haftung im russischen und deutschen Recht. 2007.

Band 58 Katrin Heinritz: „Defekte Demokratisierung" – ein Weg zur Diktatur? Turkmenistan und die Republik Sacha (Jakutien) in der Russischen Förderation nach dem Ende der Sowjetunion. 2007.

Band 59 Stefan Hülshörster: Recht im Umbruch. Die Transformation des Rechtssystems in der Ukraine unter ausländischer Beratung. 2008.

Band 60 Carsten Dewald-Werner: Versicherungsmarkt und Versicherungsaufsicht in der Russischen Föderation. 2008.

Band 61 Oleksiy Feliv: Die Hypothek im deutschen und ukrainischen Recht. Der systematische Vergleich des Hypothekenrechts in Deutschland und der Ukraine einschließlich der rechtstheoretischen Grundlagen und der Ausblicke für das gemeinsame Hypothekenrecht. 2009.

Band 62 Christoph Kurzböck: Die Abwicklung deutsch-tschechischer Erbfälle. 2010.

Band 63 Friedrich-Christian Schroeder / Herbert Küpper (Hrsg.): Die rechtliche Aufarbeitung der kommunistischen Vergangenheit in Osteuropa. 2010.

Band 64 Herbert Küpper / Wolfgang Brenn (Hrsg.): Rechtstransfer und internationale rechtliche Zusammenarbeit. Deutsche und japanische Erfahrungen bei der Kooperation mit Osteuropa und Zentralasien. 2010.

Band 65 Daniela Horner / Dragan Bataveljić: Grundeigentum und Registrierung von Liegenschaften in Serbien. Eigentumsschutz in der Praxis. 2010.

Band 66 Nail Mammadov: Die Straffreistellungsgründe im russischen und aserbaidschanischen Strafrecht im Vergleich zur deutschen Strafrechtsdogmatik. 2010.

Band 67 Matthias Farian: Dingliche Nutzungsrechte an fremden Grundstücken im russischen Recht. 2010.

Band 68 Manuchehr Kudratov: Die Straftatausschließungsgründe nach tadschikischem Strafrecht. Eine Analyse aus deutscher Perspektive. 2011.

Band 69 Michael Holland: Die Staatsanwaltschaft im russischen Strafprozess. 2012.

Band 70 Herbert Küpper: Ungarns Verfassung vom 25. April 2011. Einführung – Übersetzung – Materialien. 2012.

Band 71: Friedrich-Christian Schroeder / Manuchehr Kudratov (Hrsg.): Das strafprozessuale Vorverfahren in Zentralasien zwischen inquisitorischem und adversatorischem Modell. 2012.

www.peterlang.de